CÔTE D'AZUR

Ralf Nestmeyer

Text & Recherche: Ralf Nestmeyer
Lektorat: Monika Ettl
Redaktion und Layout: Claudia Martins, Dirk Thomsen
Fotos: Ralf Nestmeyer
Covergestaltung: Karl Serwotka
Covermotive: oben: Cours Saleya in der Altstadt von Nizza, unten: Menton
Karten: Günther Grill, Susanne Handtmann

Über den Autor:

Ralf Nestmeyer, Jahrgang 1964, ist Historiker und Reisejournalist. Er lebt in Nürnberg und ist Autor von mehreren Reiseführern und Bildbänden; zudem hat er im Insel Verlag eine Anthologie über die Provence und Côte d'Azur herausgegeben. Im Michael Müller Verlag sind von ihm Reiseführer über London, Südengland, Paris, Languedoc-Roussillon, die Provence, Nürnberg sowie über Franken erschienen.

Der Autor dankt insbesondere Céline Neirinck und Tink Denis
sowie für Tipps und Briefe: Karin Ammann, Ralf Baldauf, Heike Becker, Dr. Hans Dieter Bosch, Gunda Bosch-Adrigam, Brigitte Derenthal, Stefan Eisele, Dr. Thomas Faltin, Maria Graf, Frank Ischen, Evelyn und Mathias Kluge, Ellen Kray, H. Lederer, Axel Lindner, Peter Maile, Regine Müller, Rolf Obergfell, Annette Scherer, Astrid Schönwälder, Andrea Rasch, Anette Volpp, Josef X. Wyss.

ISBN 3-89953-131-0

Aktuelle Infos online unter www.michael-mueller-verlag.de

3. vollständig überarbeitete Auflage 2003

Frankreich

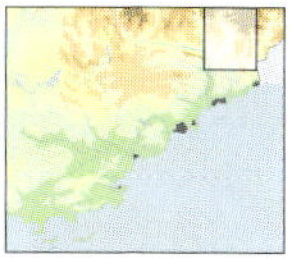

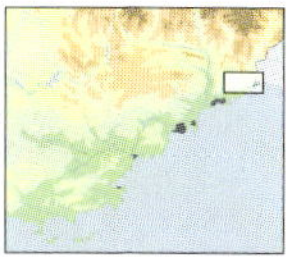

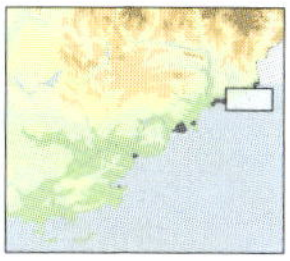

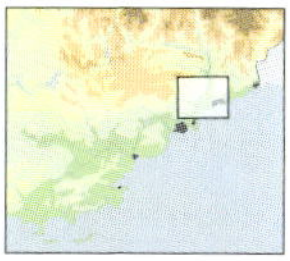

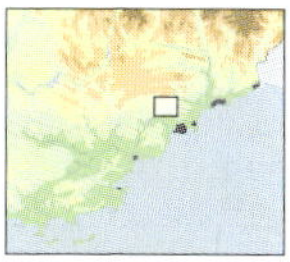

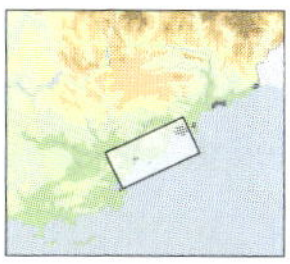

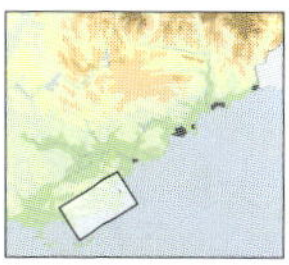

INHALT

Kartenverzeichnis

Zeichenerklärung für die Karten und Pläne

Landkarten

- Autobahn
- Hauptverkehrsstraße
- Landstraße
- Nebenstraße
- Piste
- Wanderweg
- beschriebener Wanderweg

Stadtpläne

- Bebaute Fläche
- Grünanlage
- Gewässerfläche
- allgemeine Sehenswürdigkeit
- Kirche
- Berggipfel
- Höhle
- Bushaltestelle
- Museum
- Information
- Post
- Museum
- Parkplatz
- Campingplatz
- Krankenhaus

Was haben Sie entdeckt?

Haben Sie *die* Badebucht, ein gemütliches Hotel, eine empfehlenswerte Crêperie, ein uriges Lokal gefunden?

Wenn Sie Empfehlungen, Tipps, Anregungen oder Kritik haben, lassen Sie es mich bitte wissen.

Schreiben Sie an:

Ralf Nestmeyer
Stichwort "Côte d'Azur"
c/o Michael Müller Verlag
Gerberei 19
91054 Erlangen
E-Mail: r.nestmeyer@michael-mueller-verlag.de

Blaues Wasser, schöne Architektur: Die Côte d'Azur hat viel zu bieten

Côte d'Azur erleben

Unter geografischen Gesichtspunkten gibt es keine zwingenden Vorgaben, auf welchen Wegen sich die Côte d'Azur am besten erkunden lässt. Zumeist wird es von der Anreiseroute abhängen, ob man die Côte d'Azur von Ost nach West oder in umgekehrter Richtung durchstreift.

... für Kunstfreunde

Wer sich für Moderne Kunst interessiert, kann an der Côte d'Azur in einen wahren Kunstrausch verfallen. Die Küstenregion zwischen Saint-Tropez und Menton stand genauso wie die Provence seit der Jahrhundertwende hoch in der Gunst der Maler. Zum Wegbereiter dieser Bewegung wurde Paul Signac, der "Erfinder" des Pointilismus. Im Jahre 1892 ließ er sich in Saint-Tropez nieder, Camoin, Manguin und Van Rysselberghe folgten nach, später schlossen sich noch Matisse und Bonnard an; manche ihrer Werke sind heute im Musée de l'Annonciade in Saint-Tropez zu bewundern. Fast zwangsweise gaben sich die Künstler an der Côte d'Azur ein Stelldichein, denn die Küste "spritzt vor lauter Licht", wie Kurt Tucholsky schrieb. Noch immer ist die Kunst hier zu Hause: Abgesehen von Paris, besitzt keine andere französische Stadt mehr Museen als Nizza; die von Pablo Picasso in Vallauris, von Henri Matisse in Vence und von Jean Cocteau in Villefranche-sur-Mer ausgemalten Kapellen zählen ohne Zweifel zu den schönsten Sakralräumen der Moderne. Nicht zu vergessen: die Fondation Maeght in Saint-Paul-de-Vence, eine der faszinierendsten Kulturstiftungen der Welt sowie das Musée d'Art Moderne et d'Art Contemporain in Nizza.

... für Landschafts- und Naturgenießer

Wenn von der Kunst die Rede ist, darf die Gartenbaukunst nicht fehlen. Trotz der üppig gedeihenden mediterranen Flora, die im Frühjahr in den kräftigsten Farben leuchtet, hat der Mensch hier und da ein wenig nachgeholfen und die Côte d'Azur nach seinen Vorstellungen gestaltet. Gemeint sind nicht nur die Palmen, die den Uferpromenaden ihren exotischen Touch verleihen, sondern vor allem die traumhaften Gartenanlagen. Dabei sticht besonders die Résidence Les Colombières in Menton hervor. Dieser von Ferdinand Bac, einem Großneffen Napoleons, angelegte Garten hebt sich von den anderen Parks durch den Verzicht auf jegliches exotisches Beiwerk ab, einheimische Pflanzen dominieren das Areal. Ein anderes imponierendes Beispiel ist der Garten der Fondation Ephrussi de Rothschild auf Cap Ferrat. Dort sind in einem weitläufig terrassierten Gelände alle Stilrichtungen der Gartenbaukunst wie in einem Museum vereint. Gartenarchitektur in höchster Vollendung!

In den bis ans Meer heranreichenden Alpes Maritimes (Seealpen) kommen die Liebhaber einsamer Bergwelten voll auf ihre Kosten. Obwohl nur sieben Kilometer vom Meer entfernt, erreicht der Mont Grammont bereits eine imposante Höhe von 1.378 Metern; ein Stück weiter in Richtung italienische Grenze ragen die Gipfel bis über 3.000 Meter empor. Diese hochalpine Gebirgslandschaft genießt als Kernzone des Mercantour-Nationalparks einen besonderen Schutz. Der Gegensatz zwischen den Alpes Maritimes und dem lieblichen Küstenabschnitt zwischen Nizza und Menton könnte wohl kaum größer sein, auch wenn durch den Abfall der Seealpen lediglich Platz für einen relativ schmalen Küstenstreifen bleibt, der sich nur links und rechts der Mündung des Var verbreitert. Weiter im Westen schließen sich mit dem Massif de l'Estérel und dem benachbarten Massif des Maures zwei 300 Millionen Jahre alte Gebirgszüge an, die jedoch durch Erosion weitgehend abgetragen wurden; es handelt sich bei beiden um ein Eruptivgestein aus Porphyr, das teilweise stark zerklüftet ist und durch seine rote Farbgebung begeistert. Bei einer Wanderung durch das Massif des Maures zur Chartreuse de la Verne oder einer Fahrt durch die Gorges du Loup lässt sich eine faszinierende Natur jenseits von Hektik und Menschenmassen entdecken, aber selbst an der Küste gibt es noch verborgene Ecken!

... für Sonnenanbeter und Wasserratten

Für einen reinen Badeurlaub lassen sich – zugegebenermaßen – anderswo sicherlich genauso geeignete Strände finden wie entlang der Côte d'Azur. Doch ein Flair, wie es die klassischen Badeorte der Côte d'Azur zu bieten haben, wird man anderenorts vergeblich suchen. Manch traumhafter Strand auf der Halbinsel von Saint-Tropez wird während der Hochsaison jedoch etwas überlaufen sein. Ein besonders schöner Sandstrand lockt westlich von Fréjus, direkt im Naturschutzgebiet Etang de Villepey.

... für Familien mit Kindern

Sandburgen bauen und im Meer planschen gehört für Kinder zu den Lieblingsbeschäftigungen im Sommer, wird mit der Zeit aber doch etwas

Die Côte d'Azur ist ideal für Wasserratten jeden Alters

langweilig; Kinder sind bekanntlich sehr kritische Urlauber. Nachdem sie ein paar Tage im Sand gebuddelt haben, verlangen sie nach Abwechslung. Ein Abstecher zum Kinderspielplatz oder eine Runde Minigolf sind zwar ganz nett, doch hält sich die Begeisterung auf Dauer in Grenzen. Besser auf den kindlichen Aktionsdrang zugeschnitten ist ein Bootsausflug zu den vor Cannes gelegenen Iles de Lérins oder ein Besuch des "Marineland" bei Biot. Im größten europäischen Meerwasserzoo sind neben Seelöwen und Pinguinen auch Schwertwale, Haie und Delphine zu bewundern. Das Interessante am Meer sind neben den Badefreuden natürlich die Meeresbewohner. Da man weder vom Boot, noch vom Strand aus viele Fische zu Gesicht bekommt, darf ein Besuch des Ozeanographischen Museums von Monaco nicht fehlen. Für jugendliche Wasserratten empfiehlt sich zudem das Aquatica bei Fréjus, eine ausgedehnte Wasserlandschaft mit Riesenrutschen, einem Wildwasserbach und zahlreichen anderen Attraktionen.

Klima und Reisezeit

"Es ist notwendig, daß der Nordländer seine Gewohnheiten in Hinsicht auf die veränderten klimatischen und sozialen Verhältnisse modifiziere; jedoch darf er sich nicht unbedingt die Weise der Südländer zur Richtschnur nehmen." (Baedecker, Die Riviera, 1902)

Die Region Côte d'Azur ist geprägt von einem milden, mediterranen Klima, selbst im Winter zeigt sich die Küste zwischen Menton und Cannes von ihrer angenehmsten Seite, das Thermometer klettert hier häufig auf Werte über 10° Celsius, selbst 20° Celsius sind keine Seltenheit. Die Temperaturen im Hinterland sowie in den höheren Lagen verleiten im Winterhalbjahr allerdings kaum zum Sonnenbaden, die Berggipfel liegen bis weit in das Frühjahr hinein unter einer Schneedecke begraben. An der Küste beginnt der **Frühling** schon Ende Januar mit der Blüte der Mandel- und Mimosenbäume, im Hinterland dagegen erst zwei Monate später. Die **Sommer** sind recht trocken, der Herbst wird geprägt von plötzlich einsetzenden, heftigen Regenschauern, die des Öfteren zu Überschwemmungen führen. Glücklich können sich jene schätzen, die an den passenden Regenschutz gedacht haben. Über das ganze Jahr gesehen ist die Côte d'Azur aber ein von der Sonne verwöhnter Landstrich: Durchschnittlich scheint sie zwischen 2.700 und 2.900 Stunden pro Jahr, bis weit in den **Herbst** hinein sorgt ihre Kraft für angenehme Temperaturen, erst im November künden Regenschauer und kühleres Wetter den **Winter** an. Der Winter selbst ist – von regionalen Abweichungen abgesehen – mild und trocken, zu Nachtfrost kommt es nur in höheren Lagen.

Klimadaten am Beispiel Nizza

	Durchschn. Höchsttemp.	Durchschn. Tiefsttemp.	Sonnenstunden pro Tag	Regentage	Wassertemp.
Jan.	12,5° C	4,2° C	5,1	9	13° C
Feb.	13,3° C	4,6° C	5,8	7	12° C
März	14,7° C	6,7° C	6,3	8	13° C
April	17,1° C	9,0° C	8,0	9	14° C
Mai	20,4° C	12,5° C	9,1	8	16° C
Juni	23,9° C	16,0° C	10,4	5	20° C
Juli	26,5° C	18,2° C	11,9	2	22° C
Aug.	26,6° C	18,0° C	10,6	4	23° C
Sept.	24,8° C	16,3° C	8,9	7	21° C
Okt.	20,8° C	12,0° C	6,7	9	19° C
Nov.	16,5° C	8,0° C	4,9	9	16° C
Dez.	13,2° C	5,0° C	4,5	9	14° C

Reisezeit: Bis weit in das 20. Jahrhundert hinein war die "französische Riviera" ausschließlich ein Winterreiseziel. Hauptsächlich wohlhabende Engländer verbrachten die Wintermonate an der vom Klima verwöhnten Küste. Dieses Reiseverhalten hat sich grundlegend verändert. Zwar geht von der Küstenregion im Winter noch immer ein unwiderstehlicher Reiz aus, doch ziehen die Touristen – mit Ausnahme der Wintersportgebiete in den Seealpen – andere Reiseziele vor. Beinahe unverständlich, wenn man bedenkt, dass es in Nizza bei den ersten Sonnenstrahlen bereits im Februar möglich ist, seinen Café im Freien zu trinken.

Die Reisesaison an der Côte d'Azur beginnt an Ostern und endet im Oktober. Die günstigste Reisezeit variiert je nach Interessenlage. Die Monate April, Mai und Juni eignen sich vorzüglich für einen Entdeckungsurlaub, aber auch für Besichtigungen der bekannten Sehenswürdigkeiten sowie für Streifzüge durch die in der Hochsaison überlaufenen Tourismuszentren. Die Wassertemperaturen erreichen allerdings erst im Juni die magische 20-Grad-Grenze; dafür steht im Frühling die gesamte Region in Blüte. Im Juli und August, wenn die Franzosen Ferien machen, platzt die Côte d'Azur aus allen Nähten. Die Hotels und

Campingplätze sind restlos ausgebucht, die Strände überfüllt, die Kellner gestresst, die Autos stehen an der Küstenstraße im Dauerstau, und die Preise klettern teilweise in schwindelerregende Höhen; nur im Hinterland geht es etwas gemächlicher zu. Allerdings wird der Drang zur Aktivität durch die hohen Temperaturen regelrecht gelähmt. Im September und Oktober kehrt dann allmählich wieder Ruhe ein, die Abende werden kühler, tagsüber heizt die Sonne aber noch kräftig ein. Wasserratten kommen bei Temperaturen um die 20 Grad noch immer auf ihre Kosten. Das Wetter ist im Herbst allerdings nicht mehr so beständig, mit heftigen Regenschauern muss vor allem in der zweiten Septemberhälfte gerechnet werden.

Internet Wettervorhersagen von Météo France nach Region oder Département geordnet findet man unter www.meteo.fr.

Flora, Fauna und Naturschutz

Die Côte d'Azur kann nicht unbedingt als letztes Refugium für bedrohte Tier- und Pflanzenarten gerühmt werden. Dennoch bietet die Region eine außerordentliche Bandbreite mediterraner Pflanzen; Tierfreunde werden hingegen eher im heimischen Zoo auf einen Steinbock treffen als in den französischen Seealpen.

Besonders charakteristisch für den Südosten Frankreichs ist die **Garrigue**, eine typische mediterrane Landschaft mit immergrünen Zwergsträuchern, die vor allem auf trockenen, felsigen Böden prächtig gedeihen. Die Garrigue ist nach zahlreichen Waldbränden vielerorts allerdings schon von der **Aleppokiefer**, einer sich schnell ausbreitenden Pionierpflanze, verdrängt worden. Typisch für das Massif des Maures und – mit Abstrichen – für das Massif de l'Estérel sind die ausgedehnten **Korkeichenwälder**. Alle zehn Jahre wird ein Teil der Korkschicht vom Stamm abgelöst, die daraufhin wieder nachwächst. Das Schälen erfordert allerdings höchste Aufmerksamkeit, denn sobald die darunter liegende Baumrinde verletzt wird, stirbt die Korkeiche ab.

An der Côte d'Azur gedeihen zudem zahlreiche Pflanzenarten, die ursprünglich nicht in Frankreich heimisch waren. Während die Olivenbäume und die Weinstöcke bereits in griechischer Zeit eingebürgert worden sind, betrieben die Engländer im 19. Jahrhundert einen regen Import exotischer Pflanzen. Am auffälligsten sind wahrscheinlich die diversen **Palmenarten**, die die Strandpromenaden zieren; sie stammen zumeist aus dem Südosten der USA (Washingtonia und Sabal-Palme) oder von den Kanarischen Inseln (Kanarische Dattelpalme). Doch auch Kakteen und anderen Sukkulenten, wie beispielsweise der Agave, bekommt das milde Küstenklima prächtig. Nicht grundlos ist das klimatisch so verwöhnte Menton für seine Zitronen- und Orangenbäume bekannt.

Die bis zu 3.000 Meter hohen Seealpen weisen wiederum eine ganz spezielle Flora und Fauna auf. Mehr als 2.000 Pflanzenarten, darunter Enzian, Silberdistel, Edelweiß, Rittersporn und Steinbrech sowie seltene Tiere wie Steinbock, Steinadler und Bartgeier können sich in der Bergwelt ungestört ausbreiten. Sogar Wölfe sind in den letzten Jahren aus dem nahen Italien wieder eingewandert. Da spektakuläre Großtierarten nicht heimisch sind, müssen sich Naturliebhaber mit auf den ersten Blick eher "bescheidenen" Tierarten begnügen.

Viel Natur, ideal zum Wandern

Das Massif des Maures ist das letzte französische Rückzugsgebiet der **Griechischen Landschildkröte**. Im Schatten der Korkeichenwälder finden die bis zu 20 Zentimeter großen Reptilien einen idealen Lebensraum vor, dennoch sind spezielle Brutstätten vonnöten, um den Bestand langfristig zu sichern. Wer mit offenen Augen durch das Massif wandert, entdeckt vielleicht das eine oder andere Exemplar an einem Bachlauf bei seinem morgendlichen Sonnenbad.

Wie ein Damoklesschwert schwebt alljährlich in den heißen Sommermonaten die **Waldbrandgefahr** über der Côte d'Azur. Unterstützt durch starke Winde, vernichtet die sich schnell ausbreitende Feuerwalze wertvolles Busch- und Heideland. Angepasste Pflanzenarten überstehen die Brandkatastrophe zwar relativ gut, die Auswirkungen auf die Tierwelt sind jedoch fatal: Kleinere und wirbellose Tiere können dem Feuer nicht entgehen, zudem macht der Nahrungsmangel die verbrannten Flächen für Kleinstlebewesen lange Zeit unbewohnbar. Wie im Massif de l'Estérel eindrucksvoll zu sehen ist, dauert es Jahrzehnte, bis sich die Landschaft von den Folgen erholt hat. Den Behörden gelingt es nur schwerlich, die drohende Waldbrandgefahr in den Griff zu bekommen. Dies liegt allerdings nicht nur an der groben Fahrlässigkeit mancher Einheimischer und Touristen, sondern an der kriminellen Natur des einen oder anderen Bauunternehmers, der auf diesem Wege erfolgreich versucht, an billiges Bauland heranzukommen. Zwar wurde 1990 per Gesetz die Bebauung von verbranntem Grund und Boden für mehrere Jahre untersagt, doch fallen nach wie vor im Sommer zigtausend Hektar Wald durch Brandstiftung den Flammen zum Opfer. Aber nicht nur die Waldbrandgefahr macht umfassende Naturschutzmaßnahmen erforderlich. Die natürlichen Ressourcen der Provence

Stilvolle Herberge: Mas de Chastelas in St. Tropez

werden besonders von den Segnungen der modernen Zivilisation bedroht. Um der Nachwelt eine möglichst intakte Umwelt zu erhalten, wurden weite Teile der Seealpen zum **Nationalpark** (*Parc National du Mercantour*) erklärt.

Wirtschaft

Nicht grundlos wird die Côte d'Azur als das "Californien Frankreichs" bezeichnet, hat sich doch ein Großteil der hier angesiedelten Industrie mangels Platz auf High-tech spezialisiert. Im Hinterland von Antibes entstand mit Sophia-Antipolis beispielsweise ein Wissenschafts- und Technologiepark mit futuristischem Zuschnitt.

Rund um Nizza hat sich in erster Linie die Elektro- und Nahrungsmittelindustrie angesiedelt, während in Cannes Flugzeuge gebaut werden. Die Landwirtschaft ist relativ bedeutungslos, sieht man einmal von der Parfüm- und Aromaherstellung in Grasse sowie der Blumenzucht ab. Der größte Teil der Ernte bleibt zwar in der Region, doch werden die Mimosen der Côte d'Azur auch in Paris und im europäischen Ausland verkauft. Ähnlich verhält es sich mit der **Fischerei**. Die Küchenchefs preisen zwar gerne ihre "fangfrischen" Produkte an, doch nicht jeder Fisch, der einem an der Côte d'Azur vorgesetzt wird, kommt tatsächlich aus dem Mittelmeer. Die Bedeutung der Fischerei ist in den überfischten Küstengewässern schon seit Jahren stark rückläufig. Auf knapp 14.000 Tonnen, hauptsächlich Thunfisch und Sardinen, wird die jährliche Ausbeute der französischen Mittelmeerfischer geschätzt.

Gewissermaßen zum Ausgleich ist der **Tourismus** in den letzten Jahrzehnten zu einem der bedeutendsten französischen Wirtschaftszweige aufgestiegen und dient noch vor dem Nahrungsmittelsektor als Hauptdevisenquelle. Als wichtigste Tourismusregion Frankreichs gilt dabei nach wie vor die Côte d'Azur, die alljährlich von fast neun Millionen Touristen besucht wird. Zahllose Franzosen und Ausländer besitzen einen Zeitwohnsitz an der sonnenverwöhnten Küste: Künstliche Urlaubswelten wie Port Grimaud und Villeneuve-Loubet-Plage entstanden völlig abgetrennt von den vorhandenen Infrastrukturen. Auf hundert Hauptwohnsitze kommen vielerorts deutlich mehr als 25 Zweitwohnsitze, in manchen Gemeinden überwiegen gar die Zweitwohnsitze.

Politik und Verwaltung

Lange Zeit galt der Südosten Frankreichs als linke Bastion, doch seit den achtziger Jahren hat sich das Wählergefüge deutlich verschoben: Die rechtsradikalen Rattenfänger des Front National verzeichnen einen regen Zulauf.

Hier im Südosten Frankreichs haben zwei besondere politische Strömungen ihre Heimat: Auf der einen Seite stehen die eher unbedeutenden Vertreter einer linken okzitanischen **Regionalpolitik**, die vehement gegen den Pariser Zentralismus eintreten; sie empfinden ihre Politik gar als Fortsetzung des antikolonialen Kampfes der Völker der Dritten Welt. Auf der anderen Seite ist die Region Provence-Côte d'Azur die unbestrittene Hochburg des französischen **Rechtsradikalismus** à la *Jean-Marie Le Pen*. Bei den letzten Präsidentschaftswahlen im Mai 2002 fuhr der Bretone Le Pen in Nizza knapp 30 Prozent der Wählerstimmen ein, deutlich mehr als alle anderen Kandidaten, der spätere Präsident Jacques Chirac eingeschlossen. Die Front-National-Wähler konnten in der Stichwahl zwischen Jacques Chirac und Le Pen sogar noch einmal um ein paar Prozentpunkte zulegen. Ein großes landesweites Entsetzen hatten auch schon die **Kommunalwahlen vom Juni 1995** mit sich gebracht: Jacques Peyrat, der neu gewählte Bürgermeister von Nizza, war zwar ein Jahr zuvor aus dem Front National ausgetreten, aber nur, um seine Wahlaussichten zu verbessern, seine rechtsradikale Gesinnung hatte sich jedoch nicht verändert. Infolge der Revolution wurde Frankreich 1790 in zahlreiche kleine Verwaltungseinheiten, die sogenannten **Départements**, eingeteilt, die allerdings erst durch das Reformgesetz von 1982/83 mehr Entscheidungsmöglichkeiten zugestanden bekamen. Neben den alten Zuständigkeiten, wie beispielsweise für die Départementstraßen und die Sozialwohnungen, kam durch die Reform die Verantwortung für den größten Teil des Sozial-, Gesundheits- und Transportwesens sowie die Bereiche Schule, Kultur und Sport hinzu. Neben den 100 Départements (4 davon in Übersee) gibt es seit 1960 noch 26 sogenannte Regionen (4 davon ebenfalls in Übersee). Die wesentlichen Aufgabengebiete der Regionen betreffen die Wirtschaft, die Berufsausbildung und das gymnasiale Schulwesen. Die Côte d'Azur setzt sich aus den Départements Alpes-Maritimes (ganz) und Var (teilweise) zusammen und gehört zur Region **Provence-Alpes-Côte d'Azur**. Jedes französische Département besitzt eine eigene, in alphabetischer Reihenfolge vergebene Nummer; sie findet sich auch am Autokennzeichen und bildet die ersten beiden Ziffern der jeweiligen Postleitzahl: Das Département Alpes-Maritimes hat die "06", das Département Var die "83".

Brauchtum, Feste und kulturelle Veranstaltungen

An der Côte d'Azur wird ausgesprochen gerne gefeiert, neben zahllosen kleineren Dorffesten haben sich mehrere Veranstaltungen mit internationalem Renommee wie die Filmfestspiele von Cannes und der Karneval von Nizza etabliert.

Januar	**Rallye Monte-Carlo**: PS-Fans werden von der renommierten Internationalen Automobil-Rallye magisch angezogen.
Februar	**Karneval in Nizza**: Am Faschingsdienstag wird in Nizza ein buntes Spektakel mit Umzügen und Konfettischlachten inszeniert. Den Abschluss bildet ein aufwendiges Feuerwerk.
	Mimosenfest in Mandelieu-la-Napoule
	Zitronenfest in Menton: mit farbenprächtigem Festzug
	Zirkusfestival in Monaco: Die besten Zirkusartisten der Welt geben Einblicke in ihr Können.
	Festival der klassischen Musik in Cannes
März	**Jazz-Festival in Antibes**
April	**Tennis-Grand-Prix-Turnier in Monaco**: Die internationale Sandplatzelite ist alljährlich vertreten.
	Karfreitagsprozession in Roquebrune: Die Dorfbewohner spielen in den festlich erleuchteten Straßen die Grablegung Christi nach.
Mai	**Internationales Filmfestival von Cannes**: berühmtes Stelldichein der Stars und Starlets des Filmbusiness
	Grand Prix de Monaco: Die Highsociety, und alles was sich dazu zählt, ist versammelt, wenn Michael Schumacher durch seinen ehemaligen Steuerwohnsitz donnert. Caroline und Stephanie sitzen natürlich auch auf der Tribüne – bloß neben wem?
	Bravade in Saint-Tropez: Das Volksfest zu Ehren des Stadtheiligen Tropes mit dem Aufmarsch kostümierter Seeleute wird alljährlich vom 16. bis 18. Mai gefeiert.
	Rosenfest in Grasse
Juni	**Schneckenprozession in Gorbio**: An Fronleichnam zur *Procession aux escargots* stehen auf den Straßen und Fensterbänken von Gorbio kleine, mit Öl gefüllte Schneckenhäuser.
	Spanier-Bravade in Saint-Tropez: am 15. Juni.
	Internationales Werbefilmfestival in Cannes
Juli/August	**Internationales Jazz-Festival in Juan-les-Pins**: Seit 1960 treffen sich die Jazz-Größen alljährlich im Juli in der Pinède de Juan.
	Musiknächte von Suquet in Cannes
	Jazz-Festival von Nizza: Das römische Amphitheater im Stadtteil Cimiez dient als stimmungsvoller Rahmen.
	Nuits du Sud: An neun Wochenenden ertönt in Saint-Paul-de-Vence Musik aus Kuba, Maghreb und Schwarzafrika.
	Procession de la Passion in Roquebrune: Am 5. August wird mit einer Passions-Prozession der Rettung des Dorfes vor einer Pestepidemie gedacht.

	Kammermusikfestival in Menton: Den gesamten August hindurch werden stimmungsvolle Abendkonzerte vor der Eglise Saint-Michel geboten.
September	**Fête des Baguettes in Peille**
November	**Nationalfeiertag im Fürstentum Monaco**: Am 19. November sind die Straßen beflaggt und Paraden werden abgehalten, der Souverän hält Hof.
	Festival des Unterwasserbildes in Antibes

Geschichte

Von den Anfängen bis zur griechischen Kolonisation

Der liebliche Küstenabschnitt zwischen Saint-Tropez und Menton und das zugehörige Hinterland müssen schon in Urzeiten eine besondere Anziehungskraft ausgeübt haben; nicht umsonst gehört die Region zu den ältesten Siedlungsgebieten der Menschheitsgeschichte. In den Grimaldi-Grotten im Osten von Menton wurden nicht nur Werkzeuge aus der mittleren Steinzeit gefunden, sondern zudem zahlreiche Skelette des **Crô-Magnon-Menschen**, einem Jäger- und Früchtesammler, der als direkter Vorfahre des *homo sapiens* gilt. Ein paar Kilometer weiter westlich, unweit des Hafens von Nizza, konnten in einer Grotte am Westhang des Mont Boron Überreste einer vor 1.500.000 bis 100.000 Jahren bewohnten Feuerstätte nachgewiesen werden. Genauso eindrucks- wie geheimnisvolle Zeugnisse aus der **Bronzezeit** besitzt das in den Seealpen gelegene Vallée des Merveilles: Mehr als 30.000 Felsbilder hat die kelto-ligurische Urbevölkerung rund um den Mont Bégo in den Fels geritzt.

Ein Fest fürs Auge: Valbonne

Im Zuge der griechischen Kolonisation, die die **Griechen** zuvor schon an die Küsten Kleinasiens, Süditaliens und Siziliens geführt hatte, gründeten die Bewohner der ionischen Stadt Phokaia 620 v. u. Z. *Massalia* oder *Massilia*, das heutige Marseille. In den nächsten Jahrzehnten entstanden an der französischen Mittelmeerküste weitere griechische Städte, darunter auch Monoecus (Monaco) und Theline (Arles), später kamen mit Nikaia (Nizza), Antipolis (Antibes) und Olbia (Hyères) zahlreiche Handelsniederlassungen hinzu. Die Griechen trafen bei ihrer Expansion auf eine tausend Jahre zuvor eingewanderte ligurische "Urbevölkerung", die einen von Marseille bis Genua reichenden Küstenstreifen und das Hinterland besiedelte, kulturell aber teilweise noch neolithisch geprägt war. Dies erklärt auch, warum nur wenige Spuren erhalten geblieben sind. Zwei oder drei Jahrhunderte später – also ungefähr zu dem Zeitpunkt, als die Griechen die Küste besiedelten – breiteten sich aus dem Norden kommende keltische Volksstämme aus. Zwischen Kelten und Liguriern kam es zu kriegerischen Auseinandersetzungen, die aber letztendlich eine Verschmelzung beider Volksgruppen nach sich zogen, wobei die kulturell überlegenen Kelten dominierten. Je näher diese kelto-ligurischen Völker in Küstennähe lebten, desto mehr gerieten sie unter den Einfluss der Griechen.

Römische Provinz

Als Marseille im 2. Jahrhundert vor unserer Zeitrechnung von den Salyern, einem kelto-ligurischen Volksstamm, angegriffen wurde, suchte die Stadt bei den verbündeten Römern um Hilfe nach. Die Römer standen den Griechen erfolgreich militärisch bei; doch zogen sie danach nicht wieder ab, sondern gründeten unterhalb des noch heute zu besichtigenden Oppidums Entremont die Stadt *Aquae Sextiae*, das heutige Aix-en-Provence. Teile Südfrankreichs wurden im Jahre 121 v. u. Z. schließlich zur **Provincia Gallia Narbonensis** (daher auch der Name Provence) erklärt und zügig romanisiert, wenngleich der jahrhundertealte griechische Einfluss noch lange Zeit spürbar blieb.

Gleichwohl darf nicht übersehen werden, dass die Sicherung des für Nachschub und Handel eminent wichtigen Landwegs zwischen Italien und der Provence erst nach zähen Kämpfen zu Beginn der Regierungszeit von Kaiser Augustus unter römische Kontrolle kam. Zuvor hatten die in den schwer zugänglichen Alpentälern lebenden ligurischen Volksstämme immer wieder die Alpenpässe blockiert und den Durchgangsverkehr bedroht. Da man gewohnt ist, die antike Geschichte aus Sicht der Römer und Griechen zu betrachten, wird zumeist vergessen, die Leistungen der ligurischen Bevölkerung entsprechend zu würdigen: Über drei Generationen hinweg hatten es die Ligurier vermocht, dem schier übermächtigen römischen Imperium die Stirn zu bieten. Die Römer erkannten die Bedeutung des schwer errungenen Sieges: Neben der Via Aurelia ließ der römische Senat beim heutigen La Turbie zu Ehren des Kaisers Augustus eine monumentale Siegestrophäe (*Trophée des Alpes*) errichten, die an die Unterwerfung der Alpenvölker erinnert und durch ihren Gigantismus den Glanz und die Macht des Römischen Imperiums hervorheben sollte.

Die zwei Jahrhunderte nach Augustus Tod gelten als die eigentliche Blütezeit der *Provincia Gallia Narbonensis.* Es folgte eine lange Periode des Friedens und der wirtschaftlichen Prosperität. Doch bereits seit der Mitte des 3. Jahrhunderts deuteten die Alemanneninvasionen das Ende der römischen Herrschaft an. Ungefähr zeitgleich mit dem sich ankündigenden Niedergang des

Römischen Reiches breitete sich das **Christentum** im späten zweiten und dritten Jahrhundert in Südfrankreich aus. Zu Beginn des 5. Jahrhunderts gab es in Gallien bereits 113 Bischofssitze, von denen aber bei weitem nicht alle bis in unsere Tage erhalten geblieben sind. Der heilige Honoratius zog sich 410 mit ein paar Anhängern auf eine kleine, dem heutigen Cannes vorgelagerte Insel zurück und rief dort ein Kloster ins Leben, das alsbald zu einem Zentrum des religiösen Lebens in Gallien und darüber hinaus werden sollte. Von den ersten Kirchenbauten sind nur Spuren erhalten; das Baptisterium von Fréjus stammt bereits aus dem 5. bzw. 6. Jahrhundert und zählt zu den ältesten Sakralbauten Frankreichs. Die Sorgfalt, mit der der Bau dieser Taufkapelle betrieben wurde, zeugt von der hohen Bedeutung, welche die christliche Glaubensgemeinschaft diesem Initiationsritus damals beigemessen hatte.

Mittelalter

Auch nach dem Zusammenbruch des Weströmischen Reiches blieb die spätrömische Verwaltungsstruktur und Wirtschaftsordnung in der Provence weitgehend in Takt. Das lag unter anderem am schnellen Herrscherwechsel: Die Westgoten, die 471 Arles erobert hatten, wurden kurzzeitig von den Burgundern, und diese wiederum von den Ostgoten in ihrer Vormachtstellung abgelöst. Die südfranzösischen Städte erholten sich relativ schnell von den durch die **Völkerwanderung** ausgelösten Invasionen des 5. Jahrhunderts. Marseille, Arles und Fréjus besaßen eine hohe Bevölkerungsdichte und dienten unter der Herrschaft der Ostgoten weiterhin nicht nur als administrative und kirchliche Zentren, sondern blieben auch wichtige Handels- und Gewerbestandorte. Wie archäologische Funde gezeigt haben, waren es vor allem die Töpfereien, Webereien sowie das Kunstschmiedehandwerk, die mit Gewinn betrieben wurden. Darüber hinaus zählten die südfranzösischen Mittelmeerhäfen Marseille, Nizza und Fos im 6. Jahrhundert zu den wichtigsten Wirtschaftszentren des Mittelmeerraumes. Gehandelt wurde hauptsächlich mit Luxuswaren: Edle Gewürze, feine Textilien, Schmuck, Edelsteine und Papyrus wurden umgeschlagen und gelangten auf den bewährten Römerstraßen entlang der Rhône bis in den Norden Frankreichs.

Seit dem 9. Jahrhundert wurden die europäischen Mittelmeerküsten immer wieder von den aus Nordafrika stammenden **Sarazenen** heimgesucht und verwüstet. Marseille wurde 838, Arles vier Jahre später angegriffen und geplündert; beide Städte mussten sich nur wenige Jahre danach eines erneuten Ansturms erwehren. Anders als beispielsweise in Sizilien konnten sich die Araber nur punktuell festsetzen. Als Hauptstützpunkt für Raubzüge in das Rhônegebiet diente ihnen ab 888 die Festung Fraxinetum, eine im Hinterland von Saint-Tropez, beim heutigen Bergstädtchen La Garde-Freinet, gelegene Höhenburg. Erst im Jahre 972 gelang es dem Grafen der Provence stellvertretend für den deutschen Kaiser Otto den Großen – die Provence gehörte formalrechtlich immer noch zum Heiligen Römischen Reich –, dieses "Räubernest" auszuheben und die Provence nachhaltig von der arabischen Bedrohung zu befreien. Die arabischen Eroberungsstreifzüge hatten langfristig gesehen katastrophale Auswirkungen: Marseille, Arles und Avignon vegetierten in wirtschaftlicher Bedeutungslosigkeit dahin; Fréjus, Toulon und Antibes verschwanden für lange Zeit von der Landkarte, Cimiez gar bis ins 19. Jahrhundert. Die Vertreibung der Sarazenen begünstigte den nun einsetzenden wirtschaftlichen Aufschwung.

In der zweiten Hälfte des 14. Jahrhunderts wurde die Provence durch Erbstreitereien im Hause Anjou tief greifend erschüttert. Zwei Potentaten, der vom Papst unterstützte Karl von Durazzo und Ludwig von Anjou, ein Sohn des französischen Königs, kämpften um die Herrschaft der Provence. Die westlichen Teile der Provence favorisierten Ludwig von Anjou, während östlich des Var das Herz für die Sache des Papstes schlug. Diese Streitereien waren die Spitzen eines Konfliktes zwischen dem um Ausdehnung seines Herrschaftsgebietes bemühten französischen Königshaus und einem nach mehr weltlicher Macht strebenden Papsttum. Letztlich konnte sich zwar *Ludwig von Anjou* durchsetzen, doch verloren seine Erben 1388 die Grafschaft Nizza und die Gegend um Barcelonnette an den aufstrebenden Grafen von Savoyen. Bis 1860 blieb diese Region zweigeteilt, wobei vor allem Nizza, das damals schon 10.000 Einwohner zählte und durch die schwer überwindbaren Seealpen von Savoyen abgeschnitten blieb, aufgrund seiner geographischen Randlage mit erheblichen wirtschaftlichen Nachteilen zu kämpfen hatte.

Aus einem Reisebericht von 1763

Der ganze Südosten Frankreichs und die Grafschaft Nizza zählten im 18. Jahrhundert zu den ärmsten Regionen Europas. Der Schotte Tobias Smollett hatte die wirtschaftliche Not auf einer 1763 unternommenen Reise deutlich erkannt: "Die Armut der Menschen in diesem Landstrich, wie überhaupt im Süden von Frankreich, kann man an der äußeren Erscheinung ihrer Haustiere ablesen. Die Zugpferde, Maultiere und Esel der Bauern sind bemitleidenswert mager. Ich habe keinen einzigen Hund in einem erträglichen Zustand gesehen, und die vielen Katzen sind geradezu der Inbegriff der allgemeinen Hungersnot, erschreckend dürr und gefährliche Räuber. Erstaunlicherweise sind die Hunde friedfertig und fressen keine kleinen Kinder. Es gibt einen weiteren Beweis für diese Bedürftigkeit, die unter dem gemeinen Volk herrscht: Man kann den ganzen Süden von Frankreich durchqueren, genauso wie den Bezirk Nizza, wo kein Mangel an Hainen, Wäldern und Anpflanzungen herrscht, ohne irgendwo den Gesang einer Amsel, Drossel, Hänfling, Stieglitz oder sonst einem Vogel zu hören. Die armen Vögel sind vernichtet oder haben in anderen Landstrichen Zuflucht gesucht, grausam vertrieben und verfolgt von diesen Menschen, die keine Mühe scheuen, sie um des eigenen Ueberlebens willen zu fangen und zu töten."

Tobias Smollett

Revolution und Napoléon

Innerhalb der relativ kurzen Zeitspanne von Mai bis Oktober 1789 brach das *Ancien Régime* in Frankreich völlig zusammen. Am 14. Juli 1789 erfolgte der

Häuserfassade in Peille

Sturm auf die Bastille – ein symbolischer Akt, der diesen Niedergang in spektakulärer Weise besiegelte. Übrigens paarte sich an diesem Tag revolutionäre Leidenschaft mit der Unzufriedenheit des einfachen Volkes: Am 14. Juli war das Brot teurer als jemals zuvor im 18. Jahrhundert! Mit ihrem politischen Glaubensbekenntnis "**Freiheit, Gleichheit, Brüderlichkeit**" sorgten die französischen Republikaner in den ersten Jahren der Revolution für eine bahnbrechende Umwälzung des französischen Staatssystems, von deren politischen und gesellschaftlichen Folgen die Welt bis heute geprägt wird. Jeder Franzose sollte von nun an vor dem Gesetz gleich sein; die Privilegien des Adels und des Klerus wurden genauso abgeschafft wie das Zunftwesen. Das Steuersystem wurde vereinheitlicht, der Kirchenzehnte abgeschafft, das Land in neue Verwaltungsbezirke, die noch heute bestehenden Départements, eingeteilt, das Bildungssystem reformiert und die Gewerbefreiheit eingeführt. Geistige Besitztümer wurden konfisziert, jahrtausendealte Bistümer verschwanden von der Landkarte, Klöster wurden aufgelöst und fielen in großer Zahl dem Verfall anheim.

Im Windschatten der Revolution begann der Aufstieg eines kleinen korsischen Leutnants namens *Napoléon Bonaparte*: Am 18. Dezember 1793 machte **Napoléon** erstmals von sich reden, als er die englische Besatzung von Toulon, dem bedeutendsten französischen Militärhafen am Mittelmeer, erfolgreich beendete. Zum Dank für diesen unerwarteten Sieg wurde Napoléon in den Generalsrang erhoben. Napoléons Stern stieg in den nächsten Jahren höher und höher am französischen Himmel empor: Seit dem 9. November 1799 hatte er die faktische Herrschaft übernommen, am 2. Dezember 1804 krönte er sich selbst zum Kaiser. In der Provence erfreute sich Napoléon allerdings keiner uneingeschränkten Zustimmung. Die Küstenorte, insbesondere Marseille, hatten durch die Kontinentalsperre erhebliche finanzielle Einbußen hinnehmen müssen und sympathisierten weiterhin mit dem alten Königshaus. Dies war auch ein Grund, weswegen Napoléon, als er im Februar 1815 aus seiner Verbannung von der Insel Elba floh, nicht etwa in einer der großen französischen Hafenstädte, sondern am 1. März bei dem unbedeutenden Golfe-Juan an der südfranzösischen Küste an Land ging. Da er fürchtete, im Rhônetal auf Widerstand zu stoßen, reiste Napoléon über Grasse nach Grenoble, das er eine Woche später erreichte. In Lyon wurde er mit den Rufen "Es lebe der Kaiser" empfangen. Am 20. März zog Napoléon unter Beifallsstürmen in Paris ein. Die Erinnerung an seine militärischen Erfolge und sein Engagement für das Programm und die Symbolik der Revolution führten ihm schnell zahlreiche Anhänger zu. Am 18. Juni 1815 endete auf dem Schlachtfeld von Waterloo die Herrschaft der "Hundert Tage", nach vier weiteren Tagen dankte Napoléon ab und schiffte sich drei Wochen später nach Sankt-Helena ein.

Die "Entdeckung" der Côte d'Azur

Bereits in der ersten Hälfte des 18. Jahrhunderts nahmen die ersten Reisenden aus dem regenverhangenen Norden die beschwerliche Fahrt in das gelobte Land, in dem die Zitronen blühen, auf sich. Doch es waren nur eine Handvoll, zumeist adeliger Persönlichkeiten, die die französische Mittelmeerküste aufsuchten; als eigentlicher "Entdecker" gilt zu Recht der schottische Arzt und Reiseschriftsteller *Tobias Smollett*. Smollett war der erste "Tourist", der aus gesundheitlichen Gründen Bäder im Meer nahm: "Die Leute wunderten sich sehr, als ich mit dem Monat May anfing zu baden. Es kam ihnen fremde vor, dass ein Mann, der die Auszehrung zu haben schien, ins Meer stieg, zumahl wenn es kalte Tage waren: und einige Aerzte prophezeieten mit einen schleunigen Tod. Wie man aber sahe, dass es sich nach dem Bade mit mir besserte, versuchten es einige Schweizerofficiers gleichfals, und es währte nicht lange, so folgten verschiedene Einwohner der Stadt unserem Beyspiele." Auf der Basis penibler Aufzeichnungen versuchte Smollett 1763, einen Zusammenhang zwischen den Wetterverhältnissen und dem Zustand seiner kranken Lungen herzustellen. Er fertigte hierzu eine meteorologische Tabelle an, um die Verbesserung seines Gesundheitszustandes wissenschaftlich begründen zu können. Da Smollett von der gegenseitigen Einflussnahme überzeugt war, verwundert es nicht, dass sich sein Zustand aufgrund des guten Klimas schnell verbesserte. Wie dem auch sei, die Veröffentlichung von Smolletts 1767 erschienenen Reiseaufzeichnungen trug erheblich dazu bei, dass Nizza in den nächsten Jahrzehnten zum begehrtesten Reiseziel der Engländer avancierte. Die Einheimischen lernten schnell: Wohnraum an eine Familie von "Hivernats" zu vermieten, war lukrativer und einfacher, als sich um die Olivenernte zu bemühen. Bereits 1787 waren es 115 englische Familien, die regelmäßig in Nizza überwinterten. Niemand ahnte damals, dass man es mit den ersten Vorboten einer neuen Völkerwanderung zu tun hatte. Alsbald entstanden ganze Villenviertel, tropische Pflanzen wurden akklimatisiert und weitläufige Gärten angelegt. Offiziell suchte man die Riviera noch immer der Gesundheit wegen auf, doch die Zeitgenossen wussten um die wahren Motive der Müßiggänger: "Weil es Mode ist oder aus Langeweile und aus Vergnügungssucht reisen genauso viele Leute hierher wie wegen ihres schlechten Gesundheitszustands", empörte sich 1870 ein Engländer, und der Schweizer Kunsthistoriker Jakob Burckhardt setzte süffisant hinzu: "Was die Riviera betrifft, so müsste dieselbe, wenn die jetzigen Zeiten des Luxus fortdauern, in wenigen Jahren nichts als ein einziges Hotel werden, wo das ganze reiche und kränkelnde Europa den Winter zubrächte. Sobald das Meer ruhig wäre, würde man nichts mehr als Husten hören." Für viele kranke Gäste hatte der sonnige Aufenthalt negative gesundheitliche Folgen, da das milde Mittelmeerklima fälschlicherweise als ideal zur Heilung von Lungenkrankheiten galt. Die Zugehörigkeit der Grafschaft Nizza zu Frankreich (1860) und der daraus resultierende Anschluss an das französische Eisenbahnnetz zogen eine regelrechte Touristenschwemme nach sich.

Ihren heutigen Namen erhielt die französische Riviera erst relativ spät: 1887 hatte *Stéphen Liégeard*, eine illustre Persönlichkeit, aber nur mittelmäßiger Dichter, ein Buch unter dem Titel "La Côte d'Azur" publiziert. In überschwänglichen Tönen lobte Liégeard den lieblichen "Küstensaum", den er geographisch noch wesentlich weiter fasste als er heute unter der Bezeichnung Côte d'Azur verstanden wird: "Mögen andere das blonde Menton preisen, das sich träge auf einem Felsen erstreckt, umwunden von Zitronenbäumen; mag das ausschweifende Nizza, das hinter einem nach Veilchen duftenden Fächer lächelt, den Passanten mit dem ganzen Rausch seiner Vergnügungen tränken! Ohne zu zögern, ziehen wir Cannes vor ... Cannes kann sich der Sonnenglut rühmen, die eigens für Herzoginnen entfacht wurde. Ja, die Lieblingstochter der Sonne ist Cannes, eine Patrizierin höchsten Ranges, zurückhaltend mit ihrem Willkommen, anfangs ein wenig stolz, deren Gunst man nur durch Eleganz oder durch Verdienste erringt." Ungefähr zeitgleich mit der Namensbildung Côte d'Azur genoss der Küstenabschnitt selbst in den höchsten Adelskreisen einen ausgezeichneten Ruf: Die englische Königin *Victoria* und der belgische König *Leopold II.* zählten zu den Wintergästen; Schriftsteller und Künstler wie *Nietzsche, Tschechow, Signac* und *Renoir* wussten die südliche Atmosphäre und das Licht zu schätzen. Einen letzten, entscheidenden Impuls erhielt die Côte d'Azur nach Ende des Ersten Weltkrieges: Die Hotels öffneten nun auch im Juli und August, der Sommerurlaub an der Küste wurde salonfähig!

Das 19. Jahrhundert

Nach der Niederlage von Waterloo (1815) und der Verbannung Napoléons auf Sankt-Helena kehrte langsam wieder Ruhe ein; dank Talleyrands geschickter Verhandlungsführung auf dem **Wiener Kongress** hatte Frankreich seine Großmachtstellung auf dem europäischen Parkett behaupten können, musste allerdings die annektierte Grafschaft Nizza und das Fürstentum Monaco wieder an den König von Sardinien bzw. an die Familie Grimaldi zurückgeben. Einer Anekdote zufolge soll Talleyrand 1816 bei einem Nizzabesuch bedauernd geäußert haben: "Wenn ich gewußt hätte, wie schön dieser Flecken ist, hätte ich mich auf dem Wiener Kongreß seiner Rückgabe an Savoyen widersetzt." Doch war sich Talleyrand – wie ganz Frankreich – darüber im Klaren, dass der verlorene Krieg bei weitem negativere Folgen hätte nach sich ziehen können. Erst 1860 wurde Nizza endgültig französisch. Gewissermaßen als Preis für die Verwirklichung von Garibaldis Einheitstraum trat das italienische Königreich die Grafschaft Nizza mit Ausnahme des oberen Royatals – dieses Gebiet sollte noch bis 1947 zu Italien gehören – an Frankreich ab. Mit der Abtretung "bedankte" sich der neu geschaffene italienische Einheitsstaat für die französische Unterstützung im Kampf gegen Österreich. Zur demokratischen Legitimation wurde noch eine Volksabstimmung initiiert: 25.743 stimmten für den Anschluss an Frankreich, nur 160 dagegen. Die überwältigende Zustimmung nährte allerdings den begründeten Verdacht, bei der Abstimmung sei nicht alles mit rechten Dingen zugegangen. Betrug hin oder her, der Anschluss an Frankreich brachte jedenfalls für die einstige Grafschaft Nizza den lang erhofften Aufschwung, die Wirtschaft begann in bis dato unbekanntem Ausmaße zu florieren.

Niederlage, Vichy und Résistance

Der Südosten Frankreichs gehörte bis November 1942 zur unbesetzten Zone und wurde daher schnell zum Sammelbecken für politisch und ethnisch Verfolgte. Schon ab 1933 entwickelte sich das kleine Fischerdorf Sanary-sur-Mer zum begehrten Domizil zahlreicher, aus dem nationalsozialistischen Deutschland geflohener Literaten. Zu Dutzenden trafen sich deutsche Schriftsteller, darunter Persönlichkeiten wie Thomas Mann und Lion Feuchtwanger, in den Cafés am Hafenkai; eine kleinere Kolonie entstand auch in Nizza, wo Theodor Wolff, Heinrich Mann, Hermann Kesten und Joseph Roth lebten. Für wenige Jahre galt Südfrankreich als das gelobte Land der deutschen Exilliteratur.

Am 10. Mai 1940 begann die **deutsche Offensive** gegen Frankreich; in einem "Blitzkrieg" überwand Hitlers Armee die französischen Stellungen. Die Nazis marschierten in kürzester Zeit in Paris ein, der gesamte Norden des Landes befand sich in deutscher Hand. Am 22. Juni wurde in Compiègne der Waffenstillstand unterzeichnet; nur der Südosten Frankreichs blieb als unbesetzte Zone vorerst vom direkten deutschen Zugriff verschont. Im Juli 1940 wurden Marschall Pétain in Vichy von der Nationalversammlung die Regierungsvollmachten übertragen. Pétain und seine Mitstreiter versuchten, einer antiquierten, "nationalen Revolution" den Weg zu ebnen; "Gott, Familie und Vaterland" sollten von nun an wieder den französischen Lebensmittelpunkt bilden, Scheidungen wurden erschwert, Abtreibungen mit drastischen Strafen belegt, republikanisch gesinnte Würdenträger rigoros der Macht enthoben, Freimaurerlogen aufgelöst, Kommunisten bedroht und antisemitischen Ressentiments freier Lauf gelassen. Ohne deutschen Druck wurden die "Juden französischer Nationalität" diskriminiert und systematisch vom öffentlichen Leben ausgeschlossen. Am 24. Oktober verkündete Pétain im Rundfunk, das Vichy-Regime habe sich zur *Collaboration d'Etat* mit Deutschland entschlossen.

Allmählich begann sich der Widerstand gegen die Regierung Pétain zu formieren. Einige wenige überzeugte Hitlergegner hatten ihren Unmut mit Sabotageakten und Protesten schon kurz nach der Kapitulation Frankreichs zum Ausdruck gebracht, aber erst in der zweiten Hälfte des Jahres 1941 wurden die

Place Garibaldi in Nizza

Widerstandsaktionen koordinierter und wirkungsvoller. Nach dem Angriff Hitlers auf die Sowjetunion brachten die Kommunisten ihre Untergrunderfahrung ein und wurden zum militärisch schlagkräftigsten Arm der Résistance. Mit der, sich im weiteren Kriegsverlauf immer deutlicher abzeichnenden Niederlage Deutschlands nahm auch die Zahl der Résistancekämpfer zu. Zuletzt dürften 100.000 bis 200.000 Personen am aktiven Widerstand beteiligt gewesen sein.

Nach dem Einmarsch der Alliierten in Nordafrika (November 1942) hob Hitler die "freie" Zone auf; die französische Flotte versenkte sich selbst im Hafen von Toulon, um nicht in die Hände der Nazis zu fallen, die entgegen der Waffenstillstandsvereinbarungen versuchten, sich der Flotte zu bemächtigen. Für ein knappes Jahr agierten italienische Soldaten als Besatzer, bevor nach der Kapitulation Italiens die Deutschen an ihre Stelle traten. Von Anfang an sahen sich die Deutschen mit Gerüchten einer bevorstehenden Invasion an der französischen Mittelmeerküste konfrontiert; in Toulon und Marseille wurden Truppen zusammengezogen, um eine Landung der Alliierten zurückschlagen zu können. Doch die Alliierten besonnen sich anfangs auf ihre Luftüberlegenheit und überzogen den Küstenstreifen ab dem 28. April 1944 mit Bombenangriffen. Am 6. Juni begann die alliierte Großoffensive bekanntlich in der Normandie; als dann mehr als zwei Monate später, am 15. August 1944, **alliierte Landungstruppen** an einem rund 50 Kilometer breiten Küstenabschnitt zwischen Saint-Tropez und Toulon die Eroberung von Südfrankreich in Angriff nahmen, waren die Würfel schon gefallen. Angesichts der aussichtslosen Lage ergab sich General Neuling bereits am 17. August in Draguignan. Innerhalb weniger Wochen wurden alle größeren Städte Südfrankreichs mit tatkräftiger

Unterstützung der Résistance zurückerobert, am 12. September trafen in Châtillon-sur-Seine die Invasionstruppen aus der Normandie und der Provence zusammen; die Befreiung Frankreichs war abgeschlossen.

Die Côte d'Azur im Film

Nicht nur durch die Internationalen Filmfestspiele von Cannes hat sich der Süden Frankreichs einen festen Platz in der Kinogeschichte erobert. Der Bahnhof von La Ciotat diente beispielsweise als Drehort für den ersten Film der Kinogeschichte. Im Jahr 1895 filmten die Brüder Lumière dort mit großem Erfolg die Ankunft eines Zuges (*L'Entrée du train en gare de La Ciotat*). Die Filmstudios von Marseille und Nizza genossen vor dem Zweiten Weltkrieg einen ausgezeichneten Ruf, und auch nach Kriegsausbruch wurde weiter gedreht: In den Victorine-Studios in Nizza entstand Marcel Carnés Klassiker *Les Enfants du Paradis* ("Kinder des Olymp"), die Hauptrollen spielten Arletty und der unvergessene Jean-Louis Barrault. Später waren es dann Alfred Hitchcock mit "Über den Dächern von Nizza" und Roger Vadim, die die Côte d'Azur als ideale Filmkulisse entdeckten; Letzterer machte durch "Und immer lockt das Weib" Brigitte Bardot zum Superstar. Als die amerikanische Filmschauspielerin Grace Kelly kurze Zeit danach von den "Dächern Nizzas" ins fürstliche Gemach nach Monaco wechselte, um dort die weibliche Hauptrolle zu spielen, war die Scheinwelt des Kinos gar zur glitzernden Wirklichkeit geworden. Die Côte d'Azur diente zudem in jüngster Vergangenheit als Schauplatz zweier James-Bond-Filme: "Sag niemals nie" mit Sean Connery und "Goldeneye" mit Pierce Brosnan. Action garantierte auch der Film "Auf der Suche nach dem grünen Diamanten" mit Michael Douglas und Kathleen Turner.

Literaturtipps

Die passende Urlaubslektüre ist genauso wichtig wie der Strandhut. Da die Literatur über die Provence und die Côte d'Azur in ihrer Fülle nur schwer überschaubar ist, möchte die folgende Auflistung Hilfestellungen geben. Auf Bücher, die thematisch sehr eng mit einer bestimmten Stadt oder Region verbunden sind, wird im Reiseteil noch einmal speziell hingewiesen.

• *Belletristik* **Fitzgerald, Scott F.**: Zärtlich ist die Nacht. Diogenes Taschenbuch, Zürich 1982. Spielt im Antibes der zwanziger Jahre.

Gallo, Max: Engelsbucht. Fischer Verlag, Frankfurt 1977. Historischer Roman über drei Brüder aus dem kargen Piemont, die im 19. Jahrhundert in das aufstrebende Nizza kommen, um ihr Glück zu machen. Gallo schildert ausführlich die politisch-gesellschaftlichen Verhältnisse der Belle Epoque. Nicht mehr im Handel erhältlich.

Houellebecq, Michel: Elementarteilchen. List Taschenbuch, München 2001. Ein Kapitel von Houellebecqs Skandalroman spielt in Saorge.

Kantorowicz, Alfred: Exil in Frankreich. Fischer Taschenbuch, Frankfurt 1986. Derzeit ebenfalls nicht mehr lieferbar.

Koeppen, Wolfgang: Reisen nach Frankreich. Suhrkamp Taschenbuch, Frankfurt 1992. Das wohl schönste Reisebuch Koeppens. Eine literarische Hommage an Frankreich und seine südlichen Regionen.

Langer, Tanja: Cap Esterel. Volk und Welt, Berlin 1999. Ein junger Architekt fährt an die Côte d'Azur, um die große Tragödie seiner

Kindheit zu verarbeiten, die wie ein übermächtiger Schatten auf seinem Leben liegt.

Nestmeyer, Ralf (Hg.): Provence und Côte d'Azur, ein literarisches Landschaftsbild. Insel Verlag, Frankfurt 2002.

Sagan, Françoise: Bonjour Tristesse. Ullstein 1996. Das Melodram um eine berechnende 17-jährige Bürgerstochter und ihre zukünftige Stiefmutter spielt in den fünfziger Jahren im mondänen Milieu der Côte d'Azur.

Süskind, Patrick: Das Parfüm. Diogenes Taschenbuch, Zürich; mehrfach aufgelegt. Megabestseller um den psychopathischen Mörder Jean-Baptiste Grenouille. Schauplatz: Paris und Grasse im 18. Jahrhundert.

• *Reiseliteratur* **Anker, Daniel**: Côte d'Azur. Rother Wanderführer. München 1998. 45 ausführlich beschilderte Wandertouren entlang der Côte d'Azur.

Legler, Rolf: Côte d'Azur. DuMont Kunstreiseführer. Köln 1982.

Mann, Erika und Klaus: Riviera. Unveränderter Nachdruck von 1931. Silver & Goldstein, Berlin 1989. Das berühmte Geschwisterpaar auf Erkundungstour entlang der Riviera zwischen Marseille und Genua.

Merian: Côte d'Azur. Hoffmann und Campe, Hamburg 1999. Aktuelles Heft in gewohnter Merianqualität.

Merian: Monaco. Côte d'Azur. Hoffmann und Campe, Hamburg 1981. Nur noch antiquarisch erhältlich.

Merian: Französische Riviera. Hoffmann und Campe, Hamburg 1961. Nur noch antiquarisch erhältlich.

Scherer, Hans: Côte d'Azur. Schöffling & Co, Frankfurt 1998. Amüsante und kurzweilige Essays aus der Feder eines hervorragenden deutschen Reisejournalisten.

Wunderlich, Heinke: Spaziergänge an der Côte d'Azur der Literaten. Arche Verlag, Zürich 1993. Mit zahlreichen Schwarzweißphotos bebildert.

• *Geschichte und andere Sachbücher*

Beauchamp, Philippe de: Die sakrale Kunst in den Seealpen. Diffusion Edisud, Aix-en-Provence. Repräsentativer Kunstbildband über sakrale Denkmäler im Hinterland der Côte d'Azur.

Blume, Mary: Côte d'Azur. Geschichte und Geschichten von der Belle Epoque bis zur Gegenwart. Heyne Verlag, München 1993. Locker geschriebene kulturgeschichtliche Abhandlung über den Mythos Côte d'Azur.

Braudel, Fernand/Duby, Georges/Aymard, Maurice: Die Welt des Mittelmeers. Fischer Taschenbuch, Frankfurt 1993. Hommage an eine Kulturlandschaft.

Butz, Rudolf W.: Die Tenda-Linie. Wiederaufbau einer berühmten Alpenbahn. Orell Füssli, Zürich 1980. Nur noch in (Uni-) Bibliotheken.

Chevallier, Raymond: Römische Provence. Die Provinz Gallia Narbonensis. Atlantis Verlag, Zürich und Freiburg 1979. Ansprechende Bestandsaufnahme der römischen Hinterlassenschaften in der Provence. Nur noch in Bibliotheken.

Corbin, Alain: Meereslust. Erschienen im Wagenbach Verlag sowie als Fischer Taschenbuch, Frankfurt 1993. Ausgezeichnetes kulturgeschichtliches Werk über die europäische Sehnsucht zum Meer und die Anfänge des Küstentourismus.

Corbin, Alain: Pesthauch und Blütenduft. Eine Geschichte des Geruchs. Ebenfalls im Wagenbach Verlag sowie als Fischer Taschenbuch erschienen. Diese faszinierende kulturgeschichtliche Abhandlung beschreibt die durch die Revolution bedingte Wahrnehmungsveränderung von Düften. Das Werk diente Patrick Süskind als Inspiration für seinen Roman "Parfüm".

Flügge, Manfred: Wider Willen im Paradies. Deutsche Schriftsteller im Exil in Sanary-sur-Mer. Aufbau Taschenbuch, Berlin 1996.

Große, Ernst Ulrich/Lüger, Heinz-Helmut: Frankreich verstehen. Wissenschaftliche Buchgesellschaft, Darmstadt 1993. Fundierte Einführung in die aktuellen politischen, gesellschaftlichen und kulturellen Verhältnisse Frankreichs, erweitert durch interessante Vergleiche mit der Bundesrepublik.

Heeb, Christian/Richter, Jürgen/Nestmeyer, Ralf: Provence. Bildband. Stürtz-Verlag, Würzburg 1996. Die Fotos von Jürgen Richter und Christian Heeb, beide Mitglied der renommierten Look-Fotoagentur, bestechen durch ihre ausgezeichnete Qualität und vermitteln einen plastischen Eindruck vom Charme der Provence und der Côte d'Azur.

Hinrichs, Ernst (Hg.): Kleine Geschichte Frankreichs. Reclam, Stuttgart 1994. Preisgünstiger und kompakter Überblick für Fachleute und interessierte Laien.

Loth, Wilfried: Geschichte Frankreichs im 20. Jahrhundert. Fischer Taschenbuch, Frankfurt 1992. Informiert kompetent über die Grundzüge der modernen französischen Geschichte.

Mautstelle: ein kurzer Halt – und weiter geht es gen Süden

Anreise

Tourismus und Umweltschutz sind zwar an sich so gut wie unvereinbar, man muss sich aber notgedrungen darüber hinwegsetzen, will man seinen Urlaub nicht nur im eigenen Land verbringen oder Johann Gottfried Seumes berühmte Wandertour in einen "Spaziergang nach Nizza" umwandeln. Der schnellste Weg an die Côte d'Azur ist zugleich der ökologisch verwerflichste; selbst das Auto ist dem fliegenden Kerosinkanister in dieser Hinsicht überlegen. Die unter ökologischen Gesichtspunkten günstigste Anreiseform ist – sieht man von den wackeren Pedalrittern und Nachfahren Seumes ab – die Bahnfahrt, wenngleich manch ökologisch bewegter Zugreisender nur mit Schaudern daran denken kann, dass die französische Eisenbahn mehr als die Hälfte ihrer Leistung aus Kernkraftwerken bezieht. Letztlich wird aber die Wahl des Transportmittels von den eigenen Vorlieben bestimmt.

Mit dem Auto oder Motorrad

Die meisten Touristen reisen mit dem eigenen motorisierten Fahrzeug an. Für Österreicher, Schweizer und Süddeutsche ist die An- und Abreise durchaus in einem Tag zu bewältigen; wer jedoch in Norddeutschland wohnt bzw. aus Kostengründen oder des gemächlichen Tempos wegen nur Landstraßen benutzen will, sollte eine Übernachtung einplanen.

Allgemeine Hinweise für Frankreichfahrer

Alkohol am Steuer: Beachtung verdient die französische **Promillegrenze**. Im Gegensatz zu unseren bierschweren Politikern konnten sich die Franzosen schon vor ein paar Jahren auf eine Grenze von 0,5 Promille einigen.

Autobahngebühren: Die Gebühren sind an den mit *Péage* angekündigten Mautstellen entweder bar (Kleingeld bereit halten!) oder mittels Kreditkarte (EC oder Visa) zu entrichten. Von Saarbrücken bis in die Provence summieren sich die Autobahngebühren beispielsweise auf etwa 50 €. Als Richtgröße kann man davon ausgehen, dass der Autobahnkilometer etwa 5 Cent kostet. Rund um die größeren Städte wird in der Regel keine Gebühr erhoben. Auf das Ticket sollte man stets gut aufpassen; wer es nicht vorweisen kann, muss den höchsten, theoretisch möglichen Preis entrichten. Ein Tipp: An den mit "CB" für *Carte Bancaire* (Kreditkarten) ausgewiesenen Spuren – zumeist ganz links – sind oft erheblich kürzere Schlangen als an den Bargeld-Schaltern.

Benzin: Der Benzinpreis liegt etwas über dem in Deutschland oder Österreich. Am teuersten sind auch in Frankreich die Tankstellen an der Autobahn, billiger sind die Tankstellen bei den großen Supermärkten; dort wird allerdings keinerlei Service geboten. Die Preisunterschiede zu den Markentankstellen können bis zu 12 Cent pro Liter betragen!

Durchschnittspreise für Benzin (2002):

Diesel (Gazole): ca. 0,80 €

Normal bleifrei (95 Oktan; sans plomp): ca. 1,02 €

Super bleifrei (98 Oktan; sans plomp 98): ca. 1,06 €

Frankreichs Verbraucherverbände haben eine Karte erstellt, auf der preiswerte Tankstellen in der Nähe von Autobahnausfahrten eingezeichnet sind. Die *Carte de l'essence moins chère* ist kostenlos erhältlich beim Comité de Liaison d'Organisations de Consommateurs (COLOC), 12, rue Neuve Saint Jean, F-14000 Caen, ✆ 0033/0231503850, ℻ 0033/0231500106. Ebenfalls hilfreich bei der Reiseplanung per Datenautobahn: www.asf.fr. Die Seite bietet Informationen für die Anreise über das Autobahnnetz Südfrankreichs.

Bußgelder: Seit 1999 ist zwischen Deutschland, Österreich, Frankreich und Italien ein "Vollstreckungsabkommen" in Kraft getreten, durch das Verkehrssünder auch in ihren Heimatländern zu Bußgeldern herangezogen werden können. "Voraussetzung" ist allerdings, dass das Bußgeld mindestens 40 Euro beträgt.

Fahrzeugpapiere: Der nationale *Führerschein* und der *Fahrzeugschein* genügen vollauf; die internationale *Grüne Versicherungskarte* ist zwar nicht mehr Pflicht, sie kann aber bei Unfällen sehr hilfreich sein.

Gurtpflicht: Für FahrzeuglenkerInnen und alle Insassen besteht Gurtpflicht.

Karten: Für die Anreise nach Südfrankreich via Autobahn oder Nationalstraße genügt in der Regel ein normaler Straßenatlas oder eine Karte mit großem Maßstab.

Kreisverkehr: Der im deutschsprachigen Verkehrsraum relativ seltene Kreisverkehr (*rond point*) erfreut sich in Frankreich als Alternative zur ampelgesteuerten Kreuzung großer Beliebtheit, wobei das sich bereits im Kreisverkehr befindliche Fahrzeug fast immer Vorfahrt hat.

Pannenhilfe: Auf den Autobahnen kann die Pannenhilfe über die Notrufsäulen angefordert werden, bei Unfällen hilft der Polizeinotruf, ✆ 17.

Parken: Bevor man seine Blechkarosse am Straßenrand abstellt, sollte man sich vergewissern, dass das Auto nicht in einer gelben Zone (Streifen am Straßenrand) steht – dies bedeutet nämlich strengstes Parkverbot. Blaue Zonen oder die Beschriftung *Payant* weisen darauf hin, dass Parken nur mit einer Parkscheibe (*disque*) erlaubt bzw. kostenplichtig ist. Vorsichtig sollte man vor allem im Fürstentum Monaco sein. Falschparkern rückt die Polizei mit der Reifenkralle auf die Pelle: Freie Fahrt erst gegen Barzahlung!

Reparaturen: Wer mit einem Peugeot, Renault oder Citroën unterwegs ist, hat überhaupt keine Probleme, denn die französischen Autohersteller unterhalten in nahezu jeder Stadt eine eigene Vertragswerkstätte. Das soll nicht heißen, dass ein Renaultmechaniker keinen Opel Astra reparieren kann, aber spezielle Ersatzteile und Vertragswerkstätten für deutsche, italienische und japanische Autos gibt es in der Regel nur in den größeren Städten.

Reisegepäckversicherung: Sicherheitsbewusste fahren nur mit Reisegepäckversicherung ins Ausland, andere betrachten dies als einen übertriebenen Luxus, da Einbrüche ins Hotelzimmer zumeist durch die Hausratversicherung abgedeckt sind. Wie auch immer man es persönlich hält, Tatsache ist, dass Autoaufbrüche an der Côte d'Azur zur Tagesordnung gehören. Wohl dem, der rechtzeitig eine Versicherung abgeschlossen hat. Hierzu ein Preisbeispiel:

Wer sein Gepäck im Wert von 1.500 € für 24 Tage versichern will, muss mit etwa 25 € an Beitrag rechnen. Kaum teurer ist dann allerdings die Kombination mit einer Reiseunfall- und Reisekrankenversicherung. Achtung: Tritt ein Schadensfall ein, muss dieser polizeilich dokumentiert werden, da sonst keine Schadensregulierung erfolgen kann.

Schutzbrief: Auslandsschutzbriefe gibt es beispielsweise beim **VCD** (Verkehrsclub Deutschland), Eifelstr. 2, 53119 Bonn, ✆ 0228/98585-0, 📠 0228/98585-10.

Tempolimit: Während auf den französischen Autobahnen eine Höchstgeschwindigkeit von 130 km/h (bei Nässe 110 km/h) erlaubt ist, darf auf Schnellstraßen mit zwei Fahrbahnen in jeder Richtung nicht mehr als 110 km/h (bei Nässe 90 km/h) und auf Landstraßen nicht schneller als 90 km/h (bei Nässe 80 km/h) gefahren werden. Innerhalb geschlossener Ortschaften gilt die bekannte Geschwindigkeitsbegrenzung von 50 km/h. Führerscheinneulinge, die ihren Schein noch kein ganzes Jahr besitzen, dürfen auf allen Straßen nicht schneller als mit 90 km/h dahinbrausen. Bei Überschreitung der vorgegebenen Höchstgeschwindigkeit werden satte Geldbußen verhängt.

Zusatzversicherung: Für wertvolle oder neuwertige Fahrzeuge, die nur Teilkasko versichert sind, empfiehlt sich der kurzfristige Abschluss einer Vollkaskoversicherung.

Anfahrtsrouten

Je nach Wohnort bieten sich mit dem eigenen Fahrzeug verschiedene Anreisemöglichkeiten. Abgesehen von den persönlichen Interessen (z.B. Zwischenstopp am Gardasee oder Mont Blanc, Einkaufsbummel in Mailand etc.) stellen die jeweilige Anreisezeit, die anfallenden Reisekosten sowie die Zielregion die Hauptentscheidungskriterien dar. Prinzipiell gilt: Wer die Landstraße wählt, spart Geld, verliert aber viel Zeit.

Anfahrt via Frankreich

Wer auf der **Autobahn** an die Côte d'Azur fahren will, entschließt sich aus Kostengründen zumeist dafür, erst bei Mulhouse (Mühlhausen) die Grenze zu überqueren. Für die Straße von Mulhouse bis nach Nizza sind zwar immer noch rund 38 Euro an Gebühren – Motorradfahrer reisen rund 40 Prozent billiger – fällig, aber schneller und nervenschonender als auf der Autobahn geht es nun einmal nicht. Für Rheinländer bietet es sich selbstverständlich auch an, über Saarbrücken, Metz und Nancy gen Süden zu fahren. Bis auf ein kurzes Teilstück vor Dijon verläuft die Autobahn durchgehend. Die ersten Autobahnabschnitte bis Beaune sind relativ wenig befahren, danach wird der Verkehr dichter. Zusammen mit den Reisenden aus dem Großraum Paris geht es ab Lyon auf der viel besungenen *Autoroute du Soleil* (A 7) nach Süden. Unbedingt vermeiden sollte man diese Anreiseroute allerdings an den beiden berüchtigten Wochenenden (um den 14. Juli und 1. August), an denen scheinbar alle Franzosen in die Ferien aufbrechen, gigantische Staus sind dann vorprogrammiert. Empfehlenswert ist auch, das gefürchtete Autobahndreieck von Beaune auf der 1998 eröffneten A 39, die über Dole und Bourg-en-Bresse führt, zu umfahren. Vor Marseille zweigt schließlich die A 8, auch *La Provençale* genannt, ab, die über Aix-en-Provence auf direktem Weg zur Côte d'Azur führt. Der Rundfunksender *FM 107,7* gibt Verkehrshinweise.

Auf den **Nationalstraßen** (*Route National*) geht es ebenfalls – außer an den Tagen, an denen alle fahren – gut und zügig voran; es besteht bei der Anreise über Mulhouse zudem die Möglichkeit einer Abkürzung von Besançon über Lons-le-Saunier und Bourg-en-Bresse nach Lyon. Die dreispurigen – die mittlere Spur kann auf beiden Fahrtrichtungen zum Überholen genutzt werden – Nationalstraßen im Rhône-Tal befinden sich über weite Strecken in einem ausgezeichneten Zustand. Zu bedenken bleibt allerdings, dass die Anreise erheblich länger dauert, da die zahlreichen Ortsdurchfahrten zeitraubend sind. Dafür kann man die gesparten Autobahngebühren von rund 50 € bequem in ein Doppelzimmer in einem durchschnittlichen Hotel investieren.

Route Napoléon: Eine landschaftlich sehr attraktive Anreisevariante bietet die Route Napoléon (RN 85), die von Grenoble über Gap, Sisteron, Digne und Grasse nach Cannes führt. Napoléon benötigte 1815 bei seiner Rückkehr aus der Verbannung auf Elba genau eine Woche, um in umgekehrter Richtung von Cannes nach Grenoble zu gelangen. Die rund 330 Kilometer lassen sich heute zwar wesentlich schneller bewältigen, doch wäre es schade, würde man die Route Napoléon einfach durchbrausen. Sisteron, Digne sowie Castellane bieten sich als interessante Zwischenstopps an.

Internet Der Routenpalner www.viamichelin.fr gibt Informationen zur schnellsten, kürzesten oder touristisch interessantesten Anreise.

Anfahrt via Italien

Für Österreicher ist die Anreise über Italien die günstigste Möglichkeit. Wiener fahren über Graz, Villach und Venedig nach Verona – Tauerntunnels sind gebührenpflichtig –, die anderen über den Brenner. Für Reisende aus Bayern und Sachsen, die an die Côte d'Azur wollen, ist die Anreise via Brenner ebenfalls zu empfehlen (Sehr lohnend ist der kleine Umweg entlang des Westufers des Gardasees). Über Verona und Piacenza geht es dann zügig durch die Poebene. Noch vor Alessandria zweigt die Autobahn nach Genua ab. Von Genua geht es weiter auf der tunnelreichen Küstenstrecke bis zur französischen Grenze. Zwischen Brenner und Nizza betragen die Autobahngebühren insgesamt rund 50 Euro (einfach). Wer kostenlos über den Brenner will, muss die Autobahn bei der Ausfahrt Innsbruck-Süd verlassen und die parallel verlaufende alte Brennerstraße nehmen. Die italienischen Landstraßen zu benutzen, ist ebenfalls zeitraubend; entlang der Küste von Genua nach Ventimiglia benötigt man zudem ein besonders strapazierfähiges Nervenkostüm. Wer die Seealpen zum Ziel hat, sollte bei Asti die Autobahn verlassen und über Cuneo die Grenze zu Frankreich beim Col de Tende überqueren. Diese Variante spart zudem rund 25 Euro Autobahngebühren.

• *Hinweis* Österreich hat bekanntlich 1997 eine Jahresvignette für die Autobahn eingeführt, so dass sich die Kosten der Anreise je nach Gültigkeit der Vignette erhöhen. 10-Tages-Vignette: 7,60 €, 2-Monats-Vignette 21,80 €, Jahresvignette 72,68 €. Als einzige Alternative bleibt die zeitraubende Landstraße von Garmisch-Partenkirchen zum Brenner.

Anfahrt via Schweiz

Eine interessante Alternative. Da allein schon die Autobahnvignette für die Schweiz mit 40 sfr zu Buche schlägt, summieren sich allerdings die Autobahngebühren – über den San Bernadino und Turin – bis nach Nizza auf über 50 € einfach. Eine andere Variante ist die Strecke Lindau-Chur-Bellinzona-Mailand. Es rechnet sich aus Zeitgründen nicht, den Kauf der ein Jahr gültigen Autobahnvignette zu umgehen und die Schweiz auf Landstraßen zu durchqueren.

Mit dem Zug

Es gibt zwei alternative Anreiserouten: Über Frankreich geht es meist schneller, die Zugfahrt durch Italien schont hingegen die Reisekasse.

Bis in die zweite Hälfte des 19. Jahrhunderts hinein war eine Reise in den vom Klima verwöhnten Süden Frankreichs ein überaus beschwerliches Unterfangen; mit der Postkutsche rhôneabwärts zu reisen, brachte die Entbehrungen einer tagelangen Fahrt über holprige, schlecht ausgebaute Straßen mit sich, mit der Gefahr, dass ein Achsenbruch die Reise an der nächsten Biegung beenden würde.

Von den Beschwerden des Reisens

"Reisen im Postwagen", so vermerkte Johann Georg Heinzmann 1793 in seinem "Rathgeber für junge Reisende", "ermatten eben so sehr den Geist, als sie für den Körper schädlich sind. Wer nur ein paar Tage und eine Nacht im Postwagen gefahren ist, wird zu allen muntern Gesprächen nicht mehr fähig seyn, und alles was um und neben ihm vorgehet, fängt ihm an gleichgültig zu werden. Das unbequeme enge Sitzen, oft bey schwüler Luft, das langsame Fortrutschen mit phlegmatischen und schlafenden Postknechten, der oft pestilenzialische Gestanck unsauberer Reisegesellschaften, das Toback-dampfen und die zottigen schmutzigen Reden der ehrsamen bunten Reisekompagnie, lassen uns bald des Vergnügens satt werden, und verursachen schreckliche Langeweile und gänzliches Übelbefinden in allen Gliedern. Wer acht Tage so gefahren ist, wird fast ein ganz andrer Mensch geworden seyn; wunderlich, träge, gelähmt am ganzen Körper, wachend wird er schlafen, die Augen eingefallen, das Gesicht aufgedunsen, die Füsse geschwollen; der Magen ohne Appetit, das Blut ohne Spannkraft; der Geist abwesend und zerstreut, und wie im Taumel redend."

Erst die Erfindung der Eisenbahn und der Ausbau des Eisenbahnnetzes revolutionierten das Transportwesen; in "Windeseile" fuhren die immer luxuriöser werdenden Züge von London über Paris an die Côte d'Azur. Der Privatzug der englischen *Königin Victoria* war mit Seide ausgekleidet und im Louis-Seize-Stil möbliert; allmorgendlich standen die Räder allerdings eine Stunde still: Ihre königliche Hoheit wollte sich nämlich in Ruhe ankleiden und die Männer des Begleittrosses sollten Gelegenheit haben, sich ohne Verletzungsgefahr zu rasieren. Ein dem Orientexpress vergleichbarer Klassiker war der wegen seiner blau-gold lackierten Schlafwagen *Train Bleu* genannte Zug, der von Calais zur Côte d'Azur rollte. Heute heißt das Zauberwort im französischen Eisenbahnwesen **TGV** (*Train à Grande Vitesse*) – jedoch nur, wenn man über Paris anreist. Der zuschlagspflichtige Hochgeschwindigkeitszug (Reservierungspflicht!) bewältigt die Strecke zwischen dem Pariser Gare de Lyon und Marseille in sagenhaften 3 Stunden und 10 Minuten, dabei wird eine Höchstgeschwindigkeit von 270 km/h erreicht. Auf den anderen Strecken geht es etwas gemächlicher zu: Von Avignon nach Nizza beträgt die Fahrzeit weitere 3.10 Stunden. Im

Der Bahnhof von Nizza

Sommer bestehen mehrere, speziell auf Urlaubsreisende abgestimmte Verbindungen (teilweise Sonderzüge) von Deutschland nach Frankreich.

Im internationalen Verkehr mit Frankreich werden bei Nachtverbindungen **Liegewagen** 2. Klasse (6 Personen pro Abteil) und teilweise auch **Schlafwagen** 1. und 2. Klasse (1–3 Personen pro Abteil) eingesetzt. Der Zuschlag für den Liegewagen beträgt einfach 14 €, für den Schlafwagen 60 €.

Preisbeispiele

Da die Preise der italienischen Staatsbahnen nach wie vor sehr günstig sind, ist die Anreise über Italien derjenigen über Frankreich und der Schweiz vorzuziehen; sie rechnet sich sogar oft trotz eines Umwegs. Für Österreicher gibt es zur Anreise über Mailand ebenfalls keine kostengünstigere Alternative. Von München via Kufstein-Brenner-Mailand-Genua nach Nizza kostet die Hin- und Rückfahrt in der 2. Klasse 184,60 €, von Berlin aus können es allerdings auch rund 300 Euro (die Bahn in Deutschland ist bekanntlich teuer...) werden.

Ermäßigungen

Wer auf dem Schienennetz der Deutschen Bahn weite Strecken zurücklegen muss, sollte sich die Vorteile der BahnCard zu Nutze machen. Die französischen Staatsbahnen halten für Zugreisende das **Billet de Séjour** bereit. Bedingungen: Auf der Hin- und Rückfahrt müssen wenigstens 1.000 Kilometer zurückgelegt werden; zwischen Ein- und Ausreise muss ein Wochenende liegen; am Sonntag ist das Ticket nicht gültig. Die Ermäßigung beträgt beim Billet de Séjour rund 25 Prozent. Interessant ist auch das **Euro-Domino-Ticket**. Es muss im Wohnsitzland gekauft werden und ermöglicht an 3 oder mehr frei wählbaren

Der Lohn für die lange Anreise: Strand bei Fréjus

Tagen eines Monats beliebig viele Fahrten auf dem französischen Schienennetz. 3 Tage kosten z. B. für die 2. Klasse 170 €, jeder zusätzliche Tag 30 €, unter 26 Jahren gibt es Sonderkonditionen: 125 € sowie 24 € für jeden weiteren Tag.

Weitere Informationen zu Verbindungen und Vergünstigungen in Frankreich erteilt die **Reiseauskunft der Deutschen Bahn** (bundeseinheitliche Rufnummer, ✆ 11861 (1 € pro Minute) sowie das Internet unter folgenden Adressen: www.bahn.de, www.oebb.at, www.sbb.ch, www.scnf.com

Fahrradmitnahme

Im internationalen Bahnverkehr mit Frankreich werden Fahrräder nur **verpackt** (Fahrradverpackungen sind nur beim Fahrradhändler erhältlich) zur Beförderung als Reisegepäck angenommen. Eine rechtzeitige Aufgabe (3–4 Tage im Voraus) wird empfohlen, die genaue Lieferzeit ist von der Entfernung abhängig. Die Kosten betragen 10 € (von Deutschland bis zur Grenze), in speziell gekennzeichneten Zügen ist die Beförderung in Frankreich kostenlos.

Weitere Informationen zum Thema Fahrrad erteilt **ADFC** (Allgemeiner Deutscher Fahrrad-Club), Postfach 10 77 47, D-28077 Bremen, ✆ 0421/346290, ✆ 0421/75890, www.adfc.de; DB-Radfahrer-Hotline: ✆ 01805/151415.

Mit dem Bus

Eine sehr preisgünstige und schnelle Variante ist eine Busfahrt an die Côte d'Azur. Leider gibt es nur sehr wenige Anbieter, die große Ausnahme stellt der **Côte d'Azur Express** von Ettenhuber Busreisen dar. Ganzjährig fährt am Samstagmorgen ein Bus von München (Zusteigemöglichkeit auch in Innsbruck) nach Menton und weiter nach Nizza, Cannes, St. Raphaël und Sainte-Maxime. Die Abfahrt erfolgt in München um 7.30 Uhr, Ankunft in Nizza beispielsweise um 18 Uhr; die Rückfahrt erfolgt jeweils am Sonntagmorgen.

Einfacher Fahrpreis 95 €; bei der Rückfahrt gibt es 20 Prozent Ermäßigung. Jugendliche unter 26 Jahren erhalten zudem 10 Prozent Ermäßigung auf den Fahrpreis.

Adresse Ettenhuber Busreisen, Frauenstr. 36, D-80469 München, ✆ 089/2163360, ✆ 089/21633650, www.ettenhuber.com.

Mit dem Flugzeug

Der Flughafen von Nizza (Nice-Côte d'Azur) wird regelmäßig direkt von Deutschland und der Schweiz aus angeflogen. Kleinere nationale Flughäfen gibt es auch in Cannes/Mandelieu und Toulon/Hyères. Wer einen eigenen Helikopter besitzt oder einen solchen für den Urlaubstrip chartern will, kann zusätzlich auf dem Héliport von Monaco und Saint-Tropez landen...

Auf rund zweieinhalb Stunden verkürzt sich die Anreise mit dem Flugzeug. Dennoch ist diese Art der Anreise nur unter bestimmten Voraussetzungen attraktiv (Alleinreisende, Kurzurlauber, fest gebuchte Unterkunft etc.). Die meisten internationalen Flugverbindungen bestehen mit dem Flughafen von Nizza, der nach dem Pariser Flughafen "Charles de Gaulle" mit rund 8.200.000 Fluggästen pro Jahr der größte und modernste in Frankreich ist. Die *Lufthansa, Air France, Swissair/Crossair* sowie *Eurowings* fliegen **Nizza** (NCE) – teilweise täglich – von folgenden Städten aus an: Berlin, Bremen, Dresden, Düsseldorf, Frankfurt, Genf, Hamburg, Hannover, Köln, Leipzig, München, Nürnberg, Stuttgart und Zürich. Wer von einem der kleineren Flughäfen wegfliegen will, muss zumeist in Frankfurt bzw. in Zürich oder Genf umsteigen, bei der *Air France* ist häufig in Paris das Flugzeug sowie der Flughafen zu wechseln – eine zeitraubende Prozedur. Als Alternative bietet die Lufthansa im Sommer zweimal pro Woche einen Direktflug München – Saint-Tropez (Flughafen La Mole) an.

Tarifdschungel: Das Tarifsystem auf dem Flugreisemarkt ist nicht gerade übersichtlich. Die Fluglinien locken mit Standby, Fly & Drive, Flieg & Spar-Tarif, Super-Flieg & Spar-Tarif, Partnertarifen, Jugendtarifen, Studententicket, Vol Grand Bleu und anderen verführerisch klingenden Angeboten. Nur eins steht fest: In der Business-class ist es am teuersten. Am besten erkundigt man sich in einem guten Reisebüro – oder mehreren – nach den aktuellen Angeboten und studiert die Tarife. Faustregel: Die Preise für den Hin- und Rückflug bewegen sich zwischen 199 und 350 €.

Mitfahrzentralen/Trampen

Die goldenen Tramperzeiten sind – wenn es sie jemals gegeben hat – schon lange vorbei. Das Warten an den vielbefahrenen französischen Nationalstraßen und Autobahnauffahrten kann zur harten Geduldsprobe werden. Abhilfe schaffen die preiswerten Mitfahrzentralen.

Wer die Ungewissheit und Risiken des Trampens scheut, sollte sich an die Mitfahrzentralen (MFZ) halten. Sie sind für Fahrer und Mitfahrer gleichermaßen eine feine Sache. Ersterer bekommt einen Fahrtkostenzuschuss, letzterer kommt zuverlässig und günstig ans Ziel; die Kosten liegen unter denen eines Bahntickets. Genauere Informationen zu Mitfahrgelegenheiten und Preisen können in den größeren deutschen Städten unter der **bundeseinheitlichen Rufnummer 1 94 40** erfragt werden. Frauen haben die Möglichkeit, auf Wunsch nur Frauen mitzunehmen bzw. nur bei ihnen mitzufahren. Die Preise errechnen sich aus einer *Benzinkostenbeteiligung* und einer *Vermittlungsgebühr* und belaufen sich derzeit auf 5 Cent pro Kilometer; wovon dem Fahrer zwei Drittel zustehen.. Von Nürnberg nach Nizza beträgt der Gesamtpreis für den Mitfahrer 47,50 €, wovon dem Fahrer 34 € zustehen. Um spätere Schwierigkeiten zu vermeiden, sollte man unbedingt den von der MFZ ausgestellten Beleg mitführen. Für einen Euro kann jeder Mitfahrer bei der MFZ eine *Zusatzversicherung* abschließen.

Unterwegs an der Côte d'Azur

Mit dem eigenen Fahrzeug

Da die abgeschiedenen Landstriche der Seealpen mit öffentlichen Verkehrsmitteln nur sehr schwer – wenn überhaupt – zu erreichen sind, erkunden die meisten Touristen den Südosten Frankreichs mit dem eigenen Fahrzeug. Motorradfreaks kommen angesichts der kurvenreichen Straßen voll auf ihre Kosten.

Das Straßennetz bereitet im Allgemeinen keine Probleme, nur in den Seealpen und der Haute-Provence ist es aufgrund der natürlichen Gegebenheiten weitmaschiger. Besonders gut ausgebaut sind die mit N-Nummern markierten Nationalstraßen, während die mit einer D-Nummer versehenen Département-Straßen schmäler und gelegentlich auch etwas holprig sind. Achtung: Die vor Kurven angebrachten Hinweisschilder zur Geschwindigkeit können einen des Öfteren in trügerischer Sicherheit dahin fahren lassen, doch auf einmal muss man erschreckt feststellen, dass die angekündigte Kurve bereits mit 35 km/h statt der empfohlenen 50 km/h kaum zu meistern ist. Das Fahrverhalten der Franzosen entspricht der mediterranen Mentalität: Größtenteils wird sehr forsch, unter häufiger Benutzung der Hupe gefahren. Glücklicherweise leiden die Franzosen in der Regel nicht an den cholerischen Anfällen mancher mitteleuropäischer Autofahrer.

Autoverleih: In allen größeren Städten der Region, insbesondere in den Touristenzentren der Côte d'Azur, sind international bekannte Verleihagenturen sowie kleine örtliche Vermieter zu finden. Dies gilt selbstverständlich auch für die Flughäfen und großen Bahnhöfe. Grundvoraussetzung für das Mieten eines Leihwagens sind ein Mindestalter von 21 Jahren und der einjährige Besitz des Führerscheins. Eine Kaution in Höhe von mehreren hundert Euro ist zu stellen, wenn man keine in Frankreich akzeptierte Kreditkarte besitzt. Die Preise variieren je nach Mietdauer, Jahreszeit und Wagenklasse. Zumeist ist es preisgünstiger, schon im Heimatort einen Wagen bei den internationalen Verleihfirmen im Voraus zu buchen. Die französische Bahn (SNCF) mit den *Rail-and-drive*-Angeboten sowie die Fluggesellschaften mit den *Fly-and-drive*-Angeboten halten ebenfalls preiswerte Alternativen bereit. Ein Kleinwagen kostet rund 50 Euro pro Tag (Kreditkarte mitnehmen!).

In der Provence sind die Straßenschilder zweisprachig

Mit der Bahn

Entlang der Côte d'Azur ist die Bahn ein gleichwertiges Verkehrsmittel, das sich wegen der häufigen Verbindungen auch motorisierten Touristen für Ausflüge anbietet. Ruckzuck ist man in Nizza oder Cannes, ohne dass man sich über Parkplätze, Strafzettel oder Autoaufbrüche Gedanken machen muss.

Im Großen und Ganzen beschränkt sich das Eisenbahnnetz im Südosten Frankreichs aber auf Verbindungen zwischen den größeren Städten, ausgesprochen gut kommt man im Tal der Rhône und entlang der Côte d'Azur voran. Zwischen Menton und St. Raphaël besitzen beispielsweise fast alle Orte einen eigenen Bahnhof, nach Saint-Tropez fahren Busse. Da die Züge im Stundenrhythmus verkehren, lassen sich Ausflüge gut organisieren. Bei den Bahnhöfen ist ein kostenloser Fahrplan (*Guide régional des Transports*) erhältlich, der einen Überblick über die wichtigsten regionalen Zug- und Busverbindungen bietet. Die Fahrkarten werden am Schalter ausgegeben (vor der Fahrt entwerten!), Tickets für kürzere Strecken löst man an den bereitstehenden Automaten. Kinder bis 4 Jahre fahren kostenlos, von 4–12 Jahren ist der halbe Fahrpreis zu entrichten.

Internet www.voyages-scnf.com.

Drei landschaftlich überaus reizvolle Strecken sollen hier besonders hervorgehoben werden:

Menton → Nizza: Ohne Frage eine der schönsten Küstenbahnlinien der Welt! Eine Fahrt mit der bis zu 70 mal am Tag verkehrenden *Metrazur* bietet phantastische Ausblicke auf die Küste, die den Autofahrern größtenteils verwehrt bleiben. Die Nahverkehrszüge fahren so häufig, dass die Linie stark an die heimischen S-Bahnen erinnert. Fahrtzeit von Monaco nach Cannes: etwa eine Stunde.

Nizza → Digne: Auf einer eingleisigen Nebenstrecke erschließt der *Train des Pignes* ("Pinienzapfenzug", weil man früher angeblich während der Fahrt Kiefernzapfen sammeln konnte) das Hinterland der Côte d'Azur und die Haute Provence. Entfernung: 151 Kilometer; einfache Fahrtzeit: 3.15 Stunden; vier Verbindungen täglich.

Nizza → Tende: Diese mit dem "Pinienzapfenzug" vergleichbar schöne Bahnlinie kämpft sich das Roya-Tal bis zur italienischen Grenze hinauf und führt dann weiter nach Cuneo. Verbindungen: vier- bis fünfmal täglich.

Mit dem Bus

Die öffentlichen Busverbindungen sind eine wichtige Ergänzung zur Eisenbahn, denn im Hinterland verkehren Züge nur auf wenigen Strecken. Alle größeren sowie viele kleinere Orte sind aber an das öffentliche Busnetz angeschlossen. Die Orte im Hinterland werden meist nicht häufiger als zweimal täglich vom Linienverkehr bedient, an Sonn- und Feiertagen fahren so gut wie keine Busse über Land. Die Preise entsprechen in der Regel denjenigen einer Zugfahrt. Wichtig ist es auch, sich nach dem Abfahrtsort zu erkundigen, da nicht alle Busse von der *Gare routière,* dem Busbahnhof, abfahren. In den größeren Städten wie Nizza und Cannes erleichtern städtische Buslinien die Besichtigungstour. Im nachfolgenden Reiseteil sind bei fast allen Orten die wichtigsten öffentlichen Verkehrsverbindungen zu den umliegenden Städten genannt, die Angaben auf die Häufigkeit beziehen sich in der Regel auf einen normalen Werktag. Wer am Sonntag oder an einem Feiertag weiterreisen möchte, muss bedenken, dass die Busse wesentlich seltener verkehren.

Mit dem Schiff

In den Sommermonaten werden die kleinen, der Küste vorgelagerten Inseln (Iles des Lerines, Iles d'Hyères, Ile de Bendor) sehr häufig von Ausflugsbooten angefahren. Von Nizza aus ist es zudem problemlos möglich, mit der Fähre nach Korsika überzusetzen. Entlang der Côte d'Azur bestehen ebenfalls zahlreiche Möglichkeiten, ein Motor- oder Segelboot zu mieten. Eine Liste ist beim C.R.T. Côte d'Azur erhältlich: Comité Régional du Tourisme Rivière Côte d'Azur, 55, promenade des Anglais, B.P. 602, 06011 Nice Cedex, ✆ 0033/0493377878, 📠 0033/0493860106.

Taxi

Taxis können entweder auf offener Straße angehalten werden, oder man steigt an einem mit "T" gekennzeichneten Taxistand zu. Wird ein Taxi über eine Taxizentrale bestellt oder am Bahnhof bzw. Flughafen bestiegen, kommt zum Fahrpreis eine Anfahrtspauschale hinzu. Alle Gepäckstücke über 5 Kilogramm werden zusätzlich berechnet (1 €).

Mit dem Fahrrad unterwegs im Estérel-Gebirge

Mit dem Fahrrad

Es ist sicher nicht jedermanns Sache, die Seealpen mit dem Fahrrad zu erklimmen, wer aber die sportliche Herausforderung liebt, findet hier mit Sicherheit das geeignete Terrain. Gemächlicher radelt es sich entlang der – allerdings weitaus stärker befahrenen – Küste.

Zwar ist Frankreich das Land der *Tour de France*, doch Franzosen, die eine ausgedehnte wochenlange Radtour mit Gepäck und allem Drum und Dran unternehmen, trifft man nur selten an. Diese Urlaubsform scheint eher eine Domäne der deutschsprachigen Touristen zu sein, die diese sportliche und ökologische Reiseform schätzen; zudem ermöglicht sie nebenbei einen intensiveren Kontakt zu Landschaft und Bevölkerung. Zum Vergnügen wird eine Radtour durch den Südosten Frankreichs allerdings nur für gut trainierte Radfahrer, die häufigen und starken Steigungen sowie die sommerliche Hitze zehren schnell an der Substanz.

In mehr als 2.000 Regionalzügen, die im Fahrplan durch ein Fahrradsymbol gekennzeichnet sind, ist das kostenlose Mitführen von Fahrrädern im Gepäckwagen bzw. -abteil möglich. Hinweis für größere Gruppen: In einigen Nahverkehrszügen können nur maximal 3 Fahrräder befördert werden. In den meisten größeren Städten bieten private Verleiher ihre Dienste an. Die Preise variieren je nach Mietdauer, Saison und gewähltem Drahtesel. Wer sich ein Mountainbike ausleihen möchte, muss sich nach einem *vélo tout terrain* oder abgekürzt *VTT* erkundigen. Für manche Regionen, wie das Royatal oder das Tal der Vésubie, sind vor Ort spezielle Karten (Maßstab 1: 25.000) für Mountainbiker erhältlich.

Wandern

Es gibt natürlich zahlreiche Möglichkeiten, auf Schusters Rappen durch die Provence und das Hinterland der Côte d'Azur zu streifen, man sollte sich dabei an die gut ausgeschilderten Fernwanderwege (*Sentiers de Grande Randonnée*) halten und eine Wanderkarte mit kleinem Maßstab mit sich führen. Spezielle Wanderferien werden nur selten angeboten.

Übernachten

Im Juli und August sind viele Orte an der Côte d'Azur bis auf das letzte Bett ausgebucht. Kein Wunder, denn alljährlich verbringen zwischen 85 und 90 Prozent aller Franzosen ihren Urlaub im eigenen Land. Hinzu kommen zahllose ausländische Touristen, darunter mittlerweile knapp 50.000 russische Staatsangehörige, die die Küste zwischen Cannes und Nizza "wiederentdeckt" haben.

Von regionalen Verschiebungen abgesehen, bieten Provence und Côte d'Azur die gesamte Unterkunftspalette an: Von der Nobelherberge in Cannes über das gediegene Schlosshotel bis hin zur einfachen, familiär geführten Herberge auf dem Land ist alles vorhanden; Campingfreunde haben ebenfalls eine Vielzahl von Plätzen zur Auswahl. Was das Preisspektrum der Unterkünfte betrifft, setzt neben persönlichen Vorlieben nur der eigene Geldbeutel Grenzen: Manch einer gibt für eine Nacht im Luxushotel mehr Geld aus als andere während ihres gesamten Ferienaufenthaltes. Zweifellos ist der Südosten Frankreichs keine preisgünstige Urlaubsregion, doch soll dies nicht heißen, dass man sein Haupt – vor allem im Hinterland – nicht auch preiswert betten kann. Das gesamte Erscheinungsbild der Küstenregion ist durch die lange Fremdenverkehrstradition geprägt und verändert worden; in vielen Orten verbreiten ausgedehnte Feriensiedlungen eine nicht zu übersehende Monotonie. Zwar gibt es wie im Falle der Lagunenstadt Port Grimaud sowie Port Fréjus halbwegs gelungene Beispiele für künstliche Urlaubsparadiese, aber vom gigantisch-futuristischen Terrassen-Betonbau der 1970 erbauten Ferienanlage Marina-Port-des-Anges in Villeneuve-Loubet kann man sich nur mit Schaudern abwenden.

Hotels

Wie überall in Frankreich sind die Hotels in vier, mit Sternchen gekennzeichnete Kategorien eingeteilt. Die Klassifizierung – ersichtlich an einem blauen Schild am Eingang – reicht vom Luxushotel über die gehobene Mittelklasse bis hin zum durchschnittlichen Zwei-Sterne-Hotel und dem einfachen Ein-Stern-Hotel. Die Sterne beziehen sich nur auf den Komfort, nicht auf die Preise. Doch sollte man sich nicht allzu sehr von den Sternen leiten lassen, ein niedriger eingestuftes Hotel kann einem "sternreicheren" durchaus bezüglich Sauberkeit, Ausstattung und Flair überlegen sein. Neben den klassifizierten Hotels gibt es Beherbergungsbetriebe ohne Stern – dies muss aber keineswegs bedeuten, dass die Ausstattung schlechter wäre als die eines Ein-Stern-Hotels.

Traumhafte Pools ...

Wer sich gerne mit eigenen Augen von der Lage und Ausstattung des Zimmers überzeugen möchte, sollte ruhig fragen, ob er das Zimmer sehen kann. In der kälteren Jahreszeit ist es ratsam, sich vorab zu erkundigen, ob das erwünschte Zimmer über eine Heizung (*le chauffage*) verfügt (fast immer handelt es sich um Elektroheizungen, Zentralheizungen sind so gut wie unbekannt).

Die **Preise** sind von mehreren Faktoren abhängig: Neben der Ausstattung der Zimmer spielt die Reisezeit sowie die Lage des Hotels eine Rolle: Hotels an der Küste sind oft deutlich teurer als im Hinterland. Bei einem längeren Aufenthalt sowie in der Nebensaison wird oft ein Preisnachlass gewährt. Das folgende grobe Schema soll als Orientierungshilfe dienen:

Ein Doppelzimmer ohne Frühstück kostet in einem Ein-Stern-Hotel 25–50 €, in einem Zwei-Sterne-Hotel 35–70 €, in einem Drei-Sterne-Hotel 55–110 €; ein Zimmer in einem Vier-Sterne-Hotel ist nicht unter 100 € zu bekommen. In den wenigen Hotels der Luxusklasse (****L) ist preislich beinahe alles möglich.

Die Franzosen unterscheiden zwischen einem Zimmer mit zwei Betten (*une chambre à deux lits*) und einem Zimmer mit einem breiten Französischen Bett (*une chambre avec un grand lit*); Letzteres ist in der Regel etwas günstiger. Allerdings ist das Französische Bett in der Regel nur 135 oder 140 Zentimeter breit, so dass sich eine gewisse nächtliche Nähe fast zwangsläufig einstellt. Hinzu kommt, dass es nur eine Zudecke gibt und man anstelle von zwei Kopfkissen mit einer fürchterlichen Bettwurst (*le traversin*) vorlieb nehmen muss. Wer also nicht als Liebespaar unterwegs ist, sollte darauf Wert legen, ein Zimmer mit zwei Betten zu reservieren. Einzelreisende werden durch die Übernachtungspreise häufig benachteiligt, da zumeist für das Zimmer bezahlt wird, gleichgültig, ob man alleine oder zu zweit im Bett liegt. Wenn überhaupt, ist ein Einzelzimmer nur unwesentlich günstiger als ein gleich ausgestattetes Zweibettzimmer.

Da die Zimmerpreise nur in seltenen Fällen das Frühstück (*petit déjeuner*) beinhalten, erscheint es günstiger und authentischer, sein Croissant im nächsten Café zu ordern; nach wie vor ist das Frühstücksangebot ein Schwachpunkt im französischen Hotelgewerbe. Wenn für Tee oder Kaffee, ein Glas Orangensaft, Brötchen und Croissant, die mit Butter und abgepackter Marmelade bestrichen werden können, zwischen 4 und 10 € berechnet werden, hinkt das Preis-Leistungs-Verhältnis entschieden. In der Regel kann man davon ausgehen, dass für ein Frühstück zwischen 10 und 15 Prozent des Übernachtungspreises veranschlagt werden.

Besitzt das jeweilige Hotel ein eigenes Restaurant, wird es gerne gesehen, wenn die Gäste dort auch zu Abend essen. Allerdings besteht keine Verpflichtung zu der preislich nicht unattraktiven Halbpension. Eine Ausnahme besteht während der Hochsaison, wenn manche Hoteliers ihre Zimmer nur in Verbindung mit einer Halbpension vermieten; wer dies nicht will, muss sich eben anderweitig nach einem Zimmer umsehen.

Hotelketten und -vereinigungen

Die zahlreichen Häuser der Hotelketten (Ibis, Novotel, Campanile, Nuit d'Hôtel, Climat de France etc.), die zumeist in Gewerbegebieten an den Autobahnausfahrten und Nationalstraßen zu finden sind, eignen sich zwar nicht für einen Ferienaufenthalt, sind aber zum Übernachten auf der Durchreise geradezu ideal. Am preisgünstigsten sind die über 300 französischen **Formule-1-Hotels**. Man kann zwar über die "Hotelcontainer" verächtlich die Nase rümpfen, aber der Einheitspreis von etwa 22 € pro Zimmer und Nacht ist unschlagbar. Jedes Zimmer besitzt ein Doppel- und ein Etagenbett, Farbfernseher mit Weckeinrichtung sowie ein Waschbecken. Für das wenig berauschende Selbstbedienungsfrühstück (keine Pflicht) werden 3,35 € berechnet. Duschen und Toiletten sind Gemeinschaftseinrichtungen. Wegen der großen Nachfrage empfiehlt sich eine Reservierung (Achtung: Die Rezeptionen sind nur von 6.30–10 Uhr und von 17–22 Uhr besetzt). Eine aktuelle Informationsbroschüre mit den Adressen und Telefonnummern aller Formule-1-Hotels gibt es unter folgender Adresse: Formule 1, Sishe, F-91021 Evry Cedex.

Weitere Hotelketten:

Relais & Château: Erlesener Kreis exklusiver Hotels. Informationen: Rue Galvani, 75017 Paris, ✆ 0033/0145729000. Deutsche Vertretung: Hannoversche Straße 55/56, D-29221 Celle, ✆ 05141/217121.

Châteaux et Hotels Indépendants: Zusammenschluss von unabhängigen Hotels mit stilvollem Ambiente. Entweder handelt es sich dabei um Schlosshotels oder um besonders charmante Beherbergungsbetriebe in ländlichen Regionen, die preislich meist im 4-Sterne-Bereich angesiedelt sind. Kontaktadresse: 15, rue Malebranche, 75005 Paris, ✆ 0033/0143547499, ℻ 0033/0143547696.

Logis de France: Gemütliche, nicht allzu teure Hotels; es handelt sich zumeist um familiär geführte Unterkünfte der Zwei-Sterne-Klasse mit angegliedertem Restaurant, das sich auf die Zubereitung lokaler Spezialitäten versteht. Information: Fédération Nationale des Logis de France, 83, rue d'Italie, 75013 Paris, ✆ 0033/0145847000, ℻ 0033/0144240874, www.logis-de-France.fr.

Chambres d'hôtes: In kleineren Städten und Dörfern werden häufig auch einfache Zimmer (*Chambres d'hôtes*) mit Frühstück vermietet. Sie sind vergleichbar mit dem englischen *bed and breakfast*. Diese rund 4.000 – steigende Tendenz! – in der Region Provence-Côte d'Azur angebotenen Unterkunftsmöglichkeiten bieten viel Kontakt zu den Gastgebern, Sprachkenntnisse vorausgesetzt; manche von ihnen sind (Nebenerwerbs-) Landwirte, andere haben sich erst unlängst in der Provence niedergelassen und freuen sich über Kontakte zu Reisenden. Für ein Doppelzimmer sind dabei je nach Komfort zwischen 25 und 50 € zu veranschlagen. Gelegentlich gibt es auch sehr luxuriöse Zimmer in historischen Gemäuern, zu denen fast wie selbstverständlich ein Swimmingpool gehört. Der große Komfort lässt dann auch einen Preis von bis zu 100 € für das Doppelzimmer als gerechtfertigt erscheinen. Diese Luxusvariante wirbt auch gerne unter der Bezeichnung *Maison d'hôtes* oder *Demeure d'hôtes*. Gelegentlich erwartet die Gäste ein landestypisches Abendmenü im Kreise der Gastgeber (*Table d'hôtes*). Information: Maison des Gîtes de France et du Tourisme Vert, 59, rue Saint Lazare, 75439 Paris Cedex 09, ✆ 0033/0149707575, ℻ 0142812853, www.gites-de-france.fr. Hier ist eine 160 Seiten dicke Broschüre, die alle Chambres d'hôtes in der Region Provence-Alpes-Côte d'Azur auflistet, gegen Gebühr erhältlich.

Gîtes ruraux: Hinter dieser Bezeichnung verbergen sich Unterkünfte (Ferienwohnungen oder Häuser) in ländlicher Umgebung, die zumeist wochenweise vermietet werden. Information: Fédération Nationale des Gîtes ruraux de France, 35, rue Godot de Mauroy, 75009 Paris, ✆ 0033/0149707575.

Markenzeichen für tolle Privatunterkünfte

Gîte d'étape: Diese speziell auf Wanderer eingestellten Unterkünfte trifft man vor allem in den entlegeneren Regionen an. Zumeist erfolgt die Unterbringung in Mehrbettzimmern; da nicht immer Bettwäsche und Handtücher gestellt werden, sollte man sich über die Serviceleistungen zuvor informieren oder sicherheitshalber einen Schlafsack im Gepäck mitführen. Der Standard ist unterschiedlich und wird mit Ähren statt mit Sternen angegeben.

Ferienhäuser und -wohnungen

Frankreich besitzt das dichteste Netz von Ferienhäusern und -wohnungen in ganz Europa. Nicht nur bei Familien ist diese Urlaubsform als willkommene Alternative zu Hotels und Pensionen beliebt. Zwar sind sie nicht immer wesentlich billiger, ermöglichen aber einen ungezwungeneren Tagesablauf, und wer in den Ferien mit Kindern unterwegs ist, weiß diese Freiheit zu schätzen. Das Angebot ist schier unüberschaubar und reicht von pompösen Villen über modern ausgestattete Appartements in einer luxuriösen Ferienanlage (Swimmingpool und diverse Freizeitaktivitäten inbegriffen) bis zum einfachen, schnuckeligen Bauernhaus. Mehr als ein Dutzend ansprechender, gut ausgestatteter Ferienresidenzen und Clubdörfer entlang der Côte d'Azur finden sich im aktuellen Katalog von **Pierre & Vacances**. Die Anlagen (allesamt mit

Swimmingpool) liegen abseits vom Trubel und bieten zahlreiche Freizeitaktivitäten. Deutsche Zentrale: Kurfürstenstraße 10, 76137 Karlsruhe, ✆ 0721/931950, 📠 0721/9319510. Internet: http://www.pierre-et-vacances.de.

Unterkunftstipps von anno dazumal

"Wer irgendwo Winterstation macht, prüfe genau die zu wählende Wohnung und ziehe den Arzt zu Rate, ehe er den unentbehrlichen Mietkontrakt unterzeichnet. Die Wohnung muß vor allen Dingen trocken und nach Süden gelegen, der in der Regel steinerne Fußboden muss mit dicken Teppichen versehen sein. Fenster und Thüren müssen gut schließen. Kamine und Öfen sind auf ihre Güte (insbesondere ob sie nicht rauchen) zu prüfen, denn sie sind in der kältesten Zeit unentbehrlich. Der Deutsche, weit eher als der weniger luftscheue Engländer, versieht es jedoch häufig darin, dass er viel zu früh im Vorwinter zu heizen anfängt, die Zimmer zu stark erwärmt und sich länger, als es für die Gesundheit erforderlich ist, in ihnen aufhält. An der Riviera ist es geradezu zur Unsitte geworden, dass die Kranken die Morgenstunden, oft die beste Zeit zum Luftgenuß, versäumen und erst gegen Mittag ihr Zimmer verlassen"; mit diesen praktischen Ratschlägen versehen, schickte der Baedecker 1902 seine Leser an die französische Riviera.

Zusätzlich zu den reich bebilderten Katalogen der professionellen Agenturen – hier finden sich vor allem in der Nebensaison verlockende Angebote – kann man sich auch an das Tourismusbüro des jeweiligen Ferienortes wenden. Jedes *Syndicat d'Initiative* bzw. *Office de Tourisme* hält gewöhnlich eine Liste der zur Verfügung stehenden *Studios, Meublées, Résidences* oder *Appartements* bereit und verschickt diese auf Anfrage. Eine andere lohnenswerte Alternative sind die zahlreichen Kleinanzeigen im Reiseteil der großen überregionalen Zeitungen (FAZ, SZ, ZEIT). Die hier angebotenen Feriendomizile sind in der Regel etwas günstiger, da keine Vermittlungsprovision erhoben wird. Treten mit privaten Vermietern allerdings Probleme auf, ist es oft sehr schwierig bis unmöglich, Regressansprüche geltend zu machen. Die **Mietdauer** beträgt normalerweise eine bis mehrere volle Wochen, wobei als An- und Abreisetag der Samstag gilt. In der Nebensaison lässt sich die Mietdauer aber oft individuell regeln.

Die von der Lage und Ausstattung abhängigen **Preise** schwanken je nach Saison beträchtlich, in der Hauptsaison wird meist das Doppelte verlangt. In der Regel sind Wohnungen oder Häuser entlang der Côte d'Azur teurer als im Hinterland. Einen wichtigen Preisfaktor stellen auch die Nebenkosten dar. Strom, Wasser, Heizung, Bettwäsche und die Endreinigung lassen den Mietpreis schnell um 50 € steigen. Das Preis- und Leistungsspektrum ist enorm: Einfache, kleine Ferienwohnungen kosten je nach Saison pro Woche zwischen 200 und 400 €, für eine große, luxuriöse Villa mit eigenem Swimmingpool wird im August pro Woche leicht 2.000 € und mehr berechnet – dafür ist dann aber auch eine Haushälterin im Preis inbegriffen...

Jugendherbergen

In Südfrankreich existiert ein relativ dichtes Jugendherbergsnetz. Jugendherbergen gibt es beispielsweise in Fréjus/St. Raphäel, Le Trayas/Théoule-sur-Mer, Menton und Nizza. Eine Übernachtung in einer *Auberge de Jeunesse* setzt auch in Frankreich den Besitz eines internationalen Jugendherbergsausweises voraus, eine Altersbegrenzung gibt es hingegen nicht. Der internationale Jugendherbergsausweis kann entweder beim Deutschen Jugendherbergswerk oder seinem französischen Pendant erworben werden. Die französischen Jugendherbergen sind in fünf, durch Bäume gekennzeichnete Kategorien eingeteilt. Die Preise der Herbergen variieren je nach Ausstattung; eine Übernachtung kostet derzeit zwischen 7 € und 12,20 €, das Frühstück (*petit déjeuner*) ist in der höchsten Kategorie inbegriffen, ansonsten werden 3,20 € zusätzlich berechnet, ein warmes Abendessen kostet in der Regel 8 €.. Wer keinen Jugendherbergsschlafsack hat, kann sich für 2,70 € einen solchen leihen. Manche Jugendherbergen bieten ihren Gästen Preisnachlässe für diverse Freizeitaktivitäten; in den Sommermonaten kann eine rechtzeitige Reservierung hilfreich sein. Aktuelle Verzeichnisse zu Jugendherbergen hält neben dem jeweiligen Landesverband auch das Französische Fremdenverkehrsamt bereit.

• *Weitere Informationen* **Deutsches Jugendherbergswerk**, Bismarckstr. 8, Postfach 1455, 32756 Detmold, ✆ 05321/99360, 05231/999590, www.djh.de. **Fédération Unie des Auberges de Jeunesse (FUAJ) Centre National**, 27, rue Pajol, 75018 Paris, ✆ 0033/0144898727, 0033/0144898710. Centre Information Jeunesse Côte d'Azur, 19, rue Gioffredo, 06000 Nice, ✆ 0033/0493809393, 0033/0493803033, www.fuaj.org.

Camping

Bei mehr als 9.000 Campingplätzen in ganz Frankreich treffen Camper besonders im Süden des Landes auf nahezu ideale Voraussetzungen. Einen Platz zu finden, bereitet außerhalb der Hochsaison keine Schwierigkeiten, an manchen Abschnitten der französischen Mittelmeerküste sind die Campingplätze gar wie Perlen aneinandergereiht. Trotz dieses riesigen Angebots sind im Juli und August viele Zeltplätze hoffnungslos überfüllt. Bis auf wenige Ausnahmen haben alle Campingplätze von Juni bis Ende September geöffnet, manche sogar das ganze Jahr über. Auch wer ohne eigenes Zelt oder Motorhome nach Südfrankreich reist, findet auf komfortablen Zeltplätzen, die sich auch gerne als *Hôtels de plein air* bezeichnen, Übernachtungsmöglichkeiten vor. Neben voll ausgestatteten Familienwohnzelten werden auch Wohnwagen und Bungalows vermietet.

Wildzelten ist hingegen wegen der Waldbrandgefahr verboten, ein Verstoß wird streng geahndet. Wer abseits der öffentlichen Plätze campen will, holt sich am besten beim Grundstückseigentümer die Erlaubnis. Besitzer von Wohnmobilen werden oft Schwierigkeiten haben, ihr Fahrzeug auf einem Parkplatz in Strandnähe abzustellen, da die Gemeinden, um kostenloses Übernachten zu verhindern, durch Höhenbarrieren nur niedrigen Fahrzeugen die Zufahrt ermöglichen. Leute, die am Strand schlafen, sind ungern gesehen; vor allem in den Tourismusmetropolen wie Cannes und Nizza muss man damit rechnen, von der Polizei am frühen Morgen recht rüde geweckt zu werden.

Wer nicht sofort senkrecht in seinem Schlafsack steht, bekommt einen Eimer Meerwasser ins Gesicht.

Die französischen Campingplätze sind ähnlich den Hotels mittels Sternchen in vier Kategorien eingeteilt. Die Anzahl der Sterne spiegelt einzig den Standard der Ausstattung wider, sie sagt nichts darüber aus, ob die Campinganlage in einer reizvollen Landschaft liegt bzw. ob die Plätze schattig sind. Manch schlichter *Camping Municipal* ist daher einem Vier-Sterne-Luxus-Platz mit Swimmingpool, Tennisplatz und allabendlicher Animation an Atmosphäre bei weitem überlegen. Prinzipiell gilt: Ausstattung und Preise nehmen mit der Zahl der Sterne zu:

*	Sanitäre Minimalausstattung, meist nur Kaltwasserduschen. Unbewachte Anlage.
**	Das Campingareal ist für gewöhnlich gut erschlossen und parzelliert, Warmwasserduschen und individuelle Waschbecken mit Steckdosen sowie ein Kinderspielplatz sind zumeist ebenfalls vorhanden.
***	Komfortabler, rund um die Uhr bewachter Campingplatz zumeist mit kleinem Lebensmittelgeschäft. Die Stellplätze besitzen einen eigenen Stromanschluss. Ein Kinderspielplatz gehört zur Grundausstattung, häufig stehen ein Swimmingpool sowie ein Tennisplatz zur Verfügung.
****	Luxus-Camping mit fast obligatorischem Swimmingpool und diversen Sport- und Animationsangeboten (Disco etc.). Die sanitäre Ausstattung lässt nichts zu wünschen übrig. Die Geschäfte ähneln gelegentlich kleinen Supermärkten, ein Restaurant – oftmals eine Pizzeria – ist ebenso vorhanden.

Camping à la ferme: Camping auf dem Bauernhof; eine kleine Wiese, wenig sanitärer Komfort, aber viel Flair. Aufgrund der geringen Stellplatzzahl sind diese Campingmöglichkeiten im praktischen Teil des Reiseführers nur selten aufgeführt. Hinweistafeln beachten!

Preise: Zwei Personen mit Auto und Zelt bzw. einem Wohnmobil müssen für eine Übernachtung auf einem komfortablen Vier-Sterne-Platz 15 bis 20 €, in der Hochsaison gar bis 25 € zahlen, auf einem bescheidenen Ein-Stern-Platz kostet die Nacht zwischen 5 und 8 €. Die Preisangaben bei den Beschreibungen der jeweiligen Campingplätze im reisepraktischen Teil dieses Buches beziehen sich – wenn nicht anders angegeben –auf zwei Erwachsene, ein Auto und ein Zelt in der Hauptsaison.

Allmorgendlich wird fangfrischer Fisch auf den Märkten verkauft

Essen und Trinken

Rosmarin, Thymian, Majoran, Oregano, Estragon, Fenchel, Basilikum und Salbei – mit anderen Worten, die berühmten Herbes de Provence sind ein unverzichtbarer Bestandteil der bodenständigen Küche.

Neben den klassischen Kräutern der Provence, die selbstverständlich nicht wahllos in ihrer Gesamtheit Verwendung finden, sondern gekonnt zur Verfeinerung der Speisen eingesetzt werden, kommt aber auch kein Koch ohne Pfeffer, Olivenöl und Knoblauch aus. Die beiden Letzteren bilden zusammen mit Eigelb und Zitronensaft die Grundlage des allgegenwärtigen *Aïoli*, einer würzigen Knoblauchmayonnaise, die nicht als Zutat eines Gerichtes verwendet wird, sondern im Mittelpunkt einer Mahlzeit steht, zu der Fisch, Lammkoteletts, Kartoffeln und verschiedene Gemüsearten gereicht werden. Besonderen Wert legt man an der Côte d'Azur auf frische Zutaten, Tiefkühl- und Dosenkost gelten als verpönt, wenngleich die Mikrowelle ihren Triumphzug bis ins letzte Dorf hinein fortgesetzt hat. Neben Gemüsegerichten wie *Ratatouille* – ein aus Auberginen, Paprika, Zucchini, Zwiebeln und viel Knoblauch bestehender Gemüseeintopf – spielen **Meeresfrüchte** und **Fisch** traditionell eine große Rolle: Da die Fanggründe des Mittelmeers heute nicht mehr sehr ergiebig sind, wird zwangsweise Atlantikfisch importiert. Das Spektrum der angebotenen Fischgerichte ist daher noch immer sehr vielfältig: Es reicht von Edelfischen, die vorzugsweise gegrillt werden, über Stockfisch (*stocaficada*) bis hin zu Seeigeln (*oursins*); Letztere werden mit Vorliebe dutzendweise verspeist. Die roh in der Schale servierten und nur mit Weißwein angemachten Seeigel sind aber sicherlich nicht jedermanns Sache.

Fleischgerichten kommt an der Côte d'Azur nicht die gleiche Bedeutung zu wie im übrigen Frankreich. Sehr häufig wird eine leckere *Daube* angeboten, ein in Rotwein geschmortes Rindfleischragout. Um manche deftigen Spezialitäten wie *Pieds et Paquets*, in Weißwein und Kalbsfond gekochter Schweinebauch mit Pansen sowie Lammfüße und -kutteln, werden viele einen Bogen machen, doch gehören sie zu den typisch provenzalischen Gerichten. Aufgrund der in weiten Teilen der Provence kaum vorhandenen Wälder spielen Wildgerichte traditionell nur eine geringe Rolle. Sehr beliebt sind hingegen Lammgerichte; das auf den würzigen provenzalischen Weiden gezüchtete **Lamm** (*agneau*) genießt in Feinschmeckerkreisen einen ausgezeichneten Ruf. Suppenliebhaber werden vor allem an zwei Gerichten ihre helle Freude haben: Unbedingt versuchen sollte man die *Soupe au Pistou*, im Namen schwingt noch das ligurische *Pesto* mit: Die **Suppe** erhält ihren unverkennbaren Geschmack durch eine Paste aus Basilikum, Knoblauch, Olivenöl und Käse. Ebenfalls sehr lecker ist *Aigo-boulido*, eine Knoblauchsuppe, die mit Olivenöl, Salbei und anderen Kräutern verfeinert wird.

Trotz ihrer geographischen Kleinräumigkeit besitzt die Côte d'Azur auch ihre kulinarischen Spezialitäten. So weist die Küche in der einstigen Grafschaft Nizza noch deutlich italienische Züge auf. Leckere Teiggerichte wie Ravioli, aber auch Gnocchi versteht man frisch und kenntnisreich zuzubereiten. Ein Klassiker ist natürlich die *Salade Niçoise*, wobei die Meinungen über das Urrezept deutlich divergieren. Als unverzichtbar gelten aber Tomaten, Pfefferschoten, Sellerie, ein hartgekochtes Ei, Anchovisfilets, Thunfisch und schwarze Oliven. Oft haben auch kleinere Städte und Dörfer ihre eigenen Spezialitäten, ein traditionelles Gericht aus Grasse ist beispielsweise *Fassum*, ein mit Schweine- und Rindfleisch sowie Erbsen gefüllter Kohl.

Wer die Abwechslung liebt, findet in den größeren Städten mehrere Restaurants mit internationaler Küche, wobei die nordafrikanischen, vietnamesischen und thailändischen Lokale auf kulinarische Weise an die koloniale Vergangenheit Frankreichs erinnern. Selbstverständlich gibt es in allen Städten zahlreiche Fast-Food-Stände, doch dieses Thema soll hier dezent ausgespart bleiben.

Die französische Küche hat ihren Preis. Ein durchschnittliches Menü mit Vorspeise, Hauptgericht, Dessert und einem Viertel offenen Landwein schlägt mit mindestens 15 € zu Buche, in der Regel wird man mit 18 bis 23 € rechnen müssen. Es gibt nur wenige ländliche Restaurants, die diese 15-Euro-Grenze geringfügig unterschreiten. Wer hingegen in edlem Ambiente über vier oder fünf Gänge hinweg dinieren möchte, wird leicht das Doppelte los. Die Preisspannen der bekannten Gourmetrestaurants bewegen sich ab 40 € aufwärts. *A la carte* zu bestellen, lohnt sich nur in den seltensten Fällen, meist ist eine selbst zusammengestellte, dreigängige Mahlzeit mindestens eineinhalb mal so teuer wie ein vergleichbares Menü. Deutlich günstiger sind die Preise für ein Mittagsmenü, in sehr touristischen Regionen ist allerdings Vorsicht angebracht, da sie oft nicht halten, was sie versprechen. Ein Tipp für alle, die mit einer eher knapp bemessenen Reisekasse unterwegs sind, aber anspruchsvolle Gaumenfreuden nicht missen möchten: Statt 15 € für ein langweiliges 08/15 Menü ohne Wein zu zahlen, empfiehlt es sich, zur Mittagszeit in einem wohlfeilen Restaurant zu tafeln – die Rechnung für ein Mittagsmenü oder Tagesgericht (*plat du jour*) fällt dann nämlich nur unwesentlich höher aus, die Qualitätsunterschiede können jedoch beachtlich sein.

Essen mit Flair

Der Gemeinplatz "andere Länder, andere Sitten" charakterisiert wohl am treffendsten die Esskultur eines Landes. Die französischen **Essgewohnheiten** unterscheiden sich in vielerlei Hinsicht von denen ihrer deutschsprachigen Nachbarländer. Das Frühstück (*petit déjeuner*) beispielsweise fällt wie in allen romanischen Ländern eher karg aus, eine Schale Milchkaffee und ein Croissant genügt den meisten Franzosen bis zum Mittagessen (*déjeuner*). Auch pflegen die Franzosen in der Regel später als die Deutschen zu essen. Mittags füllen sich die Restaurants erst ab 12.30 Uhr, mit dem Abendessen (*dîner*) wird kaum vor 19.30 Uhr begonnen. Zum Essen sollte man viel Zeit mitbringen, da sich ein Menü mit drei oder vier Gängen leicht über zwei Stunden erstrecken kann. Aus diesem Grund werden die Tische in guten Restaurants pro Abend nur einmal vergeben. Wer mittags nur schnell eine Kleinigkeit zu sich nehmen will, ist daher in einem Café, einem Bistro oder einer Brasserie besser aufgehoben. Die französische Höflichkeit gebietet, dass der Gast im Restaurant nicht einfach den nächstbesten freien Tisch ansteuert, sondern sich am Eingang geduldet, bis ihm ein Platz angeboten wird; eigene Wünsche können selbstverständlich geäußert werden. Im Restaurant wird erwartet, dass man sich zumindest für ein dreigängiges Menü entscheidet, mittags kann man allerdings – falls angeboten – problemlos nur das Tagesgericht (*plat du jour*) ordern. Obwohl eine Karaffe mit einfachem Leitungswasser – das leider oftmals stark nach Chlor schmeckt – sowie Brot (zumeist *baguette*) kostenlos zu jedem Essen gereicht werden, bestellen die Franzosen zum Wein oft noch ein kohlensäurearmes Mineralwasser. Zwar verkündet ein geflügeltes deutsches Sprichwort, Käse schließe den Magen, die Franzosen lassen auf den Käsegang aber meist noch ein Dessert oder Obst folgen. Zum Ausklang genehmigt man sich häufig einen kleinen Kaffee.

In Frankreich ist es nicht üblich, getrennt zu bezahlen. Wer also in einer größeren Gruppe Essen geht, sollte sich vorher absprechen, wer die Rechnung begleicht, und erst hinterher den Betrag aufteilen. Die Bedienung ist im Restaurant zwar ausnahmslos im Preis inbegriffen (*service compris*), zwischen 5 und

10 Prozent **Trinkgeld** (*pourboire*) sind je nach Zufriedenheit dennoch angemessen; sich Minimalbeträge herausgeben zu lassen, gilt als unhöflich. Das Bedienungspersonal ist wegen seines geringen Grundlohns auf Trinkgeld angewiesen, das man üblicherweise nach der Bezahlung auf dem Tisch zurücklässt.

Wein

Neben den Amphitheatern, Tempeln und Thermen ist der Weinbau eine der herausragendsten kulturellen Hinterlassenschaften der Griechen und Römer. Die in Gallien lebenden Römer betrieben den lukrativen Weinbau mit solchem Eifer, dass Kaiser Domitian bereits im Jahre 96 eine weitere Ausdehnung der Weinanbauflächen untersagte, um die italienischen Weine vor der gallischen Konkurrenz zu schützen.

Die Zeiten ändern sich bekanntlich: Heute versuchen die französischen Weinbauern, ihre Produkte durch ein Gütesiegel (**A.O.C.** = *Appellation d'origine contrôlée*), das eine bestimmte Herkunft garantiert, zu schützen. Dies bedeutet aber nicht, dass ein Landwein (*vin de pays*) ohne A.O.C.-Siegel automatisch von minderwertiger Qualität sein muss, genauso wenig verspricht jeder A.O.C.-Wein höchsten Trinkgenuss. Lokalen Wein sollte man unbedingt direkt beim Produzenten kaufen. Dies hat nicht nur den Vorteil, dass man den Wein probieren kann, auch das Preisniveau liegt deutlich unter den üblichen Marktpreisen. Hinweisschilder (*dégustation*) laden zu kostenlosen Verkostungen ein.

Wer ein Faible für die leichteren Rosé-Weine hat, die vor allem bei sommerlichen Temperaturen angesagt sind, dem sei der **Côtes de Provence** empfohlen. Auf einer, größtenteils zum Département Var gehörenden Fläche von 18.000

Wein: von der Sonne verwöhnt

Hektar wird der Côtes de Provence angebaut. Mit einer jährlichen Produktion von rund 80 Millionen Flaschen handelt es sich um eines der größten französischen Weingebiete; fast zwangsweise kommen dabei auch körperlose, langweilige Weine in den Handel und auf die Tische der Restaurants. Weist ein Rosé einen Alkoholgehalt von nicht einmal 11,5 Prozent auf, sollte man ihn lieber gleich im Regal stehen lassen. 75 Prozent der Ernte werden als Rosé, 20 Prozent als Rot- und 5 Prozent als Weißwein verkauft. Die bevorzugten Rebsorten für Rosé- und Rotweine sind Syrah, Cinsault, Cabernet, Carignan, Mourvèdre und Tibouren, für den Weißwein greift man auf Rolle, Sémillon, Ugni-Blanc und Clairette zurück. Die guten Rosé-Weine mit dem Côtes de Provence A.O.C.-Siegel zeichnen sich durch ihren eleganten trockenen, aber dennoch fruchtigen Geschmack aus und werden zumeist in schwungvoll geformte Flaschen abgefüllt. Weißweine sind, abgesehen von den im Hinterland der Côte d'Azur angebauten **Bellet** und **Villars-sur-Var**, eher selten.

Freizeit, Sport und Strände

Die Möglichkeiten, sich sportlich zu betätigen, sind beinahe grenzenlos. Die Palette reicht vom Bungee-Jumping und anderen extremen Sportarten (Canyoning) bis hin zum ganz "gewöhnlichen" Tennisspielen. Wassersport genießt an der Côte d'Azur selbstverständlich einen hohen Stellenwert.

Angeln und Fischen

Am Meer erfreut sich das Fischen ebenfalls einer großen Beliebtheit, eine Erlaubnis ist nicht erforderlich. Wer seine Angel allerdings in einem der vielen Flüsse und Seen auswerfen will, muss bei den Kommunen oder der *Association de Pêche et Pisciculture* des jeweiligen Départements einen Angelschein erwerben.

Auskunft Fédération départementale de pêche à Nice. ✆ 0033/0493720604.

Canyoning

Bereits seit mehreren Jahren erfreut sich diese Sportart in Frankreich eines regen Zuspruchs. Die korrekte deutsche Übersetzung müsste wohl "Schluchting" lauten, denn es handelt sich beim *Canyoning* gewissermaßen um eine Erkundung der Unterwelt, die man wandernd und kletternd sowie schwimmend und springend bewältigt. Man seilt sich zumeist in einen engen Canyon ab und folgt dem Lauf des Flusses. Auf dem Weg entlang der steilaufragenden Felsformationen muss man sich immer wieder abseilen, stellenweise von Felsvorsprüngen in dunkle Wasserlöcher hinabspringen und gefährliche Strudelwannen überwinden, bevor sich irgendwann wieder eine Möglichkeit bietet, der Schlucht zu entsteigen.

Da die wenigsten wagemutigen Touristen die für das *Canyoning* notwendige Ausrüstung und das entsprechende technische Know-how mitbringen, bieten mehrere Veranstalter organisierte Canyon-Tagestouren mit spektakulären Höhepunkten an (beispielsweise im Roya- oder Vésubie-Tal). Wer sich mit einer Gruppe auf eigene Faust auf den Weg machen will, braucht einen speziellen

Neoprenanzug, rutschfeste Profilschuhe, einen wasserdichten Rucksack sowie einen Sitzgurt und Abseilgerätschaften. Ohne die nötige Praxis ist allerdings davon abzuraten, eine unbekannte Schlucht zu erkunden. Bei drohender Gewittergefahr oder vorausgegangenen starken Regenfällen sollte man ebenfalls keinerlei Risiko eingehen.

FKK

An Frankreichs Mittelmeerküste tummeln sich zahlreiche FKK-Freunde, "Oben ohne" ist ohnehin nirgendwo tabu. Entlang der Küste finden sich zahlreiche abgelegene Stellen, an denen man problemlos alle Hüllen fallen lassen kann. Um niemanden zu provozieren, sollte man sich an Stränden, die nicht speziell für Nudisten ausgewiesen sind (*naturistes*), danach richten, wie es die Strandnachbarn handhaben. Achtung: Nacktbaden kann mit Bußgeld geahndet werden. FKK-Anhänger können Informationen zu speziellen Ferienzentren und -clubs bei der Fédération Française du Naturisme anfordern.

Adresse Fédération Française du Naturisme, 53, rue de la Chaussée d'Antin, F-75009 Paris

Golf

Der als elitär geltende Golfsport wird zwar immer populärer, doch als Volkssport kann man das Golfen dennoch nicht bezeichnen. Bei weitem nicht alle Golfplätze lassen Hinz und Kunz auf den heiligen Rasen. Bereits 1891 entstand in Cannes-Mandelieu der erste Golfplatz der Côte d'Azur. Ein attraktives Angebot für Golffans hält das Département Var bereit:

Adresse Comité Départemental du Tourisme du Var, B.P. 5147, F-83093 Toulon Cédex, ✆ 0033/0494185960, 📠 0033/0494185961.

Kanu- und Wildwassersport

Mehrere Flüsse in den Seealpen bieten sich zur Erkundung mit dem Kanu an. Die Wildgewässer wie Estéron, Roya, Loup, Siagne und Var eignen sich aber nur bedingt zum beschaulichen Wasserwandern, Können und Geschick sind gefragt. Beliebt ist auch das **Wildwasserschwimmen**: Mit Flossen, Neoprenanzug und -stiefeln sowie einem schildartigen Schwimmbrett ausgerüstet, stürzen sich Wagemutige in die Fluten. Noch ein Hinweis: Der Wildwassersport ist übrigens von Dezember bis Februar gesetzlich verboten – die Wassertemperaturen dürften im Winter aber sowieso nur wenige locken.

Auskünfte erteilt Fédération Française de Canoe-Kajak, 87, quai de la Marne, F-94330 Joinville-le-Pont, ✆ 0033/0145110850, 📠 0033/0148861325.

Klettern

Bei Sportkletterern und Alpinisten steht Südfrankreich dank der südlichen Atmosphäre und der Bandbreite der Routen und Touren hoch im Kurs. *Freeclimbing* ist ein genauso faszinierender wie populärer Sport, doch angesichts der zahlreichen Unfälle, die sich jedes Jahr ereignen, ist Vorsicht mehr als angebracht. Mehrere Kletterführer zu Südfrankreich mit genauen Tourenbeschreibungen (Schwierigkeitsgrad etc.) und diversen Tipps rund um das Klettern hat der *Rotpunkt-Verlag* in seinem Programm. Die Führer sind in Fachbuchhandlungen sowie einschlägigen Sportgeschäften erhältlich.

Wassersport: jeder nach seiner Façon

Segeln und Surfen

Zahlreiche Segel- und Surfschulen bieten in den internationalen Fremdenverkehrsorten ihre Dienste an; auch Surfbretter sind dort zahlreich vorhanden (rund 15 € Ausleihgebühr für den halben Tag). Und eines ist sicher: Es hat seinen Reiz, das Segeln an der Côte d'Azur zu erlernen; Segelkurse dauern in der Regel ein bis zwei Wochen. Wer mit dem eigenen oder geliehenen Segelboot die Côte d'Azur entlang schippert, kann allein zwischen Menton und Théoule an 37 verschiedenen Yachthäfen mit mehr als 15.000 Ankerplätzen anlegen. Die Liegeplatzgebühren sind allerdings relativ teuer. Zum Windsurfen bietet sich ebenfalls reichlich Gelegenheit.

Skifahren

Skifahren im Hinterland der Côte d'Azur ist alles andere als abwegig. Selbst an der Küste kommt es gelegentlich zu heftigen Schneefällen. Im Februar 1955 meldete Antibes eine Schneehöhe von 31 Zentimetern! Erst 1991 wurden dort beachtliche 15 Zentimeter gemessen. Allerdings währt die weiße Pracht an der Küste nicht allzu lange. Ausgezeichnete Skigebiete gibt es vor allem in den Seealpen, beispielsweise in Auron oder Valberg – dort ging 1937 die erste Seilbahn der Seealpen in Betrieb – sowie in dem Retortenskidorf Isola 2000, dessen Liftanlagen von 1.800 bis auf 2.610 Meter Höhe reichen. Insgesamt 115 Skilifte und 220 Kilometer Langlaufloipen stehen in den Seealpen zur Verfügung. Der Wintersportort Gréolieres-les-Neiges ist beispielsweise von Cannes und Nizza aus in kürzester Zeit zu erreichen. Snobs kommen im Frühjahr auf ihre Kosten: bis zum frühen Nachmittag über die Pisten wedeln, rein ins Auto und knapp zwei Stunden später Après-Ski unter Palmen...

Am Strand muss es nicht immer nur sportlich zugehen...

Eine **ausführliche Broschüre** mit den Angeboten der Wintersportorte in den Départements Alpes de Haute-Provence, Hautes Alpes und Alpes-Maritimes (Zahl der Lifte, Loipenlänge etc.) ist erhältlich beim Comité Régional du Tourisme Provence-Alpes-Côte d'Azur, Les Docks – Atrium 10.5, 10, place de la Joliette, B.P. 46214, F-13567 Marseille Cédex 02, ✆ 0033/0491564700, 📠 0033/0491564701, crtprov@wanadoo.

Strände

Die Côte d'Azur erstreckt sich zwischen Menton und Saint-Tropez auf einem rund 120 Kilometer langen Küstenstreifen. Angefangen bei schier endlosen Sandstränden (Fréjus-Plage, Pampelonne) über Kiesstrände (Nizza) bis hin zur Felsküste (Estérel) bietet die Côte d'Azur alles, was das Herz begehrt: Liebhaber einsamer Buchten kommen genauso auf ihre Kosten wie diejenigen, die sich lieber an Privatstränden mit mondäner Atmosphäre in der Sonne aalen wollen.

Zwar sind in Frankreich alle Urlauber vor dem Sonnengott gleich, doch bedeutet das im Alltag nur, dass dem Gesetz zufolge ein Spaziergang am Meer überall möglich sein muss. Manche sind aber "gleicher" und können sich deshalb für bis zu 30 € pro Tag eine Liege mit Sonnenschirm und Windschutz leisten. Knausern sollte man auch an den Privatstränden nicht, denn ohne üppiges Trinkgeld weist der Strandboy einem Sonnenhungrigen in der Regel nur den windigsten Platz zu.

Tauchen

Die felsigen Küstenabschnitte der Côte d'Azur, beispielsweise in der Nähe des Estérel-Gebirges bei Agay sowie am Cap d'Antibes, sind reizvolle Reviere für Taucher und Schnorchler. Wer im Reisegepäck keinen Platz für Taucherbrille, Schnorchel und Flossen hat, dem sei als Ersatz eine gute Schwimmbrille empfohlen. Tauchen will gelernt sein: Daher sollte man sich ohne einen speziellen Tauchkurs nicht in die Tiefe wagen. Tauchschulen und Nachfüllstationen finden sich beispielsweise in Antibes, Cannes, Golfe-Juan, Menton, Nizza, Saint-Raphaël und Saint-Tropez. Last but not least: Unterwasserjagd bitte nur mit der Kamera betreiben!

Die Franzosen lassen es nicht nur beim Boulespielen ruhiger angehen

Tennis

Die Freunde des "weißen Sports" finden in jedem größeren Küstenort Tennisplätze vor. Zahlreiche Hotels der gehobenen Mittelklasse sowie komfortable Campingplätze halten ebenfalls Spielmöglichkeiten für Urlauber bereit. In der Saison ist eine Reservierung dringend zu empfehlen. Die Preise sind von der Tageszeit und der Exklusivität der Anlage abhängig.

Wandern und Bergsteigen

Die Côte d'Azur ist ein geradezu ideales Wandergebiet. Von der einfachen Küstenwanderung bis hin zu Hochgebirgstouren in den Seealpen bietet die Region etwas für jeden Geschmack. Ausgesprochen schöne Wandergebiete sind das Massif de Maures sowie der Mercantour-Nationalpark nahe der italienischen Grenze. Weite Teile der Region lassen sich auf einem der gut ausgeschilderten Fernwanderwege (**GR** = *Sentiers de **G**rande **R**andonnée*) erschließen. Wer beispielsweise auf dem GR 5 nicht gleich von Holland bis zur Côte d'Azur wandern will, kann dem GR 5 auch erst in Utelle oder Levens bis nach Nizza folgen.

Wissenswertes von A bis Z

Adressen

Die Franzosen geben grundsätzlich die Hausnummer vor dem Straßennamen an. Ein Beispiel: *55, rue de la Gare*. Besitzt das Haus zusätzlich einen Nebeneingang, so lautet dessen Anschrift *55bis, rue de la Gare*; ein zweiter Nebeneingang würde mit *55ter* markiert sein. Die gängige Abkürzung für Avenue lautet "av.", für Boulevard "bd.". Fremdenverkehrsämter und andere größere Institutionen sind postalisch oft per Postfach (B.P.) zu erreichen.

Behinderte

Wer mit einem Handicap unterwegs ist, steht bei manchen Hotels und Restaurants vor – im wahrsten Sinne des Wortes – unüberwindbaren Hindernissen. Hilfe bietet eine kostenpflichtige Broschüre, die von der *Association des Paralysés de France* herausgegeben wird.

Anschrift A.P.F., Délégation de Paris, 22, rue du Père Guérin, F-75013 Paris, ✆ 0033/0140786900.

Diplomatische Vertretungen

• *Französische Vertretungen im Ausland*

Bundesrepublik Deutschland: Französische Botschaft, Kochstr. 6–7, 10969 Berlin, ✆ 030/20639000, 📠 030/20639010, www.botschaft-frankreich.de. Konsulate in Baden-Baden, Berlin, Düsseldorf, Frankfurt, Freiburg, Hamburg, Leipzig, Mainz, München, Saarbrücken, Stuttgart und Trier.

Schweiz: Französische Botschaft, Schosshaldenstr. 46, 3006 Bern, ✆ 031/432424. Konsulate in Basel, Zürich und Genf.

Österreich: Französische Botschaft, Technikerstr. 2, 1040 Wien, ✆ 01/50547470. Das einzige Konsulat befindet sich in Innsbruck.

• *Ausländische Vertretungen in Frankreich (ohne Vorwahl)*

Deutschland: Deutsche Botschaft, 13–15, av. Franklin-D.-Roosevelt, 75008 Paris, ✆ 0142997800, 📠 0143597418. Deutsches Konsulat, 22, av. Matisse, 06000 Nice, ✆ 0493835525. Deutsches Konsulat, 2, rue des Giroflées, Monaco, ✆ 9301949.

Österreich: Österreichische Botschaft, 6, rue Fabert, 75007 Paris, ✆ 0145559566, 📠 0145556365. Österreichisches Konsulat, 6, av. de Verdun, 06000 Nice, ✆ 0493870131. Österreichisches Konsulat, 7, boulevard des Moulins, Monaco, ✆ 93302300, 📠 92160454.

Schweiz: Schweizer Botschaft, 142, rue de Grenelle, 75007 Paris, ✆ 0125556700, 📠 0145513477. Schweizer Generalkonsulat, 7, rue d'Arcole, 13006 Marseille Cedex 6, ✆ 0496101410, 📠 0491570103. Schweizer Honorarkonsulat, 13, rue Alphonse Karr, 06000 Nice, ✆ 0493888509, 📠 0493885247.

Dokumente

Für Bürger aus der Bundesrepublik Deutschland und Österreich genügt ein gültiger Personalausweis, für Schweizer die Identitätskarte, doch hat sich in der Praxis die zusätzliche Mitnahme des Reisepasses bewährt. Für Kinder unter 16 Jahren reicht ein Kinderpass beziehungsweise der Eintrag im elterlichen Pass aus. Mit dem internationalen Studentenausweis erhalten Berechtigte diverse Vergünstigungen.

Feiertage

Banken, Büros und Geschäfte, aber auch fast alle Museen und Sehenswürdigkeiten haben an den beweglichen Feiertagen wie beispielsweise **Ostermontag** und **Pfingstmontag**, an lokalen Festtagen sowie an folgenden Tagen geschlossen: **1. Januar**, **1. Mai**, **8. Mai** (Waffenstillstand 1945), **14. Juli** (Nationalfeiertag), **15. August** (Maria Himmelfahrt), **1. November** (Allerheiligen), **11. November** (Waffenstillstand 1918) und **25. Dezember**.

Geld

Seitdem am 1.1.2002 die nächste Phase der Europäischen Währungsreform in Kraft getreten ist, gehören die umständlichen Wechselprozeduren der Vergangenheit an. Ein Euro (€) entspricht 1,95583 DM beziehungsweise 6,55957 französischen Franc (FF). **Kreditkarten** – vor allem Eurocard und Visa – sind weit verbreitet; sie werden von den meisten, jedoch nicht von allen Tankstellen, Hotels und Restaurants akzeptiert. Bei den immer seltener werdenden **Reiseschecks** beträgt die Tauschgebühr zumeist ein Prozent. Wegen der umständlichen Prozeduren am Bankschalter erweist sich eine **ec-Karte mit Geheimzahl** oder eine Kreditkarte als sehr hilfreich, denn Geldautomaten sind überall vorzufinden. Wer Geld mit seiner Kreditkarte abhebt, muss in der Regel mit zwei Prozent des Betrags bzw. mindestens 5 € Gebühren rechnen. Inhaber von **Postsparbüchern** können mit der Postbank SparCard 3000plus viermal pro Jahr gebührenfrei Geld im Ausland abheben.

• *Achtung* Bei Verlust der ec-Karte sollten Sie diese umgehend unter folgender Rufnummer in Deutschland sperren lassen: ✆ 0180/5021021; bei der Eurocard ist die Gesellschaft für Zahlungssysteme zu benachrichtigen: ✆ 069/79331910 oder ✆ 0145678484; Visa: ✆ 069/66305333; Diners: ✆ 0149061750; American Express: ✆ 069/97971000.

Gesundheit

Zwischen Deutschland sowie Österreich und Frankreich besteht ein gegenseitiges Versicherungsabkommen. Vor dem Arztbesuch muss man seinen Auslandskrankenschein (Vordruck E 111) bei der zuständigen Ortskrankenkasse (*caisse primaire d'assurance maladie*) gegen einen französischen Krankenschein (*feuille de soins d'assurance maladie*) eintauschen; dennoch muss der Arztbesuch erst einmal bar bezahlt werden. Die Rechnung beziehungsweise die Quittungen der Apotheke werden dann später der heimischen Krankenversicherung zur Erstattung vorgelegt. Wegen der umständlichen Prozedur und des teilweise hohen Eigenanteils – abgerechnet wird nämlich nach dem französischen System – empfiehlt es sich, vor der Reise eine Zusatzversicherung abzuschließen, die oft schon für 7,50 € zu bekommen ist. Fast jedes größere Dorf besitzt eine eigene, mit einem grünen Kreuz gekennzeichnete **Apotheke** (*pharmacie*). Außerhalb der normalen Öffnungszeiten (ca. 9–12.30 Uhr und 14–18.30 Uhr) informiert ein Hinweisschild, welche Apotheke gerade Nacht- oder Sonntagsdienst hat. In den Apotheken sind auch **Präservative** (*préservatifs*) erhältlich.

Haustiere

Katzen und Hunde unter 3 Monaten dürfen nicht mitgenommen werden. Ältere Tiere benötigen ein Tierärztliches Zeugnis sowie den Nachweis einer Tollwutschutzimpfung, die mindestens einen Monat, aber weniger als ein Jahr zurückliegen muss.

Information

Die **Französischen Fremdenverkehrsämter** (*Maison de la France*) halten auf Anfrage Prospektmaterial bereit und helfen vor Reiseantritt mit allgemeinen Auskünften gerne weiter. Dort ist auch das jährlich neu zusammengestellte Magazin "Tours de France: Provence-Côte d'Azur" kostenlos erhältlich:

In Deutschland: Maison de la France, Westendstr. 47, 60325 Frankfurt/M. (Zentrale), ✆ 0190/570025*, ℻ 0190/599061*. *(59 Cent pro Minute), www.maison-de-la-france.com.

In Österreich: Maison de la France, Argentinier Str. 42, 1040 Wien, ✆ 01/5032890, ℻ 01/5032871.

In der Schweiz: Maison de la France, Löwenstr. 59, 8023 Zürich, ✆ 01/2113085, ℻ 01/2121644.

In der Region **Provence-Côte d'Azur**: Comité Régional du Tourisme Provence-Alpes-Côte d'Azur, Les Docks – Atrium 10.5, 10, place de la Joliette, B.P. 46214, F-13567 Marseille Cédex 02, ✆ 0033/0491564700, ℻ 0033/0491564701, crtprov@wanadoo.

Die **Départements** verfügen zudem über eigene Tourismusbüros (*Comité Départemental du Tourisme*):

Côte d'Azur, 55, promenade des Anglais, B.P. 602, F-06011 Nice Cedex 1, ✆ 0033/0493377878, ℻ 0033/0493860106, www.guideriviera.com, www.crt-riviera.fr; **Var**, 1, boulevard Foch, B.P. 99, F-83003 Draguignan, ✆ 0033/0494505550, ℻ 0033/0494505551.

Die Fremdenverkehrseinrichtungen der Städte und Ortschaften (*Office de Tourisme* oder *Syndicat d'Initiative*) versenden auf Anfrage ebenfalls Prospekte, detaillierte Unterkunftsverzeichnisse sowie gegebenenfalls Informationen zu Pauschalangeboten. Die jeweiligen Adressen sowie Telefon- und Faxnummern des zuständigen Office de Tourisme oder Syndicat d'Initiative sind im Reiseteil bei den einzelnen Orten angegeben.

Internet

Wer sich bereits vorab beim Surfen im Internet über die Provence und Côte d'Azur informieren möchte, kann dies unter folgenden Adressen tun:

www.botschaft-frankreich.de
www.franceguide.com
www.frankreich-info.de
www.frankreich-sued.de
www.gay-provence.org
www.provence-online.com
www.provenceweb.fr

Einkaufen in Nizzas Altstadt

Kriminalität

Vorsicht ist bekanntlich die Mutter der Porzellankiste. Vor allem am Strand und in großen Städten wie Nizza empfiehlt es sich, ein paar Verhaltensregeln zu beachten: Im geparkten Auto sollten niemals Wertsachen zurückgelassen oder dieser Anschein erweckt werden (Durch das Autofenster hindurch kann man beispielsweise nicht sehen, dass die Kameratasche leer ist). Sinnvoll ist es zudem, das Handschuhfach offen zu lassen, damit erst gar keine Spekulationen aufkommen können. Um beim Stadtbummel nicht das Opfer eines Langfingers zu werden, sollte man Pass, Kreditkarten und Geld lieber "unsichtbar" am Körper tragen.

Landkarten

Die gebräuchlichste und empfehlenswerteste Landkarte für die Region Provence-Côte d' Azur ist die gelbe Michelin-Karte Nr. 245 im Maßstab 1:200 000; sie ist auch im deutschen Buchhandel erhältlich. Ihr großer Vorteil beispielsweise gegenüber der ADAC-Karte liegt in der Darstellung der gesamten Region, inklusive der Haute-Provence. Wer nur einen Teil der Region bereisen möchte, kann sich auch für eine der beiden grünen Michelin-Karten Nr. 114 (Côte d'Azur/Var) und Nr. 115 (Nizza und Umgebung) für je 7 € entscheiden. Dank ihres kleinen Maßstabs von 1: 100 000 sind die Michelin-Karten auch für Radfahrer hervorragend geeignet. Eine weitere Alternative sind die Reliefkarten aus der grünen Reihe (1:100 000) des Nationalen Geographischen Instituts (IGN). Sehr praktisch zum Wandern ist die blaue Serie des IGN, dank des Maßstabs von 1:25 000 sind auch die kleinsten Wege

Trompe l'œil: perspektivische Fassadenmalerei

eingezeichnet. Für alle Karten französischen Ursprungs gilt: Sie sind im Urlaubsland günstiger als im heimischen Buchhandel.

Museen

Die Côte d'Azur ist ein El Dorado für Kunstliebhaber, in weit mehr als 100 Museen warten Kulturschätze auf neugierige Besucher. Wer einen Museumsbesuch zwischen Mittwoch und Sonntag in der Zeit von 10–12 Uhr oder 14–17 Uhr plant, steht bei größeren Museen nur selten vor verschlossenen Türen. Fast alle Museen haben an einem Tag der Woche, zumeist Montag oder Dienstag, geschlossen. Im Gegensatz zu Deutschland sind die gesetzlichen Feiertage in Frankreich nicht für einen Museumsbesuch geeignet, denn auch das Museumspersonal legt dann einen freien Tag ein.

Carte Musées Côte d'Azur

Seit 1998 gibt es einen Museumspass, mit dem man drei (15 €) oder sieben Tage (25 €) lang 65 Museen sowie historische Monumente im Département Alpes-Maritimes besuchen kann. Die Carte Musées Côte d'Azur ist an den jeweiligen Museumskassen erhältlich. Zusammen mit dem Museumspass kann man auch für einige Linien ein Busticket (Pass Culture) erwerben, das ebenfalls sieben (15 €) oder drei Tage (7 €) gültig ist.

Notruf

Im Falle eines Falles gilt der in ganz Frankreich gültige Notruf: ✆ **17** für die **Polizei** (*police*) und ✆ **18** für die **Feuerwehr** (*pompiers*).

Öffnungszeiten

In Frankreich gibt es keine gesetzlich vorgeschriebenen Öffnungszeiten; man kann aber davon ausgehen, dass die meisten Geschäfte zwischen 9 und 12 Uhr sowie zwischen 14.30 und 19 Uhr geöffnet haben. Große Supermärkte schließen gar erst um 21 oder 22 Uhr. Die Mittagspause wird, abgesehen von den großen Supermarchés (*Carrefour, Géant Casino, Mammouth* etc.) und den Großstadtgeschäften, strikt eingehalten. Viele Geschäfte haben montags ganz- oder vormittags geschlossen, dafür kann man sich auch am Sonntagvormittag mit Lebensmitteln und Brot eindecken. Der Samstag gilt als ganz normaler Werktag. Für **Banken** gelten andere Öffnungszeiten. Sie haben von Dienstag bis Freitag in der Regel von 9–12 Uhr und 14–16 Uhr geöffnet, montags ist oft kein Publikumsverkehr möglich. Die **Post** macht nicht nur zumeist eine Stunde früher auf und zwei Stunden später zu, sondern sie öffnet auch Samstagvormittag ihre Pforten.

Photographieren

Obgleich sich Photographen leicht mit Filmmaterial versorgen können, empfiehlt es sich aufgrund der höheren Preise, die Urlaubsfilme bereits zu Hause in ausreichenden Mengen einzukaufen. Wer in Schlössern, Kirchen oder Museen photographieren möchte, sollte sich zuvor erkundigen, ob dies erlaubt ist. Das Blitzverbot lässt sich mit einem Stativ oder einem sehr lichtempfindlichen Film (400 ASA) umgehen. Wegen der teilweise extremen Lichtverhältnisse erweist sich ein UV- oder Polarisationsfilter als nützlich.

Schöne Photomotive gibt es hier en masse

Post (P.T.T.)

Deutlich sichtbar prangen die drei Großbuchstaben P.T.T. (*Postes, Télégraphes, Téléphones*) über jeder Postfiliale. Briefmarken sowie Telefonkarten (*télécarte*) sind auf allen französischen Postämtern wie auch in den **Bureaux de Tabac** erhältlich. Die hellgelben Briefkästen besitzen zumeist zwei Einwurfschlitze, einen für die jeweilige Stadt oder die nähere Umgebung, den anderen (*autres destinations*) für den Rest der Welt. Wer will, kann sich auch problemlos postlagernd Briefe oder Päckchen schicken lassen und diese mit Personalausweis oder Reisepass am "Poste-Restante"-Schalter innerhalb von 15 Tagen abholen (sonst gehen die Sendungen wieder an den Absender zurück).

Radio

Wie in Deutschland wird der französische Rundfunk von zahlreichen kommerziellen Lokalsendern bestimmt. Das Programm zeichnet sich in gewohnter Weise durch wenige Wortbeiträge, durch Werbung und aktuelle Chartmusik aus. Eine Ausnahme macht *F I P* (in Cannes auf 103.8 FM zu empfangen): keine Werbung und ein absolut anspruchsvolles Musikprogramm, das größtenteils mit Jazz und World Music bestritten wird, dazwischen Independent, Blues und Soul, ab und an auch Klassik oder ein Oldie (mit anderen Worten: der erklärte Lieblingssender des Autors).

Wer an Nachrichten aus Deutschland interessiert ist, kann täglich von 8 bis 9 Uhr und von 19 bis 20 Uhr die Deutsche Welle auf der Mittelwellenfrequenz 702 empfangen. Als praktisch für die An- und Abreise erweist sich das auf 107.7 FM ausgestrahlte *Radio Traffic*; der Verkehrsfunksender berichtet jede Viertelstunde über den aktuellen Verkehrsfluss in Südfrankreich, zur vollen und halben Stunde wird der Service durch Informationen in englischer Sprache ergänzt. Reisende, die keine Fremdsprache beherrschen, erhalten unter ✆ 0436680979 Auskünfte auf deutsch.

Sprache und Sprachkurse

Mit Deutsch und Englisch kommt man in Südfrankreich nicht allzu weit. Ein großer Teil der Bevölkerung besitzt entweder keine oder nur mäßige Fremdsprachenkenntnisse. Da erschwerend hinzu kommt, dass sich Franzosen – auch wenn sie es können – im eigenen Land nur ungern des Englischen bedienen, ist es ratsam, sich zumindest französische Grundkenntnisse anzueignen. Dies hilft bei der Suche nach einer Unterkunft und erleichtert die alltäglichen Einkäufe beim Bäcker und im Lebensmittelgeschäft ungemein. Allein der Versuch, sich in der Landessprache verständlich zu machen, wird wohlwollend zur Kenntnis genommen. Pluspunkte lassen sich auch durch den häufigen Gebrauch von *s'il vous plaît* sammeln. Denn im Gegensatz zu Deutschland gilt es in Frankreich als unhöflich, das Wörtchen *bitte* zu vergessen.

Französisch lernen unter südlicher Sonne, vielleicht verbunden mit ausgiebigen Streifzügen durch die Provence – ganz nebenbei lässt sich so das Angenehme mit dem Nützlichen verbinden. Zahlreiche private Anbieter von Sprachkursen machen sich auf diesem Markt Konkurrenz, aber auch die Universität von Nizza veranstaltet Sommersprachkurse. Ein Preisvergleich lohnt sich: Die Angebote schließen manchmal Unterkunft und Verpflegung ein. Sehr informativ ist die Homepage www.sprachkurse-weltweit.de, auf der kommentierte Links zu zahlreichen Sprachschulen in der Provence und an der Côte d'Azur ausführlich vorgestellt werden.

Université d'Eté de Menton, Lycée hôtelier Paul Valery, 1, avenue Saint-Jacques, F-06500 Menton, ✆ 0033/0492105353, ℻ 0033/0492105358.

Actilangue, 2, rue Alexis Mossa, F-06000 Nice, ✆ 0033/0493963384, ℻ 0033/0493443716, www.actilangue.com.

Formation Internationale Voyages Etudes, 9, rue Barla, F-06300 Nice, ✆ 0033/0493267255, ℻ 0033/0493268774. Sprachferien für ausländische Studenten.

France Langue Nizza, 22, avenue Notre-Dame, F-06000 Nice, ✆ 0033/0493137888.

Telefonieren

Es existiert ein dichtes Netz öffentlicher Telefonzellen. Um den Kauf einer Telefonkarte (*Télécarte*) kommt man kaum herum, da die meisten Münzfernsprecher in den letzten Jahren auf Telefonkarten umgestellt wurden. Kartentelefone sind wie gewohnt zu handhaben. Französische Telefonkarten sind entweder mit 50 oder 100 Einheiten erhältlich. Bei den meisten Telefonzellen ist es möglich, sich zurückrufen zu lassen (die Nummer ist am Apparat angegeben). Wer mit Vorliebe mobil telefoniert, sollte nicht vergessen, dass man auch dann bezahlt, wenn man aus Deutschland angerufen wird. Je nach Tageszeit kann ein Gespräch schnell mehr als einen Euro pro Minute kosten.

Vorwahlen aus Frankreich: nach Deutschland: 00 49, nach Österreich: 00 43, in die Schweiz: 00 41. *Achtung*: Die Null der Ortskennzahl entfällt jeweils.

Vorwahl nach Frankreich: von D, A, CH: jeweils 00 33

Thalassotherapie

Entlang der Küste taucht gelegentlich der Begriff *Thalassothérapie* auf. Es handelt sich dabei um eine antike Kur- und Heilform, die seit längerem wieder von größeren Kureinrichtungen gepflegt wird. *Thalassa* nannten die Griechen das Meer, dem auch *Platon* zuschrieb, alle Leiden vom Menschen abzuwaschen. Und in dieser Tradition nutzt die Thalassotherapie das Urelement Salzwasser, aus dem alles irdische Leben stammt, zur Linderung und Heilung von Gebrechen und zur Regeneration von Körper und Geist. Heute beruft man sich unter anderem auf die Erkenntnisse des Biologen René Quinton, der 1897 die organische Übereinstimmung zwischen Blutplasma und Meerwasser nachwies. Die Bäder im warmen Meerwasser werden ergänzt durch verschiedene Massagen, Gymnastik, Algen-Packungen, physiotherapeutische Programme und gegebenenfalls einer Diät.

Auch eine Form von Salzwassertherapie...

Waldbrände

Jahr für Jahr sorgen in den Sommermonaten große Flächenbrände für Schlagzeilen. Ein Funken genügt, und die ausgedörrten provenzalischen Landschaften gehen in Windeseile in Flammen auf. Um Waldbrände zu vermeiden, ist es daher strengstens verboten, bei Wanderungen und Ausflügen glimmende Zigaretten oder glühende Streichhölzer wegzuwerfen sowie offenes Feuer zu entfachen und Glas liegen zu lassen (Selbstentzündungsgefahr!). Wildcampen in Gebieten mit Waldbrandgefahr wird verständlicherweise mit drastischen Geldstrafen geahndet.

Zeitungen/Zeitschriften

Die überregionalen deutschsprachigen Tages- und Wochenzeitungen (Süddeutsche Zeitung, Frankfurter Allgemeine Zeitung, Neue Züricher Zeitung, Spiegel, ZEIT, gelegentlich auch die Frankfurter Rundschau sowie die *taz*) sind in den größeren Städten sowie touristischen Zentren in der Regel spätestens einen Tag nach Erscheinen in den gut sortierten *Maisons de la Presse* erhältlich. Deutschsprachige Zeitungen sind manchmal auch in den *Bureaux de Tabac* zu finden; dort liegen auch die renommierten überregionalen französischen Zeitungen wie *Le Monde, Le Figaro* oder *Libération* aus.

Die meistgelesenen Tageszeitungen der Region sind der eher rechtsliberal einzustufende *Var-Matin* sowie der *Nice-Matin*. Die regionalen Zeitungen sind wegen ihrer Monopolstellung nicht unbedeutend: So ist der *Nice-Matin* mit einer Auflage von knapp über 250.000 die zehntgrößte französische Tageszeitung. Wer des Französischen mächtig ist, findet darin Hinweise zu aktuellen Veranstaltungen und bekommt einen Einblick in die Lokalpolitik. Das Niveau dieser Regionalzeitungen ist allerdings nicht gerade überwältigend. An verschiedenen Kiosken ist mit der *Riviera-Côte d'Azur Zeitung* auch eine regionale, deutschsprachige Zeitschrift erhältlich. Für 2,30 € werden jeden Monat locker aufbereitete Informationen zu Kultur, Lifestyle und Wirtschaft geboten. Als sehr nützlich können sich bei Bedarf die Veranstaltungstermine erweisen. Internet: www.Mediterra.com.

Im Garten der Galerie Beaubourg stehen zahlreiche moderne Skulpturen

Zollbestimmungen

Seit dem 1. Januar 1993 existieren an den Binnengrenzen der Europäischen Union keine mengenmäßigen Ein- und Ausfuhrbeschränkungen mehr. Tabak, Alkohol und andere Waren können problemlos eingeführt werden, soweit erkennbar ist, dass sie ausschließlich für den Privatgebrauch bestimmt sind. Als Richtmenge gelten 800 Zigaretten bzw. 400 Zigarillos, 200 Zigarren oder 1 Kilo Tabak, 10 Liter Spirituosen sowie 90 Liter Wein und 110 Liter Bier. Für Schweizer gelten die üblichen Mengenbeschränkungen: 50 g Parfüm oder 0,25 l Eau de Toilette, 1 l Spirituosen oder 2 l Wein, 200 Zigaretten oder 100 Zigarillos oder 50 Zigarren oder 250 g Tabak.

Schön gelegen: Notre-Dame-des-Fontaines

Alpes Maritimes

Die französischen Seealpen stellen einen reizvollen Gegensatz zu den Palmen und Strandpromenaden der Côte d'Azur dar. Einsame, enge Täler mit alpiner Vegetation bestimmen das Bild, bis weit in den Frühsommer hinein sind die Gipfel mit einer Schneedecke überzogen.

Es bestehen zahlreiche Möglichkeiten, diese abseits der Haupttourismusströme liegende Landschaft zu erkunden, eine Wanderung durch den Mercantour-Nationalpark gehört sicherlich zu den beeindruckendsten Touren. Neben dem Naturszenario der Bergwelt gibt es außerdem Dutzende von idyllischen, weltentrückten Bergdörfern zu entdecken.

Roya-Tal

Durch das Tal der Roya verlief einst eine bedeutende Salzstraße. Dieses "weiße Gold" des Mittelalters wurde an der Küste zwischen Hyères und Toulon gewonnen und auf Saumpfaden über den Col de Tende bis ins italienische Piemont transportiert. Die Piemonteser benötigten große Mengen Salz, da dieses im Mittelalter nicht nur ein begehrtes Gewürz war, sondern vor allem das wichtigste Konservierungsmittel, um Fleisch und Fisch haltbar zu machen. So verwundert es nicht, dass die Städte Breil-sur-Roya, Saorge und Tende durch diesen lukrativen Salzhandel zu Reichtum und Wohlstand kamen.

Wie das Royatal französisch wurde

Das obere Royatal gehört erst seit wenigen Jahrzehnten zu Frankreich. Zwar hatten sich die zur Grafschaft Nizza gehörenden Orte Tende und La Brigue in einer Volksabstimmung 1860 ebenfalls für einen Anschluss an Frankreich und somit gegen einen Verbleib beim Haus Savoyen ausgesprochen, doch konnte *Cavour*, der umtriebige Premierminister des italienischen Königs *Victor Emmanuel II.*, das Gebiet unter dem Vorwand halten, es handle sich bei der wildreichen Gegend um ein exklusives Jagdgebiet seines Königs, das nicht zur Disposition stehen könne. Der französische König *Napoléon III.* akzeptierte dieses Anliegen, obwohl es Cavour natürlich in erster Linie um die Kontrolle der Bergpässe ging. Die Grenze zwischen Frankreich und Italien verlief fast ein knappes Jahrhundert mitten durch das fortan zur Abgeschiedenheit verurteilte Royatal. Erst eine erneute Volksabstimmung brachte 1947 den Anschluss an Frankreich. Für die Entscheidung zugunsten Frankreichs spielten letztlich die engen Handelsbeziehungen zur französischen Küste sowie der höhere Lebensstandard in Frankreich die ausschlaggebende Rolle. In den Einfärbungen des örtlichen Dialekts kann man die italienischen Wurzeln noch heute ausmachen.

Von Breil-sur-Roya bis Tende lässt sich das gesamte Royatal mit einer höchst originellen *Eisenbahn* erschließen. Die von Nizza über Sospel in das italienische Cuneo führende Tendabahn hält in Breil-sur-Roya, Fontan, Saint-Dalmas-de-Tende sowie in Tende. Mit dem Bau der über zahllose Viadukte und durch aufwendige Tunnel führenden Bahnverbindung wurde 1910 begonnen; nach dem Zweiten Weltkrieg war die Bahnlinie allerdings so stark zerstört, dass sich die Wiederinbetriebnahme (1972) über Jahrzehnte hinzog. Ihren höchsten Punkt (1073 Meter) erreicht die Tendabahn unterhalb des Col de Tende, den sie in einem 8.099 Meter langen Tunnel durchfährt.

Karte Vallée de la Roya, Edition du Conseil Général Nr. 3, Maßstab 1: 25.000.

Breil-sur-Roya

Das "Tor zum Royatal" schmiegt sich in einer Biegung des Flusses an den Hang. Die pastellfarbenen Häuser und die durch einen Staudamm zu einem kleinen künstlichen See verbreiterte Roya sorgen für ein idyllisches Flair.

Obwohl Breil rund 25 Kilometer von der Küste entfernt ist, sind die mediterranen Elemente vorherrschend. So ist beispielsweise der Olivenanbau neben der Lederverarbeitung und dem Tourismus bis heute ein wichtiger Wirtschaftszweig geblieben. Breil besitzt eine sympathische Altstadt; die Straßenzüge folgen in ihrem Verlauf weitgehend den landschaftlichen Gegebenheiten, Reste der Stadtmauer sowie das Tor Saint-Antoine sind noch erhalten. Das Bild der Stadt erinnert an die italienische Vergangenheit – vor allem die von Arkaden gesäumte Place de Briançon. Lebhafter als dort geht es auf der zum Fluss hin geöffneten Place Biancheri zu.

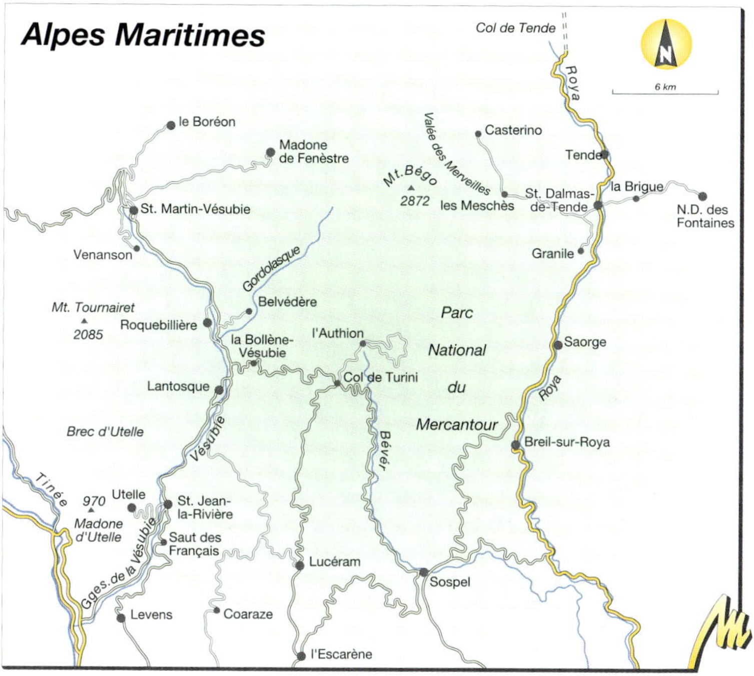

Alpes Maritimes Karte S. 67

Information/Diverses

- *Information* **Office de Tourisme**, Place Biancheri, 06540 Breil-sur-Roya, ✆ 0493049976.
- *Verbindungen* Der SNCF-Bahnhof befindet sich 15 Fußminuten nördlich des Zentrums. Tgl. fünf Zugverbindungen nach Tende sowie über Sospel nach Nizza, mehrmals tgl. Busverbindungen nach Ventimiglia.
- *Markt* Dienstagvormittag.
- *Wandern* Wandertouren (*randonnées*) zwischen einem und drei Tagen sowie Canyoning veranstalten Roya-évasion, 1, rue Pasteur, ✆ 0493049146 sowie A.E.T.Nature, Quartier Le Foussa, ✆ 0493044764. Preise: Wandertour: 25 € pro Tag; Canyoning: ab 40 € pro Tag inkl. Neoprenanzug.
- *Angeln* Société de pêche de Breil-sur-Roya. Monsieur Garnéro, ✆ 0493044295.
- *Schwimmbad* Direkt neben dem Campingplatz, geöffnet von Juni bis Sept., Schuhe am Eingang ausziehen! Eintritt: 1,50 €. Ein Tipp: Wer eine Stunde vor Schluss, also um 17 Uhr kommt, muss keinen Eintritt mehr bezahlen!
- *Kinderspielplatz* Großzügige Anlage am Royaufer zwischen Campingplatz und Zentrum.

Essen/Übernachten

** **Castel du Roy**, mit seinem parkähnlichen Garten die angenehmste Adresse für einen Aufenthalt im Royatal, daher oft ausgebucht. Wem die direkt neben dem Hotel vorbeirauschende Roya zu kalt ist, kann sich in den hoteleigenen Swimmingpool stürzen. In den sauberen Zimmern (54–69 €) riecht es allerdings etwas streng. Das ausgezeichnete Restaurant hat sich der klassischen französischen Küche verschrieben, die Portionen sind allerdings recht knapp bemessen, so dass man beim günstigsten Menü nur schwerlich satt wird. Menüs zu 20 und 35 €. P.S.: Nichts für Katzenhaarallergiker.

Von März bis Okt. geöffnet. Route de Tende, ✆ 0493044366, ℻ 0493049183, www.hotelmenton.com/hotel-castel-du-roy.

** **Le Roya**, alteingesessenes Hotel im Zentrum. Das zugehörige, empfehlenswerte Restaurant befindet sich wenige Schritte entfernt in einer alten Mühle (Tipp: Lammschulter mit Kräutern der Provence). Zimmer 41–49 €, das Restaurant bietet abwechslungsreiche Menüs ab 18 €. Von März bis Dez. geöffnet. Place Biancheri, ✆ 0493044810, ℻ 0493049270.

Le Biancheri, das Restaurant mit angegliederter Pizzeria (mit großer Terrasse gleich neben dem Hotel Roya) ist mit Vorsicht zu genießen. Hierzu eine kurze Episode: Nachdem sich der Autor dieser Zeilen bei dem freundlichen Kellner über ein absolut zähes Filet beschwerte, zuckte dieser nur mit den Achseln und meinte lapidar, er könne nichts dafür, der Chef koche selbst... Place Biancheri, ✆ 0493044011.

• *Camping* ** **Municipal Azur et Merveilles**, der städtische Campingplatz liegt neben dem Schwimmbad, direkt an der Roya. Lang gestrecktes, schattiges Areal mit gepflegten sanitären Anlagen. Viele Dauercamper und Bungalowvermietung (ab 150 € pro Woche). Ganzjährig geöffnet. ✆ 0493044666.

Sehenswertes

Santa-Maria-in-Albis: Die von außen eher unscheinbar wirkende Kirche verblüfft durch ihre farbenfrohe Ausstattung. Der große saalartige Sakralbau wurde im 17. Jahrhundert in Form eines griechischen Kreuzes errichtet.

Ecomusée du Haut Pays: Gleich beim Bahnhof gelegen, hat sich das Museum passenderweise dem Transportwesen verschrieben. In einer Halle werden mehrere historische Busse und Eisenbahnwagons präsentiert.

Öffnungszeiten Mitte Juni bis Mitte Sept. tgl. außer Di 10–12 Uhr und 15.30–18.30 Uhr, Ostern bis Mitte Juni und Mitte Sept. bis Ende Okt. nur am Wochenende. Eintritt: 3 €, erm. 2,50 €.

Saorge

Wenn man von Breil kommend entlang der Roya flussaufwärts fährt, bietet sich am Ende einer zerklüfteten Schlucht (Gorges de Saorge) ein imposanter Anblick: Hoch über dem Tal kleben die Häuser von Saorge an einem steil abfallenden Felshang.

Die Franzosen sprechen bei einem solchen Ort von einem *village empilé* – die mehrstöckigen Häuser sind förmlich übereinander gestapelt. Dank seiner spektakulären Lage ist Saorge zweifelsohne der schönste Ort im Royatal. Um nach Saorge zu gelangen, muss man eine kleine, bei Fontan abzweigende Stichstraße einschlagen. Die Autos müssen an dem lang gestreckten Parkplatz vor dem Ortsausgang abgestellt werden, da die Gassen von Saorge für moderne Verkehrsmittel denkbar ungeeignet sind. Die eng aneinander lehnenden Häuser lassen nur schmale Durchgänge frei, die mit Treppen verbunden sind. Aus Platzgründen wurden die Häuser mehrfach aufgestockt, so dass die Eingänge oft auf verschiedenen Ebenen liegen. Inmitten des Dorfes, auf dem Weg zum Kloster, steht ein altes Waschhaus.

Jahrhundertelang beherrschte der gut befestigte Ort das Royatal, erst 1793 wurde Saorge von französischen Truppen erobert. Als die von Nizza nach Turin führende Straße im 19. Jahrhundert auf dem Grund des Tales eine neue Trasse erhielt, verlor das Dorf seine einstige Bedeutung. In den sechziger Jahren des 20. Jahrhunderts erreichte die Landflucht ihren Höhepunkt, seither wurden zahlreiche Häuser in Saorge als Zweitwohnsitze wiederhergerichtet.

Den Berg hinaufgestapelt: Saorge

Im Zuge dieser Veränderungen haben sich auch mehrere alternative Aussteiger rund um den Ort angesiedelt. Der französische Skandal-Autor Michel Houellebecq lässt ein Kapitel seines Romans "Elementarteilchen" in Saorge spielen, wohin sich die Hippie-Mutter des Protagonisten Bruno zum Sterben zurückgezogen hat.

- *Information* Mairie, 06540 Saorge, ✆ 0493045123.
- *Verbindungen* Unter der Woche bestehen tgl. 3 Busverbindungen von Saorge nach Fontan (8.30, 11.35 und 17.35 Uhr); von dort gelangt man mit dem Zug nach Tende oder Nizza. Abfahrt von Fontan nach Tende 10 Minuten später.
- *Markt* Samstagvormittag.
- *Post* Im Ortszentrum in der "Einkaufsstraße" rue Virgel Barel.
- *Essen/Übernachten* **Le Bellevue**, der Name ist Programm, die Panoramafenster eröffnen einen wunderschönen Blick auf das Tal der Roya. Rechter Hand auf dem Weg zum Kloster. Leser Thomas Faltin lobt das Restaurant in den höchsten Tönen: "Für den Vegetarier unter uns ist die Köchin ungemein kreativ geworden und hat uns eine Spezialität von Saorge gekocht – mit Spinat gefüllte und frittierte Teigtaschen. Menüs zu 16 und 22 €. Die Besitzer sind sehr nett und hilfsbereit. Sie haben sich für uns um ein Gîte d'Etape gekümmert, wo wir übernachten konnten. Es liegt sehr geschickt etwa 50 Meter links neben dem Restaurant in der gleichen Straße und kostet 54 € pro Nacht. Das Appartement geht über zwei Etagen, hat zwei Schlafzimmer (für vier Personen) und einen schönen Blick ins Roya-Tal. Die Vermietung erfolgt, indem man die Telefonummer am Eingang wählt oder die Besitzerin des Restaurants um einen Anruf bittet. 5, rue Louis-Périssol, ✆ 0493045137.

Gite Bergiron, nur zehn Minuten Fußmarsch vom Kloster entfernt, trifft man auf diese schlichte, aber angenehme Unterkunft. Die Übernachtung mit Halbpension kostet 26,50 €. ✆ 0493045549, bergiron@free.com.

Lou Pountin, einfache Gerichte (Pizza ab 6 €), ein Viertel Tischwein kostet 1,50 €. Im Sommer sitzt man auf der Straßenterrasse. Mitten im Dorf, gleich bei der Post. Mittwoch Ruhetag. Rue Revelli, ✆ 0493045490.

- *Camping* ** **Municipal**, kleiner, sympathischer Platz in Fontan am Royaufer. Preisgünstig! Von Mitte Juni bis Mitte Sept. geöffnet, ✆ 0493045002.

Sehenswertes

Franziskanerkloster: Das Franziskanerkloster am Ortsende stammt – wie man an der barocken Fassade unschwer erkennen kann – weitgehend aus dem 17. Jahrhundert.

Öffnungszeiten Juni bis Okt. 10–18 Uhr, April und Mai 10–12 und 14–18 Uhr, Nov. bis März 10–17 Uhr. Eintritt: 4 €, erm. 2,50 €.

Madonna del Poggio: Bei der ein Stück außerhalb gelegenen, ehemaligen Pfarrkirche handelt es sich um die Keimzelle von Saorge. Erst im 15. Jahrhundert wurde das Dorf an seiner heutigen Stelle errichtet. Die frühromanische Kirche – einer der ältesten Sakralbauten der Region – ist mehr als 900 Jahre alt. Als optischer Blickfang dient der im lombardischen Stil errichtete schlanke, sechsstöckige Glockenturm. Das Nordportal wird zusätzlich von einem verwitterten Wandgemälde verziert. Leider befindet sich die Kirche in Privatbesitz und ist daher nur mit viel Glück zu besichtigen.

Tende

Für diejenigen, die über die Poebene und Cuneo anreisen, ist der Col de Tende das Eingangstor zu Frankreich. Das malerisch gelegene Bergdorf weist in seiner Architektur noch deutlich italienische Einflüsse auf; erst seit 1947 gehört Tende zu Frankreich, zuvor hieß der Ort Tenda.

Da heute ein Tunnel den Weg über den Col de Tende überflüssig macht, lässt es sich nur noch schwer nachvollziehen, wie beschwerlich einst die Überquerung des Alpenpasses gewesen sein muss. Der schottische Arzt und Schriftsteller Tobias Smollett war 1765 "sprachlos angesichts dieses berühmten und gefährlichen Berges". Die eng aneinander gebauten Häuser von Tende ziehen sich einen steilen Hang bis zum alten, terrassierten Friedhof empor. Neben dem Gottesacker erhebt sich noch ein letzter Mauerrest einer 1692 zerstörten Burganlage (*Château de Lascaris*). Die Kirche *Notre-Dame de l'Assomption*, in der sich auch das Grab eines Herzogs von Savoyen befindet, besitzt ein reich verziertes Renaissanceportal aus graugrünem Schiefer. Dieser Schiefer, der auch sonst als Baumaterial bevorzugt wurde, erzeugt in dem vom Durchgangsverkehr unberührten historischen Ortskern eine etwas düstere Atmosphäre. Tende bietet sich als Ausgangspunkt für Exkursionen in das nahe gelegene Vallée des Merveilles an. Zahlreiche der dort gefundenen Felszeichnungen können seit kurzem in einem neu eingerichteten Museum bewundert werden.

• *Information* **Office du Tourisme de la Haute-Roya**, Avenue du 16 septembre 1947, 06430 Tende, ✆ 0493047371, 📠 0493043509.

• *Verbindungen* Tgl. fünf Zugverbindungen nach Nizza. Zusätzlich fahren von Mitte Juli bis Anfang Sept. tgl. zwei Busse (9 und 14 Uhr) über Saint.-Dalmas nach Castérino, einem geeigneten Ausgangspunkt für Wanderungen in den Mercantour-Nationalpark. Fahrzeit: 1 Std.

• *Markt* Mittwochvormittag.

• *Fahrradverleih* Mountainbikes und Tipps zu Touren gibt es beim Maison de la Montagne et des Sports, ✆ 0493047773.

• *Post* Direkt an der Avenue du 16 septembre 1947.

• *Wandertouren/Canyoning* **Escapade**, Compagnie des Guides du Mercantour, Cagnourina, ✆ 0493047785 und 0493047773. Wanderungen in das Vallée des Merveilles (2–5 Tage) sowie eine 10-tägige Tour quer durch den Mercantour-Nationalpark veranstaltet: **Destination Merveilles**, 06270 Villeneuve-Loubet, ✆ 0493730907.

• *Essen/Übernachten* * **Le Centre**, einfaches Hotel direkt an der viel befahrenen Durchgangsstraße. Zimmer 26–31 €. Im

Rätselhafte Felszeichnungen sind im Musée des Merveilles zu sehen

Nov. geschlossen. 12, place de la République, ✆ 0493046219.

Les Carlines, schlichte Unterkunft (gîte d'étape) mit schönem Panoramablick. Sehr nette hilfsbereite Leitung. Übernachtung mit Halbpension 27–29 €. Achtung: Die Zufahrt mit dem Auto erfolgt über sehr enge Gassen und erfordert bei Gegenverkehr fahrerisches Geschick. Geöffnet von Mitte April bis Mitte Sept. Chemin Sainte-Catherine, ✆ 0493046274.

L'Auberge tendasque, beliebtes Restaurant mit bodenständiger Küche. Übrigens: Am Herd steht ein Spanier! Menüs ab 11,50 €. Di und im Nov. geschlossen. 65, avenue du 16 septembre 1947, ✆ 0493046226.

• *Camping* * **Municipal St. Jacques**, unspektakulärer Platz, wenige hundert Meter vom Zentrum entfernt. Rund Von Juni bis Ende Sept. geöffnet. Route de la Pia, ✆ 0493047608.

Sehenswertes

Musée des Merveilles: Das erst im Juni 1996 eröffnete Museum – ein moderner Bau mit 2.000 Quadratmetern Ausstellungsfläche – beschäftigt sich in ansprechender Weise mit den rätselhaften Felszeichnungen der ligurischen "Urbevölkerung", die das Vallée des Merveilles und das Vallée de Fontanalbe berühmt gemacht haben. Mit Hilfe archäologischer Funde (Werkzeuge, Gefäße etc.), Dioramen und graphischer Darstellungen werden die Lebensbedingungen im Zeitraum von 8.000 bis 850 v. u. Z. anschaulich dargestellt. Von den Felsen mit den bedeutendsten Felszeichnungen wurden originalgetreue Abgüsse gemacht und hier ausgestellt. Zudem wurde die mehrfach beschädigte Stele des "Stammeshäuptlings" abgetragen und ins Museum gebracht, um sie vor weiteren Zerstörungen zu schützen. Zudem bietet die Dauerausstellung Einblicke in die Naturgeschichte sowie in die regionale Volkskunst und Tradition.

Adresse Avenue du 16 septembre 1947. Öffnungszeiten: Im Sommer tgl. außer Di 10–18.30 Uhr, im Winter tgl. außer Di 10–17 Uhr. Mitte März und Mitte Nov. ist das Museum für jeweils 2 Wochen geschlossen. Eintritt: 4,55 €, erm. 2,30 €, jeden 1. Sonntag im Monat Eintritt frei! Internet: www.museedesmerveilles.com.

Umgebung

Saint-Dalmas-de-Tende

Das auffallendste Bauwerk ist der in dem kleinen Ort deplaziert wirkende, überdimensional große Bahnhof. Die Größe erklärt sich aus der Tatsache, dass es sich um einen ehemaligen Grenzbahnhof zwischen Italien und Frankreich handelt. Vom Bahnhof aus schlängelt sich eine kleine Straße (D 91) bis zum 1.390 Meter hoch gelegenen Lac des Mèsches hinauf (wer will, kann auch hinaufwandern). Der aufgestaute Bergsee eignet sich gut als Ausgangspunkt für Erkundungen des Mercantour-Nationalparks und der Felszeichnungen im Vallée des Merveilles.

• *Essen/Übernachten* ** **Le Prieuré**, stilvolle Unterkunft mit klösterlichem Ambiente. Das Hotel wird von einer gemeinnützigen Organisation betrieben, die hier mehrere Arbeitsplätze für Behinderte geschaffen hat. DZ 42 bis 59 €. Nov. bis April geschlossen. Im geschmackvoll eingerichteten Restaurant werden Menüs ab 14 € serviert. Die angebotenen Nudelgerichte lassen die Nähe zu Italien erkennen. Rue Jean Médicien, ✆ 0493047570, 📠 0493047158, www.leprieure.org.

** **Le Terminus**, schräg gegenüber dem Bahnhof, Zimmer (25–54 €) teilweise mit Balkon. Von den Strapazen einer Wanderung erholt man sich im kleinen Hof (Gartenmöbel) vor dem Hotel. Wer im Anbau logiert (Zimmer 1–8), muss allerdings einen festen Schlaf besitzen, da neben dem Restaurant auch die Wasserleitungen einen höllischen Lärm verursachen. Das Restaurant bietet hauptsächlich regionale Kost, Menüs zu 14, 18 und 23 €. Dez. bis April geschlossen. ✆ 0493049696, 📠 0493049697.

Wandern nach La Brigue

Ein Lesertipp von Ellen Kray: "Der Weg beginnt am Campingplatz von Tende und führt anfangs steiler, später aber langsam ansteigend zum Col de Boselia mit schönen Ausblicken auf das Tal und auf Tende. Nach ca. 90 Minuten erreicht man La Brigue. Vom Brunnen gegenüber der Eglise Saint-Martin zweigt der Weg nach Saint-Dalmas-de-Tende ab; der Abstieg ist nahe der Eisenbahnbrücke am Bahnhof, der Aufstieg zurück nach Tende beginnt am Ortsausgang von Saint-Dalmas-de-Tende links, kurz nach der Straßenabzweigung nach La Brigue. Die Wege sind markiert und teilweise beschildert. Man kann die Tour auch abkürzen und von Saint-Dalmas-de-Tende mit dem Zug zurückfahren. Wanderkarte: Top 25, Nr. 3841 OT Vallée de la Roya, im Buchladen von Tende zu kaufen. Gesamtwanderzeit: 4,5 Stunden."

Granile

Auf dem Weg zum Mercantour-Nationalpark zweigt ein Stück hinter Saint-Dalmas eine kleine Straße ab, die sich in Serpentinen zum fünf Kilometer entfernten Granile emporwindet. Die Straße endet bei den ersten Häusern des Dorfes relativ unverhofft, man könnte glauben, hier am Ende der Welt zu sein. Da sich Fremde nur sehr selten hier hoch verirren, müssen Besucher damit rechnen, etwas verwundert zur Kenntnis genommen zu werden. In Granile gibt es weder Sehenswürdigkeiten noch einen Laden oder ein Restaurant – dafür begeistert die phantastische Aussicht auf das Tal der Roya.

Kirche mit zwölf Altären: Eglise Saint-Martin in La Brigue

La Brigue

Das an der Levense gelegene Städtchen weist noch deutlich mittelalterliche Züge auf. Pittoreske, vor sich hin bröckelnde Häuser, eine romanische Brücke sowie eine Burgruine wissen romantische Gemüter zu erfreuen.

Seit jeher spielten die Viehzucht und der Wollhandel in dem kleinen Seitental der Roya eine große Rolle. Die üppig ausgestattete romanische Eglise Saint-Martin mit insgesamt zwölf Altären zeugt vom einstigen Wohlstand des Ortes. Auffälligste Merkmale des Sakralbaus sind neben den fast überladen wirkenden Altären ein romanischer Glockenturm sowie eine himmelblau erstrahlende Decke im Mittelschiff. Die lange Zugehörigkeit zu Italien spiegelt sich unter anderem in den von Arkaden geschmückten Häusern entlang des ausgetrockneten Flussbetts (Rio Secco) und im hiesigen Dialekt wider. Wie Tende gehört auch La Brigue erst seit 1947 zum französischen Staatsgebiet. Beachtung verdienen die zahlreichen dekorativen Türstürze aus schwarzgrünem Schiefer.

• *Information* **Office de Tourisme**, Place Saint-Martin, 06430 La Brigue, ✆ 0493043607, 📠 0493043609.

• *Musée des Traditions Apicoles* Avenue du Général de Gaulle. Öffnungszeiten: April bis Okt. tgl. 10–12 Uhr und 14–17 Uhr. Eintritt: 1,50 €, erm. 0,75 €.

• *Markt* Freitagmorgen.

• *Post* Am Ortseingang in der rue Saint-Vincent Ferrier, in unmittelbarer Nähe der Kirche.

• *Reiten* Club Equestre de La Brigue, Mme Vacarezza, ✆ 0493046659.

• *Essen/Übernachten* ** **Le Mirval**, angenehmes Hotel an der Levense mit schönem Garten zum Entspannen, direkt am Ortseingang über eine schmucke Brücke zu erreichen. Die Zimmer (45–65 €) sind von unterschiedlicher Beschaffenheit: Während einige einen Balkon besitzen, kann man in der 2. Etage in einem Zimmer den Schimmel an der Decke bewundern; Bad/WC sind allerdings tadellos sauber. Im zugehörigen Restaurant lässt es sich passabel speisen, empfehlenswert ist die Forelle; Menüs zu 15 und 19 €. Nov. bis März geschlossen. 3, rue Saint-Vincent Ferrier, ✆ 0493046371, ℻ 0493047981.

* **Fleur des Alpes**, kleines beschauliches Hotel mit empfehlenswertem Restaurant (Menüs zu 12,20, 16 und 24,50 €), Zimmer von 35–45 €. Ende Nov. bis Feb. geschlossen. Place Saint-Martin, ✆ 0493046105, ℻ 0493046958.

* **Saint-Martin**, etwas schlichter als das benachbarte Fleur des Alpes. Von Nov. bis Feb. geschlossen. Zimmer von 38–45 €. Das zugehörige Restaurant hat Montag- und Dienstagabend Ruhetag. Place Saint-Martin, ✆/℻ 0493046217.

La Cassolette, ausgezeichnete ländliche Küche mit piemontesischem Einschlag. Menüs zu 13,75 (Di–Fr), 16, 21,35 und 25 €. Sonntagabend und Montag Ruhetag. 20, avenue Général de Gaulle, ✆ 0493046382.

Bar les Platanes, beliebter Dorftreffpunkt an der Place de Nice.

Umgebung

Notre-Dame-des-Fontaines: In einem kleinen abgelegenen Tal, vier Kilometer hinter La Brigue, liegt die Wallfahrtskapelle Notre-Dame-des-Fontaines. Von außen würde wohl niemand in der schlichten einschiffigen Kirche – erstmals 1375 erwähnt – einen von seinen Ausmaßen wie auch von seiner Ausdruckskraft so überaus beeindruckenden Freskenzyklus vermuten. Das Kunstwerk ist die mit Abstand kunstgeschichtlich bedeutendste Sehenswürdigkeit der Region, wenn nicht sogar des gesamten Hinterlandes der Côte d'Azur. Der Zyklus ist ein Werk des aus Piemont stammenden Künstler-Priesters *Giovanni Canavesio*, der als Wandermaler in der Grafschaft Nizza hohes Ansehen genoss. Wahrscheinlich arbeitete Canavesio von 1480 bis 1492 – im Chor eventuell von seinem Kollegen Jean Baleison unterstützt – an den "Fresken" der Wallfahrtskapelle Notre-Dame-des-Fontaines. Genau genommen handelt es sich hierbei allerdings nicht um Fresken, sondern um Temperamalereien auf getrocknetem Putz. Die Temperatechnik hat den Vorteil, dass die Farben lebendiger wirken, allerdings blättert die Farbe leichter vom Untergrund ab als bei einem auf noch feuchtem Untergrund ausgeführten Fresko. Das fast fensterlose, saalartig wirkende Kirchenschiff bot ideale Voraussetzungen für ein solches Projekt. Die Szenen entstammen drei verschiedenen Themenkreisen: Während im Chor und an der östlichen Stirnwand das Leben Marias erzählt wird, sind die Seitenwände mit der Passionsgeschichte (26 Einzelszenen in zwei Reihen) bemalt; die gesamte Westwand wird vom Jüngsten Gericht eingenommen, die Auferstehung der Toten sowie Himmel und Hölle inklusive. Beeindruckend ist die realistisch wir-

Kleinod: Fresken in der Notre-Dame-des-Fontaines

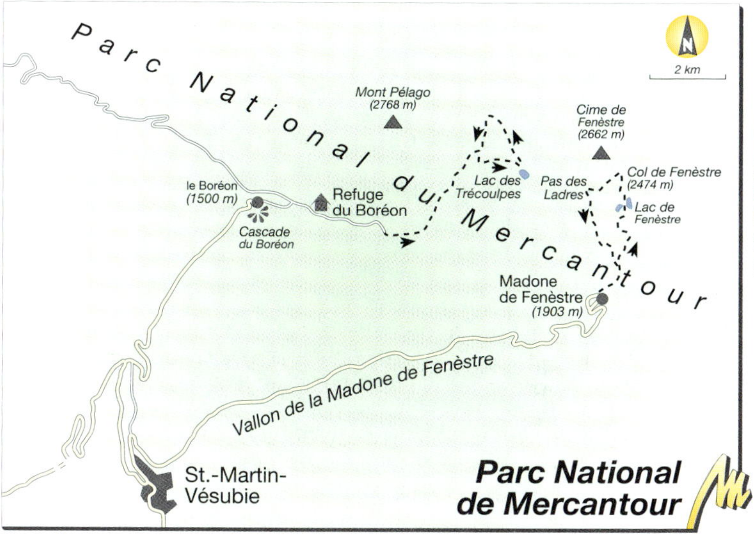

kende Illustration mit einigen skurrilen Details: So hängt Judas, von einem dämonischen Affen aufgeschlitzt, mit blutigen Eingeweiden an einem Olivenbaum.

Unterhalb der im Quellgebiet der Levense gelegenen Wallfahrtskapelle kann man die Füße nach der Besichtigung in einem ebenso kalten wie klaren Wildbach kühlen.

Öffnungszeiten 9.30–19 Uhr

Mercantour-Nationalpark

Der Mercantour-Nationalpark, einer von sieben französischen Nationalparks, erstreckt sich entlang der französisch-italienischen Grenze auf einer Gesamtfläche von 68.500 Hektar von den Seealpen (Alpes Maritimes) bis hin zu den Alpes de Haute-Provence. Die unbesiedelte Kernzone des Nationalparks ist eine hochalpine Gebirgslandschaft – sieben Gipfel ragen mehr als 3.000 Meter empor – mit tief eingeschnittenen Talkesseln, lieblichen Almen, zahllosen Gletscherseen und Moränen.

Innerhalb weniger Kilometer verändert sich das Landschaftsszenario vollkommen: Während die südlichen Ausläufer noch vom mediterranen Klima geprägt sind, lassen sich die klimatischen Verhältnisse in den Kammlagen durchaus als arktisch charakterisieren. Der 1979 gegründete Nationalpark besitzt eine artenreiche Flora und Fauna. Nach der Schneeschmelze im Frühsommer blühen mehr als 2.000 verschiedene Pflanzenarten (Enzian, Edelweiß, Steinbrech, Silberdistel etc.), 40 davon gelten als endemisch, das heißt, sie sind nirgendwo sonst auf der Welt zu finden. Auch die Tierwelt kann sich sehen lassen: Unter den Huftieren sind die rund 5.000 Gemsen, 1.000 Mouflons und 150 Steinböcke besonders hervorzuheben; 31 Paare der vom Aussterben bedrohten

Steinadler sowie der seltene Bart- oder Lämmergeier ziehen über den kargen Gipfeln ihre Kreise. In den letzten Jahren sind zudem verstärkt freilebende Wölfe aus Italien eingewandert. Da sich die naturgeschützte Zone über die Grenze hinweg nach Italien (*Parco Naturale dell'Agentera*) fortsetzt, sind hervorragende Bedingungen geschaffen worden, die für die Zukunft hoffen lassen; ein Problem stellt allerdings die Wilderei in den Randgebieten dar. Das kulturelle Herzstück des Mercantour-Nationalparks bilden zwei Täler nahe des Mont Bégo: das Vallée des Merveilles und das Vallée de Fontanalbe; beide sind für ihre bronzezeitlichen Felsenbilder berühmt.

Information Parc National du Mercantour, Centre d'Information, 23, rue d'Italie, 06000 Nice, ✆ 0493878610.

Vallée des Merveilles und Vallée de Fontanalbe

Eine Wandertour zu den Felszeichnungen im Vallée des Merveilles ("Tal der Wunder") und im Vallée Fontanalbe gehört zu den Höhepunkten eines Aufenthaltes in den französischen Seealpen. Die Täler mit ihren "Graffitis" gelten zu Recht als das größte europäische Freilichtmuseum für Frühgeschichte.

Den geographischen Mittelpunkt, um den die Felszeichnungen angeordnet sind, bildet der 2.872 Meter hohe Mont Bégo, der sich durch sein dunkelgraues Gestein von den Nachbargipfeln abhebt. Die ihm zugeschriebenen magischen Kräfte müssen die Urbevölkerung gleichermaßen fasziniert und geängstigt haben, nicht grundlos trägt ein Seitental den Namen *Val d'Enfer* ("Tal der Hölle"). Vor 4.000 Jahren hat die "Urbevölkerung" in den Tälern rund um den als "Heiligen Berg" verehrten Riesen begonnen, Zeichnungen in den Fels zu ritzen. Die meisten der mehr als 35.000 Gravuren, die in einer Höhe von 2.100 bis 2.600 Meter angefertigt wurden, stammen aus den Jahren 1800 bis 1500 vor unserer Zeitrechnung (Beginn der Bronzezeit).

Felszeichnung im Vallée des Merveilles

Als Erster hatte der piemontesische Historiker *Pietro Gioffredo* die Felszeichnungen im Jahre 1650 in einem Werk über die Geschichte der Seealpen erwähnt; eine systematische wissenschaftliche Erforschung begann aber erst 1879 durch die Arbeiten des englischen Naturforschers Clarence Bicknell, der anfangs glaubte, bei den rätselhaften Symbolen handle es sich um unbekannte Schriftzeichen. Schon bald setzte sich jedoch die Erkenntnis durch, dass die Bergbewohner realen Vorbildern nachempfundene Bilder in den Fels geritzt haben. Die Felszeichnungen wurden von der Forschung in vier, teilweise miteinander korrespondierende Kategorien eingeteilt: Waffen und Werkzeuge (7,2 %), geometrische Figuren (2,5 %), Menschendarstellungen (0,5 %) sowie Rinderhörner (79 %). Letztere, die weit mehr als die Hälfte aller Zeichnungen ausmachen, sind oft paarweise oder zu viert vor einem Pflug dargestellt. Die auffallendsten Figuren tragen verheißungsvolle Namen: "Der Stammeshäuptling", "der Zauberer", "der Priester". Trotz intensiver Bemühungen ist es bis heute nicht gelungen, eine schlüssige Interpretation für die wahrscheinlich religiös motivierten – auch dies ist umstritten – Felsgravuren zu finden. Es ist sogar unklar, ob die frühgeschichtlichen Künstler Mitglieder einer Ackerbau- oder einer Jägergesellschaft waren. Zwar sind die Motive dem Lebenskreis eines Ackerbauern entlehnt, doch könnten sie auch aus rituellen Beweggründen von den mit ihnen verfeindeten Jägern angefertigt worden sein. Es ist beispielsweise schwer vorstellbar, dass die Mitglieder eines Bauernstammes just in den Sommermonaten, wo jede Hand zur Feldarbeit gebraucht wurde, Zeit gefunden haben sollen, den schneefreien Berg zu erklimmen, um den Fels zu bearbeiten.

Wie dem auch sei, es bleibt also nur noch Folgendes zu tun: abwarten, welche neuen Theorien die Forschung zutage fördert und in der Zwischenzeit hinaufwandern und sich die Zeichnungen ansehen. Zwischen Oktober und Mitte Juni sind die Felszeichnungen zumeist von einer Schneeschicht bedeckt, so dass genau genommen nur die Sommermonate Juli, August und September für Exkursionen geeignet sind. Als Ausgangspunkte für eine Wanderung – mindestens ein Tag ist zu veranschlagen – eignen sich der Lac des Mèsches (1390 m) sowie Castérino (1543 m); beide sind über Saint-Dalmas-de-Tende schnell zu erreichen. Da die offiziellen Bergführer naturgemäß am besten über die Lage der schönsten Felszeichnungen Bescheid wissen, ist es von Vorteil, sich einer geführten Wanderung anzuschließen. Vor den fatalen Folgen eines Wetterumschwungs sollte man sich auf jeden Fall in Acht nehmen. Als thematische Ergänzung zu einer Wanderung empfiehlt sich unbedingt der Besuch des Musée des Merveilles in Tende.

Um die wertvollen Zeichnungen vor Vandalismus besser schützen zu können, wurden die beiden Täler 1989 zu Naturdenkmälern erklärt. Dass die strengen Richtlinien einzuhalten sind, versteht sich von selbst: Es ist verboten, die Felszeichnungen zu berühren oder zu betreten sowie die ausgeschilderten Pfade ohne offiziellen Führer zu verlassen. Das Pflücken von Pflanzen, Feuer machen und das Mitführen von Hunden ist gleichfalls untersagt.

Zuwiderhandlungen werden streng geahndet. Seltsamerweise widersprechen Jeep-Ausflüge, die durch Teile des Nationalparks angeboten werden, nach Meinung der Franzosen nicht dem Naturschutzgedanken.

Frühgeschichtliche Wanderung ins Vallée des Merveilles

Vom Royatal aus gibt es zwei Möglichkeiten, zu den Felsbildern am Mont Bégo zu wandern. Die beliebteste Variante führt vom Lac des Mésches (1390 m) in 3,5 Stunden über das Refuge des Merveilles (Verpflegungsmöglichkeit) zu den nordwestlich des Lac Long gelegenen Zeichnungen. Für den Rückweg sind nochmals drei Stunden einzuplanen. Wer über weniger Zeit beziehungsweise Kondition verfügt, sollte mit dem Auto von St-Dalmas-de-Tende bis Castérino (1543 m) fahren und von dort in rund zwei Stunden ins Vallée de Fontanalbe wandern; am Refuge de Fontanalbe vorbei und schließlich zum Lac Vert und zu den Lacs Jumeaux aufsteigen, die beide in einem geschützten Gebiet liegen, das nur auf den markierten Wegen durchquert werden darf. Gehzeit: 4 Stunden. Die steinigen Wege sind im Gelände stets gut zu erkennen. Achtung: Der Weg verläuft auf einer verfallenen Straße, die noch von Jeeps benutzt wird. Wer zur falschen Zeit wandert, der muss den Lärm der vorbeifahrenden Jeeps ertragen, die fußlahme Touristen zu den Felszeichnungen kutschieren.

Zu einer ausgedehnten, sehr anstrengenden Tagestour, bei der mit Auf- und Abstiegen rund 2.300 Höhenmeter zu bewältigen sind, startet man am besten am Lac des Mésches (im August kann es mitunter problematisch sein, einen Parkplatz zu finden). Durch das Val d'Enfer hindurch geht es in knapp 3 Stunden zum Refuge des Merveilles und zum Lac Long. Ungefähr die gleiche Zeit ist für den nun folgenden Anstieg zur 2.549 Meter hohen Baisse de Valmasque einzuplanen. Durch das Vallée de Fontanalbe geht es in rund vier Stunden zur gleichnamigen Berghütte und anschließend hinunter nach Castérino. Wer nicht mehr zum Ausgangspunkt zurücklaufen will, kann versuchen, zum Lac des Mèsches zu trampen. Gehzeit: 10–11 Stunden. Aufgrund der großen Distanz und der steilen Aufstiege empfiehlt sich eine Übernachtung in einer der Berghütten. (Achtung: Am Wochenende sind die Hütten fast immer vollkommen ausgebucht.)

• *Führungen* Von Juli bis Ende Aug. werden mehrmals täglich zwei- bis dreistündige Führungen zu den Felszeichnungen angeboten. Treffpunkt: Refuge des Merveilles um 8, 11, 13 und 15 Uhr; Refuge de Fontanalbe um 8, 11 und 14 Uhr. Im Juni sowie von Sept. bis Anfang Okt. finden Führungen nur am Wochenende statt: Refuge de Merveilles um 8 und 13 Uhr, Refuge de Fontanalbe um 8, 11 und 14 Uhr. Teilnahmegebühr: 8 €, erm. 4 . Es empfiehlt sich, vorher bei den Tourismusämtern die aktuellen Daten nochmals zu erfragen. Mehrtägige Wanderexkursionen organisiert: Destination Merveilles, 06270 Villeneuve-Loubet, ✆ 0493730907. Prospekt erhältlich.

• *Essen/Übernachten* * **Les Mélèzes**, das einfache Hotel (Logis de France) im alpenländischen Stil ist eines der wenigen Häuser von Castérino. Zimmer 44–49 €, Menüs zu 16 und 18 €. Empfehlenswert sind die Forellen, was nicht verwundert, rauscht doch der Bach direkt an der Haustür vorbei. Mitte Nov. bis 26.12. geschlossen. ✆ 0493049595, ℻ 0493049596.

Empfehlenswerter Wandergrund am Lac Long

Vallée des Merveilles: das größte Freilichtmuseum Europas

* **Santa Maria-Maddalena**, passable, ganzjährig geöffnete Unterkunft, Übernachtung mit Halbpension 30–38 €. ✆ 0493046593.

* **Berghütten**, zusätzlich gibt es im Mercantour-Nationalpark noch drei Berghütten: Refuge de Fontanalbe (2018 m), Refuge des Merveilles (2111 m) und Refuge de Valmasque (2221 m). Alle drei Refuges haben nur im Sommer von Juni bzw. Juli bis September geöffnet. Da diese Unterkünfte (Halbpension rund 30 €) im Sommer sehr begehrt sind, ist eine frühzeitige Reservierung (30 Prozent Anzahlung!) dringend anzuraten: ✆ 0493046922 oder 0493046464.

Sospel

Eine Stadt mit einer Bilderbuchsilhouette: Eine mittelalterliche, turmbewehrte Brücke überspannt einen Fluss, an dessen Ufer sich pastellfarbene Häuser aneinander reihen, im Hintergrund thronen die majestätischen Gipfel der Seealpen.

Sospel ist ein idealer Urlaubsstandort für all diejenigen, die ein gespaltenes Verhältnis zur lebhaften Küstenregion haben und daher einerseits das Hinterland vorziehen, jedoch nicht völlig vom heiteren Strandleben abgeschnitten sein wollen: Eine halbe Stunde benötigt man mit dem Auto für die 22 Kilometer von Sospel nach Menton, Nizza ist bequem mit dem Zug zu erreichen. Trotz ihrer 2.800 Einwohner – in früheren Zeiten sollen es dreimal so viele gewesen sein – macht die Stadt einen recht verschlafenen Eindruck. An einem Kreuzungspunkt mittelalterlicher Handelsstraßen entstanden, kam Sospel durch seine mautpflichtige Brücke – der Turm diente einst als Zollhaus – zu einem gewissen Reichtum. Die pittoreske, aus dem 11. Jahrhundert stammende Brücke wurde allerdings im Oktober 1944 so stark beschädigt, dass der 1953 abgeschlossene Wiederaufbau einem Neubau gleichkam. Am rechten Ufer der Bévéra liegt der mittelalterliche Stadtkern, dessen Zentrum die mit

Flusskieseln gepflasterte und von Arkaden gesäumte Place Saint-Nicolas mit der Cathédrale Saint-Michel bildet. Das in der Mitte des 17. Jahrhunderts errichtete Gottes-haus ist eine etwas ungewöhnliche stilistische Verbindung von französischer Klassik und italienischem Barock, der romanische Glockenturm stammt noch von einem Vorgängerbau. Der schlechte Zustand der Kirche und die vielen leer stehenden Häuser in der Altstadt erinnern deutlich daran, dass Sospel schon bessere Tage gesehen hat.

Sospel ist ein geeigneter Ausgangspunkt für Wanderungen, das Verkehrsamt gibt hierzu eine kleine Broschüre heraus. Wer will, kann in ein paar Stunden ins italienische Olivietta oder zum südlich der Stadt gelegenen Fort Saint-Roche, einem mächtigen, von 1930–1934 zum Schutz vor einer drohenden italienischen Invasion errichteten Bunker, wandern.

• *Information* **Office de Tourisme**, Le Vieux Pont, 06380 Sospel, ✆ 0493041580, 📠 0493041996.

• *Verbindungen* Tgl. fünf Zugverbindungen in Richtung Nizza sowie Tende (und weiter nach Italien). Der Bahnhof liegt südöstlich des Zentrums. Von der Place du Marché fahren tgl. 2–3 Busse nach Menton (7, 13 und 16.30 Uhr), der Bus um 13 Uhr verkehrt nur am Di, Do, Fr und So.

• *Fort Saint-Roche* Teil der Maginot-Linie mit zugehörigem Musée de la Résistance. Öffnungszeiten: April bis Okt. Sa und So 14–18 Uhr, in der Hochsaison außer Montag tgl. 14–18 Uhr. Eintritt: 5 €, erm. 3 €.

• *Markt* Donnerstagvormittag auf der Place des Platanes.

• *Schwimmen* Städtisches Freibad an der Straße zum Col de Castillon. Nur im Juli und Aug. geöffnet, montags geschlossen.

• *Fahrradverleih* Sospel VTT, boulevard 1er DFL, ✆ 0670765705. Auch geführte Touren werden angeboten.

• *Tennis* Reservierung, ✆ 0493040437.

• *Essen/Übernachten* ** **Auberge Provençale**, etwas außerhalb an der Straße nach Menton gelegen. Ruhiges, sehr angenehmes Hotel mit schönem Blick hinunter auf Sospel. Zimmer von 58–70 € (einige mit Aussicht auf Sospel). Das Restaurant besitzt

Sospel von seiner schönsten Seite

Alpes Maritimes
Karte S. 67

große Panoramafenster, im Sommer frühstückt man auf der sonnigen Terrasse, wo auf Wunsch auch das Abendessen serviert wird. Menüs zu 21 und 28 €. Route de Castillon, ✆ 0493040031, 📠 0493042454.

** **Hôtel des Etrangers**, das größte Hotel in Sospel besitzt neben 35 Zimmern (42–65 €) auch einen Swimmingpool. Fahrradvermietung. Im Restaurant hat man sich der regionalen Küche verschrieben, leider besitzt der große Speiseraum mit seinen Gartenstühlen den Charme einer Bahnhofshalle. Menüs zu 22, 27 und 34 €. Dez. und Jan. geschlossen. 7, boulevard de Verdon, ✆ 0493040009, 📠 0493041231.

Auberge du Vieux Pont, direkt gegenüber der namensgebenden Brücke, ein Lesertipp von Maria Graf aus Basel: "Der Besitzer des ehemaligen alten Klosters (13. Jh.) zauberte aus dem alten Gemäuer eine sehr angenehme Auberge, Zimmer in den typischen freundlichen provenzalischen Farben. Wunderbar beheizt für französische (bergige) Verhältnisse. Das kleine Restaurant ist nicht nur auf die Menükarte fixiert, sondern es wird flexibel auf individuelle Wünsche eingegangen (vegetarische Küche). Vorzügliche Speisenkreationen!" Menüs ab 11 €. Zimmer ab 25 €. 3, avenue Jean Médecin, ✆ 0493040073.

L'Escargot d'Or, einfallsreiche Regionalküche, ansprechendes Ambiente mit netter Straßenterrasse und Blick auf den Fluss. Menüs ab 13 €. Direkt neben dem Hôtel des Etrangers, 5, boulevard de Verdon, ✆ 0493040043.

Taverne Toscane, ein kleiner Vorgeschmack auf das nahe Italien. Familiäre Atmosphäre. Avenue Jean Médecin, ✆ 0493040040.

• *Camping* *** **Domaine Sainte-Madeleine**, der am besten ausgestattete Platz der Region. Schönes Wiesengelände in sanfter Hanglage mit Bäumen und beheiztem Swimmingpool (20 m x 6 m). Es werden auch Zimmer zu 38 € (inkl. Frühstück!) vermietet. Caravan- und Bungalowvermietung. Liegt rund vier Kilometer außerhalb von Sospel an der Straße zum Col de Turini. Route de Moulinet, ✆ 0493041048.

** **Des Merveilles**, einfacher Platz (Wiesengelände), 200 Meter weiter auf der rechten Seite. Erst ab Ende Juni bis Sept. geöffnet. Quartier la Vasta, ✆ 0493040466.

** **Municipal**, ein Lesertipp von Stefan Eisele, der sich auf dem kleinen, stadtnahen Platz (5 Gehminuten vom Ortskern) so wohl gefühlt hat, dass er gleich 2 Wochen blieb. 35 Stellplätze, nur im Sommer geöffnet. ✆ 0493043300.

* **Le Mas Fleuri**, schöne schattige Anlage mit Restaurant und Swimmingpool. Ganzjährig geöffnet. Knapp zwei Kilometer vom Zentrum (Richtung Col de Turini) im Quartier la Vasta. ✆ 0493041494.

Umgebung

Col de Turini

Die landschaftlich reizvolle D 2566 führt von Sospel durch das Bévéra-Tal zum 24 Kilometer entfernten Col de Turini. Auf halber Strecke taucht nach zehn Kilometern unerwartet die auf einem kleinen Bergkegel thronende Kapelle **Notre-Dame de la Menour** auf; die Kapelle mit ihrer gelben Renaissancefassade ist die wohl am schönsten gelegene Kirche der gesamten Region. Eine malerische Brücke führt über die Straße, auf moosbewachsenen Stufen geht es zur Kapelle empor. Das Szenario erinnert ein wenig an die Chinesische Mauer. (Achtung: Es existieren nur zwei Parkmöglichkeiten!) Ein paar Kilometer später gelangt man nach **Moulinet**, einem kleinen verschlafenen Bergdorf mit platanenbeschattetem Marktplatz, das sich für einen kurzen Zwischenstopp anbietet, anschließend sind dann noch knapp 800 Höhenmeter bis hinauf zum Col de Turini zu bewältigen. Der 1.607 Meter hohe Pass ist als Etappenstation bei der Rallye Monte-Carlo bekannt geworden. Die engen vereisten Straßen dienen alljährlich im Januar als Schauplatz der berühmt-berüchtigten Rallye Monte-Carlo. Die Strecken rund um den Col de Turini sind dann von begeisterten Motorfreaks gesäumt, und die aufgemotzten Golfs und Escorts donnern durch die ruhigen, in winterliche Pracht gehüllten Täler.

Direkt am Col de Turini zweigt nach Norden hin eine kleine, kurvenreiche Straße (D 68) zum **Massif de L'Authion** ab. Diese nur von Anfang Mai bis Ende November befahrbare Höhenstraße (*Circuit découverte de L'Authion*) führt dort knapp über der Baumgrenze durch eine karge und weltabgeschiedene Gegend. Dieser nur in einer Richtung zu befahrende Rundkurs eröffnet ein phantastisches Panorama, der Blick reicht weit über die Seealpen bis hin zum Mont Bégo. Ein Kriegerdenkmal und Ruinen eines ehemaligen Garnisonstützpunktes erinnern daran, dass die Kuhglocken hier oben nicht immer so friedlich geläutet haben. Bereits im österreichisch-sardischen Krieg 1793/ 94 bekämpften sich am Massif de L'Authion rund 30.000 Soldaten. Erst nachdem Napoléon den Gipfel umstellen ließ und dadurch den feindlichen Nachschub abschnitt, triumphierten die Republikaner. Kurz vor Ende des Zweiten Weltkrieges kam es auf dem Massif de L'Authion noch zu einem dreitägigen Gefecht zwischen Deutschen und Franzosen. In der Umgebung gibt es mehrere Wandermöglichkeiten, auch die Höhenstraße muss nicht zwangsläufig mit dem Auto erkundet werden.

Frankreichs "Chinesische Mauer" führt zur Kapelle Notre-Dame de la Menour

Vésubie-Tal

Bevor die Vésubie bei Plan-du-Var in den Var mündet, hat sich der Fluss ein tiefes Bett in den Fels gegraben. Aufgrund des starken Gefälles kommt es im Frühjahr zur Zeit der Schneeschmelze immer wieder zu verheerenden Hochwasserkatastrophen. Manche leidgeprüfte Gemeinde wie Roquebillière kann ein Lied davon singen.

Levens

Levens fügt sich nahtlos in die Reihe der alten, charmanten Dörfer ein, die zwischen Var und Roya die Bergkuppen des Hinterlandes krönen; in diesem Fall ist der Ort allerdings in eine Ober- und eine Unterstadt geteilt. Im 13.

Jahrhundert beherrschten die Herren von Riquiers, später die Grafen von Grimaldi den Ort. Unterhalb von Levens mündet die Vésubie in den Var. Die Einwohnerzahl hat in den letzten Jahrzehnten wieder stark zugenommen, denn dank der guten Verkehrsverbindungen gehört Levens zum Einzugsbereich von Nizza, nur wohnt man hier ruhiger und günstiger.

- *Information* **Office de Tourisme**, 12, rue du Docteur Faraud, 06670 Levens, ✆ 0493797100, 📠 0493916117.
- *Einwohner* 1.700 Einwohner.
- *Verbindungen* Tgl. mehrere Busverbindungen nach Nizza.
- *Schwimmen* Schön gelegenes Schwimmbad, fast am höchsten Punkt von Levens.
- *La Maison du Portal* Kleinere Kunstausstellungen. Adresse: Place du Portal. Öffnungszeiten: Am Wochenende 14.30–17.30 Uhr.
- *Essen/Übernachten* ** **Malausséna**, unspektakulär, dafür direkt im Zentrum von Levens. Zimmer ab 30 €, die Menüs beginnen ab 15 €. Im Nov. geschlossen. 9, place de la République, ✆ 0493797006, 📠 0493798589.

** **Vigneraie**, an der Straße nach Sainte-Blaise. Ländliche Herberge mit ausgezeichnetem Restaurant. Der Zimmerpreis (27,50–30 €) schont die Reisekasse; Menüs zu 16,50, 18 und 22 €. Mitte Okt. bis Mitte Jan. geschlossen, im Juli und Aug. bleibt mittags die Küche kalt. ✆ 0493797046, 📠 0493798435.

** **Cassini**, ein paar Kilometer westlich in Plan-du-Var. Die Geschmacksnerven werden in dem familiär geführten Hotel überdurchschnittlich verwöhnt von den Vorspeisen über die kreativen Hauptgerichte bis hin zu den vorzüglichen Desserts, Menüs zu 15, 22 und 32 €. Außer im Hochsommer Sonntagabend und Montag Ruhetag. Es werden 19 Zimmer (24–39 €) vermietet. ✆ 0493089103, 📠 0493084548.

Vieille Auberge, kleines, beschauliches Restaurant an einem von alten Häusern umrahmten Platz. Menüs zu 14 und 18 €.

Umgebung

Gorges de la Vésubie: Die in den Var mündende Vésubie hat sich zwischen Levens und Saint-Jean-la-Rivière tief in das Kalksteingebirge eingegraben; von ihrer eindrucksvollsten Seite zeigt sich die Schlucht auf den letzten zehn Kilometern. Die Straße am linken Ufer verläuft in mehreren hundert Metern Höhe entlang des Abgrundes, ein beliebter Zwischenstopp ist der *Saut des Français*. Es handelt sich dabei um einen 300 Meter tief in die Schlucht abfallenden Felsvorsprung, an dem der Überlieferung zufolge 1793 königstreue Einheimische mehrere republikanische Soldaten mit der Aufforderung "Saute pour la république" im wahrsten Sinne des Wortes über die Klinge springen ließen. Die Straße am rechten Ufer folgt nicht weniger spektakulär dem Lauf der Vésubie.

Weidenröschen

Gilette: Das kleine beschauliche Dorf klammert sich oberhalb des Zusammenflusses von Var und Esteron an einen Felsvorsprung. Bei einem kurzen Bummel durch die Gassen erfreut man sich an schönen Türstürzen, Loggien, alten Häusern und verzierten Gewölben, zudem laden die Überreste der Festungsanlage Aiguille zu einer Besichtigung ein.

Utelle

In mehreren engen Bergkehren führt die D 32 vom Tal der Vésubie zum 800 Meter hoch gelegenen Utelle. Das vom Olivenanbau lebende Dorf besitzt noch viel historische Bausubstanz. Die dem hl. Véran geweihte Kirche präsentiert sich als Sammelsurium verschiedener Stilrichtungen: Durch eine gotische Vorhalle und eine reich verzierte Holztür betritt man das dreischiffige Kircheninnere, das neben romanischen Säulen und Kapitellen eine barocke Innenausstattung beherbergt.

• *Essen/Übernachten* * **Bellevue**, oberhalb des Dorfes mit kleinem Swimmingpool. Über die Einrichtung kann man streiten, aber der Koch versteht sein Handwerk. 15 Zimmer von 33,50 bis 47 €. Von Mai bis Okt. geöffnet. Route de la Madone, ✆ 0493031719, 📠 0493031917.

Auberge Utelloise, die bodenständige Küche mundet mit Blick auf den Dorfplatz noch besser. Menüs ab 12 €. Mittwoch Ruhetag.

Umgebung

Madone d'Utelle: Der schon 850 bezeugte Wallfahrtsort (Wallfahrten am Ostermontag, Himmelfahrt, Pfingstmontag, 15.8. und 8.9.) ist weniger wegen seiner Kirche (wird derzeit restauriert), einem nicht weiter beachtenswerten Bau aus dem frühen 19. Jahrhundert, sondern wegen des phantastischen Rundblicks einen Ausflug wert. Die sechs Kilometer lange Stichstraße windet sich von Utelle auf eine Höhe von 1.174 Meter hinauf. Die Aussicht reicht im Norden bis zu den Gipfeln der Seealpen, im Süden bis zum Cap d'Antibes.

Brec d'Utelle: Ein kleines Stück hinter Utelle zweigt von der Straße rechter Hand ein Wanderweg (GR 5) ab, der über das Castel Ginestet (1454 m) zum 1.606 Meter hohen Brec d'Utelle führt. Hier kann man entweder den Panoramablick genießen und den gleichen Weg zurückwandern oder auf dem gut ausgeschilderten GR 5 durch die abgeschiedene Berglandschaft weiter bis zum Mont Tournairet (2085 m) laufen.

Lantosque

Lantosque erstreckt sich auf einer Kammhöhe entlang des Vésubietals, die Architektur erinnert an italienische Dörfer. Verwinkelte Gassen, gesäumt von leicht baufälligen Häusern, ziehen sich bis zur Kirche (Ende 17. Jhd.) hinauf.

• *Information* **Syndicat d'Initiative**, Mairie, 06450 Lantosque, ✆/📠 0493030002.

• *Essen/Übernachten* *** **Hostellerie de l'Ancienne Gendarmerie**, wo im 19. Jahrhundert noch Gendarmen für Ordnung sorgten, hat sich die freundliche Hostellerie mit familiärem Touch durch ihre anspruchsvolle Küche einen ausgezeichneten Ruf erworben; selbst Feinschmecker aus Nizza kommen auf einen Sprung vorbei. Die geschmackvoll eingerichteten Zimmer werden für 68,50–108 € vermietet, Swimmingpool und Terrasse stehen den Gästen zur Verfügung. Menüs zu 26 (mittags), 38 und 43,50 €. Montag Ruhetag. ✆ 0493030065, 📠 0493030631.

Bar des Tilleuls, sympathische Café-Brasserie am Dorfeingang mit einladender Terrasse. Mittags wird ein warmes Tagesgericht serviert, unter den Gästen sind zahlreiche Einheimische.

• *Camping* ** **Des Merveilles**, fünf Kilometer südlich von Lantosque beim Weiler Le Suquet an der D 2565. Juli bis Sept. geöffnet. ✆ 0493031573.

Wie auf dem Präsentierteller: La Bollène Vésubie

La Bollène Vésubie

Vom *Cime des Vallières* überragt, liegt das kleine Dorf an einer serpentinenreichen Straße, die vom Vésubie-Tal durch den Forêt de Turini bis hinauf zum Col de Turini führt; nach knapp zwei Kilometern bietet sich der schönste Blick auf die um die barocke Kirche gruppierte Dächerlandschaft von La Bollène Vésubie. Im Dorf gibt es ein paar lauschige Ecken und Gassen sowie das wohl schönste Schwimmbad der gesamten Seealpen. Direkt vom Schwimmbecken aus kann man einen herrlichen Panoramablick über die Berggipfel genießen!

• *Essen/Übernachten* ** **Grand Hotel du Parc**, angenehmes Hotel, von einem großen Garten umgeben. EZ ab 21 €, ansonsten 40–57 €. Das Restaurant (mit schöner Terrasse) bietet akzeptable Menüs ab 15 €. Unterhalb des Dorfes an der Straße in Richtung Vésubie-Tal, ✆ 0493030101, 📠 0493030120, www.legrandhotelduparc.com.

Roquebillière

Die Gemeinde besteht aus einem alten (*Roquebillière Vieux*) und einem neueren Ortsteil. Mehrfach wurde Roquebillière Vieux in seiner Geschichte durch Erdrutsch und Hochwasser zerstört. Als 1926 bei einer erneuten Katastrophe siebzehn Menschen umkamen, entschloss man sich, den Ort aus Sicherheitsgründen auf das rechte Ufer der Vésubie zu verlegen; dort stand bereits die Kirche Saint-Michel-de-Gast, ein weitgehend gotischer Bau mit romanischem Glockenturm. Der planmäßige Aufbau der ein Stück hinter der Kirche errichteten Neustadt spiegelt sich in den breiten Straßen und den weiträumigen Plätzen wider, auffällig ist auch das stattliche Rathaus.

• *Information* **Office de Tourisme**, 26, avenue Corniglion Molinier, 06450 Roquebillière, ✆/℡ 0493035160.

• *Übernachten* * **Hôtel des Sports**, günstige Unterkunft am Dorfplatz des neuen Ortsteils. Nach einem Schlaftrunk in der darunter liegenden Bar ist man schnell im Bett. 10 Zimmer ab 30 €. Place du Général Corniglion Molinier, ✆/℡ 0493034018.

• *Camping* ** **Les Templiers**, einfacher Platz im Vésubie-Tal. Ganzjährig geöffnet. Quartier de la Bourgade, ✆ 0493034028.

Wandern

Roquebillière eignet sich als Ausgangspunkt, um das *Vallée des Merveilles* von Westen her zu erkunden. Hierzu fährt man auf der D 171 an Obstgärten und Kastanienbäumen vorbei bis zu einem sicherlich zu Recht Belvédère genannten Bergdorf – die Kirche besitzt schöne Stuckornamente. Weiter geht es durch das Gordolasque-Tal bis zum 1.538 Meter hoch gelegenen Weiler Saint-Grat hinauf. Dabei durchquert man eine phantastische Gebirgslandschaft mit Wasserfällen (*Cascade du Ray*, nach etwa acht Kilometern). Wer bis zum Ende der Straße hinauffährt, kann auch eine Tageswanderung zum *Lac Long* unternehmen.

Saint-Martin-Vésubie

Zu Füßen des mächtigen Mercantour-Massivs liegt Saint-Martin-Vésubie im Zentrum einer auch als *Suisse niçoise* bezeichneten Region. Dank seiner vom Klima begünstigten Lage wird Saint-Martin-Vésubie sowohl im Winter als auch im Sommer von Feriengästen stark frequentiert. Der Gebirgsort wird von zwei Flüssen – Boréon und Madone – eingerahmt, die sich hier zur Vésubie vereinen. Das Stadtbild von Saint-Martin-Vésubie vereint verschiedene architektonische Stilrichtungen: Manche Häuser erinnern mit ihren weit überstehenden Dächern an Schweizer Chalets, bei anderen wird der italienische Einfluss deutlich. Letzteres verwundert nicht, führte doch bis 1947 die französisch-

Saint-Martin-Vésubie

italienische Grenze dicht an Saint-Martin-Vésubie vorbei. Die Rue du Docteur-Cagnoli, die den Ort als Haupteinkaufsstraße durchquert, wird von sehenswerten Häusern älteren Datums gesäumt, in ihrer Mitte rauscht das in einer Rinne geführte Wasser aus den nahen Bergen hinab. Die Place de la Fraire hinter dem Chor der Dorfkirche bietet einen schönen Ausblick auf das Tal.

• *Information* **Office de Tourisme**, place Félix Faure, 06450 Saint-Martin-Vésubie, B.P. 12, ✆/℻ 0493032128. Öffnungszeiten: Tgl. außer Sonntagnachmittag von 9.30–12 Uhr und 14.30–18 Uhr.

• *Einwohner* 1.100 Einwohner.

• *Verbindungen* Busverbindungen nach Nizza tgl. 7 und 17 Uhr, Fahrzeit: etwa 2 Std., Di, Do und Sa um 11 Uhr nach Boréon.

• *Post* Place Félix Faure.

• *Musée des Traditions Vésubiennes* Heimatmuseum in der Vieux-Moulin. Tgl. 15–18 Uhr geöffnet.

• *Schwimmen* Beheiztes Schwimmbad unweit der Allée de Verdun.

• *Waschsalon* Mit Selbstbedienung, 49, rue Cagnoli, tgl. 8–20 Uhr.

• *Wandertouren/Canyoning* **Bureau des Guides de la Haute Vésubie**, Association des Guides et Accompagnateurs des Alpes Méridionales, Rue Cagnoli, ✆ 0493032660; **Escapade**, Compagnie des Guides de Mercantour, Place du Marché, ✆ 0493033132.

• *Essen/Übernachten* ** **Edward's Park Hotel et la Châtaigneraie**, freundlich geführtes Hotel, auf zwei Häuser verteilt. Das Schönere von beiden ist Edward's Park Hotel, eine Villa älteren Datums. Die Nacht in einem der 50 Zimmer kostet ab 67 €. Nur von Juni bis Sept. geöffnet. Allée de Verdun, ✆ 0493032122, ℻ 0493033399, www.raiberti.com.

** **Bonne Auberge**, massives Bruchsteinhaus mit empfehlenswertem Restaurant (überdachte Gartenterrasse). Freundliche Zimmer 40–46 €, EZ ab 37 €, Menüs zu 15 und 22 €. Im Dez. und Jan. geschlossen. Allèe de Verdun, ✆ 0493032049, ℻ 0493032069.

** **Relais Saint Louis**, gleich nebenan im Chaletstil. Die Zimmer (50–52 €) haben einen Balkon mit Blick auf einen kleinen Garten. Im Dez. und Jan. geschlossen. Allée de Verdun, ✆ 0493032717, ℻ 0493033707.

• *Camping* ** **La Ferme St.-Joseph**, südlich von Saint-Martin-Vésubie an der Straße nach Nizza. Ganzjährig geöffnet. ✆ 0493032014.

** **Le Champouns**, kleines Gelände am Hang unterhalb der Straße nach Venanson. Zudem werden für 11 € pro Person Zimmer mit Kochgelegenheit vermietet (gîte d'étape). Ganzjährig geöffnet. ✆ 0493032372.

Wandern in den Seealpen

Umgebung

Venanson

Das kleine, hoch über dem Vésubie-Tal gelegene Felsennest – fünf Kilometer von Saint-Martin-Vésubie entfernt – lockt mit einer grandiosen Fernsicht. Den besten Blick hat man am Dorfende bei der Kirche und dem vorgelagerten Friedhof, der fraglos zu den schönstgelegenen Südfrankreichs gezählt werden kann. Mit der im Inneren vollständig ausgemalten Kapelle Saint-Sébastian besitzt Venanson ein außergewöhnliches kunsthistorisches Kleinod. Wie eine Inschrift an der Chorwand erläutert, wurde die Kapelle 1481 zum Dank dafür errichtet, dass der Ort von der Pest verschont geblieben ist; selbstverständlich wurde das Kirchlein dem Pestheiligen geweiht. Die Malereien sind das früheste bekannte Werk von *Jean Baleison*, der in der Grafschaft Nizza sowie im benachbarten Ligurien zahlreiche Wandgemälde geschaffen hat; wie bei der Wallfahrtskirche Notre-Dame-des-Fontaines in der Nähe von La Brigue handelt es sich nicht um Fresken, sondern um Temperamalereien auf getrocknetem Putz. Die meisten Bilder stellen Szenen aus dem Leben und Martyrium des hl. Sebastian dar. Die kleine, von außen unscheinbare Kapelle befindet sich gleich am Dorfeingang, der Schlüssel ist im Hôtel Bella Vista erhältlich.

Essen/Übernachten **Bella Vista**, etwas eigenartiges, aber liebevoll geführtes Hotel. Direkt am Dorfeingang mit großer Terrasse. Zimmer 33,50–48 €, ☎ 0493032511, 📠 0493644560.

Le Boréon

Abgeschiedenes Bergdorf an einem Stausee in 1.500 Metern Höhe. Kurz unterhalb von Boréon stürzt ein breiter Wasserfall über 20 Meter den Berg hinab. Le Boréon eignet sich gut als Ausgangspunkt für hochalpine Touren durch das ehemalige Jagdrevier der italienischen Könige.

Verbindungen Von Saint-Martin-Vésubie aus fährt ein Bus jeweils Di, Do, Sa um 11 Uhr nach Le Boréon, Rückfahrt um 16 Uhr.

Wanderung zum Lac de Trécolpas: Ausgangspunkt der Wanderung ist ein kleiner Parkplatz (Supérieur du Boréon) drei Kilometer östlich des Stausees von Le Boréon. Ein an einer Wandertafel angebrachter Wegweiser zeigt die Richtung zum Lac de Trécolpas an. Die ersten Minuten wandert man auf einem breiten Forstweg, am Wegweiser 422 geht es rechter Hand auf einem kleinem Pfad weiter, nach einer weiteren Viertelstunde erblickt man zwischen den Bäumen einen schönen Wasserfall. Auf einer von Steinmännchen gesäumten Route geht es über eine Lichtung zum Pont de Peïrastrèche. Nach Überquerung der Brücke ist der Weg fortan mit dem rot-weiß markierten Fernwanderweg GR 52 identisch. Über 300 Höhenmeter geht es nun stetig bergauf zum stahlblauen Lac de Trécolpas, der nach knapp 2,5 Stunden erreicht ist. Nach einer ausgedehnten Rast gelangt man entweder auf dem gleichen Weg zurück zum Ausgangspunkt oder man folgt nach zehn Minuten rechter Hand einem Pfad zum Refuge de la Cougourde und erreicht am Wegweiser 425 wieder den ursprünglichen Wanderweg.

Empfohlene Ausrüstung: Feste Wanderstiefel und – je nach Jahreszeit – ein warmer Anorak oder Pullover. Gehzeit: 4–4,5 Stunden. Gesamtstrecke: Knapp 10 Kilometer.

Madone de Fenèstre

Eine schmale, schlecht zu befahrende Straße (D 94) zieht sich von Saint-Martin-Vésubie mit bis zu 15-prozentigen Steigungen an einem Wildbach entlang zu der kleinen, 13 Kilometer entfernten Wallfahrtskapelle empor. Madone de Fenèstre liegt in 1.900 Meter Höhe inmitten einer faszinierenden Hochgebirgslandschaft. Der Name der Kapelle, der wahrscheinlich von einer Felsbildung stammt, durch die der Himmel wie durch ein Fenster zu sehen ist, könnte sich aber auch vom lateinischen *Finis terrae* ableiten, da die Kapelle gewissermaßen am Ende der Welt steht. Bereits die Römer hatten hier oben ein Heiligtum errichtet, das die Benediktiner und später die Tempelritter wiederbelebten. Wer am 2. Juli, 15. August oder am 8. September kommt, kann sich in den Tross der Wallfahrer einreihen. Das restliche Jahr steht die Madonnenfigur in der Kirche von Saint-Martin-Vésubie.

Wanderung zum Lac de Fenèstre und Col de Fenèstre: Ausgangspunkt ist das CAF Refuge in Madone de Fenèstre. Linker Hand geht es die Stufen empor, die erste halbe Stunde ist der Weg mit dem rot-weiß markierten Fernwanderweg GR 52 identisch, danach muss man am Wegweiser 368 rechts zum Lac de Fenèstre abzweigen, der nach einer weiteren guten halben Stunde erreicht ist. Sportliche Naturen können an der Westseite des Sees entlang weiter zum 2.471 Meter hohen Col de Fenèstre aufsteigen (knappe Stunde). Nach einem kurzen Blick auf die italienischen Bunker aus dem Zweiten Weltkrieg geht es nun in südwestlicher Richtung zum Pas des Ladres, der in 30 Minuten erreicht ist. Hier stößt man wieder auf den GR 52, der in 90 Minuten zurück nach Madone de Fenèstre führt. Gesamtwanderung: rund 7,5 Std. (inkl. dem 7 km langen Aufstieg auf der Bergstraße zur Wallfahrtskirche). Empfohlene Ausrüstung: Feste Wanderstiefel und – je nach Jahreszeit – ein warmer Anorak oder Pullover.

Menton: Musée Jean Cocteau in der alten Hafenbastion

Menton

Menton ist die vom Klima am meisten verwöhnte Stadt an der Côte d'Azur. Neben einer verspielten Altstadt besitzt Menton zahlreiche wunderschöne botanische Gärten aus der Zeit der Jahrhundertwende.

Von Menton wird behauptet, sie sei die italienischste Stadt Frankreichs. Dies trifft allerdings nur zu, wenn man sich der Stadt vom Westen her nähert. Von Ventimiglia kommend, wirkt Menton indes ungemein französisch. Ihr besonderes Flair verdankt die Stadt den pastellfarbenen Häuserfassaden im italienischen Stil. Eigenartigerweise wurden die Häuser erst im 19. Jahrhundert bunt angestrichen, also zu einem Zeitpunkt, da Menton sich politisch Frankreich zuzuwenden begann. Ein paar Jahrzehnte später hatte Menton bereits einen guten Ruf als Winterdomizil vermögender Aristokraten und Gelehrter. Die Liste prominenter Namen, die in Menton für kurze oder längere Zeit Station machten, ist schier endlos: Die englische Königin Victoria und Edward VII. waren hier, Friedrich Nietzsche, Guy de Maupassant und Gustave Flaubert hingen an der Strandpromenade ihren Gedanken nach, Franz List fühlte sich "an keinem anderen Ort so vollkommen glücklich", die an Tuberkulose erkrankte Schriftstellerin Katherine Mansfield suchte letztlich vergeblich Heilung, und Jean Cocteau kam aus dem nahen Villefranche herüber, um den Hochzeitssaal im Rathaus auszumalen. Die Häuser der Altstadt rühmte Cocteau als "erlesene kleine Festungen in Pastellfarben, deren asymmetrisches Äußeres an dasjenige eines menschlichen Gesichtes erinnert". Fast alle Besucher fanden wohlwollende Worte über Menton, aber es gab auch einige

kritische Stimmen. So schrieben die Geschwister Klaus und Erika Mann 1931: "Wir also sind der Ansicht, dass es gar nicht einmal so herrlich ist in Mentone. Altertümlich, wie Monte, aber ohne die Großstiligkeit, die für dieses immer noch bezeichnend ist. Eine verblühte Schöne, die freilich ihrer freundlichen Charaktereigenschaften wegen sich eines ziemlich regen Zuspruchs erfreut."

Die zweite Glanzzeit Mentons begann in den fünfziger Jahren des 20. Jahrhunderts, als der sich ankündigende moderne Massentourismus neue Konzepte erforderte. Die Stadtväter bewältigten diese Aufgabe mit Bravour: ein neuer

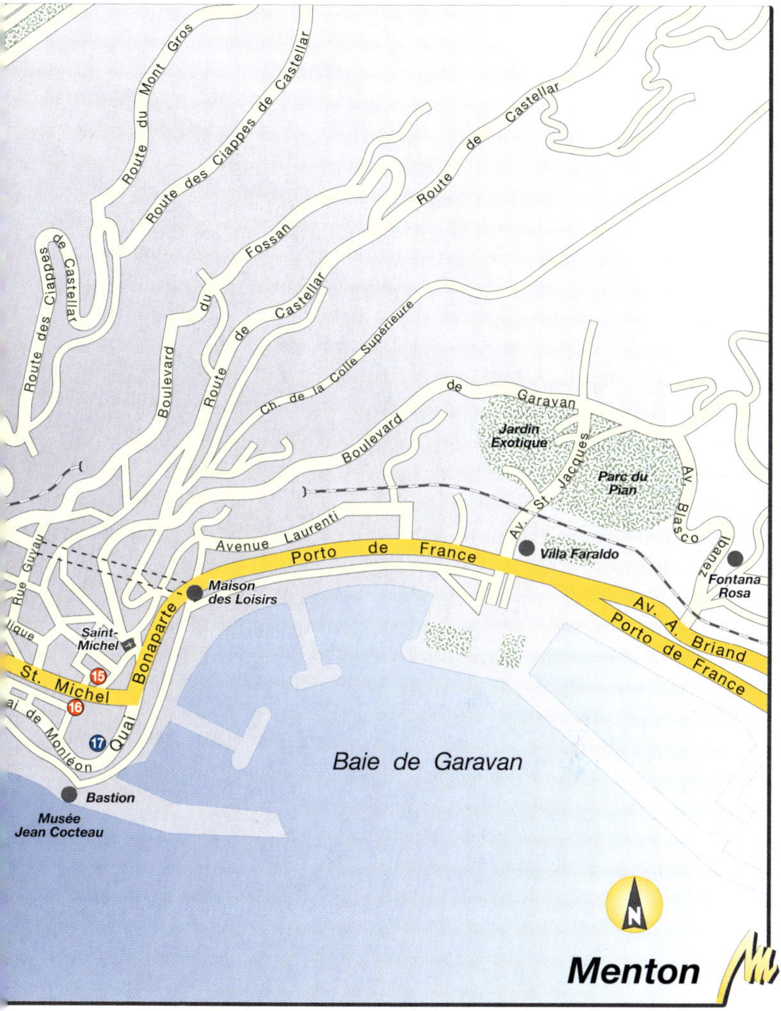

Menton
Karte S. 92/93

Yachthafen wurde angelegt, ein internationales Festival für Kammermusik ins Leben gerufen, die junge Tradition des Zitronenfestes touristisch geschickt vermarktet, und dank Jean Cocteau wurde Menton auch für die Liebhaber moderner Kunst interessant. Lobenswerterweise gelang es, die Stadt weitgehend vor den negativen Auswirkungen des Massentourismus zu schützen und die Einheit des Stadtbildes zu bewahren; Betonsilos blieben Menton erspart. Menton ist eine ruhige und gemächliche Stadt. Nicht zuletzt spiegelt sich im relativ beschaulichen Alltagsleben die Tatsache wider, dass nirgendwo an der

Côte d'Azur oder in der Provence so viele Rentner ihr Altersdomizil aufgeschlagen haben sollen wie hier. Dies bedeutet aber nicht, dass unter den knapp 30.000 Einwohnern keine Jugendlichen zu finden wären, Highlife à la Saint-Tropez darf man allerdings nicht erwarten. Menton ist sicher auch nicht der Ort, um einen mehrwöchigen Badeurlaub zu verbringen, doch eignen sich die kieseligen Strandabschnitte und ein kleiner Sandstrand allemal für ein Sonnenbad oder einen Sprung ins Wasser. Wer abends oder tagsüber am Strand entlang spazieren möchte, dem steht mit der palmengesäumten Promenade du Soleil eine schöne Flaniermeile zur Verfügung. Die stimmungsvolle Silhouette der Stadt lässt sich am besten von der äußersten Spitze des ins Meer hineinragenden Quai Napoléon III. in Augenschein nehmen. In den engen Straßen und Gassen rund um die Rue Longue und die Place Saint-Michel sind die historischen Wurzeln von Menton noch recht gut zu erkennen. Nicht auslassen sollte man einen Besuch des Vororts Garavan, der sich zwischen dem Zentrum und der italienischen Grenze erstreckt. In Garavan sind die meisten Gärten Mentons, aber auch zahlreiche repräsentative Villen aus der Belle Epoque zu finden.

Menton, Stadt der Zitronen

Für seine Zitronen und sein Zitronenfest ist Menton weithin berühmt. Es wird zwar behauptet, Marco Polo habe die Zitrone gegen Ende des 13. Jahrhunderts nach Menton gebracht, nicht unwahrscheinlich ist allerdings, dass sie im Zuge der Sarazeneneinfälle im 9. Jahrhundert heimisch wurde. Wie auch immer die Zitrone nach Menton gelangt sein mag, der Zitronenanbau wurde jedenfalls im 19. Jahrhundert zum Haupterwerbszweig der Stadt. Die Zitronen können in Menton dank eines einzigartigen Mikroklimas leicht heranreifen. Keine andere Stadt an der französischen und italienischen Riviera wird vom Klima mehr verwöhnt als das von den Ausläufern der Seealpen vor Kälte und Wind geschützte Menton. Daher gedeihen in den rund zwei Dutzend botanischen Gärten der Stadt auch zahllose exotische Pflanzen. Heute ist der Zitronenanbau angesichts der weltweiten Konkurrenz unbedeutend, er wird hauptsächlich zur Zierde und aus traditionellen Gründen gepflegt. Beim Zitronenfest (*La Fête du Citron*) im Februar ist die ganze Stadt auf den Beinen: Eine halbe Million Zuschauer reist alljährlich an, um die mit prachtvollen "Zitrusgebilden" bestückten Festwagen zu bewundern. Jedes Jahr steht das 1930 begründete Fest unter einem anderen Motto ("Zauberwelt des Meeres", "Europa feiert", "Asterix" etc.), ein eigens hierzu verpflichteter Designer sorgt dafür, dass die Figuren den hohen Erwartungen gerecht werden. Zusätzlich werden die Früchte an markanten Punkten der Stadt zu dekorativen Figurengruppen gestaltet. Der Bedarf an Zitrusfrüchten ist enorm: Eine halbe Million Früchte, das entspricht rund 120 Tonnen, wird alljährlich benötigt. Da die Zitronen und Orangen aus der Umgebung von zu hoher Qualität sind, greift man aus finanziellen Erwägungen auf italienische und spanische Billigimporte zurück.

Geschichte

Mentons geographisch geschützte Lage, die der Stadt ihren klimatischen Vorteil beschert, bewirkte andererseits, dass der nur schwer zugängliche Ort keine große wirtschaftliche Bedeutung erlangen konnte. Die Römer nannten die Bucht von Menton Pacis *Sinus*, Golf des Friedens, von einer Besiedlung ist allerdings nichts bekannt. Daher trat Menton – der Name leitet sich von *Mont d'Othon* ab – erst relativ spät ins Licht der Geschichte: 1157 wurde der Ort von den Grafen von Ventimiglia an die aus Genua stammende Familie Vento abgetreten, die wiederum Menton zusammen mit dem benachbarten Roquebrune 1346 an die Grimaldi von Monaco verkaufte. Von mehr oder weniger kurzen Zwischenspielen abgesehen, als die Stadt unter spanischem, französischem und sardischem Einfluss stand, verblieb Menton bis 1848 beim monegassischen Fürstenhaus. Das Wappen der Grimaldi ziert noch heute als Mosaik den Platz vor der Eglise Saint-Michel. Wegen einer als unerträglich hoch empfundenen Steuerlast begehrten die Stadtväter von Menton und Roquebrune 1848 gegen die Grimaldi auf und erklärten sich zur unabhängigen Republik. Napoléon III. regelte die Streitigkeiten angesichts der finanziellen Probleme des Fürsten auf diplomatischem Weg und kaufte ihm Menton einfach ab. Als dann am 2. Februar 1861 auch die Bürger für den Anschluss stimmten, gehörte Menton fortan endgültig zu Frankreich.

Im letzten Drittel des 19. Jahrhunderts setzte sich bei englischen Ärzten die Ansicht durch, dass das ausgesprochen milde Klima von Menton nicht nur für Zitronen- und Orangenbäume geeignet sei, sondern auch die unter dem Londoner Nebel leidenden jungen Damen zum "Blühen bringe". Doch unterschied sich der Tourismus in Menton deutlich von den anderen Metropolen der Côte d'Azur: Da Menton erst 1884 einen Anschluss an das Eisenbahnnetz erhielt, wurde die Stadt relativ spät zu einem Refugium der Reichen, doch handelte es sich genau gesehen zumeist um diejenigen, die nicht wohlhabend genug waren, sich ein repräsentatives Leben in Cannes oder Monaco zu leisten. Während des Ersten Weltkrieges wurde das für die Heilung Kranker bekannte Menton zu einem überdimensionalen Erholungszentrum für kriegsverwundete Soldaten; allerdings nur für die oberen Ränge, denn Menton galt als station élégante. Bei einfachen Soldaten hingegen, die sogar aus Menton stammten, lehnte man den Wunsch nach einem Genesungsaufenthalt in ihrer Heimatstadt mit der Begründung ab, sie könnten sich ja anderswo in Frankreich erholen.

Verbindungen

Von Menton (**Bahnhof** an der Place de la Gare) fahren häufig Züge nach Italien sowie zu anderen Orten an der Côte d'Azur. Im Stadtteil Garavan, rue Webb Ellis, befindet sich ein weiterer Bahnhof. Reiseauskunft: ✆ 0493875050. Gleich nebenan, an der Straße nach Sospel, stößt man auf den **Busbahnhof**. Von hier zahlreiche Verbindungen nach Nizza (75 Min.) – auch Nizza-Flughafen – über Monaco, 3 x tgl. über Ventimiglia nach San Remo sowie in die Umgebung: Gorbio (6 x), Sainte-Agnès (3 x) und Sospel (zumeist 3 x tgl., um 9.30, 14 und 18 Uhr). Promenade Mal Leclerc, ✆ 0493284327.

• *Parken* Im Hochsommer kann die Parkplatzsuche zum Nerven strapazierenden Geduldsspiel ausarten.

Menton
Karte S. 92/93

Information/Diverses

• *Information* **Office Municipal du Tourisme**, Palais de l'Europe, 8, avenue Boyer, 06500 Menton, ✆ 0492417676, ℻ 0492417678, www.villedementon.com.

• *Markt* Tgl. in der stilvollen Markthalle am Hafen, unweit des Musée Jean Cocteau. Jeden Freitag findet gleich nebenan auf der Place aux Herbes ein Trödelmarkt statt.

• *Stadtführungen* Das **Maison du Patrimoine**, 5, rue Ciapetta, ✆ 0492103366, veranstaltet allmonatlich zahlreiche interessante Stadtführungen zu den verschiedensten Themen. Eine Liste der angebotenen Führungen hält auch das Office de Tourisme bereit.

• *Feste* Die farbenprächtigen Umzüge beim **Zitronenfest** finden an drei aufeinander folgenden Sonntagen während des Karnevals um jeweils 14 Uhr entlang der Uferstraßen statt. Empfehlenswert: Der Nachtkorso am Faschingsdienstag um 20.30 Uhr. **Internationales Kammermusikfestival** im August mit stimmungsvollen Abendkonzerten vor der Eglise Saint-Michel.

• *Palais de l'Europe* In dem repräsentativen Gebäude ist das Office de Tourisme untergebracht, häufig finden Ausstellungen und Kulturveranstaltungen statt. 8, avenue de Boyer.

• *Casino* In Strandnähe, diverse Glücksspiele. Tgl. ab 11 Uhr Avenue Felix-Fauré.

• *L'Ecomusée de la Forgue* In einer alten Schmiede im historischen Zentrum. Zum Inventar gehört eine Kücheneinrichtung von anno dazumal und Gegenstände der Alltagskultur. Adresse: 2, rue du Grenadier.

• *Theater* **Théâtre Francis Palermo**, Saison von Mitte Okt. bis April. Programm: ✆ 0493575700.

• *Minigolf* Parc de la Madone sowie Parc du Pian.

• *Kinderspielplätze* **Parc Gorre** (Avenue Guillaume 1er de Provence), **Parc de la Madone** und **Parc Saint-Michel**. Kinder und Jugendliche können sich zudem im **Kaoland**, einem kleinen Erlebnispark mit diversen Attraktionen, vergnügen. Adresse: 5, avenue de la Madone. Öffnungszeiten: Juli und Aug. 10–12 Uhr und 15–24 Uhr sowie Sept. bis Juni 10–12 Uhr und 14–19 Uhr.

• *Petit Train Touristique* In den Sommermonaten tuckert ein Bummelzug durch Menton. Abfahrt: Promenade du Soleil. Fahrtdauer: 35 Minuten.

• *Autovermietung* Avis: 9, rue Victor Hugo, ✆ 0493355098. Europcar: 9, avenue Thiers, ✆ 0493282180.

• *Hauptpost* Cours George V.

• *Strände* Die zentrumsnahen Strände an der Promenade du Soleil sowie am Quai Bonaparte werden gut gepflegt, sind allerdings im Hochsommer überfüllt.

• *Schwimmen* **Piscine Municipal**, Alex Jany, 8, route de Sospel, ✆ 0493358740.

Übernachten (siehe Karte S. 92/93)

**** **Ambassadeurs (8)**, das Hotel ist in einem charmanten Haus mit schönem Ambiente untergebracht. Zimmer je nach Saison und Ausstattung ab 91 € (EZ) bzw. 126–274 €. Das empfehlenswerte Restaurant La Véranda bietet Menüs ab 29 €. 3, rue Partouneaux, ✆ 0493287575, ℻ 0493356232, www.ambassadeursmenton.com.

*** **Aiglon (9)**, kleine, stilvolle Villa aus dem 19. Jahrhundert mit schönem, beheiztem Swimmingpool und Frühstücksterrasse. Seit drei Generationen in Familienbesitz. Im zugehörigen Gartenpavillon befindet sich das empfehlenswerte Restaurant *Le Riaumont*. Im Nov. geschlossen. EZ ab 55 €, DZ 62–112 €. 7, avenue de la Madone, http://hotelmenton.com/hotel-l'aiglon ✆ 0493575555, ℻ 0493359239.

*** **Pierre & Vacances (17)**, schöne Stadtresidenz, nur 50 Meter vom Strand entfernt. Je nach Saison und Appartementgröße (3–7 Pers.) 336–903 € pro Woche. 71, allée Louis Moreno, ✆ 0492417000, ℻ 0492417119. In Deutschland buchbar über: ✆ 0721/931950.

*** **Royal Westminster (12)**, ansehnliches 92-Zimmer-Hotel mit Flair und Blick aufs Meer. Die meisten Zimmer (EZ ab 54 €, DZ 68–98 €) besitzen einen schönen Balkon. 1510, promenade du Soleil, ✆ 0493286969, ℻ 0493101230.

*** **Europ Hôtel (6)**, freundlich geführtes Hotel in zentraler Lage, unweit des Casinos. Die Zimmer wecken Erinnerungen an die frühen 70er Jahre. Kostenpunkt: 52–84 €, mit Klimaanlage und TV. Sehr praktisch ist die hoteleigene Garage. 35, avenue de Verdun, ✆ 0493355992, ℻ 0493284840.

** **Globe (7)**, ein paar Schritte weiter, hinter einladenden blauen Jalousien. Zimmer von 53,50–61 €. Im Erdgeschoss ein ganz annehmbares Restaurant. 21, avenue de Verdun, ✆ 0492105270.

* **Belgique (3)**, einfache Unterkunft beim Bahnhof, 18 Zimmer von 32–44,20 €. Im Dez. geschlossen. 1, avenue de la Gare, ✆ 0493357266.

* **L'Auberge Provençale (14)**, zentral, ums Eck ist gleich die Fußgängerzone. Bei Preisen von 30 (EZ) bis 40 € (DZ) darf man bei den 13 Zimmern aber keine besonderen Erwartungen haben (siehe auch Restaurants). 11, rue Trenca, ✆ 0493357729, 0493288888.

* **Beauregard (5)**, allein stehende Villa südlich des Bahnhofs mit kleinem Garten. Zimmer 28–34 €. 10, rue Albert 1er, ✆ 0493286363, 0493286379.

• *Jugendherberge* Die **Auberge de Jeunesse (1)** liegt oberhalb der Stadt auf dem Plateau Saint-Michel, in der Nähe des gleichnamigen Campingplatzes. Wer nicht hinauflaufen will, kann den Minibus vom Bahnhof aus nehmen. Die Übernachtung in einem der 80 Betten (8-Personen-Zimmer) kostet 11 €. Dez. und Jan. geschlossen, Zelten möglich. ✆ 0493359314, 0493359307.

• *Camping* ** **Fleur de Mai (4)**, hauptsächlich für Zelte geeigneter Terrassenplatz oberhalb eines Baches im Gorbiotal, knapp 1,5 Kilometer vom Meer entfernt. Gepflegte Anlage. Im Juli und Aug. keine Aufnahme von Motorcaravans. Lage: Etwas außerhalb an der D 23 in Richtung Gorbio. Von Mitte April bis Mitte Sept. geöffnet. 67, route de Gorbio, ✆ 0493572236.

** **Saint Michel (2)**, hoch auf dem Plateau Saint-Michel, mit tollem Blick auf die Stadt und das Meer. Terrassiertes Gelände. Von April bis Mitte Okt. geöffnet. ✆ 0493358123.

Essen/Nachtleben (siehe Karte S. 92/93)

• *Essen* **Le Riaumont (9)**, das im Gartenpavillon des Hotel Aiglon untergebrachte Restaurant genießt einen ausgezeichneten Ruf. Bei den Menüs für 29 und 46 € fühlt man sich schon fast im Gourmet-Himmel. Mittwochmittag und im Nov. geschlossen. 7, avenue de la Madone, ✆ 0493575555, 0493359239.

Lanzi (10), ein Restaurant, in dem einfach alles stimmt! Angefangen bei der exzellenten italienischen Küche über das Ambiente bis hin zum genauso zuvorkommenden wie freundlichen Service und dem sehr angenehmen Preis-Leistungs-Verhältnis. Große Auswahl an Nudelgerichten und schmackhaften Salaten, sehr zu empfehlen sind die Penne à l' arrabiata (8 €), das Carpaccio ist ebenfalls vorzüglich. Sonntag und Montagabend geschlossen. 40, rue Partouneaux/Impasse Bellecour, ✆ 0493281840.

L'Occitan (16), direkt neben der Markthalle sind nicht nur die Plätze auf der Terrasse begehrt, denn das Restaurant von Alain Subra erfreut sich großer Beliebtheit. Dabei sind die Preise (auch für den Wein) recht erschwinglich: Menüs zu 10 (mittags) 14 und 20 €. Aufmerksamer Service. Montag Ruhetag. 7–11, rue des Marins, ✆ 0493416776.

Des Arcades (13), zwischen Fußgängerzone und Rathaus bietet das Hotel mittags einen empfehlenswerten Plat du Jour für 9,50 €. Die Menüs zu 17 und 21,50 € sind ebenfalls ihren Preis wert. 41, avenue Felix-Faure, ✆ 0493357062.

L'Auberge Provençale (14), liebevolles, kleines Restaurant in einer Seitengasse der Fußgängerzone. Die Reisekasse wird geschont, das Menü mit Wein zu 10,50 € ist ein wahres Dumpingangebot! Weitere Menüs zu 12, 14,50 und 20,50 €. Montagmittag geschlossen. 11, rue Trenca, ✆ 0493357729.

Le Darkoum (15), inmitten der Fußgängerzone werden im bourgeoisen Ambiente feinste marokkanische Gerichte (Couscous probieren!) serviert. Menüs zu 17 (mittags), 22 €. Mitte Juni bis Mitte Juli geschlossen. Montag und Dienstag Ruhetag. 23, rue Saint-Michel, ✆ 0493354488.

Indochine (11), Liebhaber der leichten asiatischen Küche können sich in dem Schnellimbiss mit leckeren Gerichten zu zivilen Preisen (Hauptgerichte 5–6 €) verwöhnen lassen. 13, rue Partouneaux.

Glacier aux delices, an dem kleinen Stand in der Fußgängerzone versteht man, ein besonders cremiges Speiseeis zuzubereiten. 22, rue de Saint-Michel.

• *Nachtleben* **Discothèque Le Brummel (18)** am Wochenende ab 23 Uhr geöffnet, avenue Félix Faure.

Sehenswertes

Eglise Saint-Michel: Die ockerfarbene Kirche steht an einem weiten Platz, hoch über der Stadt. Bei dem 1675 geweihten, dreischiffigen Barockbau sind deutlich italienische Einflüsse auszumachen. Der mit Stuck und Fresken geschmückte Innenraum entspricht dem Zeitgeist, vom mittelalterlichen Vorgängerbau zeugt nur noch der kleinere der beiden Glockentürme. Vor der Kirche erinnert ein als Wappen gestalteter Mosaikboden aus weißen und schwarzen Kieselsteinen an die einstigen Herren von Menton, die Fürsten von Grimaldi.

Chapelle de la Conception: Die wenige Jahre später errichtete Kapelle der Weißen Büßer (*Pénitents Blancs*), einer Laienbruderschaft, befindet sich schräg gegenüber in etwas erhöhter Lage. Hinter der prachtvollen Fassade verbirgt sich ein unlängst restaurierter Innenraum in üppiger barocker Pracht; die Kirche ist jedoch leider meist verschlossen.

Monastre L'Annonciade: Auf einem mächtigen Felssockel oberhalb der Stadt thront das von Zypressen und Olivenhainen eingerahmte Kapuzinerkloster 225 Meter hoch über dem Meer. Das Kloster wurde erst relativ spät, im 18. Jahrhundert, gegründet.

Vieux Cimetière: Der alte Friedhof von Menton liegt in exponierter Lage über der Stadt und dem Meer. Über vier Terrassen verteilt – für jede Konfession eine –, ruhen zahllose ausländische Dauergäste, die Menton so über ihren Tod hinaus verbunden blieben.

Hôtel de Ville: Das Rathaus von Menton, ein an sich nicht erwähnenswerter Bau, erhielt 1957 quasi über Nacht die höheren Weihen der Kunst verliehen. Kein Geringerer als Jean Cocteau malte nach Absprache mit seinem Freund, dem Bürgermeister Francis Palermo, den Hochzeitssaal (*Salle des Mariages*) aus. Cocteau wollte eine Alternative zu den üblichen langweiligen französischen Standesämtern schaffen, die ihm schon seit langem zu karg und trist erschienen. Als Motive wählte Cocteau eine allegorische Hochzeit (Stirnseite) sowie die Geschichte von Orpheus und Eurydike. An der Decke kämpft Pegasus (mit den zukünftigen Eheproblemen?).

Adresse Rue de la République. Öffnungszeiten: Mo–Fr 8.30–12.30 Uhr und 13.30–17 Uhr. Eintritt: 1,50 €, erm. 1,15 €.

Musée Jean Cocteau: Die alte Hafenbastion aus dem 17. Jahrhundert bildet einen würdigen Rahmen für das Museum. Ungewöhnlich ist, dass dem Universalgenie (Dichter, Schriftsteller, Zeichner, Maler und Regisseur) hier nicht etwa nur postum gedacht wird; Jean Cocteau hat die Ausstellungsräume noch zu seinen Lebzeiten konzipiert und mit eigenen Mosaiken, Keramiken, Zeichnungen und Bildteppichen ausgestattet. Sehr spannungsreich ist der Kontrast zwischen dem unverputzten Mauerwerk und den Gemälden.

Adresse Quai Napoléon III. Öffnungszeiten: Tgl. außer Mo von 10–12 Uhr und 14–18 Uhr, im Sommer bis 19 Uhr. Eintritt: 3,05 €, erm. 2,30 €.

Musée des Beaux-Arts du Palais Carnolès: Das städtische Museum ist im Palais Carnolès, einer ehemaligen Sommerresidenz der Fürsten von Monaco, untergebracht. Der Schwerpunkt der Gemäldegalerie liegt auf italienischen,

Kathedrale von Menton

französischen und flämischen Meistern aus dem 14. bis 17. Jahrhundert, wobei die ausgestellten Werke weitgehend aus der Sammlung Wakefield-Mori stammen; aber auch die moderne Malerei kommt mit Dufy, Camoin, Manguin und Picabia nicht zu kurz. Das Erdgeschoss bleibt wechselnden Ausstellungen zeitgenössischer Kunst vorbehalten.

Adresse 3, avenue de la Madone. Öffnungszeiten: Tgl. außer Mo von 10–12 Uhr und 14–18 Uhr, im Sommer 10–13 Uhr und 14–18 Uhr. Eintritt: frei!

Musée de Préhistoire Régionale: Städtische Sammlung zur Ur- und Frühgeschichte, ergänzt durch eine stadtgeschichtliche Abteilung im Untergeschoss. Das wertvollste Ausstellungsstück ist der berühmte Schädel des sogenannten Grimaldi-Menschen, der in den Grotten östlich von Menton gefunden wurde. Im ersten Stock werden Wechselausstellungen gezeigt.

Adresse Rue Loréan-Larchey. Öffnungszeiten: Tgl. außer Mo von 10–12 Uhr und 14–18 Uhr, im Sommer bis 19 Uhr. Eintritt: frei!

Parks und Gärten

Die meisten der berühmten Mentoner Gartenanlagen sind der Öffentlichkeit nicht ständig zugänglich. Das Office de Tourisme veranstaltet aber regelmäßig kommentierte Führungen (pro Person 5 Euro) durch die Gartenanlagen; die jeweiligen Termine werden in einer monatlich erscheinenden Broschüre bekanntgegeben. Wenn möglich, sollte man die Gärten im Mai oder Juni besichtigen, denn dann zeigen sie sich von ihrer schönsten Seite.

Jardin du Palais Carnolès: Der Garten der ehemaligen Sommerresidenz der Fürsten von Monaco, heute Musée Municipal, ist die älteste Gartenanlage der Stadt. Kein anderer Garten in Europa besitzt mehr Zitrusbäume.

Adresse 3, avenue de la Madone.

Jardin Biovès: Die zentrumsnahe Parkanlage entstand wie im nahen Nizza durch die Überdachung eines kleinen Flusses. Während des Zitronenfestes ist der Jardin Biovès feierlich geschmückt. Gleich nebenan steht das Palais d'Europe; das ehemalige Casino aus dem Jahre 1909 wird heute als Kulturzentrum und Bibliothek genutzt.

La Serre de la Madone: Das milde Mentoner Klima erlaubte es Sir Lawrence Johnston, einem leidenschaftlichen Gartenliebhaber, auf seinem im Gorbiotal gelegenen sechs Hektar großen Grundstück seltene subtropische Pflanzen zu akklimatisieren und sie nach Pflanzengruppen geordnet zu präsentieren. Pittoresk ist auch der Wassergarten, von dem aus symmetrisch verlaufende Treppen zu der den Garten überragenden Villa, die im viktorianischen Stil errichtet wurde, hinaufführen.

Adresse 74, route de Gorbio.

Jardin de la Villa Marina Serena: Die prächtige Villa mit ihren schönen Panoramaterrassen wurde um 1880 von Charles Garnier, dem Architekten der Pariser Oper, entworfen. Im Garten lassen sich zahlreiche Palmen und subtropische Pflanzen bewundern, von denen einige einzigartig in Europa sind.

Adresse 21, promenade Reine Astrid.

Résidence Les Colombières: Der kurz nach dem Ersten Weltkrieg angelegte Garten hebt sich von den anderen Parks durch den Verzicht auf jegliches exotische Beiwerk ab. Ferdinand Bac, der Schöpfer von Les Colombières – übrigens ein Großneffe Napoléons –, griff bei der Gestaltung bewusst auf einheimische Pflanzen zurück. Der fünf Hektar große Garten führt ein harmonisches Nebeneinander von sorgfältig strukturierten Abschnitten und wild wachsenden Einheiten vor Augen. Buchsbaumhecken und Eiben wechseln sich mit Zypressen und Pinien ab, dazwischen immer wieder Brunnen, Statuen, Wasserbassins und Treppen. Gartenarchitektur in höchster Vollendung! Zur Anlage gehört auch eine stilvolle Villa, deren Grundriss mit Atrium in der mediterranen Tradition steht; die Wände sind mit neoklassizistischen Fresken verziert.

Adresse Route des Colombières.

Villa Fontana Rosa: Im Vorort Garavan, wo die meisten Gärten zu finden sind, ließ sich der spanische Schriftsteller Vincente Blasco Ibañez (1867–1928), der sich 1923 auf der Flucht vor der spanischen Militärdiktatur in Menton niederließ, eine eigene poetische Welt in Gartenform errichten, die sich heute leider in einem desolaten Zustand befindet. Die zugehörige Villa musste beispielsweise 1985 wegen Baufälligkeit abgerissen werden, der erhaltene Rest gewährt aber noch einen ganz guten Eindruck vom einstigen Erscheinungsbild. Man könnte fast meinen, Ibañez schuf den Garten nur, um seinen Lieblingsschriftstellern zu huldigen. Bereits über der Eingangspforte prangen Keramikportraits von Dickens, Balzac und Cervantes; Letzterem ist im Garten auch ein Szenario in Form eines Halbkreises gewidmet. Zu den von Ibañez verehrten und im Garten verewigten Autoren gehörten zudem Zola, Flaubert, Hugo, Tolstoi, Dostojewski und Poe.

Adresse Avenue Blasco Ibañez. Öffnungszeiten: Nur zu speziellen Führungen, ansonsten muss man sich mit einem kurzen Blick über die Mauer begnügen.

Menton
Karte S. 92/93

Poetische Welt in Gartenform: Fontana Rosa

Jardin botanique du Val Rahmeh: Der von Lord Percy Radcliffe, dem englischen Gouverneur von Malta, 1925 angelegte Garten fasziniert mit seinen tropischen und subtropischen Pflanzen, die zum großen Teil essbar sind (Kiwis, Avocados, Bananen etc.). Die Villa Val Rahmeh dient als Außenstelle des in Paris beheimateten *Musée national d'Histoire naturelle.*

Adresse Avenue Saint-Jacques. Öffnungszeiten: Mai bis Sept. 10–12.30 Uhr und 15–18 Uhr, Okt. 10–12.30 Uhr und 14–17 Uhr. Eintritt: 3 €.

Parc du Pian: Der östlich der Stadt gelegene Olivenhain ist der einzige Park Mentons, der von dem für die Vegetation des Mittelmeerraums typischen Olivenbaum geprägt ist und daher im Vergleich zu den anderen Gärten in seiner archaischen Ursprünglichkeit fast exotisch wirkt. Mehr als zehn Meter hohe, uralte verknöcherte Exemplare können in dem drei Hektar großen Areal bewundert werden. Hier lässt sich leicht nachvollziehen, dass sich für den englischen Romancier Lawrence Durrell die Schönheit der ganzen Mittelmeerwelt im Glanz einer einzigen schwarzen Olive spiegelte: "Statuen, Palmen, goldene Rosenkränze, bärtige Helden, Wein, Ideen, Schiffe, Mondlicht, geflügelte Gorgonen, Männer aus Bronze und Philosophen – alles reift im sauren, beißenden Geschmack dieser schwarzen Oliven heran, in einem Geschmack, der älter ist als der des Fleisches und des Weines – ein Geschmack, so alt wie der des klaren Wassers." Im Sommer dient der Parc du Pian zudem häufig als stimmungsvolle Kulisse für musikalische Abendveranstaltungen.

Parc Saint-Michel: Öffentlicher Garten mit Kinderspielplatz auf dem Plateau Saint-Michel.

Jardin Barriquant Alphand: Ein weiterer großer Belle-Epoque-Garten im Garavan-Viertel.

Adresse 41, boulevard de Garavan.

Umgebung

Sainte-Agnès

Bis 1933 musste man noch zu Fuß gehen oder sich eines Maultiers bedienen, um zu dem 754 Meter hoch gelegenen Bergdorf zu gelangen. Heute bewältigen motorisierte Touristen die elf Kilometer lange Anfahrt in einer guten Viertelstunde. Oben angekommen, erwartet den Besucher ein pittoreskes, etwas zu aufgeräumt wirkendes Dorf sowie die darüber emporragenden Ruinen einer angeblichen Sarazenenburg mit einem mittelalterlichen Garten. Der schöne Rundblick – bei guten Wetterbedingungen sogar bis Korsika – lässt vergessen, dass Sainte-Agnès offensichtlich nur noch vom Tourismus lebt; entlang der Rue Longue reiht sich Schmuckladen an Souvenirladen, dazu noch drei Restaurants (gut und nicht allzu teuer isst man im Logis Sarrasin). Am Ende des Dorfes ragen die mächtigen Geschützbastionen eines zur Maginotlinie gehörenden Forts aus dem Fels.

Verbindungen Tgl. 3 Busverbindungen nach Menton. Führungen durchs Fort: Sa und So um 14.30 Uhr. ✆ 0493358458.

Gorbio

Gorbio zieht sich ebenfalls recht malerisch einen Hügel hinauf, manche Häuser sind durch Arkaden miteinander verbunden. Das Dorf gefällt aber vor allem durch das ungezwungene, nicht zu geleckt wirkende Erscheinungsbild. Gorbio lebt, die Gassen sind nicht klinisch rein, Katzen schleichen herum, und im Waschhaus wird noch geschrubbt wie in alten Zeiten. Die Nähe zu den Stränden macht Gorbio zu einem beliebten Ausflugsziel. Interessant ist ein Besuch während der Schneckenprozession (*Procession aux escargots*) an Fronleichnam. Überall auf den Straßen und Fensterbänken leuchten dann kleine, mit Öl gefüllte Schneckenhäuser.

- *Verbindungen* Tgl. fahren 6 Busse nach Menton.
- *Camping* **La Giandolla**, kleine terrassierte Anlage etwas oberhalb des Dorfes. Von Okt. bis Mai geschlossen. Chemin A. Rochard, ✆ 0493283523.

Wandern: Von Gorbio aus kann man in ein bis zwei Stunden zu den umliegenden Dörfern wie Sainte-Agnès, Peille oder Roquebrune wandern, der Beginn des jeweiligen Weges ist ausgeschildert. Vorschlag für eine schöne Tagestour: Am Morgen mit dem Bus von Menton nach Gorbio, um anschließend nach Sainte-Agnès zu wandern; von dort aus wieder mit dem Bus zurück nach Menton.

Grimaldi-Grotten (Balzi Rossi)

Die hinter der französisch-italienischen Grenze unterhalb des Dorfes Grimaldi gelegenen Grotten gehören zu den bedeutendsten prähistorischen Fundstätten Europas. Die Ausgrabungen förderten neben rund 15.000 bis 20.000 Jahre alten menschlichen Skeletten auch bemerkenswerte Grabbeigaben zu Tage. Spektakulär war aber vor allem der Fund in der *Grotte des Enfants* (Grotta dei Fanculli). Die beiden dort gefundenen Skelette – es handelt sich um einen Jüngling und eine alte Frau – unterscheiden sich deutlich von dem bis dato bekannten Crô-Magnon-Typus; sie weisen deutlich negroide Merkmale auf.

Menton/Umgebung Karte S. 106

Der Fund bewirkte ein Umdenken in der Forschung, da seither von einem weiteren, in Europa verbreiteten Menschentypus ausgegangen wird. Die Grabbeigaben und der Schmuck lassen darauf schließen, dass sich beide Menschentypen auf der gleichen Kulturstufe befunden haben. Ungewöhnlich war allerdings die Beerdigung in Hockstellung.

Ein Teil der Funde ist auf dem Gelände in dem kleinen, 1898 von Thomas Hanbury gegründeten **Museo Nationale Preistorico dei Balzi Rossi** ausgestellt. Eine Besichtigung der Grotten, die hinter dem Museum liegen, ist eher enttäuschend. Interessierte sollten sich zu einem Besuch der prähistorischen Museen von Menton und Monaco entschließen, da dort die bedeutendsten Fundstücke der Grimaldi-Grotten ausgestellt sind.

Öffnungszeiten Di–So 9–13 Uhr und 14.30–19.30 Uhr. Eintritt: 3 €.

Giardini Hanbury

Zwischen der französisch-italienischen Grenze und Ventimiglia liegt bei dem kleinen Dorf Mortola Inferiore der berühmte Hanbury-Park, eine phantastische Gartenanlage, die *Sir Thomas Hanbury* von 1867 an zur Akklimatisierung tropischer Pflanzen anlegte. Hoch über dem Meer ließ er sich zudem eine Villa, halb im florentinischen, halb im maurischen Stil, errichten. Schon wenige Jahrzehnte später galt der exotische Park des im Orienthandel reich gewordenen Botanikliebhabers als der schönste in ganz Europa. Kriegszerstörungen und ein anschließend jahrzehntelanger Niedergang haben der Anlage schweren Schaden zugefügt. Obwohl der seit 1960 dem italienischen Staat gehörende Garten seine einstige Pracht bisher noch nicht wieder erreicht hat, faszinieren die außerordentliche Artenvielfalt und der üppige Pflanzenwuchs.

Öffnungszeiten Tgl. 9–18 Uhr. Eintritt: 6 €.

Ventimiglia

Das von der Roya geteilte Grenzstädtchen Ventimiglia ist das Tor zu Ligurien. Ursprünglich war Ventimiglia die Hauptstadt der Intemelier, ein 180 v. Chr. von den Römern unterworfener Ligurierstamm. Die siegreichen Römer ließen sich am östlichen Ufer der Roya nieder und gründeten eine neue Stadt, der sie den Namen Albium Intemelium gaben. Verkehrsgünstig an der nach Gallien führenden Via Aurelia gelegen, entwickelte sich die Stadt schnell zu einem lebendigen Provinzzentrum. Ventimiglia besitzt noch mehrere Zeugnisse seiner reichen Vergangenheit, wenngleich das direkt neben einer Bahnlinie ausgegrabene römische Theater in seinem jetzigen Zustand nicht zu den schönsten seiner Art zählt – nur noch sechs Sitzreihen sind vollständig erhalten. Seine zweite Glanzzeit erlebte Ventimiglia im Mittelalter, als die gleichnamigen Grafen weite Teile der ligurischen Küste beherrschten und auf einer Anhöhe am rechten Ufer der Roya residierten. Stattliche Patrizierhäuser, der ehrwürdige Dom und das mit diesem verbundene Baptisterium sowie Reste der Stadtbefestigung und eine Burgruine erinnern noch an jene bedeutende Epoche. Damals wie heute fungiert die von zahlreichen Geschäften gesäumte Via Garibaldi als Hauptachse der Altstadt. Das Einkaufs- und Geschäftsleben spielt sich seit langem aber in der am linken Ufer gelegenen Neustadt ab. Besonders lohnenswert ist ein Abstecher am Freitag: Der Freitagsmarkt von Ventimiglia ist weit über die Stadtgrenzen hinaus für seine Vielfalt bekannt, begleitet wird er von einem allwöchentlich stattfindenden Verkehrschaos. Wer nach einem Stadtbummel noch mehr von Italien sehen will, kann dem Küstenverlauf bis in das elegante San Remo folgen.

Verbindungen Zahlreiche Zug- und Busverbindungen nach Menton und zu den anderen Städten entlang der Côte d'Azur.

Von Menton nach Nizza

Wer mit dem eigenen Fahrzeug von Menton nach Nizza bzw. von Nizza nach Menton fahren will, hat die Wahl zwischen drei verschiedenen Aussichtsstraßen, den sogenannten *Corniches*. Die *Corniche Inférieure* (N 98), die in ihrem Verlauf weitgehend der Küste folgt, ist stark frequentiert und führt durch das Fürstentum Monaco, Beaulieu und Villefranche. Die mittlere Straße (N 7), die sogenannte *Moyenne Corniche*, wurde 1927 hauptsächlich aus touristischen Gründen erbaut und besitzt daher viele Aussichtsparkplätze; ein Besuch des mittelalterlichen Eze, das auf dem Weg liegt, gehört zum Pflichtprogramm. Die höher am Berg entlangführende *Grande Corniche* (D 2564) ist die älteste Verbindung. Sie entspricht größtenteils der römischen *Via Aurelia*, wurde später aber von Napoléon erneuert. Die zu Ehren des Kaisers Augustus in La Turbie errichtete Trophée des Alpes ist neben Roquebrune der interessanteste Zwischenstopp entlang der *Grande Corniche*.

Von der Burg von Roquebrune blickt man bis nach Monte Carlo

Menton/Umgebung Karte S. 106

Roquebrune-Cap-Martin

Kontrastreiche Doppelgemeinde – oben am Berg das verschachtelte mittelalterliche Roquebrune, unten an der Küste das mondäne Cap-Martin. Cap-Martin war seit jeher eine der vornehmsten Adressen an der Côte d'Azur, daran hat sich bis heute nichts geändert.

Der Name Roquebrune leitet sich von den Farbnuancen des Felsens (*Rocca Bruna*) ab, auf dem die Grafen von Ventimiglia eine Burg errichteten. Ähnlich wie das benachbarte Menton hat auch das Bergdorf eine bewegte Geschichte hinter sich, bis schließlich 1861 aus dem monegassisch-italienischen *Roccabrune* das französische Roquebrune wurde. Noch vor 150 Jahren war Roquebrune ein weitgehend verlassenes Dorf, auf dem bewaldeten Cap-Martin

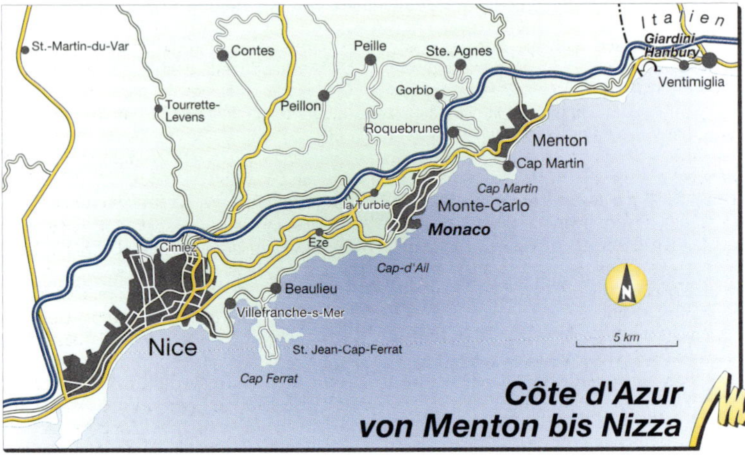

stand kein einziges Haus. Als um die Wende zum 20. Jahrhundert an der Küste exklusive Hotels und Villen entstanden, erwachte auch Roquebrune zu neuem Leben. Der Tourismus hat das Dorf vollkommen verändert: Roquebrune präsentiert sich als renoviertes Bilderbuchdorf; in den mittelalterlichen Gassen drängen sich die Kunsthandwerker und warten auf den Ansturm der Besucher.

Ganz im Gegensatz hierzu: Cap-Martin. Nach wie vor geht es auf der Landzunge sehr vornehm zu, vom Massentourismus abgeschottet, konnte das exklusive Flair erfolgreich bewahrt werden. Keine der feudalen Villen ist für Besucher zugänglich – warum auch, schließlich will man unter seinesgleichen bleiben. Schon vor hundert Jahren gaben sich hier gekrönte Häupter und die Highsociety ein Stelldichein: So verabredete sich die französische Kaiserin Eugénie regelmäßig mit Kaiserin Elisabeth von Österreich ("Sissy") zum Teetrinken und Spazierengehen. Wer will, kann bei einem kurzen Bummel durch das Villenviertel einen plastischen Eindruck vom Reichtum dieser Welt gewinnen.

Information/Diverses

- *Information* Office Municipal de Tourisme, 218, avenue Aristide-Briand,, 06190 Roquebrune-Cap-Martin, ✆ 0493356287, ℻ 0493285700.
- *Einwohner* 11.700 Einwohner.
- *Verbindungen* Sehr häufige Verbindungen nach Menton und Nizza. Die Gemeinde Roquebrune-Cap-Martin besitzt zwei Bahnhöfe, die beide an der Küste liegen. Der Bahnhof Roquebrune-Cap-Martin liegt unterhalb des Dorfes, der Bahnhof Carnolès im Osten von Cap Martin.
- *Führungen* Jeden Di und Fr um 10 Uhr beginnt am Office de Tourisme eine Führung zum Cabanon von Le Corbusier. Kosten: 8 €, erm. 5 €.
- *Veranstaltungen* **Procession de la Passion in Roquebrune**: Am Nachmittag des 5. August wird mit einer Passions-Prozession der Rettung des Dorfes vor einer Pestepidemie gedacht. **Karfreitagsprozession**: Die in historische Gewänder gehüllten Dorfbewohner spielen in den festlich erleuchteten Straßen die Grablegung Christi nach.
- *Kinderspielplatz* Schöne Anlage im Parc de Cap-Martin. Tgl. 9–19 Uhr.

Essen/Übernachten

**** **Vista Palace**, ein Hotel der Superlative – jedenfalls was Lage, Ausstattung und Preise betrifft. Der Architekt mag ein großer Statiker sein, über den künstlerischen Wert seiner Leistung lässt sich sicher streiten. Wer mit einem so traumhaften Blick aufwachen möchte, muss zwischen 197 und 1.131 € pro Nacht erübrigen, beheizter Panorama-Swimmingpool, Sauna und Hubschrauberlandeplatz inklusive. Das Vista Palace liegt direkt an der Grande Corniche. ✆ 0493104000, 📠 0493351894, www.vistapalace.com.

*** **Les Deux Frères**, direkt am Eingang von Roquebrune. Das sympathische kleine Hotel – das Gebäude diente bis 1854 als Dorfschule – mit blumenreichem Ambiente besitzt nur 10 Zimmer zu 65 (EZ) bis 91 €. Auf der Straßenterrasse lässt sich der Trubel schön beobachten, während man sich entspannt und an dem Menüs zu 20 (mittags mit einer halben Flasche Wein) und 39 € labt. Donnerstag und im Nov. geschlossen. Place des Deux Frères, ✆ 0493289900, 📠 0493289910, www.lesdeuxfreres.com.

** **Westminster**, familiäres Logis de France Hotel mit ockerfarbener Fassade und dazu passenden grünen Fensterläden. Schöne Aussicht, nur einen Steinwurf vom Meer entfernt; daher sind die Zimmer mit Meerblick vorzuziehen. Leider oft ausgebucht. Die Preise variieren je nach Saison und Ausstattung zwischen 51 und 80 €. Im Dez. und Jan. geschlossen. 14, avenue Louis Laurens (auf dem Weg zwischen Cap-Martin und Monte Carlo), ✆ 0493350068, 📠 0493288850, www.westminster06.com.

** **Regency**, kleines, unspektakuläres Hotel an der etwas zu lauten unteren Corniche. Ganz nett ist der Garten. Zimmer 54–80 €. 98, avenue Jean-Jaurès, ✆ 0493350091, 📠 0493289955.

La Dame Jeanne, am unteren Dorfrand gelegen. Gilt unter Kennern als das beste Restaurant in Roquebrune; dies liegt vielleicht auch an der phantastischen Aussicht, die die Geschmacksnerven zusätzlich betört. Täglich wechselnde Gerichte, die von der Bedienung eloquent erläutert werden. Kein Menü, je nach Bestellung stehen meist zwischen 40 und 60 € auf der Rechnung. Noch ein Hinweis: Reichlich Bargeld einstecken, denn Kreditkarten werden nicht akzeptiert. Montag Ruhetag. 5, chemin de Sainte-Lucie, ✆ 0493351020.

Le Grand Inquisiteur, angenehmes Restaurant in einem alten Kellergewölbe. Der "Großinquisitor" wartet mit einer relativ klassischen provenzalischen Küche auf. Da das

Menton/Umgebung
Karte S. 106

Verschachtelte Dächerlandschaft von Roquebrune

Lokal nur wenige Tische besitzt, ist es nicht immer einfach, einen Platz zu ergattern. Menüs zu 23, 28 und 35 €. Montag Ruhetag. 18, rue du Château, ✆ 0493350537.

Le Roquebrune, die hier zubereitete Bouillabaisse genießt zwar einen ausgezeichneten Ruf, ist aber auch nicht gerade billig. Menüs zu 34, 45 und 58 €. Montag und Dienstagmittag Ruhetag. 100, avenue Jean-Jaurès (direkt an der unteren Corniche), ✆ 0493350016.

La Grotte, uriges Höhlenbistro mit lauschiger Terrasse. Zum Essen gibt es diverse Kleinigkeiten, den Plat du Jour für 10 €. Di geschlossen. Place des Deux Frères, ✆ 0493350004.

• *Ferienwohnungen* Das Office Municipal de Tourisme hält eine Broschüre mit rund 200 Ferienwohnungen und -häusern bereit.

Sehenswertes

Château: Die Burg von Roquebrune ist wahrscheinlich eine Gründung aus dem 10. Jahrhundert, jedoch entspricht ihr Bauzustand am ehesten dem des Spätmittelalters. Das Zentrum der Anlage besteht aus einem Hof, flankiert von zwei quadratischen Türmen; der ältere und größere von beiden misst knappe 30 Meter (Schöne Aussicht auf das Meer und die rote Dächerlandschaft!). Einst war die Burg von einem imposanten Mauerring umgeben. Innerhalb dieser Außenmauern entstand im 15. Jahrhundert das alte Roquebrune mit seinen kleinen, verschachtelten Häusern und den schmalen, teilweise überwölbten Gassen.

Öffnungszeiten Tgl. 10–12 Uhr und 14–19 Uhr, im Winter bis 17 Uhr; Mitte Nov. bis Mitte Dez. geschlossen. Eintritt: 3 €, erm. 1,50 €.

Monument de Lumone: Schräg gegenüber dem Rathaus stehen die wenigen Reste einer römischen Poststation. Ein Stückchen Mauerwerk mit drei Arkaden und Wandmosaiken – nicht viel, aber immerhin ein mehr als 2.000 Jahre altes Zeugnis aus der Vergangenheit von Cap-Martin.

La Tombe de Le Corbusier: Auf dem Gemeindefriedhof von Roquebrune-Cap-Martin liegt der berühmte Architekt und Städteplaner *Le Corbusier* (1887–1965) begraben. Wie es sich für einen Künstler seines Ranges gehört, hat er das Grabmal selbst entworfen. Übrigens starb Le Corbusier unweit von Cap-Martin beim Tauchen an einem Herzschlag.

Wandern

Promenade Le Corbusier: Vom Ende der Avenue Winston Churchill verbindet diese Uferpromenade das Cap-Martin mit dem Bahnhof Cap-Martin-Roquebrune; dabei kommt man auch am selbst entworfenen Wohnhaus von Le Corbusier vorbei (*Carbanon Le Corbusier*, eine Besichtigung ist nur Di um 9.30 Uhr nach vorheriger Anmeldung im Office de Tourisme möglich). Wer will, kann – begleitet von einer typischen Mittelmeervegetation mit Ginster, Myrten, Pistazien und Mastixbäumen – weiter am Meer entlang bis Monte-Carlo oder nach Menton wandern. Entfernung: 3 Kilometer.

Nach Roquebrune: Es gibt zwei Möglichkeiten, von der Küste nach Roquebrune zu wandern (200 Höhenmeter). Entweder steigt man vom Bahnhof Cap-Martin-Roquebrune in einer Stunde über zahlreiche Stufen hinauf oder man startet vom Bahnhof Carnolès (1,5 Std.). Hierzu geht es anfangs entlang der Avenue de Belgique, dann über den Chemin du Vallonnet und den Chemin de Menton an der Chapelle La Pausa vorbei nach Roquebrune. Der Weg ist auch mit der Hinweistafel "Les Balcons de la Côte d'Azur" ausgeschildert.

Staat im Staat: Monaco

Monaco

Monaco, ein mediterraner "Zwergstaat" der Superlative: Steuer- und Spielerparadies, quasi-feudales Regiment neben Hightech, Hautevollée, Formel 1 und zu guter Letzt: permanente Raumnot.

Wer zum ersten Mal das Fürstentum Monaco (*Principauté de Monaco*) besucht, wird wahrscheinlich enttäuscht sein. Von romantischen Vorstellungen wird der Neuankömmling angesichts der langweiligen Hochhauskulisse von Monte-Carlo rasch ernüchtert; Wanne-Eickel besitzt mehr Grünanlagen. Zu lange darf man sich aber nicht über einen Zwischenstopp Gedanken machen, sonst ist man schon wieder auf französischem Boden. Auch wenn das Fürstentum nur 1,95 Quadratkilometer groß – vor den Landaufschüttungen waren es sogar nur 1,6 Quadratkilometer– und somit nach der Vatikanstadt der zweitkleinste europäische Staat ist, lassen sich deutlich vier urbane Bereiche ausmachen: Da ist einmal das alte Monaco mit dem fürstlichen Palais auf dem malerischen Felsen Le Rocher, einen Kilometer weiter östlich lockt Monte-Carlo mit seinem berühmten Spielcasino, dazwischen liegt am Hafen die Gemeinde La Condamine mit dem Schwimmbad "Stade Nautique Rainier III."; zuletzt entstand auf einem, dem Meer abgetrotzten Stück Land das supermoderne Fontvieille mit dem Sportpalast "Stade Louis II.". Die Raumnot ist groß, muss doch jeder Ausländer, der in den Genuss der Steuerfreiheit kommen will, entweder eine Wohnung im Fürstentum besitzen oder gemietet haben. Leider wurden auch schon zahlreiche alte Villen dem Bauboom geopfert; ihr Platz wurde von gesichtslosen Neubauten mit kleinen Appartements zu horrenden

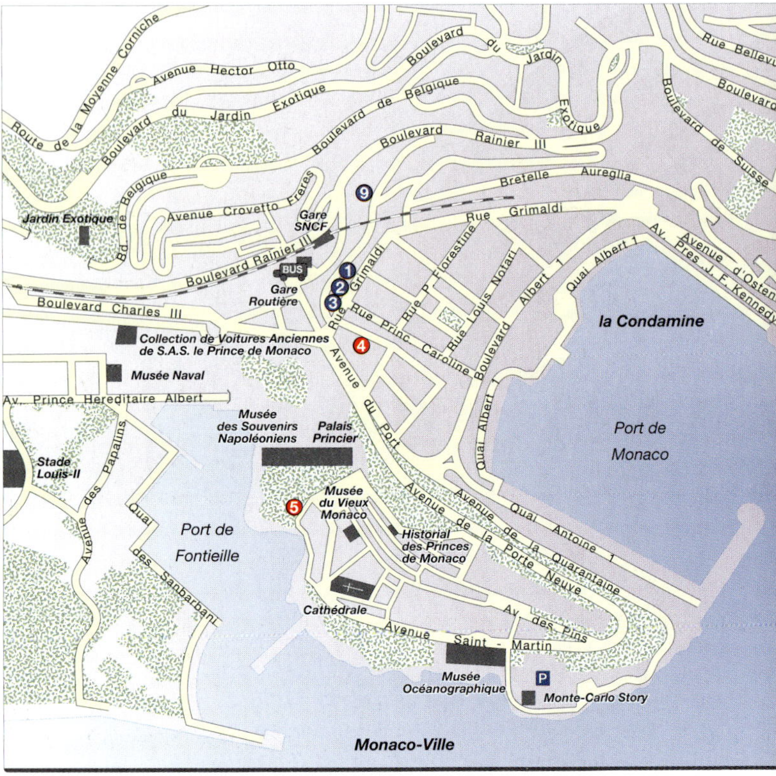

Preisen eingenommen. Zu den aktuellen Bauprojekten gehören ein supermoderner, unterirdischer Bahnhof sowie ein Kultur- und Ausstellungszentrum für 2.000 Besucher. Der Übergang zum französischen Territorium ist nahtlos, nur die weißen monegassischen Briefkästen erleichtern die Orientierung. Apropos Raumnot: Zuletzt wurde im Herbst 2002 eine 300 Millionen Euro teure Landungsbrücke im Meer verankert. Mit dieser 352 Meter langen künstlichen Mole wurden 700 neue Liegeplätze für Luxusyachten geschaffen, zudem können endlich große Kreuzfahrtschiffe direkt in Monaco anlegen. Dass zusätzlich ein neues Parkhaus für 360 Autos, ein Einkaufszentrum mit Restaurants, Flaniermeilen und einem Leuchtturm entstanden ist, gerät da fast zur Nebensache.

Noch heute erscheint die 1887 von Guy de Maupassant getroffene Charakterisierung aktuell: "Dieser erstaunliche Staat, kleiner als ein französisches Dorf, in dem es aber einen absolutistischen Herrscher gibt, Bischöfe, ein Heer von Jesuiten und Seminaristen, welches größer ist als das des Fürsten, eine Artillerie mit einer verrosteten Kanone, ein Protokoll, das strenger ist als einst unter Ludwig XIV., autoritäre Prinzipien, die despotischer sind als die des Preußen-

Monaco
Karte S. 110/11

königs – und all das verbunden mit einer großartigen Toleranz gegenüber den menschlichen Schwächen, die das Leben des Souveräns, der Bischöfe, der Jesuiten, der Seminaristen, des Heeres und der Richter beherrschen." Die Fürstenfamilie von Monaco ist natürlich ein Lieblingsthema der Regenbogenpresse. Seit Jahr und Tag informieren "Frau mit Herz", "Das Neue Blatt", "Die Aktuelle" und wie sie alle heißen über die kleinen Skandale und großen Affären von Caroline, Stéphanie und Anhang. Früher hielt sich der Adel Hofnarren, um sich zu unterhalten, heute könnte man glauben, das Volk halte sich aus dem gleichen Grund Adelige. Zu der Fürstenfamilie gesellen sich neben den zahllosen Touristen noch rund 30.000 Einwohner, von denen allerdings nur 4.800 die monegassische Staatsbürgerschaft besitzen, ein paar Tausend "Steuerflüchtlinge", darunter 1.000 Schweizer und 750 Deutsche sowie diejenigen, die alles am Laufen halten. Wenn alljährlich im Mai Michael Schumacher & Co beim traditionsreichen Grand Prix von Monaco (seit 1929) auf dem Innenstadtkurs durch die Häuserschluchten und Tunnel des Fürstentums donnern, dann entscheidet man sich am besten für die Grande Corniche und umfährt das Spektakel weiträumig. Eine Woche lang ist Monaco vom Dröhnen

U-Boot vor dem Musée Océanographique

der Motoren erfüllt, statt sich an edlen Gerüchen zu erfreuen, kämpft die Nase mit beißendem Benzingestank. Apropos Veranstaltungen: Ein souveräner Staat hat natürlich seinen Nationalfeiertag: Am 19. November ist das ganze Fürstentum mit Fahnen geschmückt, Paraden werden abgehalten.

Böse Zungen behaupten, die Polizei des Fürstentums habe George Orwells "1984" ihren Dienstvorschriften zugrunde gelegt. So besitzt Monaco ein nahezu perfektes Sicherheitssystem, innerhalb von Minuten können die Grenzen geschlossen werden. Kameras an allen zentralen Plätzen und ein ganzes Bataillon Polizisten sorgen für eine unkomplizierte und wirksame Überwachung des öffentlichen Lebens. Auf 65 Einwohner kommt ein Polizist! Personen, die unangenehm auffallen, werden kurzerhand des Landes verwiesen. Das millionenschwere Publikum weiß es zu schätzen, dass sich hier der eigene Reichtum unbesorgt zur Schau stellen lässt und niemand Anstalten machen wird, der Gattin das Diamantenkollier vom Hals zu reißen. Übrigens profitiert auch der Durchschnittstourist vom fürstlichen Polizeistaat: So sicher wie in Monaco kann er nirgendwo sonst an der Côte d'Azur sein Auto abstellen.

Geschichte

Dank des strategisch günstigen Felsens war Monaco schon in frühester Zeit besiedelt. Die Phönizier betrieben hier eine Handelsniederlassung, wurden aber alsbald von den Griechen verdrängt, die ein paar Jahrhunderte später wiederum den Römern weichen mussten: Aus dem griechischen *Monoikos* wurde das römische *Monoeci.* Bei den Bauarbeiten im Hafenviertel La Condamine kamen zahlreiche Fundstücke aus der römischen Vergangenheit ans Tageslicht. Über die Zeitspanne zwischen Spätantike und Hochmittelalter schweigen die Quellen. Im 12. Jahrhundert wurde der Küstenabschnitt zum

Zankapfel zwischen den Grafen der Provence und der mächtigen Republik Genua. Kaiser Friedrich Barbarossa griff 1162 ein und regelte den Streit zugunsten der Stadtrepublik. Damit hatten die Querelen aber noch lange kein Ende gefunden, mehr als hundert Jahre lag man sich immer wieder in den Haaren, bevor Francesco Grimaldi, der einer der angesehensten genuesischen Adelsfamilien entstammte, das Heft kurzerhand selbst in die Hand nahm. Mit Geschick und Ausdauer gelang es den Grimaldis, sich in der folgenden Zeit ein beachtliches Territorium entlang der Küste zu schaffen. Nichtsdestotrotz wurde das Fürstentum wiederholt zum Spielball französischer, spanischer und sardischer Interessen, wurde belagert, verwüstet, wiederaufgebaut und erneut zerstört. Erstaunlicherweise behaupteten sich die Fürsten von Monaco immer wieder und retteten ihre Dynastie mehrfach vor dem Untergang. Als 1731 die Grimaldis im Mannesstamm ausstarben, ging die Herrschaft auf das normannische Adelsgeschlecht der Matignon über, die Namen und Wappen der Familie Grimaldi übernahmen. Im Zeitalter der Französischen Revolution war für ein souveränes Fürstentum kein Platz: Fürst Honorius IV. musste sein Schloss räumen, Verwundete wurden einquartiert; 1792 stimmten die monegassischen Bürger für die Vereinigung mit Frankreich, die 1815 allerdings wieder rückgängig gemacht wurde.

Mitte des 19. Jahrhunderts war es alles andere als erfreulich, ein Monegasse zu sein. Der Fürst und seine Untertanen lebten in bitterer Armut, der steinige Boden gab nicht viel her, und auch der Fischfang, die Zollrechte und der Salzabbau füllten die Kassen nicht. Da noch keine Küstenstraße nach Nizza oder Menton existierte, war man auf Maultierpfade und Schiffe angewiesen. Auch der Trick mit der Steuerschraube schlug fehl: Menton und Roquebrune sagten sich aufgrund der hohen Abgaben 1848 unter sardischem Schutz von Monaco los. Damit verlor das Fürstentum seine Haupteinnahmequelle und 94 Prozent seines Territoriums. Zwölf Jahre später verkaufte Fürst Charles III. die beiden Städte, die ihm faktisch schon lange nicht mehr gehörten, für vier Millionen Franken an Frankreich. Die wirtschaftlichen Nöte blieben dennoch weiterhin akut, der Versuch, mit einem Spielcasino die Glückssuchenden ins Land zu holen, war bereits 1856 wegen der nicht vorhandenen Verkehrsanbindung fehlgeschlagen. Erst als 1863 der in Sachen Glücksspiel versierte Franzose *François Blanc* die Konzession für ein Spielcasino erhielt, begann der kometenhafte Aufstieg Monte-Carlos. Blanc gründete eine Aktiengesellschaft (*Société des Bains de Mer*) – zu deren Hauptaktionären neben Fürst Charles III. auch Kardinal Pecci, der spätere Papst Leo XIII., gehörte –, ließ Hotels errichten und Gärten anlegen, die Oper wurde mit einem Auftritt von Sarah Bernhardt eröffnet. Zudem fädelte Blanc den 1868 erfolgten Anschluss an das französische Eisenbahnnetz ein. Dem Erfolg stand nichts mehr entgegen! Hinzu kam der glückliche Umstand, dass das Glücksspiel zum damaligen Zeitpunkt weder in Frankreich noch in Italien erlaubt war und zudem 1873 auch noch im Deutschen Kaiserreich verboten wurde, und so strömten die Glückssuchenden aus aller Herren Länder in das Fürstentum, darunter zahllose gekrönte Häupter und anderweitig prominente Persönlichkeiten. Das schrille Treiben war aber nicht jedermanns Sache, so rümpfte Anton Tschechow die Nase: "Mein Gott wie verächtlich und ekelhaft dieses Leben ist mit seinen Artischocken,

Monaco
Karte S. 110/11

Palmen und dem Duft von Orangenblüten! ... Ich liebe Luxus und Reichtum, aber dieser Roulette-Luxus wirkt auf mich wie ein unersättliches Klosett." Und Katherine Mansfield, die sich in Menton erheblich wohler fühlte, fällte ein paar Jahre später noch ein härteres Urteil. Sie zeigte sich sichtlich angewidert von den "Zuhältern, Gouvernanten mit abgetragenen Handschuhen, ... alten Weibern, ergrauten, klapprigen Greisen, reichen, fetten Kapitalisten und jungen Mädchen, die versuchen, wie Babies auszusehen".

Wo die Liebe hinfällt

Bei ihrer Herzenswahl setzten sich die monegassischen Fürsten zweimal deutlich über gesellschaftliche Konventionen hinweg. Während die 1956 erfolgte Eheschließung von Fürst Rainier III. mit der amerikanischen Filmschauspielerin Grace Kelly noch gut in Erinnerung ist, kennt kaum mehr jemand Alice Heine, die Fürst Albert I. 1889 geheiratet hatte. Die Verbindung sorgte nicht nur für Schlagzeilen, weil die Auserwählte eine Bürgerliche, sondern zudem jung verwitwet und jüdischer Herkunft war (entfernt mit dem Dichter Heinrich Heine verwandt)! Die aus New Orleans stammende Alice Heine mauserte sich aber schnell zu einer angesehenen Landesmutter mit einem ausgeprägten sozialen und künstlerischen Engagement. Allerdings bewegten sie die Kompositionen eines Herrn namens Isidor Cohen so sehr, dass sie darüber ihre Ehe vergaß. Albert I. zog die Konsequenzen und ließ sich 1902 heimlich scheiden und richtete seine Aufmerksamkeit fortan fast ausschließlich auf seine geliebten Meeresstudien.

Seit 1949 steht der aus einer Nebenlinie (Polignac) stammende Rainier III. an der Spitze des Fürstentums. Ihm gelang es während seiner langen Regentschaft, aus dem feudalen Zwergstaat ein modernes, streng wirtschaftlich ausgerichtetes "Unternehmen" zu formen; Spötter sprechen von der Grimaldi AG. Konsequenterweise ist auch von offizieller Seite vom Umsatz statt vom Bruttosozialprodukt des Fürstentums die Rede. Allerdings hat Monaco 1963 einen großen Teil seiner Unabhängigkeit verloren: Auf massiven Druck des französischen Präsidenten Charles de Gaulle hin, der sich auf einen Staatsvertrag aus dem Jahre 1910 berief, musste sich Fürst Rainier III. verpflichten, französische Staatsbürger nach französischen Steuergesetzen zu belangen und eine Wirtschafts- und Zollunion mit dem mächtigen Nachbarn einzugehen. Außenpolitisch wird das Fürstentum seither von einem von Frankreich bestimmten Staatsminister vertreten; in wirtschaftlicher Hinsicht hat sich das Fürstentum zu einem Industriestaat modernsten Zuschnitts gewandelt, Hightech ist angesagt. Der Staatshaushalt ist schon seit langem von den Einnahmen des Spielcasinos unabhängig, nur noch zwischen drei und vier Prozent werden am Spieltisch "verdient". Den größten Teil des 10-Milliarden-Umsatzes bringen die Briefmarken, der Fremdenverkehr (Kongresse) und Steuereinnahmen – ja, so etwas gibt es auch in Monaco. Monegassen sowie nicht-französische Privatpersonen sind zwar von den direkten Steuern befreit, aber es wird nichtsdestotrotz Mehrwertsteuer erhoben. Ausländische Firmen haben zudem Gewerbesteuer zu entrichten.

Verbindungen

Autoreisende sehen sich im Fürstentum mit einer erheblichen **Parkplatznot** konfrontiert. Vom Falschparken wird dringend abgeraten: Ruckzuck ist die Kralle am Reifen, die erst wieder nach entrichteter Gebühr gelöst wird. Monaco ist mit dem Zug sehr gut zu erreichen. Der SNCF-**Bahnhof**, ✆ 93106015, ist nur 300 Meter vom Fürstenpalast entfernt und liegt seit 1999 unter der Erde. Ganz Eilige starten vom Héliport de Fontvieille mit dem Hubschrauber und sind ein paar Minuten später in Nizza, ✆ 92050050. Taxiruf: ✆ 93150101. Das städtische, nein staatliche! **Busnetz** ist bestens ausgebaut. Regelmäßig werden die wichtigsten Punkte angefahren. Die Linie 2 fährt beispielsweise für 1,30 € in 14 Minuten zum Jardin Exotique, die Linie 4 zum gleichen Preis zum Larvotto-Strand (4 Tickets kosten 3,20 €). Am Ozeanographischen Museum starten von Feb. bis Okt. zwischen 10.30 und 12 Uhr sowie 14 und 18 Uhr kleine Touristenzüge zur Rundfahrt durch die Altstadt und zum Place du Casino. Fahrpreis: 6 €, erm. 3 €. Eine wichtige Verbindung zwischen den einzelnen Stadtteilen stellen die zahlreichen öffentlichen **Aufzüge** dar, die helfen, die Höhenunterscheide im Fürstentum bequem zu meistern.

Information/Diverses

- *Information* **Direction du Tourisme et des Congrès**, 2a, boulevard des Moulins, Monte Carlo, 98030 Monaco Cedex, ✆ 92166116, 📠 92166000, www.monaco-tourisme.com. Zahlreiche Broschüren und ein ausführlicher Veranstaltungskalender in deutscher Sprache liegen bereit.
- *Telefon* Seit dem 21. Juni 1996 besitzt Monaco eine eigene Vorwahl, die 377; das heißt, wer von Frankreich oder aus dem übrigen Ausland nach Monaco telefonieren will, muss die 00 377 vor der in diesem Führer angegebenen, achtstelligen Nummer wählen.
- *Autovermietung* Avis, 9, avenue d'Ostende, ✆ 93301753; Europcar, 47, avenue de Grande Bretagne, ✆ 93507495.
- *Markt* Tgl. auf der Place d'Armes.
- *Veranstaltungen* Tennis-Grand-Prix-Turnier (Ende April), Formel 1-Grand Prix von Monaco (Mai), Nationalfeiertag (19. November) und Zirkus-Festival (Dezember).
- *Meeresausflüge* Von Apr. bis Sept. werden mit einem Katamaran einstündige Fahrten hinaus aufs Meer angeboten. Tolle Blicke auf die Unterwasserwelt! Abfahrt: Quai des Etats-Unis. Preis: 11 €, erm. 8 €.
- *Post* Square Beaumarchais.
- *Musée des Timbres et des Monnaies* Bei Philatelisten stehen die Briefmarken des Fürstentums hoch im Kurs. Daneben hat Rainier III. auch das Recht, Münzen schlagen zu lassen, wenngleich der Euro das allgemeingültige Zahlungsmittel ist. Adresse: Les Terrasses de Fontvieille. Öffnungszeiten: Tgl. 10–17 Uhr, im Sommer bis 18 Uhr. Eintritt: 3 €, erm. 1,50 €.
- *Musée de la Chapelle de la Visitation* Eine ehemalige Kapelle unweit des Ozeanographischen Museums wird als Ausstellungsraum für die sakrale Kunst aus der Sammlung Barbara Piesecka Johnson genutzt. Zu sehen ist barocke Kunst von Rubens, Ribera etc. Öffnungszeiten: Tgl. außer Mo 10–16 Uhr. Eintritt: 3 €, erm. 1,50 €.
- *Musée du Vieux Monaco* Gezeigt werden Gebrauchsgegenstände, die Einblicke in die früheren Lebensgewohnheiten der Monegassen gewähren. Öffnungszeiten: Jeden Mittwoch von 14.30–17.30 Uhr. Rue Emile de Loth. Eintritt: frei!
- *Monte-Carlo-Story* Da die sensationshungrigen Besucher die Fürstenfamilie nur mit extrem viel Glück zu Gesicht bekommen werden, die Grimaldis aber ein fester Bestandteil des Marketings sind, schafft diese Multivisionsschau Abhilfe. Adresse: Terrasses du Parking du Chemin des Pêcheurs. Öffnungszeiten: Im Juli und Aug. tgl. 14–18 Uhr, im Winter 14–17 Uhr, von Nov. bis Weihnachten geschlossen. Stündliche Vorführungen. Eintritt: 6,50 €, erm. 5 €.
- *Baden* Strände sind rar in Monaco, aber man kommt ja auch nicht zum Schwimmen ins Fürstentum. Der traditionsreiche Monte-Carlo Beach (Eintritt!) liegt schon auf französischem Staatsgebiet. Ein Besuch des künstlich mit Sand aufgeschütteten Strandes von Larvotto im Osten von Monte-Carlo hat einen großen Nachteil: Am späten Nachmittag verschwindet die Sonne hinter den Hochhäusern, zudem werden auch hier stattliche Eintrittspreise verlangt. Wer nicht unbedingt einen Strand braucht,

Monaco Karte S. 110/11

Hotel Hermitage: Luxus pur

kann es direkt am Hafen mit dem beheizten Meerwasserpool (Stade Nautique Rainier III.) oder weiteren komfortablen Schwimmbädern versuchen.

• *Minigolf* Parc Princesse Antoinette.

• *Waschsalon* So etwas Banales wird man im Fürstentum vergeblich suchen.

Übernachten/Essen/Nachtleben (siehe Karte S. 110/111)

• *Übernachten* Übernachten im Fürstentum ist nicht gerade billig: 1371 Zimmern in Luxusherbergen stehen kümmerliche 24 Zimmer in einem einzigen Ein-Stern-Hotel gegenüber. Nichtsdestotrotz verbuchte Monaco 1997 einen Gästezuwachs von 20 Prozent, zeitweise war jedes Bett belegt.

**** **Hôtel de Paris (7)**, der nach dem Vorbild eines Pariser Grandhotels 1864 errichtete Prachtbau zählt zu den feinsten Adressen an der Côte d'Azur. Wer ins Casino will, muss das Hotel nicht einmal verlassen, der Weg führt durch unterirdische Gänge. DZ 365–685 €. Das zugehörige Restaurant Louis XV. – hier schwang einst Escoffier den Kochlöffel – steht dem Hotel weder im Preis noch in der Leistung nach. Place du Casino, ✆ 92163000, 📠 92163849.

**** **Hermitage (6)**, hier absteigen heißt in einem lebendigen Museum der Belle Epoque wohnen. Namhafte Künstler – darunter auch Gustave Eiffel – haben bei der Ausstattung mitgewirkt. Schmiedeeiserne Balkone und üppige Farne zieren die verspielte Fassade, besonders schön ist die dem Meer zugewandte Seite des Hotels; die Glaskuppel des Wintergartens ist ein Meisterwerk des Jugendstils. Die Zimmerpreise rangieren geringfügig unter denen des Hôtel de Paris. DZ 340–590 €. Square Beaumarchais, ✆ 92164000, 📠 92163852.

** **Helvetia (3)**, recht passable Unterkunft unweit des Bahnhofs. Die 25 Zimmer kosten je nach Ausstattung zwischen 43 € und 68 €, Frühstück 7 €. 1 bis, rue Grimaldi, ✆ 93302171, 📠 92167051.

** **Hôtel de France (2)**, ebenfalls in Bahnhofsnähe, das Hotel besitzt jedoch deutlich mehr Charme. EZ ab 55 €, DZ 65–69 €, Frühstück 8 €. 6, rue de La Turbie, ✆ 93302464, 📠 92161334.

* **Cosmopolite (1)**, gleich nebenan, ähnliches Preisniveau (EZ ab 33 €, DZ 40–57 €); nettes Treppenhaus, die Räumlichkeiten sind etwas älter, aber recht gepflegt. 4, rue de la Turbie, ✆ 93301695, 📠 93302305.

• *Jugendherberge* **Centre de la Jeunesse Princesse Stephanie (9)**, Übernachtung mit

Frühstück 15 € pro Bett. 24, avenue Prince Pierre, ✆ 93508320.

• *Essen* **Le Café de Paris (8)**, ab 30 € pro Person kann man direkt beim Casino tafeln und das Flair von Monaco "hautnah" genießen. Place du Casino, ✆ 93254698.

Castelroc (5), die Lage direkt gegenüber dem Fürstenpalast lässt auf eine Touristenfalle schließen, doch das kreative Speisenangebot weckt Interesse. Mit den monegassischen Spezialitäten wird der Lokalpatriotismus hoch gehalten, den auch die zahlreichen Einheimischen unter den Gästen zu schätzen wissen. Sehr empfehlenswert ist der Stockfisch. Ein weiteres Plus ist die schöne Terrasse. Menüs zu 20 € und 39 €. Samstags sowie im Dez. und Jan. geschlossen. Place du Palais, ✆ 93303668.

La Cigale (4), ansprechender, günstiger Italiener mit kleiner Straßenterrasse. Menüs zu 16, 18 (vegetarisch) und 23 €. Samstag und Sonntag Ruhetag. 18, rue Millo, ✆ 93301614.

• *Nachtleben* Discothek **Jimmy'z (11)** im Monte-Carlo Sporting Club. Wer nicht zufällig aussieht wie Michael Schumacher oder Boris Becker, wird den Türsteher wohl nicht passieren können. Avenue Princesse Grace. Im Winterhalbjahr sowie montags und dienstags geschlossen, sonst ab 22.30 Uhr geöffnet.

Zebra Square (10), schöne Lounge mit DJ und Terrasse, tgl. ab 22 Uhr geöffnet. 10, avenue Princesse Grace.

Sehenswertes

Monaco-Stadt

Monaco Karte S. 110/11

Palais: Der fürstliche Palast – wenn die Fahne weht, ist Rainier anwesend – entspricht bis auf einige spätere Anbauten und leichten Veränderungen (z. B. die historisierenden Zinnen der mittelalterlichen Türme) dem Bauzustand des 16. Jahrhunderts. Architektonisch dominieren in dem bunten Stilgemisch die Renaissanceanklänge. Das Zentrum des Schlosses bildet ein von Arkaden gesäumter Ehrenhof mit einer Doppeltreppe aus Carraramarmor. Die Familie Grimaldi bewohnt den Südwestflügel, der in den Sommermonaten während der Abwesenheit der fürstlichen Familie im Rahmen einer Führung teilweise zugänglich ist. Täglich um genau 11.55 Uhr wird vor dem Hauptportal die Wachablösung vollzogen. Ein klangvolles, besonders bei Lesern der Regenbogenpresse beliebtes Spektakel.

Führungen Nur in den Sommermonaten bei Abwesenheit der Fürstenfamilie von 9.30–18.20 Uhr, im Oktober 10–17 Uhr. Eintritt: 6 €, erm. 3 €.

Musée Napoléonien: Das 1970 in einem Flügel des Schlosses eingerichtete Museum birgt Erinnerungsstücke an Napoléon Bonaparte und Dokumente zur Geschichte des Fürstentums, darunter die Unabhängigkeitsurkunde und eine vollständige Sammlung der Briefmarken des Fürstentums.

Öffnungszeiten Von Juni bis Sept. tgl. 9.30–18.30 Uhr, sonst Di–So 10.30–12.30 Uhr und 14–17 Uhr. Eintritt: 4 €, erm. 2 €.

Altstadt: Die malerischen Gassen zwischen dem Fürstenpalast und dem Ozeanographischen Museum vermitteln noch einen Eindruck vom alten Monaco, wenngleich das Fürstentum sich auch hier von seiner besten Seite zeigt. Bei einem Spaziergang um den Felsen bieten sich immer wieder schöne Ausblicke auf das Meer und Monte-Carlo.

Kathedrale: Jahrhundertelang unterstand die Kirche von Monaco dem Bischof von Nizza, die 1868 erfolgte Erhebung zum Bistum machte den Bau einer Kathedrale erforderlich, wofür die aus dem 13. Jahrhundert stammende Kirche Saint-Nicolas abgerissen werden musste. Die neue Kathedrale wurde im neoromanischen Stil errichtet. Der Umstand, dass das Casino bereits fünf Jahre

Musée Océanographique

vor der Einweihung der Kathedrale (1884) seine Pforten öffnete, lässt Rückschlüsse auf die Bedeutung von Geld und Religion im Fürstentum zu. Das wertvollste Stück des Inventars ist ein Altar (um 1500) von Louis Bréa; der Altar ist dem heiligen Nikolaus geweiht und steht im rechten Querschiff. Im Chor der Kathedrale finden die verstorbenen Mitglieder der Fürstenfamilie ihre letzte Ruhestätte; an die 1982 tödlich verunglückte Fürstin Gracia Patricia erinnert eine schlichte Grabplatte, die zumeist mit Blumensträußen bedeckt ist.

Adresse 4, rue Colonel Bellando de Castro.

Historial des Princes de Monaco: Das Wachsfigurenkabinett bietet die Geschichte des Fürstentums im Schnelldurchgang. Zwar kann man hier Caroline und Stéphanie einmal ganz nah sein und ihnen tief in die Augen blicken, doch stammen die Wachsportraits leider noch aus ihren Kindheitstagen...

Adresse 27, rue Basse. Öffnungszeiten: Tgl. 9.30–18 Uhr, im Winter 11–17 Uhr. Eintritt: 3,50 €, erm. 2 €.

Musée Océanographique: An einem kleinen orangefarbenen Tauchboot vorbei gelangt man zum Eingang des Ozeanographischen Museums, das in exponierter Lage oberhalb einer steilen Felswand über dem Meer thront. Fürst Albert I., ein passionierter Meeresliebhaber, erfüllte sich mit dem 1910 fertig gestellten Bau einen Traum. Ausgestellt sind zahlreiche Meerestiere, darunter auch der berühmte, bei einer Expedition aus 6.035 Metern Tiefe zu Tage geförderte Grimaldifisch (*Grimaldichthys profundissimus*) und das Skelett eines 20 Meter langen Wales, der an die Küste Liguriens geschwemmt worden war, nachdem ihn Albert I. zuvor harpuniert hatte, um genaue Erkenntnisse über die Ernährungsgewohnheiten des Meeresriesen zu gewinnen. Die Hauptattraktion sind ohne Zweifel die Aquarien im Untergeschoss: Manch einer verbringt vor den Glasscheiben gar Stunden im stummen Dialog mit kleinen Haien, Stören, Muränen, Piranhas, Kugelfischen und anderen Meeresbewohnern (lobenswert sind die dreisprachigen Erläuterungen). Filme von Jacques Cousteau laufen im zugehörigen Vorführsaal, des Weiteren werden mehrere altertümliche Tauchgerätschaften gezeigt und eine allgemeine Einführung in das Leben unter Wasser gegeben. Oben auf dem Dach kann man die herrliche Aussicht genießen oder das dort befindliche Restaurant aufsuchen. Mit jährlich mehr als 775.000 Besuchern ist das Ozeanographische Museum die größte Sehenswürdigkeit an der Côte d'Azur.

Adresse Avenue Saint-Martin. Öffnungszeiten: Von April–Sept. tgl. 9–19 Uhr, von Okt.–März tgl. 10–18 Uhr. Eintritt: 11 €, erm. 6 €.

Monte-Carlo

Casino: Kein Geringerer als Charles Garnier, der Architekt der Pariser Oper, konnte 1878 für den Umbau des Casinos gewonnen werden. Die Kugeln klackern und rollen seit mehr als hundert Jahren in dem pompös-verschwenderischen Belle-Epoque-Bau, nur unterbrochen vom *Rien-ne-va-plus* mehrerer Croupier-Generationen. Ursprünglich stand das Casino in leicht erhöhter Lage direkt am Meer; nachdem man dem Meer ein Stück Land abgetrotzt hatte, haben sich die "Bienenwaben" des 1978 eröffneten Kongresszentrums dazwischengeschoben. Zum Casino gehört auch eine Oper, die allerdings nicht mehr an den Glanz früherer Tage heranreicht, als hier das Diagilewballett tanzte und andere Showgrößen sich ein Stelldichein gaben. Einen Großteil seiner früheren Anziehungskraft verdankte das Casino von Monte-Carlo dem Umstand, dass in Frankreich das Roulettespiel bis 1932 verboten blieb. Wer erwartungsvoll die Stufen zum Glückstempel emporsteigt, wird angesichts der lärmenden Spielautomaten ernüchtert sein, da helfen auch die Kronleuchter nicht darüber hinweg. Distinguiert geht es hingegen in den *salons privés* zu; diese sind zwar keineswegs einem kleinen, privaten Kreis vorbehalten, doch erfüllen der Eintrittspreis und die strenge Kleiderordnung ihren Zweck. Mindesteinsatz: eine Krawatte. Wer nichts mit Glücksspiel am Hut hat, kann sich gegenüber dem Casino in einer kleinen Gartenanlage ausruhen und den prachtvollen Bau eingehend studieren. Zutritt haben übrigens nur Personen, die das 21. Lebensjahr vollendet haben.

Hier rollt der Rubel: das Casino

Adresse Place du Casino. Öffnungszeiten: Tgl. ab 12 Uhr. Eintritt: 10 € bzw. 20 €.

Monaco Karte S. 110/11

Musée National des Poupées et des Automates: Die Villa, in der sich das Puppen- und Automatenmuseum befindet, ist ebenfalls ein Bau von Charles Garnier. Die ungewöhnliche, von Madeleine de Galéa zusammengetragene Sammlung umfasst Exponate aus dem 18. und 19. Jahrhundert. Ein Stück weiter die Straße entlang wurde am Meer ein 7.000 Quadratmeter großer **Japanischer Garten** angelegt (freier Eintritt).

Adresse 17, avenue Princesse-Grace. Öffnungszeiten: Von Ostern bis Sept. tgl. 10–18.30 Uhr, sonst 12.15–14.30 Uhr Mittagspause. Eintritt: 5 €, erm. 3,50 €.

Fontvieille-Viertel

Collection de Voitures Anciennes: Rainier III. ist ein begeisterter Autofan – sonst würde er wohl kaum das entsetzlich laute Formel-1-Rennen in seinem Fürstentum dulden. Seit mehr als 30 Jahren sammelt er alte Automobile und hat es zu einer beachtlichen Sammlung gebracht. Neben Edelkarossen wie Maserati, Jaguar und Rolls Royce besitzt Rainier III. auch den legendären Ford Modell T (1924), einen De Dion Bouton (1903) sowie einen Renault 12 CV 4 aus dem Jahre 1911.

Adresse Les Terrasses de Fontvieille. Öffnungszeiten: Tgl. 10–18 Uhr, im Nov. geschlossen. Eintritt: 6 €, erm. 3 €.

Stade Louis II.: Sportfreaks pilgern zu dem 1985 eröffneten Stadionkomplex, in dem schon Jürgen Klinsmann seine Tore für den AS Monaco geschossen hat. Das Stade Louis II. ist eines der modernsten Sportstadien der Welt.

Adresse 7, avenue des Castelans. Französische und englische Führungen Mo, Di, Do und Fr um 14.30 und 16 Uhr. Eintritt: 4 €, erm. 2 €.

Musée Narval: Mehr als 180 Modellschiffe aus aller Welt sind hier ausgestellt; das Museum besitzt die vollständigste und vielseitigste Schiffsmodell-Sammlung Europas. Angefangen bei der Titanic über verschiedene Forschungsschiffe wie die Antartica bis hin zu Kriegsschiffen wie den Flugzeugträger Nimitz – allein das Modell ist fünf Meter lang – bietet das Museum einen umfassenden Einblick in das Wesen der Schifffahrt.

Adresse Terrasses du Centre Commercial de Fontvieille. Öffnungszeiten: Tgl. 10–18 Uhr. Eintritt: 4 €, erm. 2,50 €.

Princess Grace Rose Garden: Zwei Jahre nach dem tragischen Tod von Gracia Patricia wurde in Fontvieille zu Füßen des Altstadtfelsens ein Rosengarten mit rund 150 verschiedenen Züchtungen angelegt. Eintritt frei!

Centre d'Acclimation zoologique: Kein Tiergarten im eigentlichen Sinne, sondern ein Freigehege mit verschiedenen Affenpopulationen und ein paar spektakuläreren Tierarten (Löwe, Tiger, Gepard, Nilpferd etc.). Aufgrund der viel zu kleinen, trostlos wirkenden Gehege sind sicherlich Zweifel an der fürstlichen Tierliebe berechtigt.

Adresse Les Terrasses de Fontvieille. Öffnungszeiten: Von Okt. bis Feb. 10–12 Uhr und 14–17 Uhr, von März bis Mai 10–12 Uhr und 14–18 Uhr, von Juni bis Sept. 9–12 Uhr und 14–19 Uhr. Eintritt: 4 €, erm. 2 €.

Jardin Exotique

Der oberhalb von Monaco-Stadt 1933 angelegte **Jardin Exotique** ist einer der meistbesuchten Orte des Fürstentums. Von der Aussichtsplattform hat man

Garten mit unterirdischer Heizungsanlage: Jardin Exotique

Monaco
Karte S. 110/11

einen grandiosen Blick auf Monaco. Die geschützte, sonnenreiche Lage bietet zwar ausgezeichnete Voraussetzungen für den tropischen Kakteengarten mit mehreren tausend Arten; damit aber die exotischen Pflanzen auch kühlere Tage und Nächte unbeschadet überstehen, hat man vorsorglich eine unterirdische Heizanlage installiert. Abkühlung bietet die unterhalb des Gartens gelegene **Prähistorische Grotte** (*Grotte de l'Observatoire*) mit ihren Stalaktiten und Stalagmiten; in der Höhle wurden auch steinzeitliche Werkzeuge gefunden.

Musée d'Anthropologie préhistorique: Gleich neben dem Jardin Exotique informiert das Anthropologische Museum für Ur- und Frühgeschichte über die ältesten menschlichen Spuren an der Côte d'Azur. Das spektakulärste "Ausstellungsstück" ist das in den Grimaldi-Grotten (östlich von Menton) entdeckte Grab der "Negroiden von Grimaldi" (siehe Grimaldi-Grotten).

• *Adresse* Boulevard du Jardin-Exotique. Öffnungszeiten: Von Mitte Mai bis Mitte Sept. 9–19 Uhr, im Winter bis 18 Uhr, von Mitte Nov. bis Heiligabend geschlossen. Eintritt: 6,40 €, erm. 3,20 €. Das Ticket gilt auch für das Musée d'Anthropologie préhistorique, gleiche Öffnungszeiten, allerdings wird eine Mittagspause eingeschoben. Man erreicht den Jardin Exotique mit der Buslinie 2 von Monaco-Stadt oder Condamine aus.

Cap d'Ail

Die Küstenstraße durchquert unmittelbar hinter dem Fürstentum das kleine Straßendorf Cap d'Ail, wo auch die Gebrüder Lumière, Greta Garbo und Winston Churchill eine Zeit lang lebten. Unterhalb des westlichen Teils des Dorfes befindet sich ein schöner, kleiner Badestrand (Plage Mala). Lohnend ist auch ein Spaziergang durch den Jardin Sacha Guitry, der durch seine üppige

Flora begeistert. Im Centre Mediterranéen oberhalb von Cap d'Ail hat Jean Cocteau ein an griechische Vorbilder erinnerndes Freilichttheater entworfen und mit Mosaiken verziert; leider ist eine Besichtigung nicht möglich.

• *Information* **Office de Tourisme**, 87, avenue du 3 Septembre, 06320 Cap d'Ail, ✆ 0493780233, 📠 0493107436, tourisme-capdail@monte-carlo.mc.

• *Verbindungen* Der **SNCF-Bahnhof** sorgt für schnelle Anschlüsse nach Nizza und ins benachbarte Monaco. Zusätzlich zahlreiche **Busverbindungen** nach Nizza sowie Monaco und Menton.

• *Post* 1, avenue Général de Gaulle.

• *Übernachten* **** **Pierre & Vacances**, die von dem Pariser Stararchitekten Jean Nouvel entworfene Ferienanlage spielt mit den Materialien Glas und Marmor und fügt sich somit harmonisch in die steile Felslandschaft über dem Meer ein. Swimmingpool mit phantastischer Aussicht. Je nach Saison und Appartementgröße (4–7 Pers.) 329–1036 € pro Woche. Avenue Général de Gaulle, ✆ 0493417300, 📠 0493417477. In Deutschland buchbar über: ✆ 0721/ 931950.

** **Normandy**, kleines, freundliches Hotel, Zimmer (ab 37,50 €) teilweise mit Meerblick. 6, allée des Orangers, ✆ 0493787777, 📠 0493784826.

** **Miramar**, eine weitere günstige Möglichkeit, in der Nähe von Monaco zu nächtigen. Allerdings für lärmempfindliche Gemüter wenig empfehlenswert. 25 Zimmer von 22,50 bis 61 €. 126, avenue du 3 Septembre, ✆ 0493780660, 📠 0493788278.

La Turbie

Der Ort wird zwar vielfach nur mit seiner monumentalen Siegestrophäe gleichgesetzt, doch besitzt La Turbie zudem eine ansprechende Altstadt mit vielen alten Häusern, den Resten der mittelalterlichen Stadtbefestigung und zwei gut erhaltenen Stadttoren. La Turbie hat gegenüber dem benachbarten Eze den Vorteil, dass es touristisch weniger erschlossen und überlaufen ist.

Sieben Jahre nach der endgültigen Unterwerfung der Ligurier durch Augustus ließ der römische Senat im Jahre 7 oder 6 vor unserer Zeitrechnung zu Ehren des Kaisers ein gigantisches Siegesmonument errichten. Als Standort wurde eine 480 Meter hohe Passhöhe der Via Aurelia auserkoren, die nach der Reichsreform von Diocletian die Grenze zwischen dem römischen Italien und Gallien markieren sollte. Der Dank galt Augustus für die Unterwerfung der Alpenvölker zwischen dem Adriatischen und Tyrrhenischen Meer, wie die lateinische Inschrift lobend bekundet. An sich war die Unterwerfung aber nur zweitrangig, vordergründig ging es den Römern um die Sicherung der wichtigen Landverbindung zwischen Italien und der Provinz Gallia Narbonensis sowie Spanien; die in den schwer zugänglichen Alpentälern lebenden Ligurier hatten den Römern seit langem das Leben schwer gemacht.

• *Verbindungen* Regelmäßig Busverbindungen nach Nizza und Menton. Parkplätze können in der Hochsaison knapp werden.

• *Essen/Übernachten* ** **Napoléon**, nettes Hotel mit Straßenterrasse an der Ortsdurchfahrt. Neben einem schlichten EZ für 25 € gibt es Zimmer von 45–68 €, Letztere gehen auf den Garten, mit Blick auf die Trophée des Alpes schläft man aber auch nicht schlecht. Relativ günstig ist die Halbpension für 2 Pers. mit 90 €. Menüs zu 18,50 und 25 €, zu empfehlen sind die Tagliatelle mit Meeresfrüchten. 7, avenue de la Victoire, ✆ 0493410054, 📠 0493412893.

La Cave Turbiasque, schöne Straßenterrasse am Dorfplatz. Neben einfachen Menüs kann man aber auch nur einfach einen Crêpe essen, einen Café trinken oder frühstücken. ✆ 0493411502.

Sehenswertes

Einst 50 Meter hoch: Trophée des Alpes in La Turbie

Trophée des Alpes: Schon von weitem lässt sich das 35 Meter hohe, von der Zeit stark mitgenommene Denkmal ausmachen. Wie imposant muss das Siegesmonument einst gewesen sein, als es noch knapp 50 Meter emporragte! Im Laufe der Jahrhunderte bröckelte das Bauwerk langsam vor sich hin, bis es im Mittelalter kurzerhand zu einer wehrhaften Burganlage umfunktioniert wurde; später diente es nur noch als Steinbruch. Der Sonnenkönig Ludwig XIV. befahl im Spanischen Erbfolgekrieg sogar die Sprengung der Siegestrophäe, doch erwies sich das Mauerwerk als zu robust. Erst 1905 wurden Grabungen durchgeführt, aber es sollten noch einmal mehr als zwei Jahrzehnte ins Land gehen, bevor unter Leitung des Altertumsforschers Jules Formigué Maßnahmen in die Wege geleitet wurden, um das einmalige Bauwerk der Nachwelt zu erhalten und den ursprünglichen Bauzustand weitgehend herzustellen; dabei konnte auch die Inschrift rekonstruiert werden. Auf einem quadratischen Sockel mit etwas mehr als 38 Metern Seitenlänge erhebt sich eine Rotunde mit 24 dorischen Säulen. Einst war der Rundbau von einem Pyramidendach gekrönt, auf dessen Spitze ein Denkmal des Augustus, flankiert von zwei angeketteten Gefangenen thronte. Wie andere Monumentalbauten gründete sich auch die Trophée des Alpes auf einem politischen Sendungsbewusstsein, das seine Träger der profanen Welt entrückt. In den Eckstein eines Turms hat man den Vers aus Dantes "Göttlicher Komödie" eingemeißelt, in dem der Ort Erwähnung fand.

Das Monument kann bestiegen werden, zu seinen Füßen wurde das **Musée du Trophée** eingerichtet, das neben Grabungsfunden auch einen maßstabsgetreuen Nachbau der Siegestrophäe birgt. Ansprechend ist auch der kurze Videofilm, der im Museum gezeigt wird. Das römische Monument ist von einer Parkanlage umgeben, mehrere alte Stühle und Bänke laden zum Verweilen und Picknicken ein.

Öffnungszeiten Von April bis Sept. tgl. 9–18 Uhr, im Juli und Aug. bis 19 Uhr, von Okt. bis März nur bis 17 Uhr. Eintritt: 4 €, erm. 2,50 €.

Eglise Saint-Michel-Archanage: Die Kirche ist ein typisches Beispiel für barocke Sakralbauten im Südosten Frankreichs. Charakteristisch ist das reich gegliederte Innere, spannungsreich, aber nicht überladen. Wie bei anderen Häusern in La Turbie fanden auch beim Bau der Kirche Steine des zuvor durch Sprengung geschädigten Siegesdenkmals Verwendung.

Von Monaco nach Nizza
Karte Umschlag hinten

Bilderbuchpanorama: Eze

Eze

Kein anderer Ort bietet eine schönere Aussicht auf die Côte d'Azur als das mittelalterliche Felsennest Eze mit seinen steilen Treppen und Schwibbögen. So viel Schönheit hat – wie fast immer – den leidigen Nebeneffekt, dass die Touristen gleich zu Hunderten durch die Gassen promenieren. Dennoch sollte man sich nicht von einem Besuch Ezes abhalten lassen. Zu Eze gehört noch ein nicht sonderlich attraktiver Badeort (Eze-sur-Mer) unterhalb des Dorfes mit einem kleinen Strand.

Nizza und Monaco sind nur einen Katzensprung weit entfernt; kein Wunder also, dass sich in der Sommersaison die Besucher in den Gassen regelrecht stauen. Einigen ist Eze zu geleckt, zu sauber; andere hingegen können sich an dem Ort und seinem atemberaubenden Panorama nicht satt sehen. Eines ist sicher: So viele Restaurants, Kunsthandwerker und Boutiquen drängen sich in keinem anderen Bergdorf an der Côte d'Azur so dicht auf engstem Raum. Ursprüngliches Dorfleben wird man hingegen vergeblich suchen. Dies überrascht allerdings nicht sonderlich, denn bevor die Touristen kamen, war der Ort so gut wie ausgestorben; erst seit 1952 gibt es fließendes Wasser in Eze.

Der Felssporn von Eze war wahrscheinlich schon in ligurischer Zeit besiedelt, sogar von einem der Göttin Isis geweihten Tempel der Phönizier wird erzählt, ohne dass es überzeugende Belege für diese These gäbe. Im Mittelalter errichtete man eine Fluchtburg, der darunter liegende Ort wurde befestigt; diese Maßnahmen konnten allerdings nicht verhindern, dass Eze mehrfach erobert und verwüstet wurde. Reste der Befestigung muss man heute mit Argusaugen suchen, da Ludwig XIV. die Mauern 1706 aus strategischen Gründen schleifen ließ. Der altertümliche Charakter des Städtchens ist trotzdem erhalten geblieben.

• *Information* **Office de Tourisme**, Place du Général de Gaulle, 06360 Eze, ✆ 0493412600, 📠 0493410480, www.eze-riviera.com.

• *Verbindungen* Häufige Busverbindungen nach Nizza und Menton. Die SNCF-Züge halten nur in Eze-sur-Mer (Auskunft: ✆ 0497038080). Mehrere Verbindungen stdl. in Richtung Menton oder Nizza.

• *Parken* Gebührenpflichtiger Parkplatz am Ortseingang.

• *Museum* Wechselausstellungen in der Rue de la Paix.

• *Tennis* Tennis Club Borfiga, ✆ 0493411691.

• *Essen/Übernachten* **** **Château de la Chèvre d'Or**, zwei traumhafte Swimmingpools, traumhafte Panoramalage, traumhaftes Flair, und auch von den Preisen können die meisten nur träumen: 21 Zimmer von 260–2500 € pro Nacht. Dafür trägt dann aber auch ein Esel das Gepäck den Berg hinauf. Das Restaurant war den Michelin-Testern einen Stern wert. Menüs ab 53 €. Dez. bis Feb. geschlossen. Rue du Barri, ✆ 0492106666, 📠 0493410672, www.chevredor.com.

** **Hermitage du Col d'Eze**, direkt an der Grande Corniche, zwei Kilometer oberhalb von Eze. Absolut empfehlenswertes Hotel (Logis de France) mit Swimmingpool und Seealpenpanorama, daher oft ausgebucht. Zimmer von 35 bis 52 €. Das Restaurant wartet mit lokalen Spezialitäten auf, Menüs zu 23 und 30 €. ✆ 0493410068, 📠 0493412405.

** **Auberge des Deux Corniches**, wie der Name schon andeutet, oberhalb von Eze zwischen den beiden Corniches. Manche der Zimmer für 52 € haben einen Blick auf das Meer. Leider ist die Umgebung in den letzten Jahren stark verbaut worden. Im Nov. geschlossen. Avenue de la Liberté, ✆ 0493411954, 📠 0492108626.

** **Du Golf**, nettes Hotel mit rosafarbener Fassade, direkt an der Moyenne Corniche. Zimmer von 53 € (mit Etagendusche) bis 67 €. Im Jan. geschlossen. Place de la Colette, ✆ 0493411850, 📠 0493412993.

** **Auberge Eric Rivot**, rustikales Logis de France Hotel, nur durch eine verkehrsreiche Straße vom Meer getrennt, Zimmer 53,50 €. Wohlfeile Küche, Menüs zu 19, 27 und 33 €, avenue de la Liberté, ✆ 0493015146, 📠 0493015840.

Le Troubadour, auch anspruchsvolle Gaumen, die nach einem letzten Blick auf das Meer die Stufen zum Restaurant erklimmen, werden zufrieden gestellt. Lecker sind die gefüllten Zucchiniblüten (*courgettes farçis*). Menüs zu 21 (mittags), 27 und 38 €. Sonntag und Montagmittag Ruhetag. 4, rue du Berc, ✆ 0493411903.

Le Nid d'Aigle, unmittelbar vor dem Eingang des Jardin exotique. Sehr delikat ist das Kaninchen à la provençale, Menü 21,50 €; Mi Ruhetag. 1, rue du Château, ✆ 0493411908.

• *Camping* ** schöner terrassierter Zeltplatz mit Restaurant, für Wohnwagen aber denkbar ungeeignet. Traumhafte Lage mit Blick auf Cap-Ferrat, lockere Stimmung. Übernachtung rund 15 €, an der Grande Corniche. Von April bis September geöffnet. ✆ 0493018164.

Sehenswertes

Jardin exotique: Die Ruinen der mittelalterlichen Burg dienen als stilvolle Kulisse für den terrassenförmig angelegten Tropengarten mit Kakteen und anderen Sukkulenten. Die meisten der angepflanzten Kakteen stammen übrigens aus Südamerika. Eine Besichtigung lohnt auch wegen des phantastischen Panoramablickes auf die Küste.

Adresse Rue du Château. Öffnungszeiten: Im Sommer tgl. von 9–20 Uhr, im Winter 9–12 Uhr und 14–17.30 Uhr. Eintritt: 2,30 €, erm. 1,50 €.

Chapelle des Pénitents Blancs: Die spätmittelalterliche Kapelle der Weißen Büßer birgt ein ungewöhnliches katalanisches Kruzifix aus dem Jahr 1258: Der Gekreuzigte erträgt seine Schmerzen lächelnd. Der Laienorden war hauptsächlich für Totengebete und kostenlose Begräbnisse zuständig.

Adresse Place du Planet

Chemin Frédéric Nietzsche: Der steile Weg zwischen Eze und Eze-sur-Mer (rund drei Kilometer) war nicht nur ein Lieblingsweg von *Friedrich Nietzsche*, mehr noch, ein Teil des berühmten *Also sprach Zarathustra* "wurde im beschwerlichsten Aufsteigen von der Station zu dem wunderbaren maurischen Felsenneste Eza gedichtet" (Nietzsche). Wer vom Meer aus nach Eze hinaufwandern will, findet den Weg für den Aufstieg am östlichen Ortsende.

Beaulieu-sur-Mer

Der traditionsreiche Badeort liegt an einer langgestreckten, geschützten Bucht (Baie des Fourmis). Zwei imposante Grandhotels sowie ein kleines Casino sorgen dafür, dass die mondäne Belle-Epoque-Atmosphäre noch in Bruchstücken erhalten bleibt.

Die Keimzelle des heutigen Ortes war ein kleines Kloster, das die von der Landschaft begeisterten Mönche "Santa Maria de bello loco" nannten; aus dem *bello loco* wurde später Beaulieu. In der Nähe des Fischerhafens steht noch die kleine, romanische Klosterkirche. Die Nähe zu Nizza und das nach Menton angenehmste Klima der Küste begünstigten den frühen Aufstieg des Fischerdorfes zu einem Lieblingsort gekrönter Häupter und wohlhabender Unternehmer. Die Grandhotels Réserve und Métropole, zwei von ausgedehnten Gartenanlagen umgebene "Riviera-Paläste", galten als erste Adresse für einen Winteraufenthalt an der Côte d'Azur. Das Réserve besitzt noch immer seinen ungewöhnlich prachtvollen Wintergarten aus der Zeit der Jahrhundertwende. Für den Geschmack von Klaus und Erika Mann war Beaulieu-sur-Mer ein "zu sehr konventioneller Badeort, ohne den Hintergrund einer alten Stadt"; mehr als ein halbes Jahrhundert später ist diese Charakterisierung noch sehr aktuell, wenngleich der Platz im Zentrum durchaus Atmosphäre ausstrahlt. Die bedeutendste Sehenswürdigkeit von Beaulieu ist die im griechischen Stil erbaute Villa Kérylos.

• *Information* **Office de Tourisme**, Place Clémenceau, 06310 Beaulieu-sur-Mer, ✆ 0493010221, ✆ 0493014404.

• *Verbindungen*: Häufige Zug- und Busverbindungen nach Nizza sowie Monaco und Menton. Der Bahnhof liegt nur wenige hundert Meter vom Stand entfernt, gegenüber befindet sich die Post.

• *Essen/Übernachten* **** **Réserve de Beaulieu**, Maurice Utrillo, der ja eigentlich mit seinen Bildern über die trostlosen Pariser Vororte bekannt wurde, mietete in den fünfziger Jahren alljährlich die oberste Etage des Réserve, wobei er das Badezimmer zum Atelier umfunktionierte. Was das gesamte oberste Stockwerk am Tag kostet, war nicht zu erfahren, der Preis für eines der 40 Zimmer bewegt sich zwischen 180 und 900 €. P.S.: Malsachen nicht vergessen! Das Restaurant genießt in Gourmetkreisen einen ausgezeichneten Ruf. Ein Meerwasserpool, eigener Schiffsanlegekai und Hubschrauberlandeplatz vervollkommnen das Luxusambiente. 5, boulevard Général Leclerc, ✆ 0493010001, ✆ 0493012899, www.reservebeaulieu.com.

*** **Mercure Beaulieu**, Mittelklasse-Hotel mit 79 Zimmern, je nach Ausstattung, Saison und Lage von 68–105 €. 47, boulevard Marinoni, ✆ 0493010220, ✆ 0493013267.

** **Select**, älteres, charmantes Hotel mit netten, sauberen Zimmern zu 51 bis 65 €. 1, place Général de Gaulle, ✆ 0493010642, ✆ 0493013430.

* **Riviéra**, kleines, günstiges Hotel mit einladender gelber Fassade. Was das Preis-Leistungs-Verhältnis betrifft, lässt sich in der Umgebung sicher kein vergleichbares Hotel finden. Die 15 Zimmer kosten je nach Ausstattung und Saison zwischen 29 und 56 €. Rabatt bei längerem Aufenthalt. 6, rue Paul Doumer, ✆ 0493010492, ✆ 0493011931, www.hotel-riviera.fr.

Les Agaves, in unmittelbarer Bahnhofsnähe speist man hier für die Verhältnisse von Beaulieu ausgesprochen gut und preiswert. Menü zu 30 €. Sonntagabend und Montag geschlossen. 4, avenue Maréchal Foch, ✆ 0493011312.

Ein Traumpalast wie im antiken Griechenland: Villa Kérylos

Sehenswertes

Villa Kérylos: Mit der Villa Kérylos erfüllte sich Baron *Théodor Reinach* – Archäologe und enthusiastischer Hellenist – seinen Lebenstraum: Eine Villa wie im klassischen Griechenland! In dem Architekten Emmanuel Pontremoli fand der mit den Rothschilds verwandte Reinach den geeigneten Mann, der sich dieser Herausforderung mit Begeisterung widmete. Von 1902 bis 1910 entstand auf einer Fläche von 2.500 Quadratmetern ein kleiner Palast, der der antiken Tradition gemäß um einen Innenhof gruppiert ist. Die Wände und Fußböden sind mit Fresken und Mosaiken verziert, die Wohnräume mit Edelholzmöbeln bestückt, die nach originalen Abbildungen gefertigt wurden. Geld spielte anscheinend keine Rolle: Für das Badezimmer griff man beispielsweise auf Carrara-Marmor zurück.

• *Adresse* Avenue Gustave Eiffel. Öffnungszeiten: Im Juli und Aug. tgl. 10–19 Uhr, Sept. und Ostern tgl. 10–18 Uhr, sonst 10.30–12.30 Uhr und 14–18 Uhr, vom 1.12. bis 14.3. nur Di–Fr 10.30–12.30 Uhr und 14–17.30 Uhr. Eintritt: 7 €, erm. 5,50 €. Kombiticket mit der Fondation Ephrussi: 10 €. Empfehlenswerte Führungen mit Audioguide. Im Juli und August finden zudem Abendkonzerte statt. Infos: ✆ 0493016170.

Wandern

Promenade Maurice Rouvier: Vorbei an eleganten Villen und großzügigen Gärten führt der Weg vom Westende der *Baie des Fourmis* (Ameisenbucht) in Beaulieu entlang der Küste bis nach Saint-Jean-Cap-Ferrat. Ein gemütlicher Spaziergang, der in einer Stunde zu bewältigen ist.

Plateau Saint-Michel: Wer meint, die *Promenade Maurice Rouvier* sei nur etwas für betagte Damen und Herren, dem sei zur Befriedigung seiner sportlichen

Ambitionen der *Sentier du plateau Saint-Michel* empfohlen. Der Wanderweg beginnt am nördlichen Ende des Boulevard Edouard VII. und führt stetig bergan; nach einer knappen Stunde wird man für die Anstrengung mit einem schönen Panoramablick auf die Küste (Orientierungstafel) belohnt.

Saint-Jean-Cap-Ferrat

Saint-Jean-Cap-Ferrat streitet sich mit Cap-Martin um die Ehre, der exklusivste Ort an der Côte d'Azur zu sein. Den Rücken der Halbinsel verzieren luxuriöse Villen, die von ausgedehnten Gärten umgeben sind. Nicht auslassen sollte man einen Besuch der Fondation Ephrussi de Rothschild.

Vor hundert Jahren, bevor Cap-Ferrat bei der *haute vollée* in Mode kam, standen auf der Halbinsel geradémal eine Handvoll Villen. Bald darauf entdeckten jedoch der belgische König, die Tänzerin Isadora Duncan, Madame Ephrussi de Rothschild und andere Persönlichkeiten ihre Liebe zu dem bis dato vergessenen Landstrich an der Côte d'Azur. Später waren es dann Somerset Maugham, Charlie Chaplin, Edith Piaf und Curd Jürgens, die in ihre Spuren – oder besser Villen – traten. Vom hektischen Durchgangsverkehr entrückt, ist die Halbinsel Cap-Ferrat auch heute noch ein Hort der Stille und ein Refugium der oberen Zehntausend, die hier in *splendid isolation* ihren Reichtum genießen. So verwundert es nicht, dass sich in dem an der Ostküste gelegenen Saint-Jean noch ein wenig die Atmosphäre eines Fischerdorfes erhalten hat. Im Yachthafen wiegen sich die Segelschiffe majestätisch im Takt der Wellen hin und her. Sehr empfehlenswert sind kleine Wanderungen über die Halbinsel, bei denen sich neben edlen Villen auch die große Vielfalt der mediterranen Vegetation entdecken lässt. Schatten spenden Pinienwälder und Eukalyptusbäume, in den Gärten blühen Myrte, Stechapfel, Ginster, Orangen- und Zitronenbäume.

Königliche Leidenschaften

Der berühmteste Gast von Cap-Ferrat war *Leopold II.*, seines Zeichens König von Belgien; er weilte nicht nur wegen der schönen Landschaft hier, sondern auch wegen der Nähe zu den Spieltischen von Monte-Carlo, an denen er die hart verdienten Steuern seiner Untertanen leichtfertig verspielte. Entspannung suchte Leopold II. beim Schwimmen im Meer, wobei seine königliche Hoheit stets darum bemüht war, seinen weißen Bart durch ein Gummifutteral vor dem Wasser zu schützen. Der liebe Herr hatte aber noch andere Hobbys, die er mit Leidenschaft zu pflegen wusste: Rund um seine prächtige Villa im Park von Les Cèdres stellte er für jede seiner drei Mätressen ein eigenes Haus bereit. Bei solch ausschweifenden Hobbys überrascht es nicht, dass sich das Gewissen von Leopold II. zu Wort meldete: Um sein Seelenheil besorgt, ließ er 1906 auch für seinen Beichtvater ein Haus im maurischen Stil errichten, das später der Schriftsteller Somerset Maugham bis zu seinem Tod im Jahre 1965 bewohnte.

• *Information* **Office de Tourisme**, 59, 59, avenue Denis-Séméria, 06230 Saint-Jean-Cap-Ferrat, ✆ 0493760890, 📠 0493761667. Hier ist auch eine kleine Wanderbroschüre in deutscher Sprache erhältlich.

• *Verbindungen* Häufige Busverbindungen zwischen Nizza, Villefranche sowie Beaulieu nach Saint-Jean. Der erste Bus fährt von Saint-Jean um 7.15 Uhr, dann ab 8.30 Uhr bis 19.35 Uhr ungefähr stündlich. Abfahrt in Nizza am Busbahnhof ab 8 Uhr ebenfalls fast stündlich.

• *Post* Avenue Libération.

• *Strände* Cap-Ferrat ist ein Refugium der Reichen, in dem der gewöhnliche Badetourist nicht erwünscht ist. Nur an zwei Stellen können sich Normalsterbliche abkühlen: **Plage Paloma**, 500 Meter östlich des Hafens von Saint-Jean-Cap-Ferrat; **Plage de Passable**, an der Westseite gegenüber von Villefranche.

• *Essen/Übernachten* *** **Belle Aurore**, gepflegtes Hotel mit schönem Blick auf die Bucht, ein paar hundert Meter vom Hafen entfernt. Mit Swimmingpool, an kalten Tagen kann man sich in der Sauna aufwärmen. Zimmer 59,50 €–180 €. 49, avenue Denis Séméria, ✆ 0493762424, 📠 0493761510, http://hotels-explorer.com/belleaurore.

** **L'Oursin**, ausgesprochen günstige Unterkunft mit Stil, direkt am Hafen von Saint-Jean gelegen. Bereits der Empfangsbereich gefällt mit seinen alten Möbeln. Da das Oursin nur 14 Zimmer (30,50–73,20 €) besitzt, ist es entsprechend oft ausgebucht. Besonders schön sind die Eckzimmer mit Blick auf den Hafen. 1, avenue Denis Séméria, ✆ 0493760465, 📠 0493761255, oursin@wanadoo.fr.

** **Clair Logis**, sehr angenehmes kleines Hotel in einer hundert Jahre alten Villa im Zentrum der Halbinsel. Zimmer 74,70–120,45 €. Mitte Nov. bis Mitte Dez. geschlossen. 12, avenue Centrale, ✆ 0493760457, 📠 0493761185, www.hotel-clair-logis.fr.

* **La Bastide**, am Hafen, Zimmer 41,16–71 €. Dez. geschlossen. 3, avenue Albert 1er, ✆ 0493760678, 📠 0493761910.

* **La Frégate**, kleines, sympathisches Haus, Zimmer 38,10–68,60 €. Avenue Denis Séméria, ✆ 0493760451, 📠 0493761493.

Le Sloop, exquisites Restaurant, das die Reisekasse allerdings schwer belastet, aber Cap-Ferrat ist eben nun mal nicht der richtige Ort für preiswerte Hausmannskost. Menüs ab 25 €. In der Nebensaison Dienstagabend und Mittwoch geschlossen, im Sommer Dienstag- und Mittwochmittag zudem von Mitte Nov. bis Mitte Dez. Betriebsferien. Porte de Plaisance, ✆ 0493014863.

Sehenswertes

Fondation Ephrussi de Rothschild (Musée Ile-de-France): Mit Kennerblick hatte Madame Béatrice Ephrussi de Rothschild kurz vor dem Ersten Weltkrieg auf dem schmalen, nur wenige hundert Meter breiten Isthmus ein Grundstück erworben, um hier einen der schönsten Gärten der Côte d'Azur anlegen zu lassen. Am Rand der sieben Hektar großen Gartenanlage steht eine in rot-weiß gehaltene Villa – Palast wäre wohl die treffendere Charakterisierung – im venezianischen Stil, die scheinbar schon von Anfang an weniger zum Wohnen denn als Museum konzipiert wurde. Mehr als ein Dutzend Architekten stand bereit, um den Wünschen der Auftraggeberin gerecht zu werden. Die mit erlesenen Einzelstücken angefüllten Räumlichkeiten lassen den Wohlstand der Familie Rothschild erahnen; eine Vorliebe für das 18. Jahrhundert ist dabei nicht zu übersehen. Neben Möbeln, Teppichen und Gemälden (z.B. Fragonard, Boucher, Lancret, aber auch Renoir, Sisley und Monet) ist es vor allem die einzigartige Porzellansammlung, die zu beeindrucken weiß. Den Mittelpunkt der Villa bildet ein überdachter Patio, gesäumt von Gewölben im spanisch-maurischen Stil. Von hier aus gelangt man zu den Salons Ludwig XV. und Ludwig XVI. sowie in das Speisezimmer und die persönlichen Gemächer von Madame Rothschild. Ein Café mit Wintergarten sorgt für das leibliche Wohl.

Rund um das Haus wurden auf einem weitläufig terrassierten Areal mehrere Stilrichtungen der Gartenbaukunst wie in einem Museum vereint: Neben einem größeren französischen Garten reihen sich provenzalische, spanische, italienische, japanische und exotische Gärten aneinander. An jeder Seite der Terrasse öffnen sich raffiniert gesetzte Ausblicke auf das Meer, ein Tempel spendet Schatten und dazwischen träumt ein Ephebe im reflektierenden Wasser. Ein fürwahr traumhafter Ort!

• *Öffnungszeiten* Von Mitte Feb. bis Okt. tgl. 10–18 Uhr, im Juli und Aug. bis 19 Uhr, im Winter nur am Wochenende von 10–18 Uhr. Eintritt: 8 €, erm. 6,50 €. Nachmittags finden Führungen durch den 1. Stock der Villa statt (nochmals 2,50 €), der nur im Rahmen dieser Führungen zu besichtigen ist. Internet: www.villa-ephrussi.com.

Zoo du Cap-Ferrat: Ein Teil des ehemals zur Villa Leopold II. gehörenden Grundstücks birgt seit 1951 mehrere Freigehege, in denen sich Tiger, Geparden, Zebras, Krokodile etc. tummeln.

Adresse Boulevard Général de Gaulle. Öffnungszeiten: Tgl. von 9.30–19 Uhr, im Winter bis 17.30 Uhr. Eintritt: 8 €, erm. 6 €.

Wandern

Rund um Cap-Ferrat: Eine Umrundung der Halbinsel lohnt wegen der schönen Ausblicke auf das Meer und der prachtvollen Villen, die den Weg säumen. Man startet am Plage de Passable und folgt dem "Chemin de Roy" nach Süden. An der südlichen Spitze (*Pointe Malalongue*) von Cap-Ferrat steht ein 33 Meter hoher Leuchtturm, dessen Aussichtsplattform bestiegen werden kann. Nach einem Abstecher zur Landspitze Saint-Hospice erreicht man über Saint-Jean wieder den Ausgangspunkt. Entfernung: rund 11 Kilometer.

Sentier de la pointe Saint-Hospice: Eine kurze, aber sehr schöne Tour um die Landspitze Saint-Hospice, von der Plage Paloma zur Baie des Fousettes. Der Weg führt zumeist am Meer entlang.

Promenade Maurice Rouvier: Der schon bei Beaulieu-sur-Mer beschriebene Weg lässt sich natürlich auch in umgekehrter Richtung von Saint-Jean-Cap-Ferrat hinüber zur Bucht von Beaulieu (*Baie des Fourmis*) begehen.

Villefranche-sur-Mer

Wegen der relativen Nähe zu Nizza mag es zwar überraschen, doch ist Villefranche ein charmanter, kleiner Ort geblieben. Einem Amphitheater ähnlich ziehen sich die Häuser vom alten Ortskern zum Mont Alban hinauf, die Straßen steigen steil an. Der italienisch anmutende Hafen verdient noch immer das Prädikat "pittoresk".

Villefranche wurde gegen Ende des 13. Jahrhunderts von Karl II. von Anjou als Freihandelshafen ("Villafranca") gegründet. Später diente der Ort als savoyisches Bollwerk gegen Frankreich, in der zweiten Hälfte des 16. Jahrhunderts erfolgte der festungsartige Ausbau mit der Citadelle Saint-Elme. Zusammen mit der Grafschaft Nizza kam der Fischerort 1860 zu Frankreich. In den zwanziger Jahren galt Villefranche als "der" Treffpunkt für Homosexuelle an der Côte d'Azur. *Jean Cocteau* verbrachte damals mehrere Sommer im Hotel Welcome, schrieb an seinem "Orpheus" und vergnügte sich mit jungen Matrosen. Im Gegensatz zu Nizza besitzt Villefranche ein sehr tiefes (bis zu 700 Meter!)

Ein traumhafter Ort: Fondation Rothschild

Das Licht des Midi sorgt für satte Farben: Citadelle Sainte-Elme

Hafenbecken, das gerne von Kriegsschiffen angelaufen wird. Deshalb hatten auch die amerikanischen Marinestreitkräfte von 1945 bis 1962 ihren Mittelmeer-Flottenstützpunkt in Villefranche.

Die verwinkelte Altstadt von Villefranche mit ihren hübschen Plätzen ist wie geschaffen für einen kurzen Streifzug. Bei der Place Conseil beginnt die berühmte Rue Obscure, eine dunkle, mittelalterliche Gasse, die fast vollständig überdacht ist.

- *Information* **Office de Tourisme**, Jardin François-Binon, 06230 Villefranche-sur-Mer, ✆ 0493017368, ℻ 0493766365, www.villefranche-sur-mer.com.
- *Verbindungen* Die An- und Abreise mit der Eisenbahn ist einfach und unkompliziert, häufige Zugverbindungen nach Nizza und Menton. Zusätzlich besteht eine Busverbindung im 20-Minuten-Takt nach Nizza sowie Monaco und Menton.
- *Post* Avenue Albert 1er.
- *Essen/Übernachten* *** **Welcome**, ein schönes Hotel mit bewegter Geschichte; die Zeiten sind schon lange vorbei, als hier noch Jean Cocteau logierte, der Geruch von Opium durch die Hotelflure strömte und das berühmte Künstlermodell Kiki de Montparnasse in der Bar verhaftet wurde, nachdem sie einen Polizisten geschlagen hatte, der sich in ihre Auseinandersetzung mit ortsansässigen Huren eingemischt hatte (man stritt um das Recht, amerikanische Matrosen besuchen zu dürfen). Zimmer 125–175 €. Quai Amiral Courbet, ✆ 0493762762, ℻ 0493762766.

*** **Pierre & Vacances**, komfortable Ferienanlage mit Swimmingpool. Je nach Saison und Appartementgröße (4–7 Pers.) 406–1267 € pro Woche. Avenue de L'Ange Gardien, ✆ 0493764000, ℻ 0493764244. In Deutschland buchbar über: ✆ 0721/931950.

*** **Flore**, familiäres Logis de France Hotel, im Sommer nur mit Halbpension. Zimmer von 46–80 € zur Straße sowie 89–125 € zum Meer hin. Avenue Princesse Grâce de Monaco, ✆ 0493763030, ℻ 0493769999.

** **Darse**, **Darse**, preiswerte, ruhige Unterkunft mit ältlichem Charme, hundert Meter hinter der Zitadelle. Von den meisten der 21 Zimmer, 48–65 € bietet sich eine schöne Aussicht auf die Bucht und den kleinen Yachthafen. Die Zimmer sind geräumig und besitzen zum Meer hin einen netten Balkon. Die günstigen Zimmer gehen allerdings zur Landseite hinaus. Im Jan. geschlossen. Avenue du Général de Gaulle, ✆ 0493017254, ℻ 0493018437.

L'Echalote, knapp unterhalb der Kirche hat der ehemalige Koch des Hotel Welcome sein eigenes Restaurant eröffnet und verwöhnt seine Gäste auf hohem Niveau. Menüs zu 23 und 35 €. Sonntag Ruhetag. 7, rue de l'Eglise, ✆ 0493017111.

La Grignotière, kleines, einladendes Restaurant, ein paar Schritte oberhalb des Hôtels Welcome. Ein Tipp: Osso buco. Menüs zu 17 und 23 €. 3, rue de Poilu, ✆ 0493767983.

Saint-Pierre, das Restaurant des Hôtel Welcome ist bekannt für seine ausgezeichnete Fischküche. Küchenchef André Billon setzt auf Kreativität. Montag und im Dez. geschlossen. 1, quai Courbet, ✆ 0493762727.

Jugendherberge: Die Auberge de Jeunesse befindet sich zwar schon auf dem Stadtgebiet von Nizza (siehe dort), kommt aber wegen ihrer Nähe zu Villefranche als Quartier in Frage.

Sehenswertes

Chapelle Saint-Pierre: Die kleine, lange Zeit nur zur Aufbewahrung von Fischernetzen genutzte Kapelle ist die große Attraktion von Villefranche. Sie wurde 1957 von Jean Cocteau neu gestaltet und mit Szenen aus dem Leben des Heiligen ausgemalt. Nach seiner eigenen Gläubigkeit befragt, antwortete Cocteau kokett: "Ich glaube an den Gott, der an meine Kapelle glaubt..." Zudem habe er "die Poesie betreten wie man in eine Religion eintritt. Daher ist die Kapelle von Villefranche religiös." Pablo Picasso, der zu den ersten Betrachtern der Fresken zählte und zuvor schon in Vallauris selbst eine Kirche ausgemalt hatte, hegte gewisse Zweifel an den Beweggründen des malenden Dichters: "Jean ist dermaßen versessen darauf, dass über ihn geredet wird, dass er sogar imstande wäre, den Bahnhof Saint Lazare auszumalen."

Adresse Quai Courbet. Öffnungszeiten: Im Sommer tgl. außer Mo 10–12 Uhr und 16–20.30 Uhr, im Winter 9.30–12 Uhr und 14–17 Uhr. Im November geschlossen. Eintritt: 2 €.

Cocteau-Kapelle

Citadelle Sainte-Elme: Die imposante Zitadelle beherrscht noch heute die Bucht von Villefranche. Herzog Emanuel-Philippe von Savoyen zog 1557 italienische Festungsbaumeister zu Rate, um den strategisch wichtigen Hafen vor französischen Einfällen zu schützen. Manche Gebäude sind in satten gelben und roten Tönen angestrichen, die Erinnerungen an Mackes Tunisbilder aufkommen lassen. Die Zitadelle beherbergt heute auch mehrere Kunstsammlungen (Fondation Musée Volti, Musée Goetz-Boumeester, Collection Roux), die zwar nicht herausragend, aber doch einen Besuch wert sind. Im Sommer werden Kinofilme unter freiem Himmel gezeigt.

Fondation Musée Volti: Umfangreiche Skulpturensammlung mit Bronze-, Kupfer- und Töpferarbeiten des einheimischen Bildhauers Volti (1915–1989), der unverkennbar ein Faible für nackte Frauen hatte. Die modernen Kunstwerke setzen in den historischen Gemäuern spannungsreiche Akzente, ein paar Skulpturen verschönern auch das angegliederte Freigelände. Sicherlich das eindrucksvollste Museum auf der Zitadelle.

Öffnungszeiten Von Okt. bis Mai von 10–12 Uhr und 14–17.30 Uhr, im Juni und Sept. 9–12 Uhr und 14.30–18 Uhr, Juli und August 10–12 Uhr und 15–19 Uhr. Sonntagvormittag und Dienstag sowie im Nov. geschlossen. Eintritt: frei!

Villefranche: Fondation Volti

Musée Goetz-Boumeester: Das Museum ist eine Stiftung des eng mit Villefranche verbundenen Künstlers Henri Goetz und seiner ebenfalls künstlerisch tätigen Frau Christine Boumeester. Neben Arbeiten des Stifters besitzt das Museum zudem eine kleine Sammlung mit Werken von Picasso, Miró, Picabia und Hartung.

Öffnungszeiten Von Okt. bis Mai von 10–12 Uhr und 14–17.30 Uhr, im Juni und Sept. 9–12 Uhr und 14.30–18 Uhr, Juli und Aug. bis 19 Uhr. Sonntagvormittag und Dienstag sowie im Nov. geschlossen. Eintritt: frei!

Collection Roux: Historische Keramikfiguren vom Mittelalter bis zur Renaissance.

Öffnungszeiten Von Okt. bis Mai von 14–17 Uhr, im Juni und Sept. 14.30–18.30 Uhr. Am Wochenende sowie dienstags geschlossen. Eintritt: frei!

Mont Alban: Eine Wanderung auf den 222 Meter hohen Mont Alban wird mit einem herrlichen Blick auf Nizza und seine Engelsbucht belohnt. Man läuft hierzu ein paar hundert Meter auf der Basse Corniche (RN 98) in Richtung Nizza und geht dann bei der Villa Lucioles auf der Treppe *Escalier de Veyre* bergauf durch den Wald bis zum Aussichtspunkt.

Beliebter abendlicher Treffpunkt: Cours Saleya

Nizza
Karte Umschlag vorne

Nizza (Nice)

Nizza ist eine lebendige, attraktive Großstadt mit breiten Boulevards, einer verträumten Altstadt und nicht zu vergessen: die weltberühmte Promenade des Anglais. Abgesehen von Paris besitzt keine andere französische Stadt mehr Museen als Nizza. Zwischen Kultur und Shopping bietet der Kiesstrand an der Baie des Anges (Engelsbucht) die nötige Erholung.

Mit rund 354.000 Einwohnern ist die Hauptstadt des Départements Alpes-Maritimes eine moderne Großstadt und im Gegensatz zu Marseille noch überschaubar, wenngleich die Vororte von Nizza in den letzten Jahrzehnten verstärkt nach Norden ausuferten. Das Industrieviertel Sophia-Antipolis sowie der stadtnahe Flughafen – übrigens landesweit der größte nach Paris – liegen etwas abseits im Westen der Stadt und haben dazu beigetragen, dass Nizza bis heute das größte Wirtschaftszentrum an der Côte d'Azur geblieben ist. An dem der Promenade des Anglais vorgelagerten Kiesstrand oder im historischen Zentrum ist davon allerdings wenig zu spüren. Der ungewohnte Kontrast zwischen Großstadt und Badeort macht Nizza so reizvoll! Auch im internationalen Städtetourismus spielt Nizza eine wichtige Rolle, vor allem zur Karnevalszeit und über Ostern reichen die Hotelkapazitäten oft nicht aus.

Die Altstadt ist nach wie vor der Angelpunkt der Stadt: Den täglichen Markttrubel in *Vieux Nice* sollte man sich keinesfalls entgehen lassen. An den Ständen biegen sich die Tische unter dem reichhaltigen Angebot: Von Früchten über Pilze, Oliven, Zwiebeln und Blumen bis hin zu edlen Gewürzen ist alles zu haben, was das Herz begehrt. Beliebt ist vor allem die frisch gebackene

Socca. Die wagenradgroßen Fladen, ein genauso günstiger wie schmackhafter Magenfüller, bestehen übrigens hauptsächlich aus Kichererbsenmehl. Auf dem *Cours Saleya* findet täglich der berühmte Blumenmarkt statt, aber auch Gemüse und Obst werden vormittags feilgeboten, montags dreht sich alles um Antiquitäten und diversen Nippes. Im Labyrinth der Altstadtgassen, die nur ein kleines Dreieck zwischen dem Burgberg, der Uferpromenade und den Parkanlagen des Paillon einnehmen, ist die italienische Vergangenheit noch gegenwärtig: Pastellfarbene Häuserfassaden, teilweise mit Fresken oder Trompe l'oeils (perspektivische Malerei) geschmückt, von Arkaden gesäumte Plätze und enge Gassen wissen mit ihrem italienischen Flair zu begeistern.

Die Altstadt wird durch den Paillon, einen Wildbach, dessen überdachtes Flussbett heute von Parkanlagen und öffentlichen Gebäuden nachgezeichnet wird, von der großzügig angelegten Neustadt getrennt. Der zentrale Busbahnhof und das Musée d'Art Moderne et d'Art Contemporain wurden über dem Paillon errichtet. Eine wichtige Verkehrsader ist die von Platanen und Straßencafés gesäumte Avenue Jean Médecin, die sich von der Place Masséna nach Norden erstreckt. Das Kaufhaus Galeries Lafayette, verschiedene Modeboutiquen und Banken, C&A, FNAC, McDonalds, und all die anderen "Errungenschaften" einer modernen französischen Großstadt sind entlang sowie links und rechts der Avenue Jean Médecin zu finden. Nicht auslassen sollte man einen Besuch von Cimiez, dem mondänen Vorort Nizzas, den einst der europäische Hochadel zu seinem Winterdomizil erklärte. Noch immer zählt das einstige Régina Palace Hotel, in dem die englische Königin Victoria mit Vorliebe residierte, zu den prachtvollsten Bauten an der Côte d'Azur. Für Altertumsliebhaber gehört der Besuch der römischen Thermenanlage und des Amphitheaters zwar zum Pflichtprogramm, das Musée Matisse begeistert aber ebenfalls die Besucher.

Baie des Anges

Auf dem politischen Sektor eilt Nizza seit mehreren Jahrzehnten zu Recht ein zweifelhafter Ruf voraus: Die Stadt gilt als Hochburg der Korruption und des organisierten Verbrechens. Die Weichen dafür stellte zum einen der langjährige Bürgermeister Jacques Médecin, aber auch um seinen Nachfolger war es nicht besser bestellt. Das nach der Flucht von Médecin neu gewählte Stadtoberhaupt Honoré Bailet musste überstürzt abtreten, nachdem auf seine Frau der Verdacht der Hehlerei fiel und sein Sohn einen Bistrowirt unter dubiosen Umständen ins Jenseits beförderte.

Die Médecin-Dynastie

1928 war ein besonderes Jahr für die Familie Médecin. Es war nicht nur das Jahr, in dem Jacques Médecin das Licht der Welt erblickte, sondern auch das Jahr, in dem sein Vater Jean Médecin zum Bürgermeister von Nizza gewählt wurde. Ein Amt, das er in quasi monarchischer Art und Weise bis zum Jahr 1965 fast ununterbrochen bekleiden sollte, wobei er des Öfteren die Partei wechselte. Nur 1945 musste er wegen Kollaboration mit den Nazis kurzzeitig seinen Sessel räumen. Wie in einer Dynastie üblich, "erbte" der Sohn die Bürgermeisterschärpe des Vaters, ab 1976 hatte Jacques Médecin zeitweise auch noch den Posten eines Staatssekretärs für Tourismus im Kabinett von Jacques Chirac inne, bevor er wegen seiner einträglichen "Nebengeschäfte" von dieser Aufgabe entbunden wurde. In Nizza blieb "Le Roi Jacques" trotz seiner zwielichtigen Politik weiterhin im Amt, auch in der berüchtigten Affäre um das Casino im Palais de la Méditerranée hatte Médecin seine Finger im Spiel. Geschickt zog er die Fäden in einem von außen schwer durchschaubaren Klientelsystem, einer Form von institutionalisierter Korruption, wobei Médecin es verstand, lokalpatriotische Interessen auszunutzen – sogar ein Kochbuch zur Nizzaeser Küche hat er verfasst! Politisch stand Jacques Médecin in den letzten Jahren seiner Amtszeit der neofaschistischen Front National von Le Pen nahe, aus seiner Ablehnung gegenüber Immigranten hatte er schon zuvor keinen Hehl gemacht. Wegen Einkommensteuerhinterziehung von umgerechnet 3 Millionen Euro – seit 1980 hatte es Médecin nicht mehr für nötig befunden, Steuern zu entrichten – und Missbrauchs öffentlicher Mittel wurde Médecin 1990 angeklagt, doch entzog er sich der drohenden Verhaftung, indem er zuerst nach Argentinien und dann nach Uruguay floh. In Abwesenheit verurteilte man Jacques Médecin 1992 zu einem Jahr Haft und einer Geldstrafe von umgerechnet 400.000 Euro; 1994 wurde er doch noch an Frankreich ausgeliefert, wo er unverzüglich seine Haftstrafe antreten musste. Glücklich geworden ist "Jacqou" in Nizza nicht mehr, ein paar Jahre später erlag er in Uruguay einem Herzinfarkt.

Eine weitere schillernde Anekdote soll nicht verschwiegen werden: Eine Dynastie braucht verständlicherweise einen respektablen Stammbaum, und so ist Jacques Médecin felsenfest davon überzeugt, seine Familie stamme von dem florentinischen Fürstengeschlecht der Medici ab. Außer der Ähnlichkeit beider Namen spricht zwar nichts für diese abenteuerliche These, was den umtriebigen Jacques aber nicht daran hinderte, sich in den Vereinigten Staaten als "Graf von Medici" einzuführen...

Seit dem Ende des Kalten Krieges sind auch die Russen wieder an ihre geliebte Côte d'Azur zurückgekehrt; rund 30.000 waren es allein im Jahr 2000. Gern gesehen sind die russischen Touristen vor allem, weil sie pro Tag mehr als fünfmal soviel Geld ausgeben wie andere Gäste. Bleibt die Frage, woher das viele Geld kommt. Der *Spiegel* entdeckte in den russischen Neureichen die Vorhut der Mafia, deren Millionen "wohl vorwiegend aus Handel mit Waffen, aus organisiertem Verbrechen und Prostitution" stammen. Als Devisenbringer

Nizza
Karte Umschlag vorne

sind die Russen zwar willkommen, doch insgeheim stoßen sie auf Ablehnung, besonders seit den Kommunalwahlen vom Juni 1995. Diese Wahlen brachten nämlich in Nizza mit *Jacques Peyrat* einen Ultrarechten auf den Bürgermeistersessel. Der frühere Spitzenmann des *Front National* hat die Partei ein Jahr zuvor nur aus dem Grund verlassen, da er seine Karriere als Lokalpolitiker beschleunigen wollte. Auf Wahlveranstaltungen forderte der ehemalige Fallschirmspringer Peyrat beispielsweise, die Stadt müsse "von ihren üblen Elementen befreit werden!" Er prangerte damit aber keineswegs die stadtbekannte Korruption an, sondern meinte jenen Teil der Bevölkerung, der eine dunklere Hautfarbe besitzt. Man darf allerdings nicht nur Jacques Peyrat für dieses primitive Gedankengut geißeln, brachten doch die Bürger Nizzas mit dessen Wahl nur ihre innersten Wünsche zum Ausdruck. Im Sommer 1996 verbreiteten dann die Nachrichtenagenturen eine Anordnung von Peyrat, mit der er Bettler und Obdachlose aus der Innenstadt verbannen wollte: In der Zeit vom 15. Juni bis 15. September sei es verboten, "sitzend oder liegend auf öffentlichen Wegen" zu betteln und so "Passanten zu behindern". Im Herbst 1996 setzte Peyrat noch eins drauf: Bettler und Clochards wurden von städtischen Kleinbussen "eingesammelt" und auf den fünfzehn Kilometer entfernten Mont Chauve gekarrt. Dort bekamen sie zwar etwas zu Essen, wenn sie jedoch wieder vom "Kahlen Berg" weg wollten, mussten sie ein paar Stunden zu Fuß marschieren. Begeistern kann sich Peyrat auch, und zwar für Militärmusik, der zu Ehren er ein Festival ins Leben gerufen hat...

Zum Abschluss noch ein paar positive Nachrichten: Derzeit baut Nizza seine Hafenanlagen für 150 Millionen Euro aus, um künftig mehr Kreuzfahrtschiffe als bisher anzulocken und zahlungskräftigere Touristen in die Stadt zu locken.

Geschichte

Nizza ist einer der ältesten Siedlungsplätze der Menschheit: Östlich des Hafens, am Westhang des Mont Boron, konnten in einer Grotte Spuren einer Wohn- und Feuerstätte entdeckt werden, die zwischen 100.000 und 1.500.000 Jahre alt sind und auf eine kontinuierliche Besiedlung der Region Nizza schließen lassen. Am Burgberg wurden in einer weiteren Grotte rund 25.000 Jahre alte Knochen des Crô-Magnon-Menschen gefunden. Griechen aus Marseille gründeten um das Jahr 600 vor unserer Zeitrechnung an der Bucht die Handelsniederlassung *Nikaia,* deren Bedeutung später hinter dem Nachbarort *Cimiez* (heute ein Stadtteil von Nizza) zurückblieb. Nachdem die Römer 154 v. u. Z. von den Griechen gegen die keltischen Ligurier zur Hilfe gerufen worden waren, siedelten sich die erfolgreichen Befreier kurzerhand selbst in Cimiez an – just an jener Stelle, an welcher die Kelten bereits ein Oppidum errichtet hatten. Ein Amphitheater und die Ruinen einer ausgedehnten Thermenanlage zeugen noch von der Garnisonsstadt *Cemelenum,* die den Landweg zwischen Italien und Spanien sichern sollte. *Cemelenum,* wie die Römer Cimiez nannten, wurde alsbald zur Hauptstadt der Provinz *Alpes Maritimae* und zählte in seiner Blütezeit wohl knapp 20.000 Einwohner; das noch längere Zeit griechisch geprägte Nizza diente nur noch als Hafen. Über die Spätantike

Die Promenade des Anglais wird gerne für Kunstausstellungen genutzt

und das frühe Mittelalter ist wenig bekannt, die kirchliche Überlieferung weiß von zwei konkurrierenden Bistümern in Nizza und Cimiez. Wahrscheinlich wurde Cimiez infolge der Sarazeneneinfälle aufgegeben; zusammen mit den Bewohnern Nizzas zog man sich auf den leichter zu verteidigenden Burgberg am Hafen zurück, selbst die Kathedrale wurde auf den Hügel verlegt.

Bis ins 12. Jahrhundert hinein waren die politischen Geschicke Nizzas eng mit denen der Provence verbunden, doch dann strebten die Bürger nach Unabhängigkeit und schlossen ein Bündnis mit Pisa. Im Jahre 1388 kam es zum endgültigen Bruch: Die Einwohner von Nizza und die Bevölkerung des Hinterlandes weigerten sich, Ludwig von Anjou als Grafen der Provence anzuerkennen und stellten sich mehr oder weniger freiwillig unter den Schutz der Grafen von Savoyen. Konflikte späterer Jahrhunderte schienen dadurch vorprogrammiert, denn auch geographisch war Nizza durch die Seealpen von Savoyen getrennt. 1543 kam es zur ersten kriegerischen Auseinandersetzung: Nizza wurde im Rahmen des Konflikts zwischen Karl V., dem Kaiser des Heiligen Römischen Reichs Deutscher Nation, und dem französischen König Franz I. – oder richtiger: François I. – von einer französisch-türkischen Flotte letztlich zwar vergeblich belagert und beschossen, musste jedoch schwere Verwüstungen hinnehmen. Der Sage gemäß verdankte Nizza seine Rettung dem beherzten Eingreifen der 33-jährigen Catherine Ségurane: Der mutigen Wäscherin soll es gelungen sein, den türkischen Feinden das grüne Banner des Propheten zu entreißen, woraufhin die abergläubischen Osmanen die Belagerung abbrachen.

Im 17. und 18. Jahrhundert wurde Nizza wiederholt erobert und zerstört. Dies ist auch die Ursache dafür, dass sich im historischen Zentrum so gut wie keine Spuren der mittelalterlichen Bausubstanz erhalten haben. Versuche der Kardinäle Richelieu und Mazarin, auf diplomatischem Weg in den Besitz der Grafschaft zu gelangen, schlugen genauso fehl wie die militärischen Anstrengungen Ludwig XIV.; die Soldaten des Sonnenkönigs eroberten Nizza zwar gleich zweimal innerhalb weniger Jahre, doch waren sie nicht in der Lage, die Stadt langfristig zu halten. 1792 wurde Nizza von Revolutionstruppen besetzt; mit einer kurzen Unterbrechung wehte bis 1814 die französische Flagge über der Stadt, bevor diese für weitere viereinhalb Jahrzehnte wieder an das zwischenzeitlich zu Königen von Sardinien aufgestiegene Herrscherhaus von Savoyen zurückkam. Wirtschaftlich ging es dadurch weiter bergab, denn der neue sardische König hatte 1815 seinem Territorium den weitaus wichtigeren Handelshafen Genua einverleiben können; 1853 verlor Nizza zudem seine Stellung als Freihafen. *Giuseppe Garibaldi*, der durch die Eroberung Siziliens zum Wegbereiter der italienischen Einheit geworden war, stammte übrigens aus Nizza. Garibaldi bezeichnete die Stadt gerne als "zweifellos eine der schönsten Gegenden in diesem meinem unglücklichen und doch strahlenden Vaterland". Ironie des Schicksals: Der Preis für die Verwirklichung von Garibaldis Einheitstraum war die 1860 vollzogene Abtretung der Grafschaft Nizza an Frankreich als Dank für die französische Unterstützung im Kampf gegen Österreich. Pro forma initiierte man noch eine Volksabstimmung: 25.743 Betroffene stimmten für den Anschluss an Frankreich, nur 160 dagegen. Der überwälti-

Angst vor Fahrraddieben? In der Altstadt von Nizza

gende Anteil der Zustimmung nährte allerdings den begründeten Verdacht, bei der Abstimmung sei nicht alles mit rechten Dingen zugegangen. Ob Wahlbetrug oder nicht, der Anschluss an Frankreich brachte jedenfalls den lang erhofften wirtschaftlichen Aufschwung: Nizza boomte regelrecht, der Bodenspekulation waren Tür und Tor geöffnet; zudem entwickelte sich Nizza zur ersten modernen europäischen Touristenmetropole. Dabei darf nicht vergessen werden, dass zwischen Arm und Reich ein enormer Unterschied klaffte. Während entlang der Promenade des Anglais die Belle Epoque in ihren schönsten Farben schillerte, lebten die Menschen in der Altstadt unter miserablen Bedingungen; die Kanalisation funktionierte genauso wenig wie die Trinkwasserversorgung, bittere Armut gehörte zum Alltag.

Als eigentlicher "Entdecker" von Nizza gilt der schottische Arzt und Schriftsteller *Tobias Smollett*; Smollett kam im Dezember 1763 nach Nizza, um hier den Winter zu verbringen. Abgesehen vom milden Klima gefiel ihm der Ort zwar nicht besonders, doch verhalfen seine drei Jahre später publizierten Reisetagebücher Nizza zu einer ersten, bis dato ungewohnten Popularität. Schnell entstand in Nizza eine regelrechte englische Kolonie. Gut betuchte Adelige und wohlhabende Kaufleute flohen vor dem englischen Winter an die damals noch italienische Mittelmeerküste; anfangs wohnten sie zur Miete, doch schon bald ließen sie sich eigene Villen errichten, die ihren Vorstellungen und Ansprüchen besser entsprachen. Einen enormen Aufschwung erfuhr der Wintertourismus im Jahre 1864, als Nizza an das französische Eisenbahnnetz angeschlossen wurde. Die genauso beschwerliche wie langwierige Anreise mit der Postkutsche gehörte der Vergangenheit an. Das mondäne Leben verlagerte sich ein Stück weit ins Hinterland, in das von luxuriösen Villen und Grandhotels geprägte Cimiez, das 1866 durch eine Prachtstraße mit dem Zentrum verbunden wurde. Es käme einem Namedropping gleich, all die illustren Persönlichkeiten anzuführen, die sich irgendwann im Laufe ihres Lebens nach Nizza begeben hatten. Manche von ihnen wurden gar mit Straßennamen verewigt: An *Friedrich Nietzsche* beispielsweise, der zwischen 1883 und 1888 insgesamt fünf Winter in Nizza verbracht hatte, um sein "Kopfleiden ausschließlich mit reinem Himmel zu kurieren", erinnert noch die Terrasse Frédéric Nietzsche, eine Aussichtsterrasse am Ende der Montée Eberlé. Der Aristokratie folgte nun auch die Halbwelt nach: "O Riviera! Riviera, blaues Paradies der Hochstapler und Ausgeflippten, die falschen Namen blühen hier noch zahlreicher als die Mimosen", lästerte der Pariser Schriftsteller Jean Lorrain 1905. Zu Beginn des 20. Jahrhunderts begann Cannes Nizza verstärkt den Ruf der schillerndsten Tourismusmetropole an der Côte d'Azur streitig zu machen. Der Ausbruch des Ersten Weltkriegs bereitete dem Müßiggang der Belle Epoque ein jähes Ende: Die ein Jahr zuvor eröffnete Luxusabsteige Negresco wurde kurzerhand in ein Lazarett umgewandelt; nach Kriegsende war der Hotelier Negresco pleite und der Tourismus in Nizza in der Krise. Während der nationalsozialistischen Zwangsherrschaft lebten auch zahlreiche deutsche Emigranten in Nizza, darunter *Theodor Wolff, Heinrich Mann, Joseph Roth* und *Hermann Kesten*. Mann, Roth und Kesten verbrachten eine Zeitlang zusammen mit ihren Familien in einem Haus an der Promenade des Anglais (Nr. 121/Ecke Petite Avenue de la Californie); während dieser Zeit arbeitete jeder von ihnen an einem historischen Roman – für alle drei scheinbar die einzige Möglichkeit, die politische Gegenwart zumindest zeitweise aus dem eigenen Schaffen zu verbannen.

Verbindungen

Gare SNCF (Hauptbahnhof): Avenue Thiers, 06049 Nice, ✆ 0836353535. Anschlüsse zu allen großen europäischen Städten. Der Zug *Metrazur* verkehrt bis zu 70 x pro Tag zwischen Cannes und Ventimiglia. Nach Cannes sind es beispielsweise 40 Minuten Fahrzeit. Eine weitere reizvolle Strecke ist die über Sospel und Breil-sur-Roya nach Tende ins idyllische Royatal. Wer will, kann im Untergeschoss des Bahnhofs gegen Entgeld duschen. Am *Gare du Sud* (500 Meter nördlich des SNCF-Bahnhofs) fährt viermal täglich – im Sommer fünfmal – der *Train des Pignes* nach Digne-les-Bains ab. Auskunft zu den Abfahrtszeiten: Chemins de Fer de la Provence, 4 bis, rue Alfred Binet, ✆ 0493821017.

Busbahnhof: Promenade du Paillon, auf dem überbauten Flussbett des Paillon zwischen Alt- und Neustadt; durch Pflanzen geschickt kaschiert. Auskunft am Informationsschalter oder unter ✆ 0493856181. Verbindungen zu zahlreichen regionalen, nationalen und internationalen Zielen: Beispielsweise alle 15 od. 20 Minuten nach Monte Carlo, Menton und Cannes. Viermal tgl. nach Aix-en-Provence und Marseille, zweimal tgl. nach Avignon und Toulon. Stündlich nach Grasse und Vence, mehrmals tgl. nach Contes, Coaraze, Lucréam, L'Escarène, zweimal pro Tag nach Auron und St.-Martin-Vésubie.

Parken: Mehrere Parkhäuser im Stadtzentrum. Es ist nicht einfach, in Nizza einen kostenlosen, halbwegs zentralen Parkplatz zu finden. Selbst bei den vielen gebührenpflichtigen Parkstreifen fällt es schwer, eine Lücke zu erspähen.

Flughafen: Aéroport Nice-Côte d'Azur, ✆ 0493214411. Autobusservice nach Nizza: rund 50 Verbindungen pro Tag zum Busbahnhof (Gare routière). Nach Cannes oder Monte Carlo/Menton 12 x pro Tag.

Helicopterservice: Héli Inter, ✆ 0493214646; Héli Air Monaco, ✆ 0493213495. Rund 20 Flüge pro Tag nach Monaco.

Autofähre nach Korsika: Von Mitte Juni bis Mitte Sept. 1 bis 3 Abfahrten tgl. nach

Mittagspause an der Promenade

Ajaccio, Bastia, Calvi, Ile Rousse sowie Propriano. Das restliche Jahr über 3–5 Verbindungen pro Woche nach Ajaccio, Bastia und Ile Rousse. Auskünfte und Reservierungen: Entweder vorab über das heimische Reisebüro oder bei der Societé nationale Maritime Corse Mediterranée (S.N.C.M.), Gare Maritime, Quai du commerce, 06300 Nice, ✆ 0493136666, 📠 0493136681.

Autoverleih: Avis: 2, avenue des Phocées, ✆ 0493806352; Budget: 23, rue de Belgique, ✆ 0493162416; Europcar: 6, avenue de Suède, ✆ 0493886404; Hertz: 12, avenue de Suède, ✆ 0493871187.

Fahrradverleih: Arnaud Cycles, 4, place Garibaldi, ✆ 0493878855.

Öffentliche Verkehrsmittel: Nizza besitzt ein gut funktionierendes öffentliches Verkehrsnetz. Spezielles Angebot für Touristen: Den "Pass Touristique" bzw. "Carte 1 jour" mit einer Gültigkeit von 1 (3,80 €, nur im Bus erhältlich), 5 (13 €) oder 7 (17 €) Tagen. Weitere Infos: Centre d'Information SUNBUS, 10, avenue Félix Faure, ✆ 0493165210.

Minitrain: Stadterkundung für Eilige: mit dem Bummelzug über den Blumenmarkt, die Altstadt hinauf bis zu den Gärten am Schlossberg. Abfahrt alle 20 Minuten gegenüber dem Parc Albert I.; Fahrtdauer: 45 Minuten.

Taxi: Station centrale, ✆ 0493137878.

Information/Diverses

• *Information* **Office du Tourisme et des Congrès**, "Acropolis", 1, esplanade Kennedy, B.P. 79, 06302 Nice Cedex 04, ✆ 0493928073, 📠 0493928298, www.ville-nice.fr oder www.nice-coteazur.org. Wer schon in Nizza ist, kann sich auch im Büro am SNCF-Bahnhof mit Infomaterial eindecken. Ein weiteres Büro befindet sich gleich hinter der Promenade des Anglais, Adresse: 2, rue Massenet.

• *Literaturtipp* Gallo, Max Engelsbucht. Historischer Roman, der die Geschichte dreier Brüder aus dem kargen Piemont erzählt, die im 19. Jahrhundert in das aufstrebende Nizza kommen, um ihr Glück zu machen.

• *Veranstaltungen* **Karneval**: Am Faschingsdienstag wird in Nizza ein buntes Spektakel mit Umzügen und Konfettischlachten inszeniert. Den krönenden Abschluss bildet ein bombastisches Feuerwerk. **Triathlon de Nice** im Juni: 4 km Schwimmen in der Baie des Anges, 120 km Radeln durch das Hinterland, 30 km Laufen entlang der Promenade des Anglais. **Festival de Jazz** im Amphitheater von Cimiez und **Festival International du Folklore** (beide im Juli).

• *Hauptpost* 23, avenue Thiers (beim Bahnhof), in einem mächtigen Backsteinbau im Art-Déco-Stil.

• *Märkte* **Marché aux Fleurs** (Blumenmarkt), Cours Saleya, Mo–Sa 7.30–17 Uhr; **Marché aux Poissons** (Fischmarkt), Place Saint-François, jeden Morgen geht es auf dem größten Fischmarkt an der Côte d'Azur hoch her; **Marché à la Brocante** (Antiquitäten- und Flohmarkt), Cours Saleya, jeden Montag 8–17 Uhr; **Marché aux Puces** (Flohmarkt), Place Robilante, Di–So 10–18 Uhr; **Marché d'Art des Antiquaires** (Kunst- und Antiquitätenmarkt), Rues Gauthier, Ségurance, Philibert, Foresta, Mo–Sa 10–12 Uhr und 15–18.30 Uhr. Bio Marché, im Quartier hinter der Eglise Notre-Dame.

Opéra de Nice, 4, rue Saint-François de Paule, ✆ 0493856731.

Théâtre de Nice, Promenade des Arts, ✆ 0493805260.

• *Kinderspielplatz* Eine schöne Anlage mit mehreren Kletter- und Spielgerüsten findet man oben auf dem Château-Berg von Nizza.

• *Parc des Miniatures* Am Wochenende geöffnet, boulevard Impératice Eugénie.

• *Musée des Trains Miniatures* Tgl. geöffnet, boulevard Impératice Eugénie.

• *Schwimmen* **Freibäder**: Centre Aéré de Falicon, 13, boulevard Comte de Falicon; Piol, 36, avenue Paul Arène. **Hallenbad** mit Olympischem Becken im Palais des Sports, Esplanade de Lattre de Tassigny, ✆ 0493131313.

• *Tauchen* **Centre International de Plongée de Nice**, 2, ruelle des Moulins, ✆ 0493555950; **Aigle Nautique**, 50, boulevard Franck Pilatte, ✆ 0493892333.

Nizza Innenstadt

Übernachten

15 Acanthe
16 Beau Rivage
27 Saint François

Essen und Trinken

17 La Diva
18 Auer
19 L'Estocafiada
20 La Mérenda
21 Les Ponchettes
22 La Civette du Cours
23 Stuzzio
24 Nissa la Bella
25 Acchiardo
26 Chez Palmyre
28 La Taga d'oli
29 Chez René Socca
30 Grand Café de Turin
31 L'Olivier

• *Squash* Club Vauban, 18, rue Maréchal Vauban, ✆ 0493260978.

• *Tennis* Ligue de la Côte d'Azur, 66, route de Grenoble, ✆ 0493180095.

• *Minigolf* **Parc Carol de Roumanie**, 23, avenue de Fabron; **Parc Castel des Deux Rois**, Corniche André de Joly.

• *Spielcasino* **Casino Ruhl**, 1, promenade des Anglais.

Übernachten (siehe Karte oben und auf vorderem Umschlag)

Nizza besitzt rund 200 Hotels mit mehr als 10.000 Zimmern; zur Hochsaison und zur Karnevalszeit kann es dennoch zu Engpässen kommen. Auffallend positiv ist das breite Angebot an erschwinglichen Unterkünften.

**** **Negresco (10)**, das klassische Hotel in Nizza steht noch heute für den Glanz der Belle Epoque; Vanderbuilt, Rockefeller und Queen Elisabeth stiegen hier ab. Zur Eröffnung im Jahre 1913 versammelten sich unter dem tonnenschweren Kronleuchter im Salon Royal sieben gekrönte Staatsoberhäupter. Als eines der letzten Grandhotels an der Côte d'Azur steht das Negresco heute unter Denkmalschutz. Zimmerpreis: 215–360 €. P.S.: Wer will, kann auch eine ganze Etage mieten. 37, promenade des Anglais, ✆ 0493166400, 📠 0493883568.

**** **Beau Rivage (16)**, ein luxuriöses, aber dennoch intimes Hotel, in dem schon Henri Matisse, Anton Tschechow und Friedrich Nietzsche abgestiegen sind. Zimmer von 120–185 €. 24, rue Saint François de Paul,

✆ 0493808070, ✆ 0493805577, www.new-hotel.com.

**** **Grimaldi (8)**, sehr angenehmes Stadthotel in einem stilvollen Haus der Jahrhundertwende unweit der Fußgängerzone und der Promenade des Anglais. Die Zimmer (DZ je nach Ausstattung 90–145 €, EZ 80 €) sind sehr geschmackvoll in den Tönen gelb, blau oder rot gehalten und verbreiten auf Anhieb eine wohlige Stimmung. Die Nachttische sind beispielsweise antiken Kapitellen nachempfunden. 15, rue Grimaldi, ✆ 0493160024, ✆ 0493870024, www.le-grimaldi.com.

*** **Windsor (6)**, das etwas andere 3-Sterne-Hotel. Asiatische Möbel und ein Garten mit Schwimmbecken sowie ein türkisches Bad machen das exotische Flair des Hotels aus. Die Zimmer wurden zudem teilweise von verschiedenen zeitgenössischen Künstlern ausgestattet. Kostenpunkt: 75–100 € im Winter, im Sommer 90–120 €. 11, rue Dalpozzo (2 Fußminuten zum Meer), ✆ 0493885935, ✆ 0493889457, www.hotelwindsornice.com.

** **De la Fontaine (11)**, modernes, sehr gepflegtes Hotel in einer Parallelstraße der Promenade des Anglais. Mehr kann man für diesen Preis in Nizza kaum erwarten. Wenn möglich, sollte man ein Zimmer zum Hof nehmen. Zimmer ab 71 €. 49, rue de France, ✆ 0493883038, ✆ 0493889811, www.hotel-fontaine.com.

** **Le Nouvel Hotel (7)**, angenehmes Hotel in einem repräsentativen Stadthaus neben der reformierten Kirche, unweit der Promenade des Anglais. EZ 66 €, DZ von 72–80 €. 19 bis, boulevard Victor Hugo, ✆ 0493871500, ✆ 0493160067, www.nouvel-hotel.com.

** **Canada (12)**, in einer Nebenstraße der Fußgängerzone, ideal für alle, die schnell ans Meer wollen. Ein Tipp: Die Zimmer im 2. Stock besitzen einen schnuckeligen kleinen Balkon. Zimmer von 32–44 €. 8, rue Halévy, ✆ 0493879894, ✆ 0493871712.

** **Amaryllis (4)**, relativ modernes Stadthotel in einer Seitenstraße der Avenue Jean Médecin, unweit des Bahnhofs. Zimmer von 50–59 €. 5, rue d'Alsace Lorraine, ✆ 0493882024, 📠 0493871325.

* **Acanthe (15)**, schönes Eckhaus in unmittelbarer Nähe des Busbahnhofes und der Altstadt. An den Zimmerpreisen (EZ 32 €, DZ 34–71 €) gibt es nichts zu mäkeln. 2, rue Chauvin, ✆ 0493622244, 📠 0493622977.

* **Régency (1)**, drei Fußminuten vom Bahnhof entfernt, werden für 42 € pro Nacht sogenannte "Studio-Lofts" vermietet. Darunter muss man sich geräumige Zimmer mit einer Art Hochbett vorstellen, Kühlschrank, Kochmöglichkeit sowie Tisch und Stühle gehören dazu. Etwas ältlich, aber o.k. 2, rue Saint Saint-Sigare, ✆ 0493621744.

* **Hôtel de la Gare (3)**, wie der Name bereits andeutet, in unmittelbarer Bahnhofsnähe. Geräumige ordentliche Zimmer, internationales Flair. Recht ruhig ist beispielsweise das zum Hinterhof gelegene Zimmer Nr. 15. EZ ab 17 €, DZ 29–31 €. 35, rue d'Angleterre, ✆ 0493821030, 📠 0493887507.

Portier vor dem Hotel Negresco

Backpackers ChezPatrick (2), sehr gepflegtes Backpackers-Hostel in unmittelbarer Bahnhofsnähe. Die Zimmer sind alle gefliest und machen einen sehr sauberen Eindruck. Internationales Flair, Übernachtung 20 €. 32, rue Pertinax, ✆ 0493803072, www.backpackerschezpatrick.fr.

Saint François (27), die einzige Unterkunft inmitten der Altstadt und dennoch nur wenige Fußminuten vom Meer entfernt. Von den 20 Zimmern sollte man sich aber nicht allzu viel erwarten, als wir sie um 15 Uhr besichtigen wollten, waren die Räume noch nicht gemacht... DZ ab 33 €. Für die Benutzung der Etagendusche werden zusätzlich 2 € berechnet. 3, rue Saint François, ✆ 0493858869, 📠 0493851067.

• *Ferienwohnungen und Appartements* Das Office de Tourisme gibt eine umfangreiche Broschüre zu Ferienwohnungen heraus (*Guide des locations, meublés et résidences*).

• *Jugendherberge* Die sehr schön gelegene Jugendherberge befindet sich im Osten Nizzas, rund 4 Kilometer vom Zentrum entfernt an der Route Forestière du Mont-Alban (mit der Buslinie 14 zu erreichen). Die Herberge ist oft und schnell ausgebucht, denn 58 Betten (à 13 €) sind für eine Stadt wie Nizza nicht gerade viel. Keine Reservierung möglich, ✆ 0493892364. Vom 3.7. bis 26.8. öffnet in einem Mädchenwohnheim – eineinhalb Kilometer südwestlich des Bahnhofs – zusätzlich eine Sommerjugendherberge ihre Pforten. Etwas teurer. 3, ave. Robert-Schumann, ✆ 0493892364, 📠 0492040310.

• *Camping* ** **Terry**, sehr kleiner, weit außerhalb gelegener Platz (14 Stellplätze). Ganzjährig geöffnet. 768, route de Grenoble St. Isidore, ✆ 0493081158. Zum Campen sollte man sich besser jenseits der Stadtgrenzen, z. B. an der Küste zwischen Cros-de-Cagnes und Antibes, umsehen.

Essen/Trinken (siehe Karte S. 144/145 und auf vorderem Umschlag)

Chez Palmyre (26), gerade einmal sechs Tische besitzt dieses liebevoll geführte Altstadtrestaurant mit Wohnzimmeratmosphäre. Zwei ältere Damen führen den Laden, eine steht in der Küche, die andere bedient und hilft gelegentlich am Herd aus, während die einzige Aufgabe des wohlbeleibten Patrons darin zu bestehen scheint, den Telefonhörer abzunehmen. Es steht nur ein Menü zu 11 € auf der Karte, pro Gang kann man aber zwischen drei oder vier Gerichten wählen. Logischerweise darf hier keine Gourmetküche erwartet werden, serviert wird solide Hausmannskost. Verführerisch günstig sind auch die Weinpreise, ein Viertel Tischwein kostet nur 1,50 €. Sonntag Ruhetag. 5, rue Droite. ✆ 0493857232.

Chez Davia (9), kleines, nettes Restaurant zwischen Promenade des Anglais und Bahnhof. Menüs zu 11,50 und 15,50 €. Mittwoch Ruhetag, von Mitte Nov. bis Mitte Dez. geschlossen. 11 bis, rue Grimaldi, ✆ 0493879139.

L'Estocafiada (19), der Name des Restaurants verweist auf die Spezialität des Hauses: Stockfisch (Menüs zu 13,42, 16,77, und 21,35 €), aber auch die Seezunge in Zitronen-Petersilien-Soße schmeckt ausgezeichnet. Sonntag Ruhetag. 2, rue de l'Hôtel de Ville, ✆ 0493802164.

Acchiardo (25), eines der wenigen Restaurants der Altstadt, die noch ein authentisches Flair besitzen. Die Ausstattung des schmalen, länglichen Gastraums ist einfach: Ein großer Tresen, schlichte Stühle und Tische, das ist alles. Ein Menü wird man auf der Karte vergeblich suchen, zur Auswahl stehen traditionelle Gerichte, einfach, aber lecker. Die Preise sind angenehm günstig, so dass man den Wein gleich flaschenweise ordern kann. Plat du jour 10 €. Sonntag geschlossen. 38, rue Droite, ✆ 0493855116.

La Mérenda (20), das Bistro nahe der Oper wurde lange Zeit als Geheimtipp gehandelt, ist mittlerweile jedoch recht überlaufen, was sich auch auf die Preise niederschlägt. Auf einfachen Holztischen werden lokale Spezialitäten wie Pasta Pistou oder Tripes à la Niçoise (Kutteln) serviert. Es empfiehlt sich, frühzeitig zu kommen, denn es besteht keine Reservierungsmöglichkeit, es gibt nicht einmal ein Telefon. Sonntag und Montag Ruhetag, im Feb. und Aug. Betriebsferien. 4, rue de la Terrasse.

Grand Café de Turin (30), die klassische Adresse, um in Nizza Fisch zu essen oder einfach nur etwas zu trinken. Tag ein, Tag aus ist ein buntgemischtes Publikum unter den Arkaden anzutreffen. Ende Juni, Anfang Juli macht der Wirt Betriebsferien, denn auf Laufkundschaft ist er nicht angewiesen. 5, place Garibaldi, ✆ 0493622952.

L'Olivier (31), altertümliches, einfaches Restaurant, die Tische sind mit rot-weiß karierten Tischdecken gedeckt. Für die Hauptgerichte werden zwischen 8 und 13 € berechnet. Lecker ist die *Daube à la niçoise*. Sonntag geschlossen. 2, place Garibaldi.

La Zucca Magica (14), eine absolut empfehlenswerte Adresse für Vegetarier. Das

Cafés am Cours Saleya

Nizza
Karte Umschlag vorne

aus Rom stammende Besitzerpaar versteht es, aus dem reichhaltigen provenzalischen Gemüseangebot einfallsreiche Kreationen zu zaubern. Das Lieblingsgemüse des Kochs ist der Kürbis, nach dem auch das Restaurant benannt ist. Mittagsmenü 14 €, sonst 20 €. Sonntag und Montag geschlossen. 4, quai Papacino, ✆ 0493562527.

La Taga d'oli (28), einladendes Restaurant im Herzen der Altstadt, *bagna cauda*, ein Gemüsefondue à la niçoise ist eine viel gelobte Spezialität des Hauses. Menüs zu 13 und 18 €. 35, rue Saint François, ✆ 0493807093.

Chez René Socca (29), mitten in der Altstadt gibt es hier Socca und andere kleine Gerichte zu erstaunlich günstigen Preisen, für ein Glas Wein werden 1,50 € verlangt. Gegessen wird auf einfachen, rustikalen Holzmöbeln, draußen übrigens mit den Fingern. Montag geschlossen, Anfang Juni Betriebsferien. 2, rue Miralheti, ✆ 0493920573.

Nissa La Bella (24), in einem stimmungsvollen, stuckverzierten Gastraum werden Nudelgerichte, Pizza, Socca und andere regionale Köstlichkeiten serviert. Durchaus preisgünstig, Mittagsmenü 14 €. Mittwoch Ruhetag. 6, rue Sainte-Réparate, ✆ 0493621020.

Der Hafen von Nizza

La Diva (17), traditionelle regionale Küche mit Nudelgerichten und einer Vorliebe für Ente. Menüs zu 15 (nur Di–Fr), 23 und 29 €. Montag Ruhetag. 4, rue de l'Opéra, ✆ 0493859615.

Le Grand Café des Arts (13), für Ästheten, denn wie von einer Brasserie, die sich im Musée d'Art Moderne befindet, nicht anders zu erwarten, sind die Räumlichkeiten klassisch schlicht eingerichtet, elegante Holzmöbel laden zum Verweilen ein. Breite Angebotspalette, Feinschmeckermenü mit 20 € zu Buche. Mit Terrasse. Place Yves Klein, ✆ 0493805858.

Stuzzio (23), kleine Öko-Pizzeria mit Straßenverkauf und ein paar Tischen. Die Zutaten stammen aus biologischem Anbau, wer will kann auch nur ein Stück Pizza erstehen. Eine Lasagne kostet 8 €. 6, rue Saint-Gatéan.

Auer (18), die alteingesessene Konditorei ist in ganz Nizza für ihre Leckereien bekannt, 7, rue Saint-François de Paule.

Asiatische Schnellimbisse, rund um den Bahnhof und an der Place Masséna gibt es mehrere asiatische Schnellimbisse, die für rund 7,50 € beispielsweise Hühnchen in Curry mit Reis und einem Getränk anbieten.

Les Ponchettes (21) sowie **La Civette du Cours (22)**, die beiden nebeneinander liegenden Cafés sind ein beliebter Treffpunkt, um das Treiben auf dem Cours Saleya zu beobachten. Bis spät abends sitzt man an den zahlreichen Tischen auf der Straßenterrasse.

L'Ambassade, die kleine Disco unweit der Promenade des Anglais gilt derzeit als "branchée". Gespielt wird vorwiegend Techno. Mi–Sa ab 23 Uhr geöffnet. 18, rue du Congrès. Weitere Nightlife-Tipps: La **Bodeguita del Havanna**, Rue Chauvain, **La Palousa**, Rue Alphonse Karr.

Sehenswertes

Vorab ein Wort zu den Museen. Wer schon vorher einmal in Nizza war, wird feststellen, dass die städtischen Museen im Gegensatz zu früheren Zeiten seit 1996 Eintrittspreise erheben. Tja, auch Nizza muss den Gürtel enger schnallen... Wer ein großes Interesse an Kunst und Kultur hat, sollte sich einen Museumspass zulegen: Zum Preis von 6 € kann man in sieben Tagen alle städtischen Museen besichtigen. Der Pass ist an allen Museumskassen erhältlich. Freien Eintritt bieten die städtischen Museen übrigens an jedem ersten Sonntag im Monat.

Rund um Schlossberg und Hafen

"Château": Wer sich schon auf einen Schlossbesuch gefreut hat, wird enttäuscht sein: Nur noch wenige Überreste zeugen auf dem Burgberg von der Vergangenheit Nizzas. Im Krieg gegen Savoyen erobert, ließ Ludwig XIV. 1706 die Festung auf dem Burgberg überaus gründlich schleifen. Vom einstigen Schloss ist daher nicht mehr viel zu sehen; Ähnliches gilt auch für die Grundmauern der im 11. Jahrhundert auf dem Felsen errichteten Cathédrale Saint-Réparate: Das Gotteshaus wurde allerdings bereits wenige Jahrhunderte später wieder aufgegeben, da sich das Leben immer mehr in die untere Stadt verlagerte. Seit langem dient der Burgberg in erster Linie als wunderschöne Gartenanlage mit Feigenbäumen, Agaven, Kakteen, Palmen und anderen exotischen Pflanzen, dazwischen ein künstlicher Wasserfall. Der Panoramablick auf die Stadt (von der Terrasse Frédéric Nietzsche) oder auf den Hafen ist sicher den Aufstieg wert, vor allem abends, wenn die Promenade des Anglais von einer Lichterkette illuminiert wird. Am Südende des Burgfelsens steht die Tour Bellanda mit dem Marinemuseum (Musée Narval), ein Aufzug erleichtert den Abstieg.

Musée Narval: Das Marinemuseum in der Tour Bellanda – hier wohnte einst der Komponist *Hector Berlioz* – zeigt diverse Schiffsmodelle, Navigationsinstrumente, Bilder und Dokumente zur lokalen Geschichte der Seefahrt und Fischerei.

Adresse Tour Bellanda. Öffnungszeiten: Juni bis Sept. Mi–So 10–12 Uhr und 14–19 Uhr, Okt. bis Mai Mi–So 10–12 Uhr und 14–17 Uhr. Mitte Nov. bis Mitte Dez. geschlossen. Eintritt: 2,50 €, erm. 1,50 €.

Hafen: Ursprünglich lag der Hafen von Nizza westlich des Burgbergs; er wurde zugeschüttet, nachdem in der Mitte des 18. Jahrhunderts auf der anderen Seite des Burgbergs ein neuer Hafen ausgehoben worden war. Für die schweißtreibende Arbeit wurden Hunderte von Sträflingen herangezogen.

Notre-Dame de Port: Direkt am Hafenbecken erhebt sich das monumentale, im klassizistischen Stil errichtete Gotteshaus.

Musée de Paléontologie Humaine de Terra Amata: Ein paar hundert Meter östlich des Hafens, am Westhang des Mont Boron, entdeckte der Archäologe E. Rivière 1873 in einem weit verzweigten Höhlensystem Knochen- und Werkzeugfunde aus der Zeit des Altpaläolithikums. Später wurde an dem prähistorischen Fundort ein Museum errichtet und eine Wohnstätte rekonstruiert, die interessante Einblicke in das Leben vor rund 400.000 Jahren bietet. Ein originalgetreuer Abguss der reichhaltigsten Fundschicht ist ebenfalls zu bestaunen.

Adresse 25, boulevard Carnot (Buslinie 1, 2, 7, 9, 10 und 20). Öffnungszeiten: Tgl. außer Mo 9–12 Uhr und 14–18 Uhr. Eintritt: 3,80 €, erm. 2,30 €.

Altstadt (Vieux Nice)

Chapelle de la Miséricorde: Die mitten im Zentrum von Nizza gelegene Kapelle der "Schwarzen Büßer", einer weitgehend aus Adeligen bestehenden religiösen Gemeinschaft, besitzt eine überaus prachtvolle Rokokoeinrichtung, die man allerdings nur während der Sonntagsmesse in Augenschein nehmen kann. Ungewöhnlich ist auch der ovale Grundriss.

Adresse Cours Saleya.

Cathédrale Saint-Réparate: Die Kathedrale von Nizza ist der heiligen Réparate geweiht, einer frühchristlichen Märtyrerin. Mitte des 17. Jahrhunderts in der heutigen Altstadt erbaut, erinnert das dreischiffige Gotteshaus an frühbarocke römische Kirchen. Das in den Tönen weiß und blau gehaltene Innere beeindruckt durch die reiche Stuckdekoration und das prächtige Chorgestühl.

Außenfassade der Kathedrale

Notre-Dame de l'Annociation: Die Kirche inmitten der Altstadt gefällt mit ihren heiteren Barockformen, die ihren italienischen Ursprung nicht verleugnen können.

Palais Lascaris: Der 1643 im Stil eines Genueser Palazzos errichtete Stadtpalast ist eines der ansehnlichsten historischen Gebäude von Nizza. Das Palais Lascaris diente einst als Residenz eines Feldmarschalls des Herzogs von Savoyen, dann den Grafen Peille, bevor das Palais nach der Revolution in ein Mietshaus umgewandelt wurde und dadurch immer weiter verkam. Durch städtischen Ankauf 1942 vor dem drohenden Verfall gerettet, wurde das Palais Lascaris vor ein paar Jahrzehnten einer musealen Nutzung zugeführt. Über ein monumentales Treppenhaus gelangt man zu den prunkvollen Innenräumen hinauf. Im Erdgeschoss des Stadtpalastes ist eine Apotheke untergebracht, ihre Einrichtung entspricht der des 18. Jahrhunderts.

Adresse 55, rue Droite (Buslinie 1, 2, 3, 5, 6 und 17). Öffnungszeiten: Tgl. außer Mo 10–18 Uhr, im Nov. geschlossen. Eintritt: 3,05 €, erm. 2,30 €.

Galerie des Ponchettes: Direkt an der Uferpromenade gelegen, werden hier regelmäßig anspruchsvolle Ausstellungen zeitgenössischer Kunst gezeigt.

Adresse 77, quai des Etats-Unis. Öffnungszeiten: Tgl. außer Mo 10–12 Uhr und 14–18 Uhr. Eintritt: frei!

Auf dem Paillon zwischen Alt- und Neustadt

Jardin Albert I.: Nachdem der Paillon die Stadt immer wieder mit seinem Hochwasser heimgesucht hatte, entschied man sich Mitte des 20. Jahrhunderts, den Fluss einzudeichen und zu überbauen. Die sich vom Jardin Albert I. landeinwärts erstreckende Grünanlage markiert den unterirdischen Verlauf des Paillon. Neben so profanen Bauten wie dem Busbahnhof wurde auf dem einstigen Flussbett beispielsweise auch das Musée d'Art Moderne et d'Art Contemporain – kurz MAMAC genannt – errichtet. Auffällig ist eine in Meeresnähe aufgestellte Skulptur von Bernar Vernet; die überdimensionale konkave Rundung aus schwarzem Metall ist nur schwer zu übersehen.

Musée d'Art Moderne et d'Art Contemporain: Seit 1990 hat die zeitgenössische Kunst in einem betont modernen Bau – eine futuristische Trutzburg aus weißem Carraramarmor – eine neue Heimat gefunden. Jacques Médecin, der den Bau seines Lieblingsprojektes mit Eifer vorangetrieben hatte, konnte zwar die Eröffnung noch miterleben, kurz danach musste der umtriebige Bürgermeister jedoch sein geliebtes Nizza auf der Flucht vor der Steuerfahndung verlassen. Vor dem Eingang des Museums dreht sich ein imposantes Caldar-Mobile im Wind. Auf drei Ebenen und einer Ausstellungsfläche von 4.000 Quadratmeter sind Werke amerikanischer und französischer Künstler versammelt, die die internationale Kulturszene von den sechziger Jahren bis in die Gegenwart entschieden mitbestimmt haben: Andy Warhol, Roy Lichtenstein, Robert Rauschenberg, Richard Serra, Franck Stella, Niki de Sainte-Phalle, Tinguely und Yves Klein. Vom architektonisch interessant gestalteten Dach des Museums, auf dem Werke von Yves Klein zu bewundern sind, hat man einen sehr schönen Blick über die Dächerlandschaft von Nizza. Zu dem Museumskomplex gehört noch ein ansprechendes Bistro.

Caldar-Mobile vor dem Musée d'Art Moderne

Adresse Promenade des Arts (Buslinie 3, 4, 5, 7, 9, 10, 16, 17 und 25). Öffnungszeiten: Tgl. außer Di 10–18 Uhr. Eintritt: 3,80 €, erm. 2,30 €. Internet: www.mamac-nice.org.

Musée d'Histoire Naturelle: Schräg gegenüber des Musée d'Art Moderne gibt die naturhistorische Sammlung Einblicke in die Erdgeschichte und die Mineralogie; weiterhin werden schwerpunktmäßig Vögel und Pilze behandelt. Angegliedert ist eine naturwissenschaftliche Bibliothek, die auf Anfrage benutzt werden kann.

Adresse 60 bis, boulevard Risso (Buslinie 1, 3, 4, 5, 14, 17). Öffnungszeiten: Tgl. außer Mo 10–18 Uhr. Eintritt: frei! Internet: www.mhnnice.org.

Théâtre de la Photographie et de l'Image: Ein absolutes Muss für Liebhaber anspruchsvoller Photokunst. In den sehenswerten Räumlichkeiten des einstigen Théâtre de l'Artistique finden regelmäßig hochkarätige Wechselausstellungen statt.

Adresse 27, boulevard Dubouchage. Öffnungszeiten: Tgl. außer Mo 10–12 Uhr und 14–18 Uhr. Eintritt: frei!

Nizza
Karte Umschlag vorne

Rund um die Promenade des Anglais

Promenade des Anglais: Zwar leidet die Promenade des Anglais erheblich unter dem nicht enden wollenden Autoverkehr, doch zählt ein Spaziergang entlang der Strandpromenade zu den schönen "Pflichtübungen" eines Côte-d'Azur-Aufenthaltes. *Klaus Mann* geriet ins Schwärmen angesichts "dieser herrlichsten Promenade der Küste, des Kontinents. Ich weiß keine, die mit solchem Schwung und solcher Grandezza dem Meer entlang führte." Nüchtern betrachtet, handelt es sich bei der Promenade des Anglais um eine Uferstraße mit zwei neun Meter breiten Fahrbahnen, getrennt durch einen Grünstreifen mit Blumen und Palmen, die in einem beständigen Kampf mit den Abgasen leben. Angelegt wurde die Promenade im Jahre 1824, nachdem die englischen Wintergäste unter Federführung von Reverend *Lewis Way – nomen est omen* – eine Kollekte veranstaltet hatten, um die wirtschaftliche Not der Einheimischen durch eine Arbeitsbeschaffungsmaßnahme zu lindern. Die Arbeitslosen erhielten den Auftrag, entlang des Meeres einen zwei Meter breiten Weg anzulegen, der dann im Laufe der Zeit mehrfach verlängert und verbreitert wurde, bis die Promenade des Anglais 1931 zu ihrem heutigen Aussehen gefunden hatte. Die auffälligsten Gebäude sind das **Negresco** und das **Palais de la Méditerranée**. Während das kurz vor dem Ersten Weltkrieg von dem Architekten Edouard Niemans errichtete Hotel Negresco trotz einiger Wirren und Pleiten bis heute als prunkvolles Hotel erhalten blieb, wurde das Palais de la Méditerranée, ein glanzvolles Art-Déco-Casino, 1977 geschlossen. Derzeit steht nur noch die Frontseite des Palais de la Méditerranée, die die glanzvolle Fassade für einen Neubau abgeben wird.

Musée d'Art et d'Histoire (Palais Masséna): Die Villa, die der Enkel des napoléonischen Generals André Masséna im Stil italienischer Villen des Ersten Kaiserreichs erbauen ließ, vermachten dessen Erben der Stadt Nizza. Einzige Auflage: Im Palais Masséna sollte eine Sammlung zur Stadtgeschichte ausgestellt werden und der Garten sollte für die Öffentlichkeit zugänglich sein. Zu den herausragendsten Exponaten des Museums zählen Gemälde aus der sogenannten Schule von Nizza, darunter Bilder von Louis Bréa und seiner Werkstatt, abgerundet wird die Sammlung durch lokalhistorische Exponate. Kinder sind wahrscheinlich von den Ritterrüstungen im Obergeschoss angetan. Hinweis: Derzeit sind sehr umfangreiche Renovierungsarbeiten im Gange, die bis Sommer 2003 abgeschlossen sein sollen. Wahrscheinlich wird sich dann die Präsentation der Ausstellung geändert haben.

Adresse 65, rue de France & 35, promenade des Anglais. Öffnungszeiten: Tgl. außer Mo 10–18 Uhr. Eintritt: 3,80 €, erm. 2,30 €.

Musée des Beaux-Arts: Im 1878 erbauten, ehemaligen Wohnsitz der ukrainischen Fürstin Kotschubey werden umfangreiche Gemälde- und Skulpturensammlungen aus der Zeit des 17. bis frühen 20. Jahrhunderts präsentiert. Das von seinen Dimensionen wahrlich fürstliche Gebäude beherbergt eine wertvolle Sammlung italienischer Meister sowie Impressionisten wie Boudin, Monet, Kees van Dongen, Chéret, Sisley und Degas (Achtung: Monets "Felsküste bei Dieppe" und Sisleys "Pappel-Allee" wurden im September 1998 leider gestohlen). Zum Fundus gehören aber auch Werke der fast vollkommen in Verges-

Ein Hauch von Moskau: Russische Kirche in Nizza

senheit geratenen *Maria Bashkirtseff*, einer 1884 jung verstorbenen Künstlerin, deren postum veröffentlichtes Tagebuch zum Kultbuch einer Generation avancierte. Ein eigener Raum ist den Gemälden von *Raoul Dufy* (1877–1953) vorbehalten. Dufy, der mit Vorliebe südfranzösische Landschaften, Strandbilder sowie Badeszenen malte, liegt übrigens auf dem Friedhof von Cimiez begraben.

Adresse 33, avenue des Beaumettes (Buslinie 3, 5, 7, 12, 22 und 38). Öffnungszeiten: Tgl. außer Mo 10–18 Uhr. Eintritt: 3,80 €, erm. 2,30 €. Internet: www.museebeauxarts-nice.org.

Musée International d'Art Naif Anatole Jakovsky: Rund 600 Werke naiver Malerei zählt die 1982 eingerichtete Stiftung des Sammlers und Kunstkritikers *Anatole Jakovsky*. Die Bandbreite der Exponate reicht vom 18. Jahrhundert bis in die Gegenwart und ist in der ehemaligen Sommerresidenz des Parfümeurs Coty untergebracht.

Adresse Chateau Sainte-Hélène, Avenue Val Marie (Buslinie 9, 10, 12). Öffnungszeiten: Tgl. außer Di 10–18 Uhr. Eintritt: 3,80 €, erm. 2,30 €.

Cathédrale Orthodoxe Russe St.-Nicolas: Ein Hauch von Moskau an der Côte d'Azur: Mit ihren sechs Zwiebelkuppeln zählt St.-Nicolas zu den schönsten orthodoxen Kirchen der Welt. Das Baumaterial wurde mit Bedacht ausgewählt: Der Backstein stammt aus dem Rheinland, die Ziegel und Majolika aus Florenz. Kaiserin Maria Fjordorowna, die Witwe von Zar Alexander III., griff 1903 tief in ihre Privatschatulle, um der russischen Gemeinde von Nizza dieses Gotteshaus zu ermöglichen. Im Inneren besitzt die Kirche zahlreiche kostbare russische Ikonen. Gegenwärtig zählt die russische Gemeinde an der Côte d'Azur rund 9.000 Mitglieder.

Adresse Avenue Nicolas II. Öffnungszeiten: Tgl. außer Sonntagmorgen von 9.30–12 Uhr und 14.30–17 Uhr. Eintritt: 3 €.

Parc des Miniatures: Nach Entrichtung eines fürstlichen Eintrittsgeldes kann man in einem kleinen Park die Geschichte Nizzas im Miniaturformat erleben.
Adresse Avenue Impératrice Eugénie (Buslinie 9, 10, 23, 24, 26). Eintritt: 9 €.

Parc Floral Phoenix: Durch den erst 1990 in der Nähe des Flughafens eröffneten Botanischen Garten ist Nizza um eine weitere Attraktion reicher. Der Park rühmt sich, das größte Gewächshaus der Welt zu besitzen. Der "Diamant Vert" kann dank modernster Technologien gleichzeitig sieben verschiedene Klimazonen simulieren. Zudem gibt es exotische Fische, Vögel, Schmetterlinge und Millionen von Blumen zu bewundern.
Adresse 405, promenade des Anglais. Von April bis Sept. 9–19 Uhr, im Winter nur bis 17 Uhr. Eintritt: 6 €, erm. 4 €.

Musée Départemental des Arts Asiatiques: Mit dem im Herbst 1998 eröffneten Museum für asiatische Kunst besitzt Nizza ein weiteres ansprechendes Museum, das zudem den kulturellen Austausch zwischen Asien und Europa anregen soll. Der aus weißem Marmor errichtete Museumsbau stammt von dem japanischen Architekten Kenzo Tange) und liegt inmitten eines künstlichen Sees im Parc Phoenix. Das Gebäude spielt mit den geometrischen Formen Kreis und Quadrat. Die gezeigten Sammlungen aus öffentlichem und privatem Besitz geben einen Einblick in die Kunstfertigkeit des chinesischen, japanischen, koreanischen, kambodschanischen und indischen Kulturraums. Informativ sind die Audioführungen.
Adresse 405, promenade des Anglais (Buslinie 9, 10, 23 und 24). Öffnungszeiten: Tgl. außer Di 10–18 Uhr, im Winter nur bis 17 Uhr. Eintritt: 5,35 €, erm. 3,80 €.

Strände

Da der Hafen durch den Burgberg von der Baie des Anges getrennt ist, verfügen Nizzas Kiesstrände über eine relativ gute Wasserqualität. Für kostenlose Duschen ist gesorgt, verbringen doch auch die Einheimischen ihre Mittagspause und ihren Feierabend mit Vorliebe am Meer. Rund 15 Privatstrände (Opéra Plage, Beau Rivage etc.) haben sich breitgemacht und offerieren Liegen und Sonnenschirme; glücklicherweise ist aber der größte Teil des Strandes für die Allgemeinheit frei zugänglich.

Im Norden Nizzas

Musée National Message Biblique Marc Chagall: Das zu Füßen des Cimiez-Hügels gelegene Museum wurde speziell für eine ausgewählte Sammlung Chagallscher Werke konzipiert und in seinem ganzen Aufbau darauf zugeschnitten. Im Zentrum der Ausstellung stehen 17 Gemälde der biblischen Botschaft (zwölf zur Genesis und zum Exodus, fünf zum Hohenlied Salomos). Nach der Überzeugung von *Marc Chagall*, der seit seiner frühesten Jugend von der Bibel fasziniert war, "stellen diese Bilder nicht den Traum eines einzelnen Volkes dar, sondern den Traum der ganzen Menschheit". Die Sammlung wird durch Skulpturen, Glasmalereien, Mosaike und Bildteppiche vervollständigt und gewährt einen hervorragenden Einblick in das Œuvre Chagalls. Auch wenn man sich für biblische Motive nicht sonderlich begeistern kann, muss man der Meinung Picassos zustimmen, Chagall sei – abgesehen von Matisse – der ein-

Außerhalb von Nizza: Monastère de Cimiez

Nizza
Karte Umschlag vorne

zige Künstler, "der noch weiß, was Farbe ist". Das Chagall Museum ist übrigens mit jährlich 170.000 Besuchern das beliebteste Kunstmuseum an der Côte d'Azur.

Adresse Avenue du Docteur Ménard. Öffnungszeiten: Juli bis Sept. tgl. außer Di 10–18 Uhr, Okt. bis Juni tgl. außer Di 10–17 Uhr. Eintritt: 5,50 €, erm. 4 €.

Villa Arson: In einer prächtigen Patriziervilla aus dem 18. Jahrhundert unterhält das Kultusministerium ein recht lebendiges Kunstzentrum. Ausstellungsräume, Ateliers, Wohnräume für Künstler, ein Vorführraum sowie ausgedehnte Gartenanlagen gehören zu dieser Einrichtung.

Adresse 20, avenue Stéphan Liégeard. (Im Stadtteil Saint-Barthélemy, Buslinie 4, 7, 18, 20). Öffnungszeiten: Juli bis Sept. tgl. 13–19 Uhr, Okt. bis Juni Di–So 13–18 Uhr. Eintritt: frei!

Stadtteil Cimiez

Alle Sehenswürdigkeiten von Cimiez liegen auf engem Raum zusammen und sind bequem zu Fuß zu erreichen. Zwischen dem Museum Matisse, dem Kloster und dem Amphitheater erstreckt sich ein schöner Olivenhain, der zum Ausspannen einlädt und deshalb im Sommer auch von zahlreichen Einheimischen besucht wird.

Eglise et Monastère de Cimiez: Nachdem das einst in der Altstadt von Nizza gelegene Franziskanerkloster 1543 bei kriegerischen Auseinandersetzungen zerstört worden war, suchten sich die Mönche ein neues Domizil außerhalb der Stadtmauern. Das heutige Aussehen des Klosters entspricht weitgehend den Erweiterungen des 17. Jahrhunderts. Das Portal, zu dem eine geschwungene Treppe hinaufführt, ist allerdings neugotisch. Die Franziskanerkirche besitzt ein sehenswertes Triptychon von Louis Bréa. Das ehemalige

Das Amphitheater ist eine beliebte Konzertbühne

Franziskanerkloster erleuchtet in der Pracht seiner Rosengärten, von den Aussichtsterrassen schweift der Blick vom Tal des Paillon bis zum Mont Gros. Angegliedert ist ein Musée Franciscain. Unterhalb des benachbarten Friedhofs kann man das Grab von Matisse aufsuchen.

Adresse Place du Monastère (Buslinie 15, 17, 20, 22). Öffnungszeiten des Museums: Mo–Sa 10–12 Uhr und 15–18 Uhr. Eintritt: frei! Die Kirche ist ebenfalls in der Mittagszeit geschlossen.

Musée d'Archéologie et Site Archéologique: Das frei zugängliche Amphitheater und die Grundmauern der Thermenanlagen sind die letzten sichtbaren Zeugen des römischen *Cemenelum*. Verglichen mit anderen Amphitheatern (beispielsweise in Arles oder Verona) ist die Arena von Cimiez von eher bescheidenem Ausmaß; wahrscheinlich dürfte das Amphitheater einst rund 5.000 Zuschauern Platz geboten haben. Im Juli findet übrigens alljährlich ein Jazz-Festival in der Arena statt. Imposanter als die Arena müssen die ausgedehnten Thermenanlagen gewesen sein; die Thermen besaßen wahrscheinlich zwei, für Männer und Frauen getrennte Bereiche sowie die luxuriösen Magistratsthermen. Die gesamte Thermenanlage bot einen auch heute nur selten erreichten Badekomfort. Besonders eindrucksvoll ist der noch gut erhaltene Saal des *Frigidariums* (Kaltbad) in den Magistratsthermen im Norden der Anlage. Ein Teil der Thermen wurde zu Beginn des 5. Jahrhunderts zur Bischofskirche mit Baptisterium "zweckentfremdet".

Das angegliederte *Archäologische Museum* birgt nicht nur Ausgrabungsfunde aus Cimiez und dem griechischen Nikaia sowie bronzezeitliche und frühmittelalterliche Fundstücke, es bietet zudem eine fundierte Einführung in die bewegte Geschichte der Thermen. Anhand mehrerer Modelle werden die verschiedenen Bauphasen erläutert, so dass ein Museumsbesuch vor der Besichtigung der Thermenanlagen empfehlenswert ist.

Adresse 160, avenue des Arènes (Eingang avenue Montecroce, Buslinie 15, 17, 20, 22). Öffnungszeiten: Tgl. außer Di 10–18 Uhr. Eintritt: 3,80 €, erm. 2,30 €.

Musée Matisse: Die letzten sechzehn Jahre bis zu seinem Tod (1954) lebte Henri Matisse unweit des Museums im Régina Palace, wo er zwei Etagen des ehemaligen Hotels gekauft hatte. Das Museum selbst befindet sich in einer rostroten Villa, die im 18. Jahrhundert im genuesischen Stil erbaut, aber unlängst um einen modernen Anbau erweitert wurde; der Eingang befindet sich seither im Untergeschoss. Präsentiert wird eine persönliche Sammlung hochkarätiger Bilder, die einen guten Einblick in alle Schaffensperioden von Matisse gewährt – sogar das allererste Ölbild des Meisters gehört zum Fundus; abgerundet wird die Dauerausstellung durch Skulpturen und private Dokumente. Nirgendwo in Frankreich sind mehr Kunstwerke von Matisse an einem Ort versammelt!

Adresse 164, avenue des Arènes de Cimiez (Buslinie 15, 17, 20 und 22). Öffnungszeiten: Tgl. außer Di 10–18 Uhr. Eintritt: 3,80 €, erm. 2,30 €. Internet: www.musee-matisse-nice.org.

Régina Palace: Dieser prachtvolle Blickfang in Cimiez zeugt noch von den Tagen, als sich der europäische Hochadel in Nizza ein Stelldichein gab. Zu der illustren Gästeschar gehörte unter anderem auch die englische Königin Victoria. Wer in Cimiez auf Entdeckungstour geht, kann noch weitere Hotelpaläste wie das Alambra, Majestic, Hermitage und Winter Palace bewundern.

Nizza
Karte Umschlag vorne

Ein absolutes Muss für Kunstfreunde: Musée Matisse

Mit dem Train des Pignes durchs Hinterland

Eine Fahrt mit der Schmalspureisenbahn ist die wohl schönste Art, die Unterschiede zwischen der belebten Küste und dem einsamen Bergland der Haute-Provence kennenzulernen.

Die schwierigen geographischen Gegebenheiten machten eine 22-jährige Bauzeit erforderlich. Zahlreiche Brücken und Viadukte wurden über Täler gezogen, Dutzende von Tunnel gegraben. 1911 war es endlich soweit: Die erste Dampflok konnte durch das Hinterland der Côte d'Azur tuckern. Bei den größeren Steigungen hatte die Lokomotive allerdings so schwer zu kämpfen, dass die Fahrgäste angeblich aussteigen und Pinienzapfen sammeln konnten, die anschließend verheizt wurden: Der Name *Train des Pignes*, Pinienzapfenzug, war geboren! 1968 drohte dem Train des Pignes, der ursprünglich sogar bis nach Genf gefahren war, die endgültige Stilllegung. Doch da sich die Bürger von Nizza und Digne-les-Bains sowie die beteiligten Départements vehement für den Erhalt der Bahnlinie einsetzten, blieb die dünn besiedelte und strukturschwache Bergregion von dem Verlust einer wichtigen Lebensader verschont.

In Nizza fährt der Zug viermal täglich vom *Gare du Sud*, einem anmutigen Bahnhof aus der Belle Epoque, nach Digne-les-Bains. In gut drei Stunden ist die 151 Kilometer lange Strecke bewältigt. Nachdem der Zug nach einer knappen halben Stunde die Vororte Nizzas endlich hinter sich gelassen hat, klettert er das breite Tal des Var hinauf. Weingärten, Obstbäume und Gewächshäuser säumen den Weg. Hinter Villars-sur-Var verengt sich das Tal, besonders spektakulär liegen Puget-Théniers und Entrevaux eingeklemmt inmitten hoher Felsen. In der weiten Schleife zwischen Annot und Saint-André-les-Alpes kämpft sich die Bahn auf über 1.000 Meter hinauf und durchfährt unter dem Col de la Colle St. Michel einen 3,5 Kilometer langen Tunnel. Ein Tipp für Eisenbahnnostalgie-Fans: Zwischen Mai und Oktober wird jeden Sonntag das Teilstück zwischen Puget-Théniers und Annot mit einer alten Dampflok befahren.

Weitere Informationen Société Nouvelles des Chemins de Fer de la Provence, 40, rue Clément Roassal, B.P. 387, 06007 Nice Cédex 1, ✆ 0493883472, 📠 0493162871. Reservierungen und genaue Abfahrtszeiten: Gare de Nice – CP, 4 bis, rue Alfred Binet, ✆ 0493821017.

Hinterland von Nizza

Lucéram

Der im Westen von Sospel auf einem steilen Fels thronende Ort geht wahrscheinlich auf eine römische Gründung zurück. Lucéram wird von den Resten seiner mittelalterlichen Mauern umsäumt, die pastellfarbenen Häuser stehen dicht gedrängt am Hang. Im Zentrum an der Hauptstraße laden drei Cafés zu einer kurzen Rast ein. Die Dorfkirche, ein unauffälliger Bau aus dem späten 15. Jahrhundert, birgt sechs prachtvoll bemalte Altäre, die teilweise *Louis Bréa* und seiner Schule zugeschrieben werden. Wer sich für Sakralbauten interes-

Dächerlandschaft von Peille

siert, wird in der näheren Umgebung fündig: Die Chapelle Saint-Grat – Richtung Nizza – und die Chapelle Notre-Dame-de-Boncœur – Richtung Col Saint-Roch – besitzen mehr als 500 Jahre alte Wandmalereien von *Jean Baleison.*

Verbindungen Mehrmals tgl. Busverbindungen nach Nizza.

L'Escarène

Der Ort verdankte seinen Aufstieg der von Nizza nach Turin führenden Salzstraße, einer Handelsverbindung, die seit dem 16. Jahrhundert stetig an Bedeutung gewonnen hat. Mit der Eglise Saint-Pierre-aux-Liens besitzt L'Escarène eine beachtenswerte Barockkirche; sie wurde von Jean-André Gilbert, der auch die Cathédrale Sainte-Réparate in Nizza entworfen hat, gebaut.

- *Information* Mairie, 06440 L'Escarène.
- *Verbindungen* Mehrmals tgl. Busverbindungen nach Nizza.
- *Festival de l'Escarène* Jeden Samstagabend von Juli bis Anfang Aug. finden Konzerte statt. Als Veranstaltungsort dient zumeist die Eglise Saint-Pierre.

Peille

Das Dorf zieht sich einem Amphitheater gleich den Hang hinauf. Gekrönt wird Peille von einem eleganten romanischen Glockenturm im lombardischen Stil. In den Gassen stehen mehrere beachtenswerte Häuser, eine restaurierte Kapelle aus dem 13. Jahrhundert dient als Rathaus. Peille kann auf eine ansehnliche Dorfgeschichte zurückblicken: Selbstbewusst weigerten sich die Bewohner im Spätmittelalter, an den Bischof von Nizza Steuern zu entrichten. Als es zum offenen Konflikt kam, griffen sie gar das bischöfliche Château de Drap an. Selbst eine daraufhin verhängte Exkommunikation konnte die streitbaren Einwohner des Bergdorfs nicht gefügig machen. Wer will, kann nach

Nizza
Karte Umschlag vorne

einer Besichtigung des Ortes innerhalb von zwei Stunden auf einem schon in römischer Zeit genutzten Weg durch das Bergland nach Peillon wandern.

• *Information* Mairie, 06440 Peille, ✆ 0493917171.

• *Essen/Übernachten* ** **Belvédère**, am Ortseingang mit angenehm luftiger Terrasse. Sehr delikat ist die gegrillte Wachtel. Menüs ab 16 €. Montag Ruhetag. Zudem werden 5 Zimmer (33,50–40 €) vermietet. 3, place Jean-Miol, ✆ 0493799045.

Cauvin (Chez Nana), gutes Restaurant im Herzen des Dorfes beim Rathaus. Die Küche ist einfach und bodenständig, ein großes Lob verdienen die Ravioli. Menüs zu 16 und 23 €. Place Carnot, ✆ 0493799041.

Peillon

Absolut malerisches Bergdorf im Hinterland von Nizza. Verwinkelte Gassen, gesäumt von alten, teilweise schön herausgeputzten Häusern, führen steil bergauf zur Eglise de la Transfiguration, die im 18. Jahrhundert anstelle einer mittelalterlichen Burg errichtet worden war. Bei so viel Idylle verwundert es nicht, dass in den letzten Jahren mehrere Städter ihren Zweitwohnsitz in Peillon aufgeschlagen haben. Mit der gleich beim Parkplatz stehenden Chapelle des Pénitents Blancs besitzt der Ort zudem ein kunsthistorisches Kleinod. Der Chor weist sehenswerte Temperamalereien aus dem 15. Jahrhundert auf, dargestellt sind Szenen aus der Passion Christi. Die Wandmalereien stammen wahrscheinlich von Giovanni Canavesio, der auch in La Brigue (Notre-Dame-des-Fontaines) am Werk war. Wandern: Am Ortseingang beginnt übrigens ein schöner Wanderweg, der in zwei Stunden hinüber nach Peille führt.

• *Information* Mairie, 06440 Peillon, ✆ 0493799104, 📠 0493798765.

• *Essen/Übernachten* *** **Auberge de la Madone**, über dem Parkplatz, oberhalb des Dorfeingangs. Das ausgezeichnete Restaurant mit schöner Terrasse hat sich den lokalen Spezialitäten verschrieben. . Die Preise sind nicht gerade günstig, doch die Leistungen des Küchenchefs lohnen die Investition. Menüs zu 26 (mittags), 38, 43 und 55 €. Die 19 Zimmer (ab 89 €) sind begehrt und daher oft ausgebucht. Mittwoch Ruhetag, von Mitte Okt. bis Mitte Dez. geschlossen. ✆ 0493799117, 📠 0493799936, www.chateauxhotels.com/madone.

Les Loutins, direkt neben der Chapelle des Pénitents Blancs kann man sich bei Salaten oder einem schmackhaften Plat du Jour stärken, die Preise von 8–10 € schonen die Reisekasse. Den schönen Blick von der Terrasse gibt es gratis dazu.

• *Camping* ** **La Laune**, kleiner Platz auf einem Wiesengelände unterhalb von Peillon im Ortsteil Les Moulins an der D 21. Nur von Juni bis Sept. geöffnet, ✆ 0493799161.

Contes

Contes erstreckt sich auf dem Rücken eines Berges, der das Tal des Paillon überragt. Die Einwohner galten seit jeher als besonders freiheitsliebend, so versagten sie beispielsweise im 16. Jahrhundert dem mächtigen Herzog von Savoyen den ihm zustehenden Gehorsam. Die größte Sehenswürdigkeit ist die Eglise Sainte-Marie-Madeleine (17. Jhd.); sie birgt einen imposanten Altar, der der Schule von Louis Bréa zugeschrieben wird. Vor der Kirche befindet sich ein schöner Brunnen aus dem Jahre 1587.

• *Verbindungen* Mehrmals tgl. Busverbindungen nach Nizza, dreimal tgl. nach Coaraze.

• *Camping* **Ferme Riola**, ein kleiner (nur 25 Plätze), sympathischer Campingplatz liegt in Sclos-de-Contes. Als große Attraktion lockt ein Swimmingpool. Von Mai bis Ende Okt. geöffnet. Ferme Riola, ✆ 0493790302.

Sonnenuhr-Kunst in Coaraze

Coaraze

Von Contes aus kommend, verläuft die Straße (D 15) ein paar Kilometer entlang des Paillon, bevor sie sich in mehreren Serpentinen zu dem mittelalterlichen Bergdorf hinaufwindet. Der Ortsname leitet sich angeblich von "Coua rasa" ab, was soviel wie "abgeschnittener Schwanz" bedeutet. Der Legende zufolge soll nämlich der Teufel die ersten Bewohner nach Coaraze gelockt haben, die ihm dank einer List jedoch den Schwanz abschneiden konnten. Der Ort besticht noch immer durch sein altertümliches Flair; konzentrische, teilweise überwölbte Gassen führen zum höchsten Punkt, auf dem seit dem 17. Jahrhundert eine barocke Kirche auf den Grundmauern einer abgerissenen Burg steht. Ein besonderes Augenmerk sollte man auf die modernen Sonnenuhren richten. Coaraze besitzt mehrere ansehnliche Exemplare aus Keramik, eine von ihnen ist das Werk von Jean Cocteau, die anderen wurden von Douking, Mona-Christie, Goetz, Ponce de Léon und Valentin gefertigt. Sie befinden sich am Vorplatz der Kirche sowie am Gebäude der örtlichen Post.

- *Information* **Office de Tourisme**, Place Alexandre Mari, 06390 Coaraze, ✆ 0493793747, 📠 0493793173.
- *Verbindungen* 3 x tgl. Busverbindungen nach Contes und weiter in Richtung Nizza.
- *Essen/Übernachten* * **Auberge du Soleil**, solide Hausmannskost, die auch anspruchsvollere Gaumen zufrieden stellt. Menüs zu 19 und 23 €. Die 10 Zimmer sind mit 58–80 € zwar nicht gerade preiswert, besitzen aber eine sehr schöne Aussicht. Erholung findet man am Pool im Garten. Von Mitte Nov. bis Ende Feb. geschlossen. ✆ 0493790811, 📠 0493793779.

Tourrette-Levens

Tourrette-Levens ist ein schmuckes Dorf, nur wenige Kilometer nördlich von Nizza. Auf einem kleinen Bergkegel haben sich die Häuser unterhalb eines Châteaus versammelt. Ein Großteil der Bewohner hat aber den alten Ortskern verlassen und sich größere, modernere Häuser zu seinen Füßen errichtet.

Küste und Hinterland zwischen Nizza und Antibes

Cagnes

Cagnes besteht genau genommen aus drei völlig verschiedenen Orten: Da ist einmal direkt an der Küste das wenig attraktive Strandbad Cros-de-Cagnes, dahinter breitet sich Cagnes-sur-Mer aus, das als regionales Einkaufszentrum fungiert; pittoresk überragt wird der Ort von Haute-de-Cagnes, einem mittelalterlichen Dorf mit Schloss, in dem die Zeit stehen geblieben zu sein scheint.

Auf dem strategisch günstig gelegenen Bergkegel von Haut-de-Cagnes, der schon in ligurischer und römischer Zeit besiedelt war, entstand im 12. Jahrhundert ein befestigter Ort, der schon bald in den Machtbereich der aufstrebenden Fürsten von Monaco gelangte. Rainier I. ließ eine Burg errichten, die später zu einem repräsentativen Schloss ausgebaut wurde. Vor rund 200 Jahren siedelten sich Fischer aus Menton an der Küste an; der große Aufschwung kam aber erst gegen Ende des 19. Jahrhunderts, als sich zwischen den beiden heutigen Ortsteilen das moderne Cagnes-sur-Mer entwickelte. Mit mehr als 30.000 Einwohnern hat sich Cagnes zu einer regional relativ bedeutenden Kleinstadt entwickelt. Positiv bleibt zu vermerken, dass die Altstadt von Haute-de-Cagnes vom Trubel verschont geblieben ist; seit der Autoverkehr weitestgehend aus den alten Gassen verdrängt wurde, könnte man sich zeitlich fast um ein Jahrhundert zurückversetzt fühlen.

- *Information* **Office de Tourisme**, 2, avenue des Oliviers, 06800 Cros-de-Cagnes, ✆ 0493076708. Öffnungszeiten: Tgl. außer So 8.45–12 Uhr und 15–18.30 Uhr. **Office de Tourisme**, 6, boulevard Maréchal Juin, B.P. 48, 06800 Cagnes-sur-Mer, ✆ 0493206164, ℻ 0493205263, www.cagnes.com.
- *Verbindungen* Der SNCF-Bahnhof liegt zwischen Cros-de-Cagnes und Cagnes-sur-Mer. Häufige Zugverbindungen mit den anderen Orten an der Côte d'Azur, zudem fahren Busse nach Nizza und Antibes.
- *Markt* Tgl. in und rund um die Markthalle von Cros-de-Cagnes. In der Nebensaison nicht am Montag. Freitags ist Trödelmarkt in der Avenue des Oliviers-Place Berenger.
- *Fahrradvermietung* Cycles Marcel, 5, rue Pasqualini, ✆ 0493206407.
- *Strände* Von Cros-de-Cagnes erstreckt sich hinunter bis nach Villeneuve-Loubet-Plage ein wenig einladender, steiniger Strandabschnitt.
- *Essen/Übernachten* ** **Le Val Duchesse**, nüchternes, kleines Hotel mit Swimming-pool. Unweit des Hippodromes gleich hinter dem Strand gelegen. Zimmer 44–60 €. 11, rue de Paris, ✆ 0492134000, ℻ 0492134029.

** **Beaurivage**, die rosafarbene Fassade und die blauen Fensterläden wirken einladend, nach der jüngst erfolgten Renovierung kosten die Zimmer (teilweise mit Meerblick) nun 49 bis 72 €. 39, boulevard de la Plage, ✆ 0493201609, ℻ 0493229820, www.beaurivage.com.

Fleur de Sel, ein weiteres ausgezeichnetes Restaurant im Herzen der Altstadt. Ein Besuch lohnt sich! Menüs zu 21, 30 und 39 € (30 und 47 € inkl. Wein). Von Di–Do mittags geschlossen. 85, montée de la Bourgade, ✆ 0493203333.

Le Manoir, unterhalb des Grimaldi-Schlosses wird in dem kleinen, angenehmen Restaurant anspruchsvolle Kost kredenzt. Menüs zu 23 und 27 €. Sonntag und Montagmittag geschlossen. 81, montée de la Bourgade, ✆ 0493208951.

Les Baux, günstige Alternative mit netter Straßenterrasse, direkt hinter dem Schloss. Menü ab 11 €. mit *Salade au chèvre* und einem Steak. Für einen kleinen Imbiss empfiehlt sich auch das nahe **Jimmy's** (schöne Aussicht!).

Hier arbeitete der Maler: Renoir-Atelier

- *Ferienwohnungen* Das Office de Tourisme gibt alljährlich eine Broschüre mit rund 100 Objekten heraus.
- *Camping* Rund um Cagnes gibt es ein halbes Dutzend Campingplätze. Empfehlenswert, schattig und mit Swimmingpool sind beispielsweise: ** **La Rivière**, 168, chemin des Salles, ✆ 0493206227 sowie *** **Le Todos**, 159, vallon des Vaux, ✆ 0493312005. Beide sind rund vier Kilometer von Cros-de-Cagnes entfernt.

Sehenswertes

Château-Musée: Die Grimaldi-Fürsten ließen das imposante Schloss um 1300 zur Überwachung des Küstenabschnitts errichten. Im 16. Jahrhundert wurde die Burg zu einem repräsentativen Lustschloss umgewandelt, u. a. verschönerte man die vorhandene Bausubstanz um einen trapezförmigen Treppenaufgang sowie um einen ansprechenden Renaissance-Innenhof. Seit 1969 informiert das Musée de l'Olivier über die Kultur des Olivenbaums und die Olivenölgewinnung, zudem beherbergt das Boudoir die Stiftung Suzy Solidor mit zahlreichen Portraits (u. a. von Raoul Dufy und Kees van Dongen) dieser in den dreißiger Jahren berühmten Sängerin und Nachtclubbesitzerin.

Adresse Place Garibaldi. Öffnungszeiten: Juli bis Sept. tgl. 10–12 Uhr und 14–18 Uhr, sonst Di–So 10–12 Uhr und 14–17 Uhr, vom 15.10. bis 15.11. geschlossen. Eintritt: 3 €, erm. 1,50 €.

Altstadt: Nicht nur das zinnenbekrönte Château, sondern die gesamte Altstadt von Haute-de-Cagnes präsentiert sich als malerisches Ensemble. Zutritt gewähren die teilweise noch erhaltenen mittelalterlichen Stadttore. Man schlendert durch enge, verwinkelte Gassen, kleine Plätze laden zur Rast ein.

Chapelle Notre-Dame-de-Protection: Die aus dem 14. Jahrhundert stammende Kapelle wurde zwar 1645 erweitert, das Gotteshaus besitzt aber noch seinen gotischen Chor. In der Apsis wurde 1936 ein rund 500 Jahre alter Freskenzyklus entdeckt und freigelegt.

Zwischen Nizza und Antibes
Karte S. 184/185

La Maison de Renoir: Das Haus, in welchem der Maler *Auguste Renoir* (1841–1919) seine letzten zwölf Lebensjahre verbrachte, wurde im Originalzustand belassen und 1960 der Öffentlichkeit zugänglich gemacht; sein Rollstuhl steht noch im Atelier. Dem Besucher eröffnet sich ein stattliches Anwesen, umrahmt von einem großzügigen Olivenhain. Im Erdgeschoss, das Wohn-, Ess- und Gästezimmer birgt, sind auch zehn Gemälde von Renoir ausgestellt. Der interessanteste Raum ist sicherlich das große Atelier im Obergeschoss; die Staffelei und die Pinsel wirken so, als hätte sie der Meister nur für einen Augenblick beiseite gelegt... Wer nur durch den weitläufigen Olivenhain schlendern und sich im Schatten der knorrigen Bäume ausruhen will, zahlt keinen Eintritt.

Adresse "Les Colettes". Öffnungszeiten: Juni bis Mitte Okt. tgl. außer Di 10–12 Uhr und 14–18 Uhr, von Mitte Nov. bis Mai nur bis 17 Uhr, vom 1.11. bis 21.11. geschlossen. Eintritt: 3 €, erm. 1,50 €.

Saint-Paul-de-Vence

Saint-Paul-de-Vence besitzt mit der Stadtmauer, einer attraktiven Kirche, zahlreichen malerischen Gassen und lauschigen Plätzen alle Attribute, die Reisende von einem südfranzösischen Städtchen erwarten. Hinzu kommt noch die vor den Toren der Stadt gelegene Fondation Maeght. In den Sommermonaten übersteigt die Besucherzahl daher die der Einwohner leicht um das Zwanzigfache.

Der Touristenansturm auf das kleine Bilderbuchdorf hat zumindest einen positiven Nebeneffekt: Die Umgebung von Saint-Paul-de-Vence blieb von der französischen Vorliebe für gigantische Supermärkte verschont. Dafür haben sich in den mittelalterlichen Häusern zahllose Galeristen und Souvenirhändler niedergelassen. Jahr für Jahr strömen mehr als eine Million Menschen durch die engen Gassen des Ortes.

Pittoresk: Saint-Paul-de-Vence

Saint-Paul-de-Vence kann wahrscheinlich auf eine mehr als 2000 Jahre alte Vergangenheit zurückblicken, doch erst im Mittelalter trat der Ort aus dem Dunkel der Geschichte hervor. Bereits 1241 gelang es dem aufstrebenden Gemeinwesen, seine Unabhängigkeit weitestgehend zu erlangen. 1536 wurde Saint-Paul-de-Vence in die Auseinandersetzungen zwischen Kaiser Karl V. und dem französischen König François I. hineingezogen. Eine Belagerung durch die kaiserlichen Truppen überstand das Städtchen unversehrt, dennoch ließ François I. in den nächsten Jahren die Befestigungsanlage erweitern und auf den damals modernsten verteidigungstechnischen Stand bringen. Die Bewohner dürften wahrscheinlich wenig erfreut gewesen sein, dass für diesen Befestigungsring mehrere hundert Häuser geopfert werden mussten. Das Ergebnis war beachtlich: Selbst Vauban, der berühmte Festungsbaumeister Ludwig XIV., soll von der Anlage beeindruckt gewesen sein. Auch wenn man für die militärische Funktion wenig übrig hat, so eröffnet ein Spaziergang entlang des mächtigen Mauerwerks garantiert schöne Ausblicke auf die Umgebung.

• *Information* **Office de Tourisme**, 2, rue Grande, 06570 Saint-Paul-de-Vence, ✆ 0493328695, 📠 0493326027. Öffnungszeiten: Im Sommer 10–19 Uhr, im Winter 10–12 Uhr und 14–18 Uhr.

• *Verbindungen* Tgl. rund 20 Busverbindungen nach Vence sowie nach Cagnes und Nizza.

• *Parken* Parkplätze sind rar, bei großem Besucherandrang ist selbst das am Ortseingang am Hang "klebende" Parkhaus (Std. 2 €) restlos belegt. Im Hochsommer lässt man daher das Auto lieber gleich bei der Fondation Maeght stehen und geht die kurze Strecke zu Fuß.

• *Veranstaltungen* Nuits du Sud, an neun Wochenenden im Sommer finden die Konzerte des renommierten Musikfestivals statt. Musik aus Kuba, Maghreb, Schwarzafrika etc.

• *Essen/Übernachten* **** **Le Saint Paul**, das zur Relais et Château Vereinigung gehörende Hotel besitzt nur 15, sehr individuell eingerichtete Zimmer (150–290 €) und 3 Suiten. Inmitten des mittelalterlichen Ortskerns ist es eine Oase des Komforts und der Ruhe. Mittags wird ein Menü zu 43 € serviert, abends hat man die Wahl zwischen dem Menü zu 53 und 90 €. 86, rue Grande, ✆ 0493326525, 📠 0493325294.

*** **La Colombe d'Or**, über die Colombe d'Or ließe sich leicht ein ganzes Buch schreiben. Angefangen hat alles mit Paul Roux, einem kunstliebenden Wirt, der junge, damals noch relativ unbekannte Maler (z.B. Signac, Dufy, Utrillo, Matisse) kostenlos in seiner "Goldenen Traube" beherbergte, wenn diese ihm dafür im Gegenzug eines ihrer Werke schenkten. Mit der Zeit besaß Monsieur Roux eine beachtliche Kunstsammlung und einen ausgezeichneten Ruf, renommierte Schriftsteller und Schauspieler beehrten das Hotel. Daran hat sich bis heute nichts geändert. Wer sich ein Essen im anspruchsvollen Restaurant leisten kann oder will (Menü zu 61 €), darf auf der Terrasse mit Blick auf eine Keramik von Fernand Léger dinieren. Zimmer von 183–275 €, Swimmingpool und Garten sind ebenfalls vorhanden. Im Restaurant speist man nur à la Carte. Nov. und Dez. geschlossen. Place des Ormeaux, ✆ 0493328002, 📠 0493327778, www.la-colombe-dor.com.

** **Les Remparts**, die günstigste, aber sicherlich nicht die schlechteste Möglichkeit, in Saint-Paul-de-Vence ein Zimmer (38–80 €) zu finden. Akzeptable Menüs zu 26 €. 72,

Saint-Paul-de-Vence

rue Grande, ✆ 0493320988, ℻ 0493320661, www.saintpaulweb.net/spw/remparts/rempart_00.html.

Café de la Place, die Snackbar am Ortseingang ist nicht ohne Charme, auf der Terrasse lassen sich des Öfteren Pétanque-Spieler bei ihrem Treiben beobachten.

• *Camping* **** **Saint-Paul**, rund zwei Kilometer vom Ort entfernt, mit guter Sanitärausstattung und Swimmingpool. Mai bis Ende Sept. geöffnet. Chemin du Malvan, ✆ 0493329371.

Weitere Campingplätze finden sich ein paar Kilometer südwestlich bei Colle-sur-Loup: *** **Les Pinèdes** und *** **Vallon Rouge** besitzen ebenfalls einen Swimmingpool, sehr einfach gehalten ist der Platz ***Montmeuille**.

Sehenswertes

Fondation Maeght: Ein absolutes Highlight für Liebhaber moderner Kunst! Die Fondation Maeght zählt fraglos zu den bedeutendsten Kunststiftungen der Welt. Gegründet wurde die Stiftung in den fünfziger Jahren von dem Galeristenehepaar Marguerite und Aimé Maeght, die mit diesem Projekt versuchten, den frühen Tod ihres jüngsten Sohnes (ihm ist die Kapelle im Garten mit einem Glasfenster von Braque gewidmet) zu verarbeiten. Von Anfang an bezogen die Maeghts so bedeutende Künstler wie Georges Braque, Marc Chagall, Joan Miró, Alberto Giacometti und Alexander Calder in die Planungen mit ein. Die Baupläne lieferte der Katalane José Lluis Sert, ein ehemaliger Mitarbeiter von Le Corbusier, der es geschickt verstand, den 1960 begonnenen Bau mit seinen vielen Ebenen und Terrassen behutsam in die mediterrane Landschaft einzugliedern. Neben den Ausstellungsräumen und dem Freiluftareal entstanden noch Wohnungen, Ateliers, Büroräume und eine Bibliothek. Vier Jahre später konnte die Museumsstiftung ihre Pforten für die Öffentlichkeit öffnen. Man betritt das Gelände durch einen schattigen Garten mit Skulpturen (Jean Arp, Caldar etc.), die eigentlichen Ausstellungsräume bleiben weitgehend hochkarätigen Wechselausstellungen vorbehalten. Die beiden Hauptattraktionen sind der Giacometti-Hof sowie Mirós verspieltes Labyrinth. In den Museumsbau integriert wurden Keramiken von Fernand Léger sowie ein Wandmosaik von Chagall und ein Wasserbassin von Braque.

Öffnungszeiten Juli bis Sept. tgl. 10–19 Uhr, von Okt. bis Mai 10–12.30 Uhr und 14.30–18 Uhr. Eintritt: 7,60 €, erm. 6,10 €. Wer photographieren will, muss zusätzlich 2,50 € entrichten. Internet: www.maeght.com.

L'Eglise Collégiale: Die Kirche beeindruckt durch ihre nüchterne Formensprache. Noch in romanischer Zeit als einschiffiger Bau errichtet, wurde die Stiftskirche Anfang des 14. Jahrhunderts um zwei Seitenschiffe erweitert; später folgten der Glockenturm und das Gewölbe des Mittelschiffs.

Musée d'Histoire Locale: Das Wachsfigurenmuseum stellt mit musikalischer Untermalung die wichtigsten Ereignisse der Geschichte von Saint-Paul-de-Vence im Schnelldurchgang vor. Nichts besonderes, beeindruckender ist hingegen die im Kassenraum zusammengetragene Photosammlung berühmter Stars aus dem Showbusiness, die sich schon in dem Dorf die Ehre gaben.

Adresse Place de la Castre. Öffnungszeiten: Juni bis Sept. tgl. 10–19 Uhr, von Okt. bis Mai 10–17.30 Uhr, Mitte Nov. bis Mitte Dez. geschlossen. Eintritt: 3 €, erm. 2 €.

Eine der bedeutendsten Kunststiftungen der Welt: Fondation Maeght

Vence

Während Saint-Paul-de-Vence durch den Touristenansturm zum Freilichtmuseum erstarrte, ist Vence lebendig geblieben: Nicht Souvenirläden und Galerien, sondern Bäckereien, Gemüsestände und Fischhändler prägen das Bild in den Straßen und Gassen. Das liegt sicherlich auch daran, dass Vence mit seinen rund 17.000 Einwohnern weit über seine Stadtmauern hinausgewachsen ist. Die größte Attraktion von Vence ist eine von Matisse ausgemalte Kapelle.

Die meisten Besucher betreten durch die Porte de Peyra das mittelalterliche Gassengewirr mit seinen lauschigen kleinen Plätzen. Daneben erhebt sich der Turm einer mittelalterlichen Burg, dahinter plätschert ein beschaulicher Brunnen. Rechter Hand erstreckt sich die Rue du Marché, eine enge Marktgasse mit kleinen Lebensmittelgeschäften, während linker Hand die Place de Peyra wahrscheinlich die Lage des antiken Forums markiert; im Zentrum des Mauerrings erheben sich das Rathaus und die Kathedrale.

Geschichte

Auf dem gut 300 Meter hohen Plateau siedelten laut Plinius dem Älteren bereits die ligurischen Nerussii; vor mehr als 2000 Jahren wurden die Ligurier von den Römern verdrängt, die an dieser strategisch günstigen Stelle eine Militärsiedlung namens Vintium gründeten. Die römische Stadt wurde 374 Bischofssitz, doch in der Zeit der Völkerwanderung verlor Vence zunehmend an Bedeutung und wurde schließlich von den Sarazenen gebrandschatzt und zerstört. Die geringe Ausdehnung der noch deutlich sichtbaren Stadtmauer - sie beschreibt ein Oval, das rund 200 Meter lang und 150 Meter breit ist – lässt zu Recht den Rückschluss zu, dass Vence im Mittelalter nur ein unbedeutendes Landstädtchen war. In den zwanziger Jahren des 20. Jahrhunderts wurde Vence von Schriftstellern und Malern entdeckt, darunter André Gide, Paul Valéry, Raoul Dufy und David Herbert Lawrence, der hier seine Tuberkulose zu lindern hoffte, aber wenig später in Bandol verstarb.

- *Information* **Office de Tourisme**, Place du Grand Jardin, 06140 Vence, ✆ 0493580638, 📠 0493589181, www.ville-vence.fr.
- *Verbindungen* Mehrmals tgl. nach Cagnes und Nizza, zudem tgl. rund 20 Busverbindungen nach Saint-Paul-de-Vence und vier Busse nach Tourrettes-sur-Loup.
- *Parken* Tiefgarage unter dem Grand Jardin.
- *Markt* Dienstag- und Freitagvormittag in der Altstadt.
- *Chapelle des Pénitents Blancs* Wechselausstellungen Moderner Kunst. Adresse: Place Frédéric Mistral. Öffnungszeiten: Im Sommer tgl. 10–12 Uhr und 15–19 Uhr, im Winter nur bis 18 Uhr.
- *Centre Culturel Henri Matisse* Kulturzentrum in einer alten Olivenölmühle. Adresse: 3, descente des Moulins.
- *Fahrradverleih* Vence Tous Terrains, 7, avenue des Poilus, ✆ 0493585600.
- *Schwimmen* Schwimmbad in der Avenue du Colonel Meyère.
- *Essen/Übernachten* *** **Le Floréal**, modernes und funktionales Hotel mit Swimmingpool. Zimmer je nach Saison und Ausstattung 55–150 €. 440, avenue Rhin et Danube, ✆ 0493586440, 📠 0493587969, www.floreal.com.

*** **La Villa Roseraie**, ein kleines, sehr stilvolles Haus mit Garten und schönem Swimmingpool. Die 12 Zimmer (74,70–129,50 €) sind begehrt, eine Reservierung daher sinnvoll (3 Tage Mindestaufenthalt!). Im Nordwesten der Stadt, 128, avenue Henri Giraud, ✆ 0493580220, 📠 0493589931.

* **La Victoire**, ohne Frage etwas laut, dafür mitten im Zentrum. Zimmer 32–36 €. Place du Grand Jardin, ✆ 0493586130, 📠 0493587468.

Das Rathaus von Vence

La Farigoule, wenige Meter von der Altstadt entfernt, wird hier eine traditionelle provenzalische Küche geboten, die auch gehobene Ansprüche zufrieden stellt. Menüs zu 22,10 und 27,45 €, keine Kreditkarten, Dienstag- und Mittwochmittag bleibt die Küche kalt. 15, avenue Henri Isnard, ✆ 0493580127.

Le Pecheur du Soleil, das Studium der Speisekarte kann zur Tortur werden, denn mehr als 100 Pizzen und fast die gleiche Anzahl Salatvariationen stehen zur Auswahl. In der Nebensaison Sonntag und Montag Ruhetag. Gleich hinter der Kirche, 1, place Godeau, ✆ 0493583256.

Le Pigeonnier, Restaurant mit günstigen Menüs (14, 19 und 26 €). An warmen Tagen sitzt man auf dem kleinen Platz direkt hinter dem Stadttor. Zu empfehlen sind die Nudelgerichte. Zur akustischen Begleitung dudelt Musik aus den Boxen. Freitag und Samstagmittag Ruhetag. Place du Peyra, ✆ 0493580300.

Le Clémenceau, wer den Trubel liebt, ist hier genau richtig. Die Mischung aus Bar, Restaurant und Pizzeria liegt direkt gegenüber dem Rathaus. Menü zu 22,90 €. Place Clémenceau, ✆ 0493582470.

• *Ferienwohnungen* Im Office de Tourisme ist ein Beherbergungsverzeichnis erhältlich, das mehr als hundert Objekte auflistet.

• *Camping*: *** **Domaine de la Bergerie**, angenehmer, schattiger Platz im Westen von Vence. Restaurant, Bar und ein kleines Lebensmittelgeschäft sind vorhanden. Familiäre Atmosphäre. Mitte März bis Okt. geöffnet. Route de la Sine, ✆ 0493580936.

Sehenswertes

Chapelle du Rosaire: "Was ich in der Kapelle geschaffen habe, ist die Erschaffung eines religiösen Raums. Ich will, dass sich diejenigen, die meine Kapelle betreten, geläutert und von ihren Lasten befreit fühlen. Diese Kapelle ist für mich das Ergebnis eines ganzen Lebens der Arbeit und die Blüte eines gewaltigen, aufrichtigen und schwierigen Bemühens", interpretierte *Henri Matisse* seine Arbeit an der Kapelle von Vence. Von 1948 bis 1951 hatte Matisse nichts anderes getan, als sich der Ausgestaltung der Hauskapelle des Dominikanerinnenklosters zu widmen. Das Ergebnis sah er als die Summe seines künstlerischen

Karte S. 184/185

Schaffens. Von den Glasfenstern, dem Tabernakel und dem Altar bis hin zu den Priestergewändern hat er jedes Detail entworfen. Picasso war von Matisse' Vorhaben entsetzt und meinte zynisch: "Du bist verrückt, eine Kapelle für diese Leute zu bauen. Glaubst du an das Zeug oder nicht?" Genau genommen war Matisse weniger verrückt, als bis über beide Ohren in Monique Bourgeois, eine Schwester des Dominikanerklosters von Vence, verliebt...

Adresse 468, avenue Henri Matisse (zwei Kilometer nordwestlich der Altstadt). Öffnungszeiten: Di und Do 10–11.30 Uhr sowie tgl. 14.30–17.30 Uhr. Eintritt: 2,30 €.

Cathédrale de la Nativité-de-la-Vierge: Die ehemalige Kathedrale von Vence – bis 1801 war Vence Sitz eines Bistums – präsentiert sich als buntes Stilgemisch. Die ältesten Teile stammen wohl noch aus dem 11. Jahrhundert, vor knapp 400 Jahren wurden der Chor sowie zwei Seitenschiffe angefügt, das Tonnengewölbe des Mittelschiffs wurde gar erst im letzten Jahrhundert fertig gestellt. Ein Mosaik von Chagall ziert seit 1979 das Baptisterium der Kirche.

Château des Villeneuve (Fondation Emile Hugues): Direkt am Rand der Altstadt gelegen, birgt das eher unscheinbare Schloss eine Sammlung moderner Kunst von Chagall, Dufy, Matisse und anderen Künstlern, die einst einen engeren Bezug zu Vence hatten.

Adresse 2, place du Frêne. Öffnungszeiten: Juli bis Okt. tgl. 10–19 Uhr, Okt. bis Juni tgl. außer Mo 10–12 Uhr und 14–18 Uhr. Eintritt: 5 €, erm. 2,50 €.

Galerie Beaubourg: "Die im schön restaurierten Schloss und im gepflegten Garten ausgestellten Bilder von Arman, César, Niki de Saint-Phalle, Tinguely... können, falls der Urlauber über die nötige Reisekasse verfügt, auch erworben werden. Ein Besuch lohnt alleine schon deswegen, weil das Arrangement der Kunstwerke im Garten eine tolle Atmosphäre entstehen lässt." (Ein Lesertipp von Anette Volpp). Anfahrt: Von Vence in Richtung Tourettes nach zwei Kilometern rechts abbiegen.

Adresse Château Notre-Dame des Fleurs, an der Straße nach Grasse. Öffnungszeiten: Im Hochsommer tgl. außer So 11–19 Uhr, sonst erst ab 14 Uhr sowie Montag geschlossen. Eintritt: 5 €, erm. 2,50 €. Internet: www.galeriebeaubourg.com.

Tourrettes-sur-Loup

Das mittelalterliche Dorf klammert sich pittoresk an einen mächtigen Kalkfelsen, wobei die Häuser so angeordnet sind, dass sie zum Tal hin den Ort wie eine Stadtmauer abgrenzen. Im Zentrum von Tourrettes-sur-Loup steht das einstige Schloss der Marquise von Villeneuve-Tourrettes. Als bedeutendste Sehenswürdigkeit gilt die um 1400 errichtete Eglise Saint-Grégoire-le-Grand; ein kleines Stück außerhalb steht die kleine Kapelle Saint-Jean, die 1959 von Ralph Soupault mit naiven Fresken ausgemalt wurde. Noch in der Mitte des 20. Jahrhunderts galt Tourrettes-sur-Loup als sterbendes Dorf, immer mehr Menschen zogen fort, die Häuser verfielen; doch dank des aufkommenden Tourismus konnte der Niedergang abgewendet werden. Mittlerweile ist das Dorf fest in der Hand diverser Kunsthandwerker.

- *Information* **Office de Tourisme**, 2, route de Vence, 06140 Tourrettes-sur-Loup, B.P. 26, ✆ 0493241893, ℻ 0493592440, www.tourrettessurloup.com.
- *Verbindungen* Busverbindungen 7 x tgl. nach Vence sowie zweimal tgl. nach Gourdon und Grasse.
- *Parken* Großer Parkplatz am Ortseingang, der in der Hochsaison den Touristenansturm oft nicht bewältigen kann.

• *Markt* Tgl. auf der Place de la Libération.

• *Essen/Übernachten* ** **Auberge Belles Terrasses**, familiäres Hotel (Logis de France), Zimmer ab 37 €, teilweise mit Balkon. Menüs zu 17 und 25 €. Östlich des Ortes, an der Straße nach Vence, ✆ 0493593003, 📠 0493593127.

** **L'Auberge de Tourrettes**, unlängst renoviertes Hotel, direkt am Ortsrand, manche Zimmer (72–105 €) besitzen einen tollen Panoramablick. Charmantes Restaurant, Menüs zu 24 und 40 €. Lecker ist der gegrillte Petersfisch. 11, route de Grasse, ✆ 0493593005, 📠 0493592866, www.aubergedestourrettes.com.

Le Petit Manoir, mitten im historischen Zentrum mit dezentem rustikalen Flair. Anspruchsvolle traditionelle Küche, Menüs von 15,50 bis 35 €. Sonntagmittag und Mittwoch sowie dienstags im Juli und Aug. geschlossen. 21, Grand Rue, ✆ 0493241919.

• *Camping* *** **La Camassade**, kleiner angenehmer Platz mit schattigen Ecken und Swimmingpool. Zwei Kilometer außerhalb, ganzjährig geöffnet. 523, route de Pie Lombard, ✆ 0493593154.

*** **Les Rives du Loup**, ein weiterer Platz mit Swimmingpool, am Ufer des Loup. Caravanvermietung, von April bis Ende Sept. geöffnet. Route de la Colle, ✆ 0493241565.

Umgebung

Gorges du Loup

"Welch eine Landschaft aber die von Gorges du Loup! Felsen, Abgründe, Wasserfälle, die wie breite Silberbänder herunterhängen, frei herunterstürzen, bis sie, sich teilend, mit großem Gepolter weiter fließen ins Tal", schwärmten Erika und Klaus Mann 1931 in ihrem Rivierareiseführer überschwänglich, und man kann ihnen noch heute ohne Abstriche beipflichten. Der Loup entspringt in rund 1.200 Metern Höhe in einem bewaldeten Talkessel zu Füßen der Montagne de l'Audibergue. Auf seinem nur 45 Kilometer langen Lauf hat er sich ein tiefes Bett mit atemberaubenden Schluchten gegraben. Da seine Wassermassen von keiner Staustufe gebändigt werden, stürzt er im Frühjahr oft als tosender Wildbach zu Tal, während im Hochsommer manchmal nur ein zartes Bächlein den Weg zum Meer sucht. Wer ein Faible für karge, einsame Landschaften hat, dem sei ein Abstecher zum Plateau de Caussols empfohlen, das ein paar Kilometer weiter westlich liegt.

Gourdon

Von steil abfallenden Felsen begrenzt, thront das kleine Dorf, ein typisches *village perché*, majestätisch über dem Tal des Loup. Bereits die Sarazenen sollen auf dem leicht zu verteidigenden Ort eine Festung errichtet haben, auf dessen Grundmauern eventuell das heutige Château von Gourdon steht. Das Dorf mit seinen wenigen Häusern ist schnell durchstreift, die Kirche, ein einschiffiger romanischer Bau, ist einen kurzen Besuch wert. Und noch einmal muss man Erika und Klaus Mann zustimmen: "Gourdon .. das ist eine Wildheit, eine Kühnheit der Landschaft, das Rötlich-Gelblich-Grau der riesigen Felsen hat nichts als das tiefe Blau des Himmels zur Gesellschaft und das Schwarz der Schatten in den Klüften."

• *Information* **Syndicat d'Initiative**, Mairie, 06620 Gourdon, ✆/📠 0493096825.

• *Verbindungen* Tgl. fahren zwei Busse nach Tourrettes-sur-Loup und Grasse.

• *Wandern* Am Dorfeingang beginnt ein schöner Wanderweg hinab nach Bar-sur-Loup.

• *Essen* **Auberge de Gourdon**, ein paar Meter vor dem historischen Zentrum bietet dieses Restaurant ein ausgezeichnetes Preis-Leistungs-Verhältnis. Die Menüs zu 15 und 19 € können sich sehen lassen. Im Weinkeller lagern hauptsächlich süffige Tropfen aus der Region. Nur mittags geöffnet, Samstag Ruhetag. ✆ 0493096969.

Zwischen Nizza und Antibes
Karte S. 184/185

Sehenswertes

Château: Im 16. Jahrhundert wurde die mittelalterliche Burg zu einem repräsentativen, vierflügeligen Schloss mit einem schönen Renaissancehof umgebaut. Das Schlossmuseum ist vor allem für Waffenliebhaber interessant, denn es birgt neben Gemälden und alten Möbeln zahlreiche wertvolle Schwerter, Musketen und Rüstungen. Zu den herausragendsten Exponaten zählen das Bild "Legende der hl. Ursula" aus der Kölner Schule (um 1500) und eine Statue von El Greco. Unpassend ist allerdings, dass der Besucher während einer Führung durch ein Schild im letzten Raum "dezent" darauf aufmerksam gemacht wird, dass der Lohn der FührerInnen ausschließlich durch das Trinkgeld bestritten wird. Vielleicht hilft es ja, wenn zahlreiche Besucher gegen diese Praktik an der Kasse protestieren. Ohne Führung zugänglich ist eine umfangreiche Sammlung Naiver Malerei, u.a. mit Werken von Henri Rousseau und Camille Bombois. Unbedingt sollte man kurz durch die von Le Nôtre, seines Zeichens der Gartenbauarchitekt von Versailles, entworfenen Gärten streifen; sie bieten zudem eine phantastische Aussicht.

Öffnungszeiten Juni bis Sept. 11–13 Uhr und 14–19 Uhr, Okt. bis März Mo, Di und Sa 14–18 Uhr. Eintritt: 4 €, erm. 3 €.

Le Bar-sur-Loup

Der geschichtsträchtige Ort war schon in ligurischer Zeit besiedelt. Im Mittelalter wurde Le Bar-sur-Loup von einer mächtigen Burg beherrscht, die während der Französischen Revolution bis auf den Sockel des Donjon weitgehend zerstört worden ist; Letzterer beherbergt das Office de Tourisme. Als berühmtester Sohn des hiesigen Adelsgeschlechtes gilt François de Grasse, ein Admiral, der sich im Amerikanischen Unabhängigkeitskrieg auf Seiten der Amerikaner auszeichnete, die ihm in Yorktown-City später ein Denkmal errichteten.

- *Information* **Office de Tourisme**, Place de la Tour, 06620 Le Bar-sur-Loup, ✆ 0493427221, 📠 0493429260.
- *Verbindungen* Busverbindungen nach Grasse.
- *Veranstaltungen* Am Ostermontag wird mit Weinverkostungen, Folkloretänzen und anderen Aktionen alljährlich die "Fête de l'Oranger" gefeiert.
- *Essen/Übernachten* **L'Amiral**, ein hervorragendes Restaurant mitten im historischen Ortszentrum. Nachdem die Leistung des Küchenchefs in einigen Restaurantführern gelobt wurde, sind die Preise allerdings merklich angestiegen. Der Gast wird mit leckeren Gerichten wie Schmorbraten oder Kaninchen mit Thymian verwöhnt. Für das Menü werden 20 € berechnet, eine kleine Flasche Wein ist ab 5,80 € zu haben. Mittwoch und im Okt. geschlossen. 8, place Francis-Paulet, ✆ 0493094400.
- *Camping* *** **Gorges du Loup**, zwei Kilometer unterhalb des Dorfes befindet sich einer der schönsten Campingplätze der Region. Olivenbäume spenden auf dem terrassierten Areal Schatten, für Abkühlung sorgt ein Swimmingpool. Von Okt. bis März geschlossen. 965, chemin des Vergers, ✆ 0493424506.

Sehenswertes

Eglise St.-Jacques le Majeur: Das Gotteshaus besitzt ein schönes gotisches Hauptportal mit einer reich verzierten Holztür. Im Inneren der zweischiffigen Kirche besticht der Louis Bréa zugeschriebene Hauptaltar sowie eine Totentanzdarstellung (Danse macabre) aus dem 15. Jahrhundert. Beim Bau der Kirche fand übrigens ein römischer Grabstein Verwendung, seine Inschrift ist noch heute zu sehen.

Valbonne

Durch den ungewöhnlichen quadratischen Grundriss und seine gut erhaltene Bausubstanz hebt sich Valbonne – "gutes Tal" – von den umliegenden Dörfern und Städten positiv ab. Keimzelle von Valbonne war eine 1199 von Mönchen des Ordens von Chalais gegründete Abtei, deren schlichte Klosterkirche noch heute als Pfarrkirche genutzt wird. Nachdem das an das Kloster angrenzende Dorf 1350 zerstört worden war, verfügte der Bischof von Grasse die planmäßige Neugründung in der sogenannten Bastideform. Das Zentrum des Ortes bildet ein von Arkaden gesäumter, wohl proportionierter Marktplatz, der fraglos zu den schönsten der Region gezählt werden darf. Warum allerdings der Stadtrat auf die Idee kam, sein neues, wuchtiges Rathaus direkt neben dem alten Ortskern zu errichten, bleibt ein Rätsel.

Valbonne

- *Information* **Office de Tourisme**, 11, avenue Saint-Roch, 06560 Valbonne/Sophia-Antipolis, ✆ 0493123450, 📠 0493123457, www.alpes-azur.com/vsa.
- *Parken* Tiefgarage direkt unter dem modernen Rathaus samt Polizeistation.
- *Markt* Freitagmorgen.
- *Musée du Patrimoine "Le vieux Valbonne"*, kleine Ausstellung zur Volkskunst und Regionalgeschichte. Öffnungszeiten: Mai bis Sept. tgl. außer Mo von 15–19 Uhr.
- *Essen/Übernachten* *** **Les Armoiries**, traumhaftes Hotel im stattlichsten Haus von Valbonne, direkt am Marktplatz. Stilvolle Zimmer in der Nebensaison ab 82 €, in der Hauptsaison 90–150 €. Place des Arcades, ✆ 0493129090, 📠 0493129091.

** **La Cigale**, Logis de France Herberge, kurz vor den Toren der Stadt. Zimmer 49–71 €. Route d'Opio, ✆ 0493122443, 📠 0493123242.

La Fontaine aux Vins, kleines Bistro-Restaurant im historischen Zentrum. Serviert werden ansprechende provenzalische Köstlichkeiten zu Preisen von 10–12 €. Nette Straßenterrasse mit alten Metalltischen. Mittwoch Ruhetag. 3, rue Grande, ✆ 0493129320.

Bistro de Valbonne, neu renoviert wartet dieses Nobelbistro auf seine Gäste, früher tafelten schon Roger Moore, Liz Taylor und Richard Attenborough. Die Leistungen der Küche lassen allerdings laut Lesermeinungen zu wünschen übrig. Menüs zu 16 (mittags), 24 und 29 €. Samstagmittag und Sonntag geschlossen. 11, rue de la Fontaine, ✆ 0493120559.

L'Auberge Provençale, man speist auf dem Marktplatz oder im ersten Stock mit Blick auf den Marktplatz. Menüs (auch vegetarisch) zu 10,50, 15 und 18 €. Place des Arcades, ✆ 0493420103.

Sehenswertes

Notre-Dame-du-Brusc: Drei Kilometer nordwestlich von Valbonne (an der Straße nach Opio in der Nähe des Club Med, Wegweiser zum Restaurant Le

Zwischen Nizza und Antibes
Karte S. 184/185

Pré du Brusc folgen) liegt die frühromanische Kirche eingebettet in eine sanfte Hügellandschaft. Wahrscheinlich wurde das Gotteshaus anstelle einer religiösen Kultstätte errichtet, die schon in römischer Zeit aufgesucht worden war. Neben der Kirche eignen sich mehrere schattige Plätzchen für eine kurze Rast.

Villeneuve-Loubet

Augenfälligstes Merkmal des am Ufer des Loup gelegenen Dörfchens ist sein mächtiges, zinnenbekröntes Schloss, zu dem sich ein paar enge Gassen hinaufwinden. Die noch aus dem 12. Jahrhundert stammende Festungsanlage gehörte einst den Grafen der Provence und wurde im letzten Jahrhundert im Zuge der Burgenromantik renoviert; sie befindet sich in Privatbesitz und kann nur von außen besichtigt werden.

Zu Villeneuve-Loubet gehört noch das gesichtslose Seebad Villeneuve-Loubet-Plage, dessen riesige Ferienwohnanlage kaum zu übersehen ist. Über die "Schönheit" dieses gigantischen Projekts mit dem Yachthafen Marina Port des Anges lässt sich vortrefflich streiten.

• *Information* **Office de Tourisme**, rue de l'Hôtel de Ville, 06270 Villeneuve-Loubet, ✆ 0493202009, ℻ 0493201649; **Office de Tourisme**, Route du-bord-de-mer, ✆ 0493204914, ℻ 0493204023.

• *Verbindungen* SNCF-Bahnhof in Villeneuve-Loubet-Plage; häufige Zugverbindungen nach Cannes, Nizza und den anderen Orten an der Côte d'Azur.

• *Essen/Übernachten* **Le Petit Vatel**, der beleibte Wirt kümmert sich zuvorkommend um seine Gäste, denen er gerne das in Calvados und Cidre gebratene Menüs zu 14,25 und 23 €. Dienstag geschlossen. 11, rue des Mesures, ✆ 0493206819.

Vielle Auberge, direkt nebenan, anspruchsvoller und ein bisschen auf gediegen-rustikal getrimmt. Einen Versuch lohnt die *Secca d'Entreveaux*, ein raffiniert angemachtes getrocknetes Rindfleisch. Menü zu 28,50 €. Mittwoch Ruhetag. 13, rue des Mesures, ✆ 0493739092.

• *Camping* Der kleine, direkt im Ort gelegene Platz begeistert nicht besonders; Die Campingplätze in Strandnähe sind bei Antibes aufgeführt.

Sehenswertes

Musée de l'Art Culinaire: Seinen berühmtesten Sohn Georges Auguste Escoffier (1846–1935) ehrt Villeneuve-Loubet mit einem eigenen Museum der Kochkunst. Wie kaum ein anderer hat Escoffier den Ruf der französischen Küche geprägt, wenngleich seine bekannteste Kreation (Pfirsich Melba) heute in jeder Eisdiele serviert wird. Seine bedeutendsten Wirkungsstätten waren das Pariser Ritz und das Londoner Carlton. In seinem Geburtshaus dreht sich in acht Räumen alles um die hohe Kunst der Esskultur. Einen Einblick in Escoffiers Kreativität gewinnt man anhand der ausgestellten historischen Speisenkarten und seiner Kochrezepte. Escoffier gilt übrigens als Erfinder der klassischen großen Restaurantkarte, die auf der Annahme basiert, nur eine große Auswahl könne den anspruchsvollen Gast zufrieden stellen. Die Speisenkarten-Sammlung wird bis in die Gegenwart fortgesetzt, das Spektrum reicht vom Eröffnungsmenü des Ritz bis zu dem Menü, das bei Adenauers ersten Staatsbesuch in Paris serviert wurde.

Adresse 3, rue Escoffier. Öffnungszeiten: Tgl. außer Mo von 14–18 Uhr, im Sommer bis 19 Uhr. Im Nov. geschlossen. Eintritt: 1,50 €, erm. 1 €.

Biot: Einkehren unter den Arkaden

Biot

Biot liegt malerisch auf einer lang gestreckten Bergkuppe. Die Tempelritter und später der Johanniterorden hatten sich hier im Mittelalter niedergelassen; doch mehr als 1000 Jahre zuvor siedelten bereits die Römer an dieser Stelle. Pest und Kriegswirren führten gegen Ende des 14. Jahrhunderts zur Aufgabe von Biot, aber knapp 100 Jahre später entschloss sich König René, den Ort wieder neu zu gründen. Der traumhaft schöne Marktplatz soll sich genau an der Stelle befinden, wo einst das römische Forum gestanden hatte; der Platz wird von einer etwas tiefer gelegenen Kirche begrenzt. Neben der seit dem Mittelalter, wahrscheinlich aber auch schon zu Römerzeiten gepflegten Töpferei siedelte sich in Biot mit der Glasbläserei 1956 ein weiterer traditioneller Handwerkszweig an; beide ziehen bis heute die Touristen in Scharen an. Kulturinteressierte Reisende pilgern zum Musée National Fernand Léger, das mehr als 300 Werke des Künstlers besitzt.

• *Information* **Office de Tourisme**, 46, rue St. Sébastien, 06410 Biot, ✆ 0493657800, 📠 0493657804, www.edi.fr/biot.

• *Verbindungen* Zehnmal tgl. verkehren Busse zwischen Biot und Antibes. Der Bahnhof von Biot befindet sich mehrere Kilometer vom Ort entfernt direkt an der Küste.

• *Parken* Ein kleines Stück unterhalb des Dorfes gibt es zahlreiche kostenlose Parkmöglichkeiten, die jedoch in der Hochsaison gelegentlich nicht ausreichen.

• *Post* Rue Saint Sébastien.

• *Reiten* Valponey, Route des Dolines, ✆ 0493653090.

• *Essen/Übernachten* *** **Domaine du Jas**, komfortables Hotel mit Swimmingpool und Restaurant zwischen Biot und dem Meer. Zimmer 115–240 €. Von Mitte Nov. bis Ende Feb. Betriebsferien. 625, route de la Mer, ✆ 0493655050, 📠 0493650201.

** **Auberge de la Vallée Verte**, ländliche Unterkunft zwischen Biot und Valbonne. Auf den Liegestühlen rund um den Pool lassen sich auch die heißesten Tage angenehm verbringen. Die Übernachtung in den etwas dunklen, leicht rustikalen Zimmern kostet zwischen 38 und 76 €. ✆ 0493651093, ℻ 0492940491.

* **Des Arcades**, ein Gasthaus wie aus dem Bilderbuch! Mitten im historischen Zentrum sitzt man hier unter Arkaden im Freien oder in einem der charmanten Gasträume. Auf den Tisch kommen provenzalische Spezialitäten. Menüs zu 25 (mittags) und 28 €. Wer nichts essen will, kann einfach nur auf ein Glas Wein oder einen Café einkehren. Die Zimmer sind mit Preisen von 53–91 € stattlich für ein Hotel dieser Kategorie. Das Restaurant ist montags geschlossen. 16, place des Arcades, ✆ 0493650104.

L'Auberge du Jarrier, anerkanntermaßen die beste kulinarische Adresse in Biot. Menüs zu 28 € (nur mittags mit Wein und Café) sowie 33 und 44 €. In der Nebensaison Montagabend und Dienstag geschlossen. 30, passage de la Bourgade, ✆ 0493651168.

Café Brun, urige Kneipe in einer kleinen Sackgasse. Allein die alten Tische und Stühle vor der Kneipe sind eine Augenweide. Bierliebhaber können sich an rund 30 Sorten Gerstensaft laben, darunter auch EKU und Spaten. Die Küche hat sich der asiatischen und mediterranen Kochkunst verschrieben. Plat du Jour für 8 €. Am Wochenende nur abends geöffnet. 44ter Impasse St. Sébastien, ✆ 0493650483.

• *Camping* Siehe Antibes sowie: ** **Des Oliviers**, fünf Minuten unterhalb von Biot zelten zumeist jüngere Reisende im Schatten alter Olivenbäume. Juni bis Sept. geöffnet, ✆/℻ 0493650279.

Sehenswertes

Musée National Fernand Léger: Zwei Jahre nach Fernand Légers (1881–1955) Tod legte Légers Witwe Nadja den Grundstein für dieses außergewöhnliche Museum, das sich allerdings nicht so recht in die mediterrane Landschaft einfügen will. Die Ortswahl war nicht zufällig, denn Léger hatte seinen Lebensabend in Biot verbracht. Ausgestattet wurde das Museum mit über 300 Kunstwerken, die einen guten Einblick in die verschiedenen Schaffensperioden des in der Normandie geborenen Künstlers geben. Das Spektrum reicht von den kubistischen Anfängen bis hin zu seinen letzten Kompositionen, die auf stren-

Ein außergewöhnliches Museum: Musée Léger

gen, geometrischen Grundformen basieren und ihre Wirkung aus dem Spannungsverhältnis zwischen Form und Farbe gewinnen. Eindrucksvoll ist bereits die Fassade des Museums: Sie wird von einem knapp 500 Quadratmeter großen, farbenfrohen Mosaik eingenommen, das nach Entwürfen von Fernand Léger angefertigt wurde. Ein Teil des Museums bleibt für Sonderausstellungen reserviert.

Adresse Chemin du Val de Porne. Öffnungszeiten: Mi–Mo 10–12.30 Uhr und 14–18 Uhr, im Winter nur bis 17.30 Uhr. Eintritt: 4 €, erm. 2,60 €.

Musée d'Histoire Locale: Das lokalgeschichtliche Museum von Biot zeigt neben einem kurzen historischen Abriss der verschiedenen Epochen des Ortes hauptsächlich Alltagsgegenstände und Trachten aus dem 19. Jahrhundert.

Adresse Place de la Chapelle. Öffnungszeiten: Mi–So im Sommer 10–18 Uhr, im Winter 10–14 Uhr. Eintritt: 2 €, erm. 1 €.

Ecomusée du Verre: Auf einem Rundgang durch die Glasbläserei werden Einblicke in den Herstellungsprozess gewährt.

Adresse Chemin des Combes. Öffnungszeiten: Mo–Sa 9–20 Uhr, im Winter bis 18 Uhr, So 10–13 Uhr und 14–18.30 Uhr. Eintritt: frei!

Marineland: Wer von Biot aus in Richtung Meer fährt, stößt nach knapp vier Kilometern auf den größten europäischen Meerwasserzoo mit Schwertwalen, Delphinen, Haien, Zitterrochen, See-Elefanten (mehrmals tgl. Demonstrationsshows), Seelöwen, Pinguinen und anderen Meerestieren sowie Krokodilen, einem kleinen Bauernhof und einer Schmetterlingsfarm. Abkühlung findet man – natürlich gegen zusätzlichen Eintritt – im benachbarten Aquasplash, das ebenfalls zahlreiche Attraktionen (Riesenrutsche etc.) bereit hält.

Öffnungszeiten Tgl. ab 10 Uhr. Eintritt: Wer einige Attraktionen sehen und erleben will, wird pro Person spielend mehr als 30 € los. Eintritt für Erwachsene: Marineland: 23 €, erm. 15 €; Aquasplash 15 €, erm. 12,50 €.

Was haben Sie entdeckt?

Haben Sie *die* Badebucht, ein gemütliches Hotel, eine empfehlenswerte Crêperie, ein uriges Lokal gefunden?

Wenn Sie Empfehlungen, Tipps, Anregungen oder Kritik haben, lassen Sie es mich bitte wissen.

Schreiben Sie an:

Ralf Nestmeyer
Stichwort "Côte d'Azur"
c/o Michael Müller Verlag
Gerberei 19
91054 Erlangen
E-Mail: r.nestmeyer@michael-mueller-verlag.de

Grasse: Parfümmuseum Fragonard

Grasse

Das "Rom der Düfte" (Süskind) ist weltbekannt, alljährlich strömen rund eine halbe Million Besucher nach Grasse. Doch die Stadt hat mehr zu bieten als ein paar Dutzend Parfümerien: Neben mehreren Museen begeistert vor allem die farbenfrohe, weiträumige Altstadt.

Durch *Patrick Süskind* wurden Grasse vor ein paar Jahren die höheren literarischen Weihen verliehen. Eine kurze Kostprobe aus seinem Roman "Parfüm": Grasse "machte aus der Entfernung keinen besonders pompösen Eindruck. Da war kein mächtiger Dom, der die Häuser überragte, bloß ein kleiner Stumpen von Kirchturm, keine dominierende Feste, kein auffallend prächtiges Gebäude. Die Mauern schienen alles andere als trutzig, da und dort quollen die Häuser über ihre Begrenzung hinaus, vor allem zur unteren Ebene hin, und verliehen dem Weichbild ein etwas zerfleddertes Aussehen". Die Stadt "war unheimlich schmutzig, trotz oder vielmehr gerade wegen des vielen Wassers, das aus Dutzenden von Quellen und Bächen sprudelte, in ungeregelten Bächen und Rinnsalen stadtabwärts gurgelte und die Gassen unterminierte oder mit Schlamm überschwemmte. Die Häuser standen in manchen Vierteln so dicht, dass für die Durchlässe und Treppchen nur noch eine Elle weit Platz blieb und sich die im Schlamm watenden Passanten aneinander vorbeipressen mussten". Wer den Megabestseller von Patrick Süskind bisher noch nicht gelesen hat, dem sei hiermit "Das Parfüm" als kurzweilige und überaus schön zu lesende Ferienlektüre empfohlen.

Die Parfümindustrie von Grasse hat sich in den letzten Jahrzehnten den veränderten Marktbedingungen anpassen müssen. Es ist beispielsweise auffällig, dass man heute in der Umgebung von Grasse, die einst einem duftenden Blütenfeld glich, lange Ausschau nach blühenden Plantagen halten muss. Die Parfümeure müssen wirtschaftlich denken und importieren die benötigten Rosen nicht nur aus Billiganbauländern wie Bulgarien, der Türkei, Marokko oder Indien, sie verarbeiten die Blüten oft direkt vor Ort. Rund 4.000 Menschen, etwa ein Zehntel der Einwohner von Grasse, sind in der Parfümindustrie beschäftigt, die meisten Firmen kreieren aber keine eigenen Parfümmarken, sondern stellen die Rohstoffe her, die andernorts weiterverarbeitet werden. Neben der Herstellung natürlicher und synthetischer Duftstoffe für Kosmetik, Spülmittel und Waschpulver widmen sich die Grasser Fabriken mittlerweile auch verstärkt der Produktion von Lebensmittelgeschmacksstoffen für Yoghurts, Kuchen, Soßen etc.

Das touristische Herzstück von Grasse ist seine attraktive Altstadt, die in den letzten Jahrzehnten ebenfalls von einem umgreifenden Wandel erfasst wurde: Das vermögendere alteingesessene Bürgertum ist in prächtige Villen vor die Tore der Stadt gezogen, während die dunklen, wenig komfortablen Wohnungen im Zentrum von den nordafrikanischen Immigranten als billiger Wohnraum "entdeckt" wurden. Seitdem geht es in den verschachtelten, bergauf und bergab führenden Gassen wieder sehr lebendig zu, das arabische Flair der Altstadt fasziniert; Einheimische sprechen von ihrer "Kasbah". Überhaupt sollte man möglichst ein paar Tage in Grasse wohnen; denn erst am Abend, nachdem die zahllosen Tagestouristen wieder an die hektische Côte zurückgefahren sind, entfaltet Grasse seinen besonderen Charme. Der mit Abstand schönste Platz der Stadt ist die langgestreckte Place aux Aires, an der einst die Gerber ihre Häute wuschen. Den optischen Fixpunkt des arkadengesäumten Platzes bildet ein malerischer Brunnen, neben dem die Blumen- und Obsthändler allmorgendlich ihre Marktstände aufbauen. Am Abend wird die Place des Aires von den Stühlen und Tischen der umliegenden Restaurants in Beschlag genommen.

Grasse
Karte S. 181

Geschichte

Im Gegensatz zu zahlreichen anderen bedeutenden Städten im Südosten Frankreichs trat Grasse ziemlich spät ans Licht der Geschichte. Wahrscheinlich war der kleine Hügel schon in merowingischer Zeit besiedelt, doch erst im Jahre 1040 taucht der Name Grasse in einem Schriftstück auf. Es ist nicht unwahrscheinlich, dass der Ort in der Zeit der Sarazenenüberfälle entstanden ist. Der Aufstieg ging dann recht schnell: Schon im 12. Jahrhundert standen die Kaufleute in regem Handelskontakt mit den mächtigen Seerepubliken Genua und Pisa. Reich geworden, waren die Bürger von Grass bemüht, sich ihre Selbständigkeit zu erhalten. Da die Stadt von keinem Landesherrn abhängig war, wurde sie von Konsulen regiert. Doch 1227, als die führenden Familien des Ortes miteinander in Fehde lagen, griff Graf Raimond Béranger ein und eroberte Grasse. Seither waren die Geschicke von Grasse auf das engste mit denen der Provence verbunden. Durch den Verlust der Grafschaft Nizza an Savoyen (1388) wurde Grasse zum wichtigsten Grenzposten der provenzalischen Grafen. Die alteingesessenen Familien beherrschten aber weiterhin in oligarchischer Manier das politische und wirtschaftliche Leben der Stadt. Mehrmals wurde Grasse in kriegerische Auseinandersetzungen hineingezogen, die nicht ohne größere Schäden abzuwenden waren. Im 19. Jahrhundert stieg Grasse dank seiner klimatischen Vorzüge gar zum Kurort auf. Napoléons Schwester Pauline machte den Anfang, ihr folgten zahlreiche illustre Persönlichkeiten, darunter auch die für ihre Sittenstrenge bekannte Queen Victoria. Doch spätestens zu Beginn des Ersten Weltkrieges war Grasse als Kurort nicht mehr gefragt, das vornehme Publikum zog nun endgültig die Küstenorte vor; was blieb, war der Ruf, die internationale Parfümmetropole zu sein.

Duft ist nicht gleich Duft

Seit dem Spätmittelalter war Grasse weit über die Grenzen der Provence für seine Lederwaren bekannt. Bereits 1171 exportierten einheimische Händler neben Leinen, Wein und Vieh auch gegerbtes Leder nach Genua. Der Gerberei verdankt Grasse letztlich auch seinen Aufstieg zur Welthauptstadt des Parfüms. Als es im 16. Jahrhundert an den europäischen Höfen Mode wurde, parfümierte Handschuhe zu tragen, sammelte Grasse seine ersten Erfahrungen mit der Herstellung von Duftstoffen. Aufgrund des besonderen Mikroklimas des Pays de Grasse konnten die hiesigen Parfümeure gleich vor Ort die nötigen Essenzen züchten. Im Zeitalter des Absolutismus hatten Duftwässerchen eine rege Konjunktur, ersetzten sie doch zumeist die morgendliche Toilette des Adels. Nach einer kurzen Durststrecke gelang den Grasser Parfümeuren im 19. Jahrhundert der internationale Durchbruch. Seither gilt Grasse als Synonym für erlesene Parfüme.

Zwei der bekanntesten Methoden, die Duftstoffe zu extrahieren, werden noch heute angewandt. Da ist zum einen die bereits von den Arabern erfundene Destillation mit Wasserdampf sowie die sogenannte Enfleurage, bei der die Blüten auf Schweinefett gelagert werden; sobald das Fett den Blüten die Duftstoffe entzogen hat, werden diese mit Alkohol ausgewaschen und dadurch gebunden. Der Aufwand ist enorm: Um einen Liter reines Jasminöl zu gewinnen, benötigt man ungefähr eine Tonne Jasminblüten. Modernere Methoden sind die Extraktion mit Hilfe flüchtiger Lösungsmittel und die zerteilende Destillation, bei der die Stoffe in ihre Essenzen aufgeteilt werden, indem man die chemischen Bestandteile isoliert.

Jede berühmte Parfümerie besitzt eine eigene "Nase". Dieser Spezialist hat nach einer langen Ausbildung die Fähigkeit, bis zu 1000 verschiedene Geruchsnoten unterscheiden zu können. Nur vier Stunden täglich – bis die Aufnahmekapazität einer "Nase" erschöpft ist – arbeiten die Parfümeure im Labor. Auf der Suche nach einem neuen unwiderstehlichen Duft werden verschiedene Essenzen miteinander vermischt. Eine empfindliche Nase zu besitzen, ist die Grundvoraussetzung, nicht zu rauchen und nicht scharf zu essen, versteht sich für einen Duftkomponisten von selbst. Zu den berühmtesten Schöpfungen der Grasser Parfümeure zählt ein in den zwanziger Jahren kreierter Duft, der als das Parfüm schlechthin gilt: "Chanel No. 5". Aber beispielsweise auch das von Christian Dior vertriebene "Eau Sauvage" und Yves Saint-Laurents "Opium" wurden in Grasse erfunden.

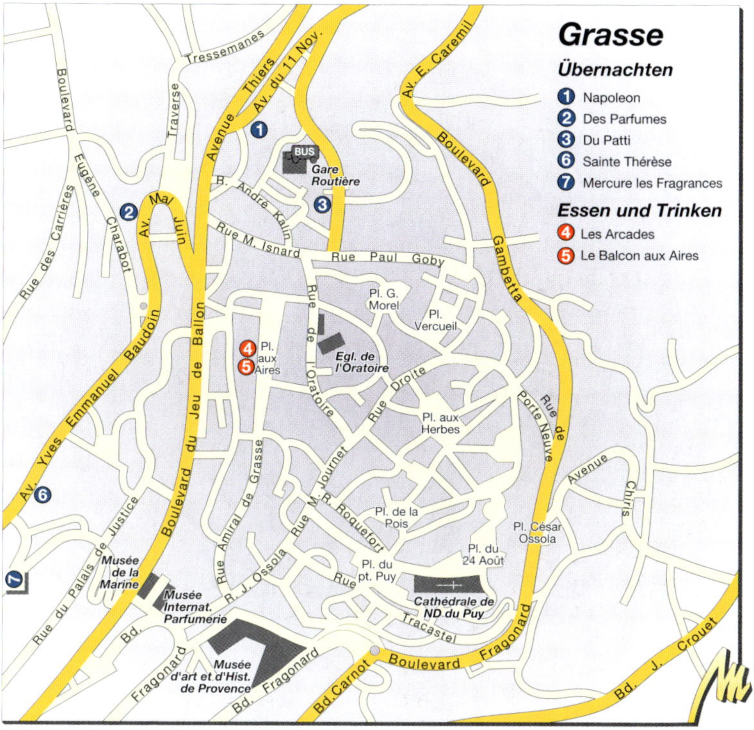

Grasse
Karte S. 181

Information/Diverses

- *Information* **Office de Tourisme**, Palais de Congès, 22, cours Honoré Cresp, B.P. 98, 06333 Grasse Cedex, ☏ 0493366666, ℻ 0493368636, www.ville-grasse.fr.
- *Einwohner* 45.000 Einwohner.
- *Verbindungen* Der Busbahnhof liegt ein kleines Stück östlich des Zentrums an der Place de la Bouanderie, ☏ 0493364961. Halbstündiger Pendelbusverkehr nach Cannes. Tgl. acht Busverbindungen nach Nizza sowie über Castellane nach Digne-les-Bains. Zudem tgl. Verbindungen nach Auribeau-sur-Siagne (8 x), Saint-Cézaire-sur-Siagne (5 x), nach Tourettes-sur-Loup (4 x) sowie nach Châteauneuf-de-Grasse und Bar-sur-Loup. ☏ 0493360843.
- *Parken* Rund um das Stadtzentrum herrscht akute Parkplatznot, aber es stehen sechs, zumeist gebührenpflichtige Parkplätze und Parkhäuser für rund 1000 Fahrzeuge bereit.
- *Literaturtipps* Neben Süskinds "Parfüm" sollten sich Duftbesessene auch in Alain Corbains "Pesthauch und Blütenduft" (Wagenbach bzw. Fischer Taschenbuch) vertiefen, denn diese ausgezeichnete historische Abhandlung diente Süskind als Anregung. Noch zwei weitere Titel zum Schmökern: "Erotik des Parfüms" von Andrea Hurton (Eichborn Verlag) und "Die Macht der Gerüche. Eine Philosophie der Nase" von Annick Le Guérer (Klett-Cotta).
- *Markt* Tgl. außer montags werden auf der Place aux Aires und der Place Jean-Jaurès Blumen, Obst und Gemüse feilgeboten.
- *Stadtführungen* Vom 1. Juli bis zum 15. Sept. veranstaltet das Office de Tourisme jeden Di und Do um 16 Uhr eine Führung durch die Altstadt. Anmeldung im Office de Tourisme.
- *Bummelzug* Von Mai bis Sept. kann man zu jeder vollen Stunde mit dem Petit train

touristique für 6 €, erm. 3 €, durch die Altstadt von Grasse zockeln. Abfahrt: Gegenüber dem Palais des Congrès.

• *Gärten* Jardin de la Villa Noailles. 59, avenue Guy de Maupassant.

• *Parfümeriebesichtigung* Von den rund 40 Parfümerien in und um Grasse veranstalten vier Betriebe Besichtigungen. Folgende Parfümerien bieten kostenlose Führungen für Touristen an: **Galimard**, 73, route de Cannes, im Sommer tgl. 9–18 Uhr, im Winter tgl. 9–12.30 Uhr und 14–18 Uhr; **Molinard**, 63, boulevard Victor Hugo, im Sommer tgl. 9–18.30 Uhr, im Winter tgl. außer So 9–12.30 Uhr und 14–18 Uhr; **Fragonard**, Boulevard Fragonard, im Sommer tgl. 9–18.15 Uhr, im Winter tgl. 9.30–12.30 Uhr und 14–18 Uhr; **Salons des Parfums**, Zone Industriel des Bois de Grasse, im Sommer tgl. 9–19 Uhr, im Winter Mo–Fr 9.30–13 Uhr und 14.30–19 Uhr. Der Parfümerie Fragonard beispielsweise ist noch ein kleines privates Museum zur Parfümgeschichte angegliedert, die Führungen finden häufig auch in deutscher Sprache statt. Man sollte aber wissen, dass die kostenlosen Führungen einzig dem Zweck dienen, die Besucher zum Kauf der jeweiligen Produkte zu animieren. Eine Kaufverpflichtung besteht allerdings nicht.

• *Veranstaltungen* **Fête du Jasmin**, alljährlich am ersten Augustwochenende, mit großem Blumenkorso. **Expo Rose**, die weltgrößte Ausstellung der Rosenzüchter im Garten des Musée Fragonard.

• *Schwimmen* Piscine Olympique, an der Route Napoléon oberhalb von Grasse. Piscine du Plan de Grasse, an der Route de la Paoute.

• *Kino* Studio Cinéma, 15, boulevard du jeu de Ballon, ✆ 0493401710.

Übernachten/Essen (siehe Karte S. 181)

• *Übernachten* *** **Des Parfums (2)**, komfortables Best Western Hotel mit Swimmingpool und schönem Blick auf die Stadt. Zimmer 64–121 €. Boulevard Eugène Charabot, ✆ 0492423535, ℻ 0493363548, www.hoteldesparfums.com.

*** **Mercure les Fragrances (7)**, angenehmes Kettenhotel mit Swimmingpool. Einziger Nachteil: Das Hotel liegt gut einen Kilometer vom Stadtzentrum entfernt, Zimmer zu 75,50–106 €. Rue Martine Carol-Saint-Claude, ✆ 0493707070, ℻ 0493704631.

** **Du Patti (3)**, modernes funktionales Hotel, direkt im Zentrum. Die Zimmer kosten als EZ 52 €, als DZ ab 69 €, im 4. und 5. Stock bietet sich eine schöne Aussicht hinunter zur Küste. Leider wird das Hotel in letzter Zeit häufig von Busreisenden frequentiert. Place du Patti, ✆ 0493360100, ℻ 0493363640, www.chez.com/hotelpatti.

* **Sainte Thérèse (6)**, angenehme kleine Pension mit Blick über die Dächer von Grasse. Die großzügigen Zimmer kosten 32,70–42,50 €, für eine Person ab 25 €. Parkmöglichkeiten vorhanden. Im Okt. geschlossen. 39, avenue Y.E. Boudoin, ✆ 0493361029, ℻ 0493361173.

* **Napoléon (1)**, einfache Unterkunft, gleich in der Nähe des Busbahnhofs und daher etwas lauter. Zimmer 27,50–38,20 €. 6, avenue Thiers, ✆ 0493360587, ℻ 0493364109.

• *Camping* ** **Camping de la Paoute**, mit Schwimmbad. Von Mai bis Sept. geöffnet. Übernachtung ca. 15 €. 160, route de Cannes, ✆ 0493091142.

** **Camping Municipal**, einfachere, etwas günstigere Anlage im Osten der Stadt. Relativ gut beschattet, den Caravans ist eine ebene Kiesfläche vorbehalten. Avenue de Rothschild, ✆ 0493362869.

• *Essen* **Les Arcades (4)**, am schönsten Platz von Grasse bietet dieses Restaurant ein ausgezeichnetes Preis-Leistungs-Verhältnis. Zu loben ist die Ente in Orangensoße, für die zusammen mit zwei weiteren Gängen nur 13 € berechnet werden. Weitere Menüs zu 14,50, 17,50 und 22,50 €. 23, place aux Aires, ✆ 0493360095.

Le Balcon aux Aires (5), gleich nebenan lässt es sich ebenfalls recht angenehm tafeln. Menüs zu 13 und 19 €. Anzumerken bleibt, dass Grasse schon seit längerem kein wirklich gutes Restaurant besitzt. 23, place aux Aires, ✆ 0493364197.

Sehenswertes

Altstadt: Abgesehen von Nizza besitzt keine andere Stadt an der Côte d'Azur und im zugehörigen Hinterland eine solche dichte Bebauung mit Häusern aus der Zeit des Ancien Régime. Die ältesten erhaltenen Bürgerhäuser stammen noch aus dem 14. Jahrhundert. Mühelos lässt sich das eine oder andere zugemauerte gotische Fensterchen entdecken – Erinnerungen an vergangene Zeiten, als man lieber auf das Sonnenlicht verzichtete, als eine Sondersteuer dafür zu entrichten. Auffällig ist auch, dass die Häuser mehrere Stockwerke hoch gestapelt sind; die Enge der Stadtmauern ermöglichte lange Zeit nur eine vertikale Ausdehnung der Stadt.

"Just married" in der Kathedrale von Grasse

Cathédrale Notre-Dame du Puy: Die ehemalige Cathédrale ist eine dreischiffige Basilika aus der Zeit um 1200, wobei der einst notwendige wehrhafte Charakter deutlich sichtbar ist. Trotz späterer Veränderungen ist der romanische Stil noch immer vorherrschend. Das von einem Kreuzrippengewölbe eingerahmte Innere birgt neben Gemälden von Rubens und Fragonard auch ein Triptychon von Louis Bréa. Direkt neben der Cathédrale erhebt sich das ehemalige **Bischofspalais** und heutige Rathaus, von dessen Dachterrasse sich ein schöner Blick über die Stadt bietet. Das imposante Gebäude besitzt teilweise noch seine mittelalterliche Bausubstanz.

Grasse Karte S. 181

Musée International de la Parfumerie: Das Parfüm hat Grasse in der ganzen Welt bekannt gemacht. Doch erst relativ spät entschloss man sich zur Gründung eines Parfümeriemuseums; seit 1989 informiert das Internationale Parfümeriemuseum eingehend über alle Phasen des Herstellungsprozesses. Im Erdgeschoss dreht sich alles um die Technik des Parfümeriehandwerks, wobei auch verschiedene Destillierverfahren erläutert werden. Auf den anderen Etagen sind Parfümfläschchen, Puderdosen und Flacons ausgestellt, das Dachgeschoss wurde in ein Gewächshaus umgewandelt, um die Pflanzen mit ihren verwertbaren Inhaltsstoffen hinreichend zu würdigen.

Adresse 8, place du cours Honoré Cresp. Öffnungszeiten: Juni bis Sept. tgl. außer an Feiertagen 10–19 Uhr, von Okt. bis Mai 10–12.30 Uhr und 14–17.30 Uhr, im Nov. geschlossen. Eintritt: 3 €, erm. 1,50 €. Kombiticket 6,70 €, erm. 3,40 €.

Villa Musée Fragonard: Das Museum ist keine Zweigstelle der gleichnamigen Parfümerie, sondern es trägt den Namen von *Jean-Honoré Fragonard* (1732–1806), einem aus Grasse stammenden Maler. Zusammen mit Boucher, Largillière und Watteau zählte er zu den bekanntesten französischen Rokokomalern. Neben den ausgestellten Gemälden, darunter auch Werke von Familienangehörigen Fragonards, verdient vor allem das Treppenhaus eine eingehendere Betrachtung; die Wandmalereien stammen aller Wahrscheinlichkeit nach auch von Fragonard, der einen Teil seiner letzten Lebensjahre in dieser Villa, die einem seiner Freunde gehört hat, verbrachte.

Adresse 23, boulevard Fragonard. Öffnungszeiten: Juni bis Sept. tgl. außer an Feiertagen 10–19 Uhr, von Okt. bis Mai 10–12 Uhr und 14–17 Uhr, im Nov. geschlossen. Eintritt: 3 €, erm. 1,50 €. Kombiticket 6,70 €, erm. 3,40 €.

Musée d'Art et d'Histoire de Provence: Untergebracht in der ehemaligen Villa der Marquise de Clapiers-Cabris, einem eleganten Stadtpalast aus dem 18. Jahrhundert, präsentiert das älteste Museum der Stadt Gemälde, provenzalische Möbelstücke, historische Photographien sowie Fayencen aus Moustiers.

Adresse 2, rue Mirabeau. Öffnungszeiten: Juni bis Sept. tgl. außer Fei. 10–19 Uhr, von Okt. bis Mai 10–12 Uhr und 14–17 Uhr, im Nov. geschlossen. Eintritt: 3 €, erm. 1,50 €. Kombiticket 6,70 €, erm. 3,40 €.

Musée de la Marine: Das Marinemuseum widmet sich dem Leben des Generalleutnants François-Jean Paul, seines Zeichens Graf von Grasse (1722–1788). Anhand von 30 Schiffsmodellen und diversem dokumentarischen Material werden die Taten dieses großen provenzalischen Seefahrers gewürdigt, darunter sein legendärer Sieg in der Chesapeake Bay, der den Amerikanischen Unabhängigkeitskrieg enorm beflügelte.

Adresse 2, boulevard du Jeu de Ballon. Öffnungszeiten: Von Juni bis Sept. tgl. 10–19 Uhr, von Okt. bis Mai Mo–Sa 10–17 Uhr, im November geschlossen. Eintritt: 3 €, erm. 2,20 €.

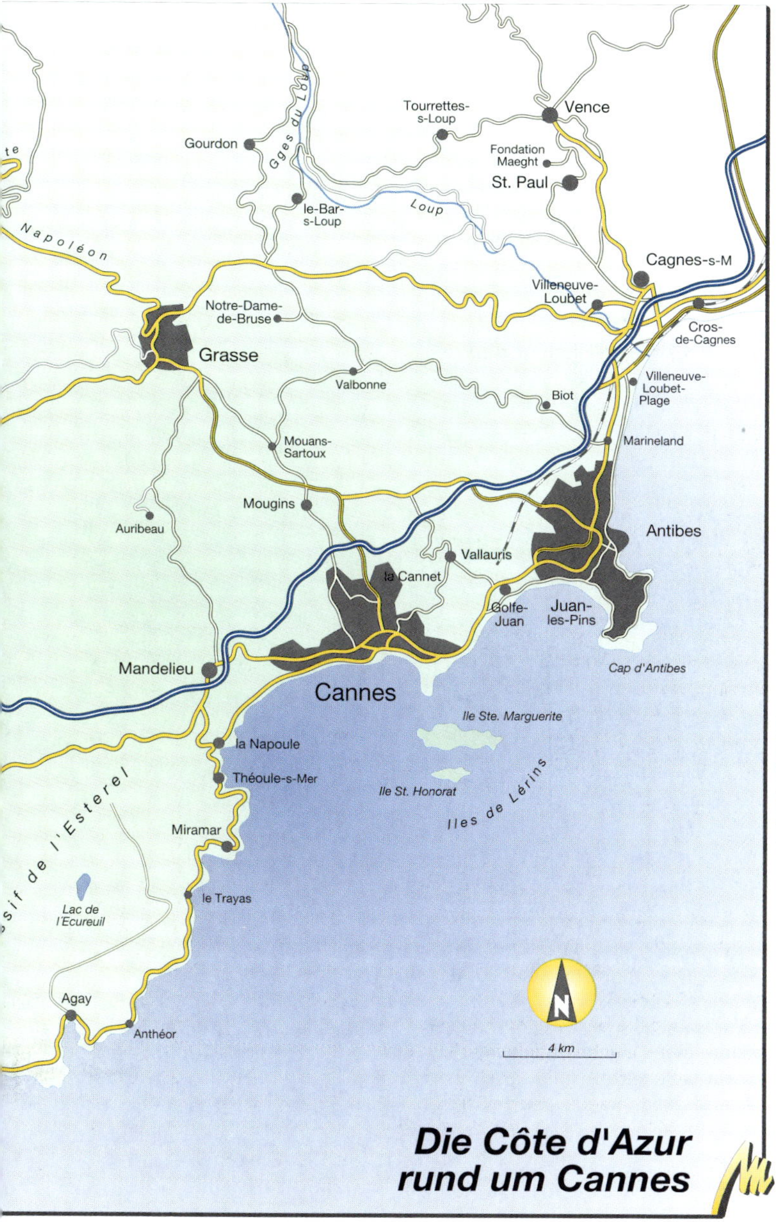

Grasse
Karte S. 181

Antibes

Obwohl Antibes die drittgrößte Stadt an der Côte d'Azur ist, hält sich der touristische Rummel erfreulicherweise in Grenzen. Dabei hat Antibes einiges zu bieten: eine nette Altstadt, den eleganten Yachthafen Port Vauban und das überaus beeindruckende Picasso-Museum im Grimaldi-Schloss.

Im Gegensatz zum benachbarten Juan-les-Pins lebt Antibes nicht ausschließlich vom Tourismus; selbst in der Nebensaison herrscht in der schmucken Markthalle zu Füßen des Schlosses ein lebendiges Treiben, feinste provenzalische Leckereien locken die Käufer, wohl beschattet von einer Eisenkonstruktion aus der Zeit um die Jahrhundertwende. Die schmalen Gassen ziehen sich den Hang hinunter bis zur platanenbestandenen Place Nationale, die den Rand der Altstadt markiert und die Verbindung zum modernen Antibes herstellt. In den Kreisen betuchter Yachtbesitzer ist Antibes schon lange ein Begriff: Der Yachthafen Port Vauban ist nicht nur der größte der Côte d'Azur, am Kai liegen auch die edelsten Yachten der Küste vor Anker. Doch auch ohne schwimmenden Untersatz ist Antibes eine Reise wert. Die Stadt verspricht dank mehrerer Museen und historischer Gebäude so manchen Kunst- und Kulturgenuss.

Im Musée Picasso

Geschichte

Antibes ist wie viele andere Küstenorte an der Côte d'Azur eine griechische Gründung. Im 5. oder 4. vorchristlichen Jahrhundert richteten Griechen aus Marseille hier eine Handelsstation ein, der sie den Namen Antipolis gaben; sie definierten den Ort als die Nizza – oder eventuell Korsika – "gegenüberliegende Stadt". Die Römer bauten Antibes weiter aus und errichteten ein Castrum, dessen Platz heute vom Grimaldi-Schloss eingenommen wird. In der Spätantike wuchs die Bedeutung der Stadt, Antibes wurde Bischofssitz. Das durch wiederholte Sarazeneneinfälle schwer gebeutelte 500-Seelen-Dorf ging 1386 in den formellen Besitz der Grafen der Provence über, faktisch herrschten aber die Grimaldis noch längere Zeit über Antibes, erst 1608 verkauften sie ihre Rechte an den französischen König. Aufgrund der Nähe zum Herzogtum Savoyen wurde die strategisch wichtige Stadt sehr gut befestigt; das mächtige Fort Carré zeugt noch von dieser Zeit. Im Rahmen kriegerischer Auseinander-

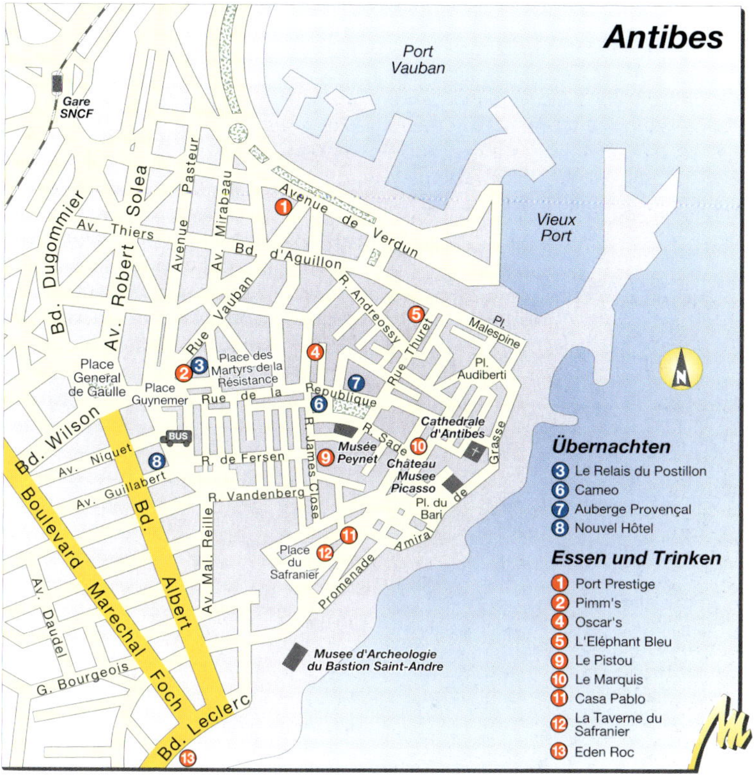

setzungen musste die Stadt wiederholt schwere Schäden hinnehmen. Erst als die Grafschaft Nizza 1860 zu Frankreich kam, verlor Antibes seine militärische Bedeutung, die Befestigungsanlagen wurden 1896 weitgehend abgetragen.

In den zwanziger Jahren wurde das Cap d'Antibes von reichen, teilweise versnobten Amerikanern entdeckt. Auf Anregung von G. Murphy – Vorbild für den Dick Diver in Scott F. Fitzgeralds "Zärtlich ist die Nacht" – fanden neben den Fitzgeralds auch Hemingway, Dos Passos, Getrude Stein und Alice Toklas sowie andere Schriftsteller der "Lost Generation" ihren Weg nach Antibes.

Antibes
Karte S. 187

Information/Diverses

- *Information* **Office de Tourisme**, 11, place du Général de Gaulle, 06600 Antibes, ☏ 0492905300, 📠 0492905301, www.antibes-juanlespins.com. Öffnungszeiten: Tgl. 9–12 Uhr und 14–18 Uhr.
- *Verbindungen* Häufige Zugverbindungen nach Nizza, Cannes und Marseille; der Bahnhof liegt nördlich des Stadtzentrums, unweit des Port Vauban. Busverbindungen nach Nizza, Biot (10 mal tgl.), Vallauris (10 mal tgl.) und Juan-les-Pins (im 20-Minuten-Takt). Der Busbahnhof befindet sich auf der Place Guynemer.
- *Parken* Großer Parkplatz beim Port Vauban, in der Saison dennoch überfüllt.
- *Markt* Der wochentags auf dem Cours Masséna abgehaltene provenzalische Markt ist einer der buntesten an der Küste.

Donnerstags und samstags findet zudem gleich nebenan auf der Place Audiberti ein Trödelmarkt statt.

• *Jardin Thuret* Vier Hektar großer Park inmitten des Cap d'Antibes; er wurde 1857 von dem Botaniker Thuret angelegt. Boulevard du Cap/Chemin Raymond. Öffnungszeiten: Mo–Fr 8.30–12 Uhr und 14–17.30 Uhr.

• *Strände* Südlich der Stadt erstreckt sich ein langer Kiesstrand, die meisten Buchten am Cap d'Antibes sind aber nicht öffentlich zugänglich. Schöne Sandstrände findet man im benachbarten Juan-les-Pins.

• *Kinderspielplatz* Mitten im Zentrum auf der Place des Martyrs de la Résistance.

Übernachten/Essen (siehe Karte S. 187)

**** **Hôtel du Cap-Eden Roc (13)**, der Klassiker unter den Hotels an der Côte d'Azur. Seit jeher ist das Hotel das Mekka der amerikanischen Schickeria; einst gondelten Clark Gable, Humphrey Bogart, Rita Hayworth, Charlie Chaplin und John Wayne mit der privaten Hotelseilbahn zum Strand hinunter, in unseren Tagen sonnen sich Stars wie Madonna und Sharon Stone am Pool. Das stilechte Ambiente des Eden Roc schlägt pro Zimmer und Nacht nicht nur mit 412 € und mehr zu Buche, zuvor muss man zudem von einem "alten" Gast empfohlen worden sein, sonst hat Direktor Claude Irondelle nur ein paar freundliche, aber ablehnende Worte für den Zimmersuchenden übrig. Tipp: Der Swimmingpool ist gegen Eintritt auch für Nichthotelgäste zugänglich! Von Nov. bis März geschlossen. Boulevard J. F. Kennedy, ✆ 0493613901, 📠 0493677604, www.edenroc-hotel.fr.

**** **Port Prestige (1)**, die Ferienresidenz von Pierre & Vacances liegt direkt am Hafen. Die sich um eine terrassenförmige Badelandschaft gruppierenden Gebäude wurden von dem Pariser Stararchitekten Christian de Portzamparc entworfen. Je nach Saison und Wohnungsgröße (4–7 Pers.) 406–1645 € pro Woche. 55, avenue de Verdun, ✆ 0492906200. In Deutschland buchbar über: ✆ 0721/931950.

** **Le Relais du Postillon (3)**, man kann sich gut vorstellen, dass vor dem Bruchsteinhaus einst die Postkutschen hielten; heute ist der Busbahnhof gleich ums Eck. Das empfehlenswerte Restaurant (So und Mo geschl.) besitzt eine schöne Straßenterrasse. Menüs zu 27, 34 und 49 €, Zimmer 43–78 €. 8, rue Championnet, ✆ 0493342077, 📠 0493346124, www.relais-postillon.com.

** **Caméo (6)**, das größte Plus ist die Lage im Herzen von Antibes. Zimmer 46–56 €. Place Nationale, ✆ 0493342417.

* **Auberge Provençal (7)**, gepflegtes Restaurant im ländlich-rustikalen Stil mit schönem Hinterhof. Manche Gerichte werden vor den Augen der Gäste auf dem Holzkohlengrill zubereitet. Menüs zu 16,50 und 8 €, Dienstagvormittag und montags bleibt die Küche kalt. Einige wenige gemütliche Zimmer mit bedeutungsvollen Namen wie Romeo und Julliet stehen für 60–80 € bereit. 61, place Nationale, ✆ 0493341324, 📠 0493348988.

* **Nouvel Hôtel (8)**, einfache Unterkunft mit Blick auf den Busbahnhof. Nur als Ausweichquartier zu empfehlen. Zimmer ab 42 €. 1, avenue du 24 Août, ✆ 0493344407.

L'Eléphant Bleu (5), früher waren die Franzosen als Kolonialherren in Thailand gefürchtet, gewissermaßen als Ausgleich fassten in den letzten Jahren immer mehr thailändische Restaurants Fuß in Frankreich. So ist "Der blaue Elefant" der gleichnamige Ableger eines früher in Cannes beheimateten, ausgezeichneten Restaurants. Menüs zu 20 und 39 €. 28, boulevard d'Aguillon, ✆ 0493342880.

Le Marquis (10), nur drei Schritte von der überdachten Markthalle entfernt, zeichnen sich die angebotenen Gerichte v. a. durch ihre Frische aus. Menüs zu 21, 27 und 38 € sowie ein Vegetariermenü zu 25 €. Dienstag und Montagvormittag geschlossen. 4, rue Sade, ✆ 0493342300.

Oscar's (4), bekannt für seine phantasievollen Pasteten. Menü zu 19,50 €, Sonntagabend und Montag geschlossen. Rue du Dr Rostan, ✆ 0493349014.

Le Pistou (9), kleines Restaurant inmitten der Altstadt. Der Besitzer ist ein Allroundtalent, er empfiehlt, serviert und kocht zugleich. Menüs ab 19 €. Nur abends geöffnet, Sonntag Ruhetag. 18, rue James Close, ✆ 0493347351.

La Taverne du Safranier (12), beliebtes, preiswertes Restaurant im Schatten der Stadtmauern, der Koch hat sein Handwerk in Nizza gelernt. Menü zu 9,50 €, Montag Ruhetag. Place du Safranier, ✆ 0493348050.

Casa Pablo (11), nette Bar beim Grimaldi-Schloss, zur Stärkung werden Tapas serviert. Sonntag sowie Montag- und Diens-

Markthalle von Antibes

tagvormittag geschlossen. 7, rue de la Touraque, ✆ 0493343484.

Pimm's (2), viel besuchte Brasserie mit schöner Straßenterrasse, gleich am Busbahnhof. Rue de la République.

• *Camping* Die Küste zwischen Antibes und dem nördlich gelegenen Villeneuve-Loubet-Plage ist ein wahres Campingparadies. Rund ein Dutzend unterschiedlich ausgestatteter Plätze ist für den Ansturm der Sommerurlauber gerüstet, sie liegen allesamt in dem Pinienhain westlich der Bahnlinie. Hier ein paar Campingplätze, die in der Nähe des SNCF-Bahnhofs Biot liegen:

**** **Antipolis**, sehr schattige Anlage mit Restaurant, Lebensmittelgeschäft und Swimmingpool. Übernachtung ab 16 €. Von April bis Sept. geöffnet, ✆ 0493339399.

*** **Pylone**, riesige Anlage (800 Plätze) mit anspruchsvollem Komfort und großem Swimmingpool. Wirkt fast ein wenig zu herausgeputzt. Wohnwagenvermietung. Übernachtung ab 16 €, Swimmingpool 2 € extra. Ganzjährig geöffnet, ✆ 0493335286.

** **Les Frênes**, direkt nebenan mit vergleichbarem Standard. Übernachtung 15 €. Von Mitte Juni bis Mitte Sept. geöffnet, ✆ 0493333652.

** **Le Séquoia**, einfacher Platz, rund 20 Prozent günstiger als die anderen. Von Juni bis Sept. geöffnet, ✆ 0493333714.

Antibes Karte S. 187

Sehenswertes

Musée Picasso Château Grimaldi: Auf dem Felsen über dem Meer stand einst ein römisches Castell, das später durch ein Schloss der Grimaldi ersetzt wurde. Erst 1925 kaufte die Stadt Antibes das Schloss an, um hier historische und archäologische Zeugnisse auszustellen. Durch einen Zufall bekam Romuald Don de la Souchère, der Kurator des Museums, 1946 mit, dass *Picasso* im nahen Golf Juan zusammen mit Françoise Gilot in einem kleinen Haus lebte, das ihm nicht den nötigen Raum für seinen Schaffensdrang bot. Kurzerhand lud der damalige Kurator Picasso ein, das obere Stockwerk des Schlosses als Atelier zu nutzen. Ein halbes Jahr hat Picasso in den Gemäuern gearbeitet, aufgrund der Materialknappheit kaufte das Genie kurzerhand Segeltuch und Schiffsfarben und malte damit weiter. Als ihm endgültig das Material ausging, holte Picasso eingelagerte Bilder aus dem Keller des Schlosses und übermalte sie. Das Ergebnis dieser besonders intensiven Schaffensperiode – "Meine glücklichste Zeit an der Côte", schrieb er später – vermachte er dem Museum, das sich dadurch quasi über Nacht zu einem reinen Kunstmuseum verwandelte. Später wurde die Sammlung noch durch Schenkungen einiger Mäzene erweitert.

Musée Picasso: Miró-Kunstwerk

Heute vermittelt das Museum von Antibes einen ungewöhnlich breiten Einblick in das Schaffensspektrum von Pablo Picasso, dem wohl herausragendsten Künstler des 20. Jahrhunderts. Zum Fundus des Museums gehören 252 Arbeiten Picassos, darunter Gemälde, Zeichnungen, Plastiken, Teppiche und 77 Töpferarbeiten, die Picasso in Vallauris gefertigt hat. Abgerundet wird die Sammlung mit Bildern und Skulpturen von Miró, Modigliani, Picabia, Léger, Max Ernst, Hans Hartung und Nicolas de Staël; Letzterer arbeitete selbst eine Zeitlang im Schloss von Antibes. Am eindrucksvollsten sind die Bronzeskulpturen von Germaine Richier; sie haben auf der Terrasse vor dem Blau des Meeres einen prachtvollen Platz gefunden.

Öffnungszeiten Di–So 10–18 Uhr, außerhalb der Saison von 12–14 Uhr Mittagspause, vom 1.11. bis 10.12. geschlossen. Eintritt: 5 €, erm. 3 €.

Cathédrale: Direkt neben dem Museum erhebt sich die Kathedrale mit ihrer, in warmen Ockertönen gehaltenen Barockfassade. Die Kirche – sie ruht auf den Fundamenten eines griechischen Dianatempels – besitzt einen schlichten romanischen Chor, das Langhaus stammt aus dem 17. Jahrhundert. Die noch immer gebräuchliche Bezeichnung Cathédrale ist aber genau genommen falsch, denn bereits 1244 wurde der Sitz des Bistums nach Grasse verlegt.

Musée Archéologique: Die an die ursprüngliche Befestigungsmauer angrenzende Bastion Saint-André birgt in ihrem Tonnengewölbe zahlreiche archäologische Fundstücke (Amphoren, Mosaike etc.) aus griechischer und römischer Zeit, die Einblicke in die Geschichte von Antibes gewähren.

Öffnungszeiten Di–So 10–12 Uhr und 14–18 Uhr, im Nov. geschlossen. Eintritt: 1,50 €.

Musée Naval et Napoléonien: Dem marinegeschichtlichen Museum ist eine Sammlung angegliedert, die das Andenken an Napoléon bewahrt. Zu sehen sind Karikaturen, Büsten sowie eine Totenmaske von Napoléon. Vom Dach der Tour Sella hat man einen schönen Rundblick über das Cap d'Antibes.

Adresse Batterie du Grillon, avenue J. Kennedy. Öffnungszeiten: Mo–Fr 9.30–12 Uhr und 14.15–18 Uhr, Sa nur vormittags. Im Okt. geschlossen. Eintritt: 3 €, erm. 2 €.

Musée Peynet: Mehr als 300 Werke des in Frankreich sehr beliebten Zeichners Peynet – er lebte von 1950 bis zu seinem Tod im Jahre 1978 in Antibes – wurden hier zusammengetragen.

Adresse Place Nationale. Öffnungszeiten: Di–So 10–12 Uhr und 14–18 Uhr, vom 1.11. bis 10.12. geschlossen. Eintritt: 3 €, erm. 1,50 €.

Musée de la Tour: Volkskundemuseum in einem Turm der mittelalterlichen Stadtbefestigung. In dem Gebäude wohnten 150 Jahre lang mehrere Generationen der Fischerfamilie Gilli, weswegen der Turm auch Tour Gilli genannt wird.

Adresse Cours Masséna. Öffnungszeiten: Mi, Do, Sa von 16–19 Uhr, im Winter 15–17 Uhr. Eintritt 1,50 €.

Fort Carré: Mit seinem sternförmigen Grundriss ist das imposante, nördlich des Port Vauban errichtete Fort Carré ein klassisches Beispiel der Festungsbaukunst des 17. Jahrhunderts. Das Zentrum der ab 1550 erbauten Anlage bildet ein runder Hof, von dem aus die später angelegten Bastionen ausgehen. Bis dato ist das Fort Carré leider nur von einer gewissen Entfernung zu besichtigen, doch seit unlängst die Stadt Antibes die Festung erworben hat, ist eine Öffnung für das Publikum in nächster Zukunft vorgesehen.

Führungen Tgl. außer Mo 10–17 Uhr. Eintritt 3,05 €, erm. 2,30 €.

Juan-les-Pins

Der mondäne Nachbarort von Antibes ist weltbekannt für sein Jazz-Festival. Ray Charles, Miles Davis, Louis Armstrong, Count Basie, Dizzy Gillespie und Keith Jarrett spielten schon bei dem 1960 gegründeten Festival. Hier wurde Jazz-Geschichte geschrieben!

Auch wenn heute viele moderne Gebäude das Stadtbild prägen, scheint sich die Atmosphäre von Juan-les-Pins seit 1931 nur unwesentlich verändert zu haben. Damals befanden Klaus und Erika Mann, das Flair von Juan-les-Pins sei nur schwer zu beschreiben: "Man könnte sagen, dass es eine ungefähre Mischung aus Cannes und St. Tropez ist; anspruchsloser, lustiger, harmloser als das andere; weniger Bohème, eleganter als das andere. Ausgesprochener Sommerort, der es ist, spielt hier Strand eine größere Rolle als die Promenade oder das Kasino; das Badekostüm ist wichtiger als Teekleid und Abendtoilette." Eine lange Geschichte hat Juan-les-Pins nicht vorzuweisen. Nur 50 Jahre vor Klaus und Erika Manns Besuch war das kleine Fischerdorf vom Herzog von Albany, dem Sohn von Queen Victoria, entdeckt und auf den Namen Juan-les-Pins getauft worden. In den zwanziger Jahren fand sich rund um den amerikanischen Schriftsteller F. Scott Fitzgerald und seine Frau Zelda Seyre ein illustrer Künstlerkreis zusammen, dem der Ort sein frivoles Flair verdankt.

Juan-les-Pins gibt sich noch heute recht ungezwungen; bis in die frühen Morgenstunden hinein gehört der Ort den vergnügungssüchtigen Nachtschwärmern. Seit den zwanziger Jahren ist Jazz die vorherrschende musikalische Stilrichtung, liebevoll wird von einem Nouvelle-Orleans-les-Pins gesprochen.

Karte S. 184/185

Sydney Bechet machte den Jazz 1951 in Juan-les-Pins salonfähig, ein Jahr nach Bechets Tod wurde das berühmte Jazz-Festival erstmals eröffnet. Ein Auszug aus der Liste der aufgetretenen Stars gleicht einem "Who is Who" der Jazzmusik: Louis Armstrong, Ella Fitzgerald, Duke Ellington, Count Basie, Charlie Mingus, Stan Getz, Charlie Parker, Sara Vaughan...

Information/Diverses

• *Information* **Office de Tourisme**, 51, boulevard Guillaumont, 06160 Juan-les-Pins, ✆ 0492905305, 📠 0492905301, www.antibes-juanlespins.com.

• *Verbindungen* Der Bahnhof liegt unweit des Zentrums in der Avenue de l'Estérel. Zugverbindungen nach Antibes, Nizza, Cannes und Marseille, nach Antibes bestehen zudem Busverbindungen im 20-Minuten-Takt.

Jazzige Laterne

• *Literaturtipp* Fitzgerald, F. Scott: Zärtlich ist die Nacht. Diogenes Taschenbuch.

• *Unterwasserfahrt* Von April bis September startet mehrmals tgl. ein Ausflugsboot zum Cap d'Antibes, durch dessen 14 Meter lange Unterwasserfenster die Flora und Fauna des Mittelmeers beobachtet werden kann. Abfahrt vom Ponton Courbet, direkt gegenüber dem Office de Tourisme. Fahrzeit: 1 Std.,Weitere Informationen: ✆ 0493670211.

• *Veranstaltungen und Feste* **Festival international de Jazz d'Antibes-Juan-les-Pins**, alljährlich im Juli treffen sich die Jazz-Größen in Antibes und Juan-les-Pins.

• *Parc Exflora* Fünf Hektar großer, öffentlicher Garten im Westen der Stadt. Üppige Vegetation mit Palmenhain, exotischem Garten und künstlichem Wasserfall.

• *Strände* In Juan-les-Pins gibt es einen feinen, aber nur schmalen Sandstrand. Allerdings darf man sich an den meisten Stränden in Ortsnähe nur gegen Gebühr niederlassen; weicht man nach Norden in Richtung Golfe-Juan aus, findet man einen lang gestreckten, frei zugänglichen Strandabschnitt, doch herrscht hier in der Saison leider akute Parkplatznot.

• *Fahrrad- und Motorradvermietung* 2 Roues Location, von März bis Okt. geöffnet. Fahrrad 8 €/pro Tag, 100 € Kaution. 33, boulevard Charles Guillaumont, ✆ 0493616324.

Übernachten/Essen/Nachtleben

*** **Ambassadeur**, wer Wert auf Komfort und hervorragenden Service legt, ist im Ambassadeur genau an der richtigen Adresse. Das Hotel schließt einen lichtdurchfluteten Atriumshof ein, so dass die geräumigen Zimmer (150–195 €) alle einen Balkon besitzen. Man relaxt im beheizten Swimmingpool oder badet am hoteleigenen Strand. Das opulente Frühstücksbuffet lässt sich am besten auf der sonnigen Terrasse genießen, ganz ausgezeichnet speist man im Restaurant Le Cézanne. 50–52, chemin des Sables, ✆ 0492937410, 📠 0493677985.

** **De la Pinède**, mitten im quirligen Zentrum, vom Lärm der Cafés und Bars darf man sich allerdings nicht stören lassen. Zimmer 30,50–67 €. 7, avenue Georges Gallice, ✆ 0493610395.

** **Les Charmettes**, sympathische Villa mit nettem Garten und vornehmen Frühstücksraum, etwas außerhalb vom Stadtzentrum. Von Okt. bis Jan. geschlossen. 17 Zimmer zu 30,50–53 €; die günstigen Zimmer in der oberen Etage sind relativ klein. Nur von Feb. bis Sept. geöffnet. 25, vieux chemin de la Colle, ✆ 0493614741.

* **Parisiana**, helle freundliche Zimmer zu einem überzeugenden Preis-Leistungs-Verhältnis von 38–46,50 €. Unweit des Bahnhofs gelegen. Nov. bis Jan. geschlossen. 16, avenue de l'Estérel, ☏ 0493612703, 📠 0493679721.

La Terrasse, das kulinarische Highlight von Juan-les-Pins. Diniert wird im Schatten von Palmen. Menüs ab 92 €, mittags zu 52 €. In der Nebensaison mittwochs sowie von Nov. bis Ostern geschlossen. Avenue Gallice, ☏ 0493612037.

Café de la Plage, hier kann man entweder einfach nur seinen Café trinken und den Blick aufs Meer genießen oder nach Lust und Laune schlemmen. Menü zu 15 €, leckere Fischgerichte. 1, boulevard Baudoin, ☏ 0493613761.

CanCan, einfach, mit rot-weiß gedeckten Tischen, gute Pizzen (ca. 8–10 €) mit hauchdünnem Boden. Avenue Guy de Maupassant. ☏ 0493211280.

• *Nachtleben*, in Juan-les-Pins gibt es mehrere Diskotheken mit saftigen Eintrittspreisen. Ein beliebter abendlicher Treffpunkt mit Live-Musik ist das **Le Pam Pam** (137, boulevard Wilson) und das gegenüberliegende **Le Festival**.

Golfe-Juan

Zwischen Cannes und Antibes gelegen, präsentiert sich Golfe-Juan als moderner Badeort. Abgesehen von seiner kurzen Strandpromenade und einem Yachthafen hat Golfe-Juan zwar keinerlei Attraktionen zu bieten, dafür liegt das Preisniveau deutlich unter demjenigen von Cannes und Juan-Les-Pins.

Dank *Napoléon* wurde das kleine Fischerdorf Golfe-Juan zu einem Ort der Weltgeschichte: Am 1. März 1815 landete der nach Elba verbannte Kaiser mit seiner 1100 Mann starken Leibgarde im Hafen von Golfe-Juan. Über Grenoble eilte er der französischen Hauptstadt zu, um die konstitutionelle Monarchie Louis XVIII. zu Fall zu bringen. Später erwählte dann ein anderer, von seinen Körpermaßen "kleiner", aber gewiss ebenso bedeutender Mann Golfe-Juan zu seinem zeitweiligen Domizil: Die Rede ist von Pablo Picasso, der sich nach Kriegsende mit seiner damaligen Lebensgefährtin Françoise Gilot hier niederließ, glücklich, wieder in seinem geliebten Südfrankreich leben zu können.

• *Information* **Office de Tourisme**, 84, boulevard de la Liberté, 06220 Golfe-Juan, ☏ 0493637312, 📠 0493639501.

• *Verbindungen* Zugverbindungen nach Antibes, Nizza, Cannes und Marseille. Der Bahnhof liegt zentral, nur wenige Schritte vom Meer entfernt. An der Route Nationale befindet sich eine häufig frequentierte Bushaltestelle der Linie Nizza-Cannes, zudem bestehen Busverbindungen nach Vallauris. In der Saison 3–4 x tgl. Schiffsverbindungen zu den Iles des Lérins.

• *Baden* Die sandigen Strände um Golfe-Juan sind relativ schmal und überlaufen.

• *Übernachten* ** **Palm Hotel**, stattliche alte Villa mit kleinem Garten. Für die geräumigen Zimmer werden zwischen 43 und 73,50 €berechnet. 108, avenue la Palmeriae (RN 7), ☏ 0493637224, 📠 0493631845.

** **De Crijansky**, aus den 60er Jahren stammendes, persönlich geführtes Hotel, Zimmer (ab 53 €) mit Balkon. 85, avenue J.-Adam, ☏ 0493638444, 📠 0493634204.

* **California**, schöne frei stehende Villa aus den 30er Jahren. Die freundlichen, einladenden Zimmer kosten 26–45 €. 222, avenue de la Liberté, ☏ 0493637863.

• *Essen* In Golfe-Juan findet man eine ganze Reihe einladender Restaurants direkt am Hafenkai. Man speist mit Blick auf die angetäuten Segelyachten. Einzig die Bedienungen können einem leid tun, müssen sie doch ständig die Straße überqueren. Das **Le Bistrot du Port** (feine Ravioli) sticht dabei kulinarisch heraus. 53, boulevard des Frères Roustan, ☏ 0493637064. Weitere ansprechende Restaurants sind das **Chez Christiane** und **Chez Gigi**, beide nur ein paar Häuser weiter.

Karte S. 184/185

Vallauris

Wer von Vallauris spricht, muss im gleichen Atemzug den Namen *Picasso* nennen. Kurz nach Ende des Zweiten Weltkrieges, als Picasso im nahen Golfe-Juan lebte, machte er die Bekanntschaft von Susanne und Georges Ramiès, die in Vallauris eine Töpferei betrieben. Sie luden ihn ein, ihre Madoura-Töpferei zu besuchen und sich dort an Ton zu versuchen. Picassos Interesse war schnell geweckt; nach den ersten Versuchen zeigte er sich begeistert und schuf mit Unterstützung heimischer Töpfer in den nächsten zwei Jahren weit über 2000 Tonarbeiten. Als Picasso bemerkte, dass er in der Töpferei nicht den vollendeten künstlerischen Ausdruck wie in seinen Bildern und Plastiken finden konnte, gab er dieses "Handwerk" wieder auf. Seit er 1952 im Auftrag der Stadt auch noch eine romanische Kapelle mit dem Bild "Krieg und Frieden" ausmalte, war Picassos Name in Vallauris allgegenwärtig; auf dem Marktplatz steht zudem ein Abguss von Picassos Bronzeskulptur "L'Homme au Mouton". Dass Picasso zum Ehrenbürger ernannt wurde, versteht sich fast von selbst. Vallauris hat aber noch einen zweiten berühmten Ehrenbürger: Jean Marais. Der Schauspieler und Cocteau-Freund fühlte sich dem Städtchen stets liebevoll verbunden. Nach seinem Tod (8.11.1998) wurde Marais seinem Wunsch gemäß auf dem kleinen Friedhof von Vallauris begraben.

Die Töpferei kann in Vallauris aber auf eine weitaus längere Tradition zurückblicken: Aufgrund der reichen Tonvorkommen in der Umgebung entstanden bereits während der Antike – der Name Vallauris leitet sich von "vallis aurea" ab – die ersten Töpferbetriebe in Vallauris. Nachdem das Dorf von der Pest entvölkert worden war, ließen sich im Jahre 1501 italienische Töpfer nieder und nahmen die Produktion wieder auf. Damals erfolgte auch der Wiederaufbau der Stadt auf einem neuen rechtwinkligen Grundriss. Zunächst wurde schwerpunktmäßig Geschirr aus glasiertem Ton hergestellt, ab dem 18. Jahrhundert widmeten sich die Töpfer verstärkt der Produktion von edlem Geschirr im Louis XV.-Stil. Noch heute wird hier auf traditionelle Weise getöpfert, wenngleich in den Geschäften des Ortes auch viele minderwertige und langweilige Tonwaren feilgeboten werden. Gerne orientiert man sich an Picasso und Fernand Léger, die in Vallauris ihre Werkstätten hatten. Regelmäßig finden die *Biennale Internationale de Céramique d'Art* und diverse Töpferfeste statt.

• *Information* **Office de Tourisme**, Square 8 Mai 1945, 06220 Vallauris; ✆ 0493638258, 📠 0493639501.

• *Verbindungen* Zehnmal tgl. verkehren Busse zwischen Vallauris und Antibes, zudem bestehen Busverbindungen nach Golfe-Juan und Cannes. Gare routière: Place de la Libération (direkt am Château).

• *Essen* **La Gousse d'Ail**, nur 100 Meter vom Picassomuseum entfernt, werden hier die kulinarischen Lüste befriedigt. Plat du jour 11 €, Menüs zu 14,50, 20,50 und 30 €. Montag Ruhetag. 11, avenue de Grasse, ✆ 0493641071.

• *Markt* Dienstagvormittag.

Sehenswertes

Château: Das aus der Renaissance stammende Bauwerk ähnelt einem provenzalischen Gutshof (*mas*). Bis 1787 residierte hier ein Probst. Das Schloss und das benachbarte Gebäude beherbergen drei Museen:

Musée Picasso in Vallauris

Musée National de Picasso: Die zum Château gehörende romanische Kapelle mit Picassos berühmtem Wandgemälde La Guerre et la Paix ("Krieg und Frieden") wurde zum Nationalmuseum erhoben. Innerhalb von zwei Monaten hatte das Universalgenie dieses monumentale Werk (125 qm) geschaffen, das seit 1952 die Krypta der Kapelle ziert. Wenngleich manche Kritikerstimmen das Wandgemälde im Rahmen von Picassos Œuvre als eher gering einschätzen, schafft "Krieg und Frieden" in dem fensterlosen Raum eine faszinierende Stimmung. Die Kapelle, die noch den strengen romanischen Geist ihrer Bauzeit besitzt, bietet zudem einen Einblick in Picassos keramisches Werk.

Adresse Place de la Libération. Öffnungszeiten: Tgl. außer Di und an Feiertagen 10–12 Uhr und 14–17 Uhr, im Sommer bis 12.15 Uhr sowie 18 Uhr. Eintritt: 3 €, erm. 1,50 € (inkl. Musée Magnelli und Musée Céramique).

Musée Magnelli et Musée Céramique: Im Mittelpunkt der Dauerausstellung steht *Alberto Magnelli* (1888–1971), ein Pionier der abstrakten Kunst. Daneben sind auch Photographien ausgestellt, die Picasso bei den Arbeiten zu seinem Wandgemälde zeigen. Imposant wirkt ein Picassophoto von André Villers, das den Meister in majestätischer Pose mit verschränkten Armen und nacktem Oberkörper darstellt. In einem Flügel des Schlosses sind zudem zahlreiche Töpferarbeiten aus Vallauris ausgestellt.

Adresse Place de la Libération. Öffnungszeiten: Tgl. außer Di und an Feiertagen 10–12 Uhr und 14–17 Uhr, im Sommer bis 12.15 Uhr sowie bis 18 Uhr. Eintritt: 3 €, erm. 1,50 € (inkl. Musée National de Picasso).

Mougins

Das schmucke, einen kleinen Hügel krönende Dorf – den Wegweisern Moulin Village folgen – ist bekannt für seine ausgezeichneten Restaurants, ansprechenden Galerien und zahlreichen Kunsthandwerker. Eine Ortserkundung

Karte S. 184/185

nimmt nicht viel Zeit in Anspruch, es sei denn, man lässt sich zur Einkehr oder zu einem Besuch des Photographiemuseums bewegen. Bereits die Römer besiedelten Mougins – der Name leitet sich von Mons Egnita ab –, im Mittelalter wurde der Ort mit einer Stadtmauer befestigt, deren Verlauf noch heute erkennbar ist. Bekannt wurde Mougins als Altersruhesitz Picassos, der auf einem abgeschotteten, außerhalb gelegenen Landsitz in der Nähe der Chapelle Notre-Dame-de-Vie seine letzten zwölf Lebensjahre verbracht hatte. Ein Abstecher zu der beschaulichen Doppelgemeinde Mouns-Sartoux lohnt ebenfalls.

• *Information* **Office de Tourisme**, 15, avenue Mallet, 06250 Mougins, ✆ 0493758767, 📠 0492920403.

• *Verbindungen* Mehrmals tgl. fahren Busse nach Cannes.

• *Parken* Kostenlose Parkplätze unterhalb des Dorfes.

• *Musée Municipal* Diverse Kunstausstellungen. Adresse: Place de la Mairie. Öffnungszeiten: Juli und Aug. tgl. 10–12 Uhr und 14–18 Uhr, sonst Mo–Fr 10–12 Uhr und 14–18 Uhr.

• *Essen/Übernachten* **** **Les Muscardins**, zusammen mit dem Relais à Mougins streiten sich Les Muscardins um den Titel des besten Restaurants im Umkreis (Menüs zu 28, 38 und 44 €). Zimmer von 145–335 €. 18, boulevard de Courteline, ✆ 0492282828, 📠 0492928823.

*** **Le Manoir de l'Etang Mougins**, eine exklusive Unterkunft (Zimmer von 91,50–152 €) außerhalb von Mougins. Bereits Jean Cocteau und Jean Marais zählten zu den Gästen. Mit Schwimmbad, ambitionierte provenzalische Küche, Menüs zu 23 (wochentags mit Wein) und 30 €. Im November und Januar geschlossen. 66, allée du Manoir, ✆ 0493900107, 📠 0492922070.

Le Feu Follet, eines der wenigen Restaurants in Mougins, die noch zivile Preise haben, ohne dass die Qualität darunter leidet. Helles, freundliches Ambiente. Menüs zu 23 und 30 €. Sonntagmittag und Montag geschlossen. Place de la Mairie, ✆ 0493901578.

Sehenswertes

Musée de la Photographie: Pablo Picasso, dem wohl am häufigsten photographierten Künstler des 20. Jahrhunderts, ist die Dauerausstellung gewidmet; sie zeigt Photographien des Meisters von André Villers, Ralph Gatti, Robert Doisneau und David Duncan. Im ersten Stock sind alte Photoapparate zu besichtigen, im Eingangsbereich finden häufig Wechselausstellungen statt.

Adresse Porte Sarrazine. Öffnungszeiten: Tgl. außer Mo 13–19 Uhr, im Juli und Aug. tgl. 14–23 Uhr. Eintritt: 2 €, erm. 1 €.

Musée de l'Automobiliste: Das ein paar Kilometer östlich von Mougins gelegene Museum – es besitzt auch eine eigene Zufahrt von der Autobahn aus – bietet rund 100, teilweise sehr seltene Exponate von den Anfängen der Automobilgeschichte bis heute. Das älteste Fahrzeug, das sich in dem futuristischen Bau befindet, ist ein Gladiator aus dem Jahre 1904. Autoliebhaber entdecken sicher ihr Lieblingsfahrzeug, das Spektrum reicht von Ferrari, Mercedes, Delage, Bugatti, Lancia, Maserati, Porsche, Lamborghini bis hin zu Simca und Lada. Ergänzt wird die Sammlung durch eine historische Werkstatt und Motorräder.

Adresse Aire de Bréguières. Öffnungszeiten: Tgl. 10–18 Uhr, im Sommer bis 19 Uhr. Eintritt: 7 €, erm. 4 €, unter 12 Jahren Eintritt frei!

Auribeau-sur-Siagne

Auribeau-sur-Siagne gesellt sich nahtlos in die Reihe der verträumten Bergdörfer, die hier im Südosten Frankreichs so zahlreich zu finden sind. Ein paar mittelalterliche Häuser, eine verträumte Kirche, steile Gassen und Reste der Stadtmauer – das war's. Doch verglichen mit Mougins betritt man in Auribeau beinahe touristisches Neuland, dies liegt vielleicht daran, dass das über der Siagne thronende Dorf in kaum einem Reiseführer erwähnt ist. Ein wenig Ortsgeschichte: Auribeau-sur-Siagne wurde 1125 erstmals urkundlich erwähnt, Ende des 14. Jahrhunderts nach der großen Pestepidemie verlassen und erst 200 Jahre später wieder erneut besiedelt.

• *Information* **Syndicat d'Initiative**, Mairie, 06810 Auribeau-sur-Siagne, ✆ 0492602020, ℻ 0493609307.

• *Verbindungen* Tgl. fahren rund acht Busse nach Grasse.

• *Essen/Übernachten* **** **Auberge de la Vignette Haute**, Nobelherberge mit Gourmetrestaurant, kurz vor dem Dorfeingang. Mit Swimmingpool, Zimmer 185–280 €. Menüs zu 33,50 und 46 € (nur mittags), abends ab 77 €. 370, route du Village, ✆ 0493422001, ℻ 0493423116, www.vignettehaute.com.

*** **La Petite Provence**, dieses charmante Hotel am Ortsrand wurde uns bereits von zwei Lesern ausdrücklich empfohlen. Zimmer von 68,60–90,70 €. 376, chemin du Gabre, ✆ 0492602250, ℻ 0492602279, www.la-petite-provence.com.

** **Auberge Nossi-Be**, um sich wohl zu fühlen, müsste man eigentlich nur auf der schattigen Terrasse sitzen und den Blick ins Tal schweifen lassen. Leider wird das Restaurant nicht mehr seinem früheren Ruf gerecht. Um eines der sechs recht dunklen Zimmer (44–49 €) zu ergattern, muss man entweder in der Nebensaison anreisen oder großes Glück haben. Place du Portail, ✆ 0493422020, ℻ 0493423308.

• *Camping* *** **Parc des Mongos**, angenehmer, kleiner Platz mit Swimmingpool. Schattiges Wiesengelände, zwei Kilometer vom Dorf entfernt. Übernachtung 10 €. Von Juni bis Sept. geöffnet. 635, chemin du Gabre, ✆/℻ 0493609171.

Le Cannet

Le Cannet wird oft nicht als eigenständiger Ort wahrgenommen, allzu fließend ist der Übergang zum nahen Cannes. Im Mittelalter waren beide Orte noch relativ gleichbedeutend, erst der aufkommende Tourismus hat Le Cannet vollkommen in den Schatten der Küstenstadt gedrängt. Die Höhenlage sorgt für ein angenehmes Klima, das auch so manchen Künstler veranlasst hatte, sich hier niederzulassen. Der bekannteste Bürger war der Maler *Pierre Bonnard* (1867–1947), der von 1939 bis zu seinem Tod hier lebte und arbeitete. Von dem terrassenförmig angelegten Marktplatz bietet sich ein eindrucksvoller Blick auf Cannes und die vorgelagerten Iles de Lérins.

• *Information* **Office de Tourisme**, 73, avenue du Campon, 06110 Le Cannet, ✆ 0493453427, ℻ 0493452806.

• *Verbindungen* Sehr häufiger Busverkehr (Linie 4 und 5) nach Cannes.

Sehenswertes

La Chapelle Saint-Sauveur-Tobiasse: Die Kapelle aus dem 16. Jahrhundert wurde 1989 von dem Maler Théo Tobiasse, einem Schüler Chagalls, unter dem etwas eigenartigen Leitmotiv "La vie est une fête" (Das Leben ist ein Fest) ausgemalt. Mit kräftigen Farben widmete sich Tobiasse dem Thema Holocaust, wobei sich Rot und Blau als Symbole von Leben und Tod gegenüberstehen.

Adresse 74, rue Saint-Sauveur. Öffnungszeiten: Mo–Fr 8.30–11.30 Uhr und 13.30–16.30 Uhr, am Wochenende 9.30–12.30 Uhr und 15–18 Uhr.

Karte S. 184/185

Mondän braun werden: am Strand von Cannes

Cannes

Noch immer gilt Cannes als eine der schillerndsten Tourismusmetropolen der Côte d'Azur, die Restaurants und Hotels rund um die Croisette haben nicht nur während der Internationalen Filmfestspiele Hochkonjunktur. In Cannes legt man Wert auf die richtige Etikette: erst unlängst ersuchte der Bürgermeister die Touristen unter Androhung einer Strafe, doch bitte nicht in Badekleidung durch die Straßen zu promenieren.

Im letzten Jahrhundert wäre ein derartiges Begehren des Stadtoberhauptes noch undenkbar gewesen. Nicht nur, weil ehedem noch keine halbnackten, sonnenverwöhnten Leiber am Strand um die Aufmerksamkeit des anderen Geschlechtes buhlten, sondern weil Cannes Nizza überflügelt hatte und lange Zeit als der exklusivste Badeort an der Küste galt. Gekrönte Häupter gaben sich einst sprichwörtlich die Klinke in die Hand. Stephen Liégard, der "Erfinder" der Côte d'Azur jubilierte: "Cannes darf sich einer eigenen geschmiedeten Sonne rühmen, einer besonders noblen Verwandtschaft: Denn Cannes ist stolz auf die empfangenen Wohltaten – und bereit, sie an die Menschen weiterzugeben." Der Erste Weltkrieg leitete den Niedergang ein; zwei Jahrzehnte sollte noch das Großbürgertum in Cannes herrschen, doch spätestens mit dem in Frankreich 1936 eingeführten bezahlten Jahresurlaub wurde Cannes zum touristischen Allgemeingut. Die mondänen Hotelpaläste an der Croisette retten als letzte Zeugen die einstige Pracht in das dritte Jahrtausend.

Stars und Starlets

Wenn alljährlich im Mai das Kameraklicken der Paparazzi die Ankunft der aufgedonnerten Stars und Starlets auf der Croisette untermalt, ist es wieder soweit: Zwei Wochen lang hält der internationale Showzirkus medienwirksam in Cannes Hof. Produzenten und Verleiher, Filmkritiker und Regisseure, tief dekoltierte Damen und Dutzende von Kinostars treffen sich auf diversen Partys zwecks Smalltalk und hartem Business. Fast könnte man meinen, dass der Wettbewerb um die "Goldene Palme" als bloße Staffage zur Nebensache degradiert ist und sich nur die wahren Enthusiasten für die mehr als 300 gezeigten Filme interessieren. Für die Filmkritiker sind die Filmfestspiele alles andere als ein leichtes Los: Wer jeden Tag mehrere Filme zu verfolgen hat, steht nach zwei Wochen kurz vor dem Zelluloid-Delirium. Doch an Cannes führt in der Kinobranche kein Weg vorbei. Dabei hatten die Filmfestspiele von Cannes einen überaus schlechten Start: 1939 als Gegenveranstaltung zu dem von Mussolini dominierten Filmfestival von Venedig gegründet, fiel die Veranstaltung erst einmal regelrecht ins Wasser, denn just am Eröffnungstag der Filmschau befahl Hitler den Einmarsch in Polen. Erst nach Kriegsende wurden die Filmfestspiele ein zweites Mal ins Leben gerufen: Anfänglich im zweijährigen Rhythmus, ab 1950 präsentierte sich Cannes dann Jahr für Jahr als das Mekka des Films. Es ist heute unvorstellbar, doch in den Anfangsjahren verirrten sich nicht allzu viele Gäste nach Cannes, die Einheimischen machten noch den größten Teil der Zuschauer aus. In den fünfziger Jahren ging es dann steil bergauf: Gina Lollobrigida, Gary Cooper, Sophia Loren, Cary Grant, Kirk Douglas und Orsen Welles verliehen dem Festival einen besonderen Touch. Im Sog der Stars kamen dann die Starlets: Eine junge Engländerin namens Simone Silva stolzierte 1954 als erste barbusig über die Croisette – statt des erhofften Filmangebots musste sie jedoch eine Rüge der Festivalleitung einstecken. Im Mai '68 hielt die Revolution Einzug: Truffaut, Godard und Louis Malle besetzten die Vorführräume; in den nächsten Jahren verlagerte sich der Schwerpunkt des Filmfestivals auf Filme mit politischem oder künstlerischem Wert, weniger die Stars als die Regisseure gaben den Ton an.

Heute steht die kommerzielle Seite der Filmfestspiele entschieden im Vordergrund: Allein die funktionelle Betonburg des 1982 errichteten Palais des Festivals wirkt unheimlich ernüchternd. Die Augen der Produzenten und Verleiher sind auf die möglichst hohen Einspielquoten gerichtet, die künstlerische Qualität ist zweitrangig. Wer anspruchsvolle Kinokost sehen will, muss die Vorführungen der außer Konkurrenz laufenden Filmschaus (*Quinzaine de Réalisateurs, Semaine de la Critique, Perspectives*) besuchen.

Cannes Karte S. 202/203

Dank Filmfestspielen, Kongressen und einem zahlungskräftigen Publikum gehört Cannes zwar zu den vornehmen Orten an der Côte d'Azur, doch genau besehen, hat sich Cannes in den letzten Jahrzehnten zu einer modernen Großstadt gewandelt, die zusammen mit ihren Vororten 225.000 Einwohner zählt; selbst an der Croisette wurden gesichtslose Neubauten hochgezogen. Ungeachtet dessen zehrt Cannes noch immer von seinem einstigen Ruf, hierher kommt man zum Einkaufen und Flanieren, zum Sehen und Gesehen werden. Für einen Kultururlaub ist Cannes sicher nicht der richtige Ort, die historischen Sehenswürdigkeiten lassen sich bequem an einem Nachmittag erkunden.

Geschichte

Trotz seiner strategisch günstigen Lage auf einer Anhöhe in unmittelbarer Meeresnähe blieb Cannes – sieht man von einem befestigten Beobachtungsposten ab – in der Antike bedeutungslos, denn die Bucht besaß keinen natürlichen Hafen, wie er für die Gründung einer Handelsniederlassung erforderlich war. Eine kleine Siedlung entstand erst, nachdem die Mönche von Lérins im 11. Jahrhundert im Auftrag der Grafen der Provence auf dem Berg einen Turm errichtet hatten; im Spätmittelalter entwickelte sich Cannes zu einer kleinen, mauergeschützten Stadt. Immer wieder wurde Cannes in Kriegshandlungen verwickelt, zuletzt gingen 1746 im Österreichischen Erbfolgekrieg die Truppen Maria Theresias an Land.

Noch zu Beginn des 19. Jahrhunderts war Cannes ein kleines Städtchen mit nicht einmal 3.000 Einwohnern. Doch dann spielte der Zufall Schicksal: Als der ehemalige britische Schatzkanzler Lord Brougham 1834 mit seiner kränkelnden Tochter Eleonore den Winter im italienischen Nizza verbringen wollte, wurde ihm wegen der dort herrschenden Choleragefahr die Einreise untersagt. Brougham blieb in Frankreich und fand in Cannes ein geeignetes Ausweichquartier. Der Küstensaum gefiel ihm so gut, dass er darauf verzichtete, zu einem späteren Zeitpunkt nach Nizza weiterzureisen und sich in Cannes eine Villa im italienischen Stil errichten ließ. Dank Lord Broughams Fürsprache stieg Cannes bald zu einem der exklusivsten Orte an der Côte d'Azur auf. Auch beim französischen König machte Brougham seinen Einfluss geltend: Louis-Philippe ließ sich erweichen und finanzierte den Bau eines neuen Hafenbeckens.

Verbindungen

Der **SNCF-Bahnhof**, ✆ 0493995050, liegt mitten im Zentrum, nur wenige Minuten von der Croisette entfernt. Sehr häufige Zugverbindungen nach Nizza und Menton, zehnmal täglich nach Saint-Raphaël, mehrmals tgl. nach Marseille. Im Sommer auch Direktverbindungen nach Frankfurt. Der **Busbahnhof** grenzt unmittelbar an den Vieux Port, ✆ 0493391139. Halbstündiger Pendelverkehr nach Grasse, Nizza und Antibes sowie zum Flughafen von Nizza. Mehrmals tgl. nach Le Cannet, Mougins und Agay. Die städtischen Buslinien 4 und 5 fahren nach Le Cannet. Die **Schiffe** der Compagnie Estérel Chanteclair (✆ 0493391182) legen tgl. ab 9 Uhr vom Vieux Port aus mehrmals zu den Iles de Lérins ab. Die Boote laufen erst Sainte-Marguerite und dann Saint-Honorat an, um von dort über Sainte-Marguerite wieder nach Cannes zurückzukehren. Fahrzeit jeweils 15 Minuten, letzte Rückfahrt meist um 17.45 bzw. 18 Uhr. Fahrpreis nach Sainte-Marguerite 9 €, nach Saint-Honorat 9 €, beide Inseln 11 €. Von April bis Sept. werden für 11 bzw. 15 € Bootsexkursionen zur Corniche d'Or (Mi und Fr) sowie nach Monaco (Mo) und Saint-Tropez (Di, und Sa) angeboten.

Information/Diverses

• *Information* **Office de Tourisme**, Palais des Festivals, Boulevard de la Croisette, 06403 Cannes Cedex, ✆ 0493392453, ✆ 0492998423, www.cannes-on-line.com.

• *Festivals* Das berühmteste Festival sind sicherlich die **Filmfestspiele** im Mai. Doch nicht nur in dieser Zeit ist in Cannes viel geboten. In Konkurrenz zu Juan-les-Pins hat man 1994 das Festival **Jazz à Cannes** ins Leben gerufen (Anfang Juli). 1996 waren u. a. George Benson und David Sanborn zu Gast. Über aktuelle Veranstaltungen informiert allmonatlich eine Broschüre (Le mois à Cannes), erhältlich im Office de Tourisme.

• *Markt* Marché Forville, in einer großräumigen Halle unweit des Hafens werden tgl. außer Mo provenzalische Köstlichkeiten feilgeboten (Besonders schön ist der Markt Di, Do, Sa). Trödelmarkt jeden Montag im Marché Forville sowie samstags auf der Allée de la Liberté.

• *Fahrradvermietung* Location 2 Roues, von April bis Okt. geöffnet. 5, rue Allieis, ✆ 0493394615.

• *Autovermietung* Avis, 69, la Croisette, ✆ 0493941586; Rent a Car, 3, boulevard du Moulin, ✆ 0492991525 (Auch Motorradvermietung).

• *Strände* An der Croisette besitzt Cannes einen künstlich aufgeschütteten feinen Sandstrand. Allerdings wird dieser größtenteils von Privatstränden okkupiert, die nur gegen Gebühr Eintritt gewähren. Der frei zugängliche öffentliche Strand liegt am westlichen und östlichen Ende der Croisette. Ein rund 5 Kilometer langer, allerdings relativ schmaler Sandstrand erstreckt sich nach Westen in Richtung La Napoule.

Übernachten (siehe Karte S. 202/203)

Zur Festivalszeit im Mai ist es ein aussichtsloses Unterfangen, ein Zimmer zu bekommen, selbst wer ein Jahr im Voraus reservieren will, tut sich schwer, eine Bleibe zu finden. Zudem sind die Preise beinahe doppelt so hoch. Da in Cannes häufig internationale Kongresse stattfinden, kann es auch zu anderen Zeiten zu Engpässen kommen. Aufschlussreich ist die Tatsache, dass es in Cannes mehr Hotels mit vier Sternen gibt als mit einem.

**** **Carlton (22)**, das Traditionshotel von Cannes, selbstverständlich mit Privatstrand. Seit der jüngsten Renovierung (1989 für schlappe 170 Millionen Francs) besitzt das Carlton eine Zwölf-Zimmer-Suite mit marmorverkleidetem Fitness-Center. Es gibt aber auch einfachere Zimmer, die in der Nebensaison 520 € und ein Vielfaches mehr kosten. 58, la Croisette, ✆ 0493064006, 📠 0493064025, www.cannes.interconti.com.

**** **Pierre & Vacances Villa Francia (24)**, harmonisch in die Landschaft integrierte Ferienanlage mit einem traumhaften Swimmingpool, Restaurant und kleinem Laden. Im Stadtteil La Bocca, nur zehn Fußminuten vom Meer entfernt. Je nach Saison und Appartementgröße (4–7 Pers.) 322–1176 € pro Woche. 33, avenue Wester Wemyss, ✆ 0492982000, 📠 0492982199. In Deutschland buchbar über: ✆ 0721/931950.

*** **Renoir (3)**, traumhaftes Stadthotel mit viel Flair, nur 300 Meter vom Meer entfernt. Die großzügigen Zimmer (74,70–150 €) besitzen teilweise Stuckdecken; schallisolierte Fenster, Aircondition und ein kleiner Balkon verschönern den Aufenthalt. Da im Erdgeschoss der Platz für einen Frühstücksraum fehlt, wird das Petit Déjeuner aufs Zimmer gebracht. Ein besonderes Lob gilt dem freundlichen, unaufdringlichen Service. 7, rue Edith Cavell, ✆ 0492996262, 📠 0492996282, www.leshotelsdeprovence.com.

*** **Splendid (14)**, alteingesessenes Hotel, schräg gegenüber dem Filmpalast. Übernachtung 111–218 €. 4–6, rue Félix Faure, ✆ 0493995311, 📠 0493995502.

** **Florian (15)**, eine sehr günstige Adresse, nur 1 Minute von der Croisette entfernt. Das absolut saubere und sehr korrekt geführte Hotel befindet sich seit 1960 im Familienbesitz. Klimatisierte Zimmer 48–58 €. 8, rue Commandant André, ✆ 0493392482, 📠 0492991830.

** **Amirauté (6)**, brauchbares Hotel in Bahnhofsnähe. Zimmer 38–72 €. 17, rue Maréchal Foch, ✆ 0493391053, 📠 0493389854.

** **Des Allées (10)**, in unmittelbarer Nähe des Filmpalastes. Deutschsprachige Leitung. Zimmer ab 71,50 €. 6, rue Emile Negrin, ✆ 0493395390, 📠 0493994325, www.hotel-des-alles.com.

** **Lutetia (2)**, mit nur 8 Zimmern eher eine Pension als ein Hotel, aufgrund der geringen Kapazität und des guten Preis-Leistungs-Verhältnisses (Zimmer 46,50–100 €) oft ausgebucht. Zum Meer und zum Filmpalast sind es nur 300 Meter. 6, rue Michel-Ange, ✆ 0493393574, 📠 0493399441.

** **Beverly (9)**, ein wenig blumig-antiquiert. Mehrere Zimmer (54–66 €) besitzen einen Balkon oder einen Zugang zur Terrasse. 14, rue Hoche, ✆ 0493391066.

** **Riviéra (5)**, wegen der holzverkleideten Wände wirken die geräumigen Zimmer teilweise etwas dunkel. Es werden auch Studios vermietet. 56–70 €. 35, rue Hoche, ✆ 0493383367.

Cannes
Karte S. 202/203

Avenue de Grasse
Rue Marius Monti
Rue de Belfort
R. Roger
Avenue L. de Tassigny
Avenue Saint Jean
Av. Saint Louis
Avenue du Petit Juas
Boulevard Carnot
Rue Léo
Av. Mal. Galliéni
Av. Saint Nicolas
Saint Victor
Parc D. Mero
Rue Borniol
Bd. du Moulin
Boulevard du Riou
R. des Suisses
R. de Suffren
Place du 18 Juin
Boulevard Guynemer
Av. Bachaga Boualam
Pla de la
Rue
R. Hoche
Av. Anciens Combattants en AFN
Rue Louis Blanc
Rue Meynardier
Rue du Mal. Joffre
Rue d'Antibes
Bd. Victor Tuby
R. Cazagnaire
Rue Félix Faure
Rue Napoléon
Rue des Belges
R. St. Antoine
Quai St. Pierre la Pantiero
Rue du Pré
Eglise Musée de la Castre
Rue Louis Perissol
Rue Georges Clemenceau
Palais des Festivals et des Congrès
Square F. Mistral
Boulevard Jean Hibert
Square J. Hibert
P
N
Iles de Lérins
2
3
6
7
10
11
12
13
14
17
18
19
20
21
24

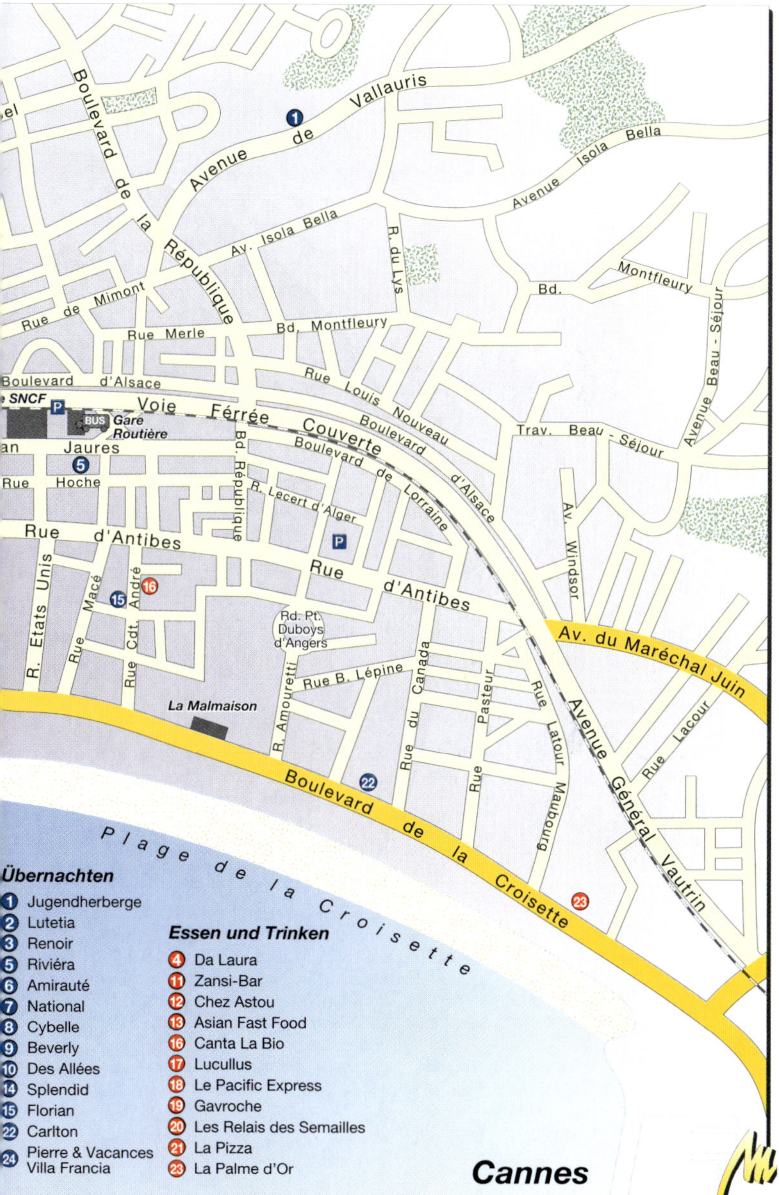

Cannes
Karte S. 202/203

* **Cybelle (8)**, kleine Unterkunft mit ockerfarbener Fassade und türkisfarbenen Fensterläden. Die unterschiedlich ausgestatteten Zimmer kosten als DZ 23–38 €. 12, rue du 24 Août, ✆ 0493383133, 📠 0493384347.

* **National (7)**, angenehmes Hotel unter englischer Leitung, zu Fuß nur zwei Minuten von der Croisette entfernt. Zimmer ab 27,50–80 €. 8, rue Maréchal Joffre, ✆ 0493399192, 📠 0492984406

• *Jugendherberge* **(1)** an der Straße nach Vallauris, fünf Minuten vom Bahnhof entfernt. Übernachtung 13,70 €. 35, avenue de Vallauris, ✆/📠 0493992679.

• *Ferienwohnungen* Das Office de Tourisme gibt eine Broschüre mit dem örtlichen Angebot an Ferienwohnungen und -residenzen heraus.

• *Camping* *** **Bellevue**, im Stadtteil La Bocca. Mit Swimmingpool, von April bis Sept. geöffnet. 67, avenue Maurice Chevalier, ✆ 0493472897.

*** **Grande Saule**, 24, boulevard Jean Moulin, ✆ 0493905510, sowie *** **Le Ranch**, Chemin Saint-Joseph, ✆ 0493460011; beide befinden sich drei Kilometer nördlich von Cannes in Le Cannet. Die Campingplätze sind von April bis Sept. geöffnet und besitzen einen Swimmingpool.

Essen/Trinken/Nachtleben (siehe Karte S. 202/203)

• *Essen/Trinken* **La Palme d'Or (23)**, das Restaurant im Hotel Martinez ist laut Michelin und Gault & Millau der Feinschmeckertempel von Cannes. Das Regiment in der Küche führt Starkoch Christian Willer. Der Gourmethimmel öffnet sich ab 43 € (mittags), abends ab 65 €. 73, La Croisette, ✆ 0492987414.

Les Relais des Semailles (20), im Restaurant direkt nebenan wird man ebenfalls zuerst von den festlich gedeckten Tischen angezogen. Im schicken Ambiente werden südfranzösische Spezialitäten serviert. Menüs zu 22, 32 und 39 €. Nur abends geöffnet, Sonntag Ruhetag. 9, rue Saint-Antoine, ✆ 0493392232.

Le Pacific Express (18), ein paar Meter weiter die Gasse hinauf, trifft man auf das nächste ausgesprochen gute Restaurant. Das Pacific spielt ein wenig mit dem Filmfestspielklischee, doch sollte man sich hiervon nicht abschrecken lassen. Ganz vorzüglich mundeten die Entenbrust und das gegrillte Lamm. Menüs zu 27 und 40 €. Nur abends geöffnet, von Sept. bis Juni Sonntag Ruhetag. 6–8, rue du Suquet, ✆ 0493394343.

Gavroche (19), von der Panoramaterrasse bietet sich ein schöner Blick auf das Treiben in der Altstadt. Man sitzt auf einfachen Holzstühlen und kann sich bequem verwöhnen lassen. Sehr lecker sind der Tintenfischsalat sowie der gegrillte Lachs. Keine Menüs, in der Nebensaison Dienstag Ruhetag. 1, pointe Saint-Antoine, ✆ 0493990101.

Chez Astou (12), eine ausgezeichnete Adresse für Fischliebhaber. Gute Qualität zu moderaten Preisen. Menüs zu 19,20 und 27,40 €. Wie wäre es zur Abwechslung mit einer Scholle à la Dieppoise. 43, rue Félix Faure, ✆ 0493390622.

Lucullus (17), in der beliebten Marktkneipe stärken sich Verkäufer und Kunden von 4.30–16 Uhr. Berühmt sind die leckeren Tapas à la provençale. Plat du jour 8,80 €. Montag geschlossen. Marché Forville, ✆ 0493393274.

Canta La Bio (16), wer als Kontrastprogramm Produkte aus biologischem Anbau bevorzugt, dem ist dieses hinter der Croisette gelegene Restaurant zu empfehlen. Große vegetarische Auswahl, Hauptgerichte 11,30 (vegetarisch) bzw. 13,50 €. Kein Ruhetag. 6, rue Florian, ✆ 0493394940.

Da Laura (4), sehr sympathischer Italiener, der durch seine untypische Einrichtung und die guten Pastagerichte (11–12 €) gefällt. 7, rue Hoche.

Asian Fast Food (13), schmackhafte und vor allem kostengünstige Alternativen zur französischen Küche bietet dieser asiatische Schnellimbiss. In der großen Glasvitrine kann man sich einen Überblick über die rund 50 leckeren Gerichte verschaffen, die dann in der Mikrowelle aufbereitet werden. Ein Hauptgericht mit einer Schale Reis kostet ca. 6 €. Tgl. 10–23 Uhr. 57, rue Félix Faure.

La Pizza (21), der Name ist Programm: wagenradgroße Pizzen (8–10 € pro Hälfte) aus dem Holzofen. Die Einrichtung ist zünftig-rustikal mit blankem Mauerwerk, im Sommer sitzt man bis spätabends auf der großen Straßenterrasse. Der Service lässt allerdings zu wünschen übrig, so wurden beispielsweise die Vorspeise und die Pizza gleichzeitig serviert. 3, quai Saint-Pierre, ✆ 0493392256.

Der Festspielpalast, auch "Bunker" genannt

• *Nachtleben* Wer tief ins Nachtleben eintauchen will, findet hierzu in Cannes ein weites Betätigungsfeld.

Zanzi-Bar (11), in der traditionsreichen Kneipe mit Kellerambiente verbrachte Klaus Mann seine letzten Abende, bevor er im Mai 1949 seinem bewegten Leben ein Ende setzte. Noch heute ist die Zanzi-Bar ein beliebter Treffpunkt der Schwulenszene. Von 17–6 Uhr geöffnet. 85, rue Félix Faure.

Jimmy'z, Edeldisco im Filmpalast. Ab 23 Uhr trifft sich hier die Upperclass. Weitere Discos sind das **Opéra**, 7, rue Lecerf und **Jane's Club** im Hotel Gray Albion. Eine nette Lounge Bar ist das **Tantra** in der Rue du Docteur Monod.

Sehenswertes

La Croisette: Was die Promenade des Anglais für Nizza, ist die Croisette für Cannes. Die ab 1850 nach Nizzaener Vorbild angelegte Prachtstraße zieht sich vom Festspielpalast bis zur zwei Kilometer entfernten Pointe Croisette hinüber, deren Spitze heute das Palm-Beach Casino markiert. Im Laufe der Zeit wurde die Croisette mehrfach umgebaut; ihr heutiges Aussehen erhielt sie erst 1961. Als berühmtester Bau entlang der Promenade gilt das Carlton Hotel mit seiner schneeweißen Zuckerbäckerfassade.

Festspielpalast: Der wuchtige Bau am Beginn der Croisette wird im Volksmund "Bunker" genannt. Ein doppeldeutiger Name. Der Bau erinnert einerseits an einen solchen, während der Internationalen Filmfestspiele ist er so sicher wie ein Bunker: Nur einer erlesenen Gästeschar wird Eintritt gewährt.

Le Suquet: Die Altstadt von Cannes ist schnell erkundet, wenige schmale Gassen ziehen sich vom Hafen bergauf zum einstigen Kastell. Die steile Rue Saint-Antoine verwandelt sich abends in einen großen Freiluftspeisesaal, die Tische der Restaurants gehen fast nahtlos ineinander über. Die größte Sehenswürdigkeit neben dem Kastell und dem Museum ist die Kirche **Notre-Dame-de-l'Espérance**, ein für die Provence typischer, spätgotischer Sakralbau, der erst beendet worden war, als man anderenorts bereits dem üppigen Barockstil frönte.

Cannes
Karte S. 202/203

Handabdruck von Jean Marais vor dem Festspielpalast

Musée de la Castre: Das Museum im alten Kastell besitzt eine außergewöhnlich reichhaltige ethnographische Sammlung – eine Stiftung des niederländischen Barons Lycklama –, deren wertvolle Exponate aus fast allen Teilen der Welt stammen. Zum Museum gehört auch eine ansehnliche Gemäldegalerie; die Bilder zeigen ausschließlich regionale Sujets. Eine Besteigung der **Tour de Suquet**, eines quadratischen, 22 Meter hohen mittelalterlichen Turms, lohnt sich wegen des ausgezeichneten Blicks auf Cannes und die Croisette. Die Innenräume erreicht man über eine Tür im 1. Stockwerk, wobei die einstige Leiter durch eine feste Außentreppe ersetzt wurde. Dieser erhöhte Eingang stellte eine letzte Vorsichtsmaßnahme dar: Bei drohender Gefahr konnte die Leiter eingezogen und eine Eroberung erschwert werden.

Öffnungszeiten Tgl. außer Mo von Juli bis Aug. 10–13 Uhr und 15–19 Uhr, von April bis Juni sowie im Sept. nur bis 18 Uhr, von Okt. bis März nur bis 17 Uhr. Eintritt: 3 €, erm 2 €

La Malmaison: Im Erdgeschoss einer klassizistischen Villa werden direkt an der Croisette, unweit des Carlton-Hotels teilweise hochkarätige Wechselausstellungen gezeigt. Hier hat übrigens der Galerist Aimé Maeght 1945 seine erste Bilderausstellung organisiert.

Adresse 47, La Croisette. Öffnungszeiten: Tgl. außer Mo von Juli bis Aug. 10–13 Uhr und 15–19 Uhr, von April bis Juni sowie im Sept. nur bis 18 Uhr, von Okt. bis März nur bis 17 Uhr. Eintritt: 3 €, erm. 2 €.

Chapelle Bellini: Der Maler Emmanuel Bellini erwarb 1950 eine kleine Kapelle an der Straße nach Vallauris und nutzte sie zweckentfremdet als Atelier. Bellini, der durch seine "Kutschenbilder" bekannt geworden ist, war in Cannes als vielseitiger Künstler hoch geschätzt: Er schuf Modelle für Karnevalswagen und Bühnendekorationen genauso wie anspruchsvolle Grafiken und Karikaturen.

Adresse Parc Fiorentina, 67 bis, avenue de Vallauris. Öffnungszeiten: Mo–Fr 14–17 Uhr. Eintritt: frei!

Iles de Lérins

Die beiden kleinen, Cannes vorgelagerten Inseln sind ein beliebtes Ausflugsziel. Während die Ile de Sainte-Marguerite, das größere Eiland, vorrangig von Naturfreunden aufgesucht wird, steht die Ile de Saint-Honorat, eine der Keimzellen des abendländischen Klosterwesens, vor allem bei kulturinteressierten Touristen hoch im Kurs. In der Antike waren beide Inseln noch unter dem Namen Lero (Sainte-Marguerite) und Lerina (Saint-Honorat) bekannt. Plinius zufolge soll sich auf der Ile de Sainte-Marguerite einst eine Römersiedlung befunden haben.

• *Verbindungen* Mehrmals tgl. Schiffsverbindungen nach Cannes, Golfe-Juan und Théoule-sur-Mer. Die Schiffe legen in der Regel zuerst auf Sainte-Marguerite an, tuckern hinüber zur Ile de Saint-Honorat, bevor sie nach einem erneuten Zwischenstopp auf Sainte-Marguerite wieder Kurs auf ihren Heimathafen nehmen. Die Überfahrt dauert von Cannes aus rund 15 Minuten. Abfahrt in Cannes am Vieux Port stdl. ab 9 Uhr, letzte Rückfahrt meist um 17.45 bzw. 18 Uhr. Fahrpreis nach Sainte-Marguerite 9 €, nach Saint-Honorat 9 €, beide Inseln 11 €.

• *Noch zwei Hinweise* Auf beiden Inseln herrscht striktes Rauchverbot, das allerdings des Öfteren missachtet wird. Zudem wird davor gewarnt, die Hüllen fallen zu lassen. Erst 1996 machten Polizisten eine Razzia auf der Insel: Den sechs ertappten Nudisten drohen nun Geldstrafen in Höhe von bis zu 15.000 €!

Ile de Sainte-Marguerite

Die Insel ist nach einer Schwester des hl. Honorat benannt, die hier ein Frauenkloster gegründet haben soll; es ist allerdings zweifelhaft, ob diese Schwester je gelebt hat, wahrscheinlich handelt es sich nur um eine mythische Figur. Das gesamte Mittelalter hindurch wurde das Eiland von den Mönchen von Saint-Honorat bewirtschaftet, bis das von Geldsorgen geplagte Kloster die Insel 1569 schließlich der Stadt Cannes überließ. Während des Dreißigjährigen Krieges ließ der französische König die Insel besetzen und ein mächtiges Fort errichten, das jedoch 1635 von den Spaniern erobert und zwei Jahre lang besetzt gehalten wurde. Bereits 1685 wurde die Festung zum Staatsgefängnis umfunktioniert, dessen berühmtester Gefangener der geheimnisvolle Mann mit der Eisernen Maske war.

Mit einer Fläche von rund 210 Hektar ist Sainte-Marguerite fünfmal größer als ihre Nachbarinsel. Dank ihrer üppigen Vegetation bietet sich die in Staatsbesitz befindliche Insel für geruhsame Spaziergänge an, ohne dass die Ferienstimmung durch Verkehrslärm getrübt wird; ein Grund für viele Familien aus Cannes, zum Picknicken herüber zu kommen. Neben ausgedehnten Pinien- und Eukalyptuswäldern gedeiht hier auch die Aleppokiefer mit ihrer schirmförmigen Krone prächtig. Mehrere Fußpfade führen über das Eiland, auf dem *Sentier Botanique* beispielsweise, einem sieben Kilometer langen Rundweg, lässt sich das Naturparadies bequem erschließen. Ein kleiner See (*Etang de Batéguier*) ist als Vogelschutzgebiet ausgewiesen, im Unterholz wachsen Erdbeer- und Mastixbäume, Zistrosen, Thymian und Rosmarin.

Iles de Lérins
Karte S. 184/185

Sehenswertes

Fort Royal: Die sich am Nordrand der Insel erhebende Festung lässt sich schon von weitem ausmachen. Ursprünglich von 1624 bis 1627 nach Plänen von Jean de Bellon errichtet, wurde die Anlage von den Spaniern und später noch einmal von dem berühmten Festungsbaumeister Vauban erweitert. Die um einen großzügigen Innenhof gruppierten Räumlichkeiten bieten allerdings wenig herausragendes; sie beherbergen in den Sommermonaten eine internationale Jugendbegegnungsstätte.

Der Mann mit der Eisernen Maske

Bis heute ist die Frage ungeklärt, welcher Gefangene hinter der Eisernen Maske, die genau genommen aus schwarzem Samt war, verborgen bleiben sollte. Es verwundert daher nicht, dass sich um die Person des geheimnisumwitterten Gefangenen, der von 1687 bis 1698 auf Sainte-Marguerite lebte, viele Spekulationen ranken; mit Alexandre Dumas dem Älteren und Marcel Pagnol haben zwei bekannte Autoren die Geschichte in Romanform verarbeitet.

Manche Spekulanten sehen in dem Gefangenen einen Zwillingsbruder Ludwig XIV., andere vermuten hinter der Maske einen illegitimen älteren Bruder des Sonnenkönigs. Eine weitere, immer wieder geäußerte Theorie geht davon aus, dass es sich bei dem Gefangenen um einen Arzt oder dessen Schwiegersohn gehandelt habe, der um die Zeugungsunfähigkeit Ludwig XIII. wusste und daher den Thronanspruch Ludwig XIV. hätte untergraben können. Die Liste ließe sich bequem um etliche Vermutungen erweitern, fest steht nur: Der prominente Gefangene wurde 1698 in die Bastille verlegt, wo er am 19. November 1703 verstarb, ohne sein Geheimnis verraten zu haben.

Musée de la Mer: Das im Fort-Royal untergebrachte Museum besitzt zahlreiche archäologische Unterwasserfunde. Das Spektrum reicht von Amphoren aus einem im 1. Jahrhundert gesunkenen römischen Schiff bis hin zu Exponaten aus einem sarazenischen Wrack.

Öffnungszeiten Tgl. außer Mo von April bis Sept. 10.30–13.15 Uhr und 14.15–17.45 Uhr, von Okt. bis März nur bis 16.40 Uhr. Eintritt: 3 €, erm. 2 €.

Ile de Saint-Honorat

Von der Ile de Sainte-Marguerite weitgehend verdeckt, misst die Ile de Saint-Honorat gerade 1,5 Kilometer in der Länge und 400 Meter in der Breite. Eine Inselumrundung nimmt – ohne Besichtigungen – nicht einmal eine Stunde in Anspruch. An den kulturhistorischen Sehenswürdigkeiten der Insel kommt man dabei fast zwangsläufig vorbei. Zur Einkehr bietet sich die schattige Terrasse des einzigen Restaurants der Insel (Chez Frédéric) an, von der aus man die anlegenden Schiffe beobachten kann.

Sehenswertes

Monastère Fortifié de Saint-Honorat: Die imposante, direkt am Meeresstrand emporragende Mönchsburg ist eines der faszinierendsten und ungewöhnlichsten Bauwerke der Provence; ihr Aufbau entspricht einem gen Himmel gerichteten Kloster. Die ursprünglich aufgrund der Sarazenenüberfälle angelegte Trutzburg diente im 15. Jahrhundert, als die restliche Insel von Genueser Piraten besetzt war, als "Klosterersatz". Die Mönche hatten in Erwartung eines längeren Zwangsaufenthaltes den Innenhof ihrer Festung in einen zweistöckigen Kreuzgang umgewandelt, und auch die üblichen klösterlichen Attribute wie Refektorium, Bibliothek und Kapelle durften nicht fehlen. Ob die Mönche allerdings den herrlichen Blick, der sich vom Dach der Anlage über die Insel und die Küstenregion bietet, zu schätzen wussten, ist nicht überliefert.

Öffnungszeiten Tgl. von 10.15–12 Uhr und 14–17.30 Uhr, im Winter 9.30–17.30 Uhr. Eintritt: frei!

Eine Insel voller Mönche

Um das Jahr 405 zog sich Honoratius, der als Sohn eines römischen Konsuls in Trier geboren wurde, auf diese kleine, weltabgeschiedene Insel zurück; als Vorbild dienten ihm die asketischen Einsiedler, denen er auf seinen Reisen durch Nordafrika begegnet war. Statt der Monotonie der Wüste wählte Honoratius einen vom Wasser umspülten Ort. Doch Honoratius blieb die Einsamkeit nicht vergönnt: Innerhalb weniger Jahre hatte sich um ihn eine Gruppe Gleichgesinnter geschart. Honoratius fügte sich und gab der Mönchsgemeinschaft eine Regel, die gewährleisten sollte, dass die Mitglieder auch in der Gruppe ein gottesfürchtiges Dasein führen konnten. Als der später heilig gesprochene Honoratius im Jahre 426 zum Bischof von Arles gewählt wurde, war das Kloster bereits weit über die Grenzen des Abendlandes hinaus bekannt.

Einen Höhepunkt erlebte das Kloster im frühen Mittelalter: Um das Jahr 690, dreißig Jahre nach der Einführung der Ordensregel des hl. Benedikt, sollen rund 3700 Mönche auf der Insel gelebt haben; dank zahlreicher Schenkungen besaß die Klostergemeinschaft zudem einen ausgedehnten Grundbesitz auf dem Festland. Doch die sich bald darauf ankündigenden Sarazeneneinfälle setzten dem klösterlichen Glanz schwer zu. Mehrfach wurde Saint-Honorat geplündert und zerstört. Um den Angreifern nicht schutzlos ausgeliefert zu sein, errichteten die Mönche im 11. Jahrhundert eine Art Fluchtburg. Doch auch nachdem die Sarazenengefahr gebannt war, sollte dem Kloster kein Frieden vergönnt sein: Seeräuber und Piraten fielen auf der Suche nach fetter Beute über die Insel her. Seit dem ausgehenden Mittelalter verlor das Kloster immer mehr an Bedeutung; als nur noch vier Mönche auf der Insel lebten, wurde das Kloster aufgelöst und 1791 dem Bistum Grasse angegliedert. Nachdem sich das Eiland zeitweilig in Besitz der Schauspielerin Sainval, einer Schülerin Voltaires, befunden hatte, ließen sich 1869 wieder Zisterziensermönche auf Saint-Honorat nieder, die die klösterliche Tradition bis in die Gegenwart fortsetzen.

Kloster: Die romanische Klosterkirche wurde im Zuge der Wiederbelebung des Klosterlebens abgetragen und 1880 durch einen eher langweiligen "Neubau" ersetzt. Die noch vorhandene mittelalterliche Bausubstanz (Kreuzgang, Kapitelsaal und Refektorium) kann nicht besichtigt werden. Neben der Klosterkirche ist für interessierte Privatpersonen noch ein kleines Archäologisches Museum zugänglich.

Iles de Lérins
Karte S. 184/185

Einst gab es hier viele Räuberbanden: das Massif de l'Estérel

Chapelle Saint-Sauveur und Chapelle de la Trinité: Von den ehedem sieben, über die Insel verteilten Kapellen sind heute nur noch zwei erhalten; die beiden schlichten frühromanischen Sakralbauten stammen wahrscheinlich noch aus dem 8. Jahrhundert. Die Chapelle Saint-Sauveur, ein oktogonaler Zentralbau, liegt westlich des Klosters, unweit des Bootanlegestegs; die einst als Friedhofskapelle genutzte Chapelle de la Trinité befindet sich an der Ostspitze der Insel. Bis ins 11. Jahrhundert hinein war Saint-Honorat nämlich eine beliebte Nekropole: Man pflegte seine Toten vom Festland hierher zu bringen, um sie in der Nähe der Heiligen zu bestatten.

Massif de l'Estérel

Zwischen Cannes und Saint-Raphaël erstreckt sich das Massif de l'Estérel, ein uraltes Gebirgsmassiv vulkanischen Ursprungs mit auffälligen roten Porphyrfelsen. Die wilde, durch Waldbrände wiederholt in Mitleidenschaft gezogene Schönheit des Estérel-Gebirges muss man sich erwandern, da nur wenige Straßen hindurchführen.

Es ist heute kaum mehr vorstellbar, dass das gesamte Massif de l'Estérel einst von einem dichten Kork- und Steineichenwald bedeckt war. Mehrfach haben Waldbrände mit ihrer alles vernichtenden Kraft gewütet: verkohlte Berghänge und Täler bieten ein trauriges Bild der Verwüstung. An einigen Stellen wächst nicht einmal mehr Macchia nach, von Bäumen ganz zu schweigen. Angesichts des stellenweise trostlosen Landschaftsbildes versteht es sich von selbst, dass auf das Rauchen sowie das Anfachen jeglicher Feuerquellen zu verzichten ist. Schwere Schäden verursachen zudem verschiedene Insektenlarven wie *Matsu-*

coccus Feytaudi. Die Landschaft blieb bis in die Gegenwart weitgehend unbewohnt, denn der karge Boden ist zur Kultivierung denkbar ungeeignet. Noch im letzten Jahrhundert wurde der Gebirgszug von Reisenden gemieden, da in der menschenleeren Gegend zahlreiche Räuberbanden ihr Unwesen trieben. Der berüchtigste Vertreter dieses Standes war ein gewisser *Gaspard de Besse*, der – Berufsrisiko – 1781 in Toulon hingerichtet worden ist. Hartnäckig hält sich seither das Gerücht, Gaspard habe einen Schatz im Bergmassiv vergraben, der bis heute nicht gefunden werden konnte...

Zwei Nationalstraßen schließen das Massif de l'Estérel gewissermaßen ein: Die RN 7, die über große Strecken auf der Trasse der römischen Via Aurelia verläuft, führt durch das Hinterland am Mont Vinaigre vorbei. Mit seinen 618 Metern – 600 Millionen Jahre Erosion haben ganze Arbeit geleistet – markiert dieser Berg die höchste Erhebung des rauen Gebirgszugs. Bei der kleinen Straßenkreuzung Carrefour du Testannier führt eine drei Kilometer lange Forststraße bis fast hinauf zum Gipfel, der für seinen phantastischen Panoramablick bekannt ist. Entlang der Küste verläuft die Corniche d'Or (RN 98), eine traumhafte Küstenroute mit herrlichen Aussichtspunkten. Die Straße wurde erst vor knapp hundert Jahren auf Betreiben des Touring Club de France angelegt; seither begann Zug um Zug die Erschließung des Küstensaums. Auch wenn manche negativen Auswirkungen unangenehm ins Auge fallen, handelt es sich immer noch um einen der schönsten und unberührtesten Abschnitte der Côte d'Azur. Wer will, kann in einer der kleinen Badebuchten Abkühlung finden, bei den Kletterpartien über die Felsen sind Badeschuhe empfehlenswert.

Wandern

Nur wenige kleine Straßen führen durch den unwirtlichen Gebirgszug; die wohl schönste Route zweigt bei Agay von der RN 98 ab und führt rund fünfzehn Kilometer durch das Gebirge. Auf beiden Seiten laden Wanderwege zur genaueren Erkundung des Massif de l'Estérel ein. Eindrucksvoll ist eine Wanderung zum Pic de l'Ours (492 Meter), zum Pic du Cap Roux (453 Meter) und Pic d'Aurelle. Eine weitere empfehlenswerte Wandertour erschließt das malerische Tal des Mal-Infernet bis zu einem kleinen Stausee, dem Lac de l'Ecureuil. (Genaue Wegbeschreibung siehe Agay).

La Napoule

La Napoule, der nördlichste Badeort des Massif de l'Estérel, ist vor allem durch sein Château und seinen imposanten Yachthafen bekannt geworden. Mit einer Kapazität von rund 1300 Liegeplätzen ist der Yachthafen, den Schiffe bis zu einer Länge von 50 Metern ansteuern können, einer der größten Frankreichs. Der Strand von La Napoule – flach und kinderfreundlich – besitzt eine besondere Attraktion: Wo kann man sonst direkt vor einer Burg im Meer planschen?

• *Information* **Office de Tourisme**, 274, avenue Henry-Clews, B.P. 947, 06210 Mandelieu-La-Napoule, ✆ 0493499531, 📠 0492979957.

• *Verbindungen* Tgl. ca. zehn Zug- sowie Busverbindungen nach Cannes und Saint-Raphaël.

• *Strände* Netter Sandstrand im Ortsbereich.

• *Essen/Übernachten* ** **La Calanque**, großes, stattliches Haus mit Meerblick, Zimmer 30–56,50 €. Das Restaurant mit seiner großen Terrasse ist recht beliebt. Zum Auftakt empfiehlt sich der provenzalische

Vorspeisenteller, hinterher vielleicht eine Scholle Müllerin Art? Menüs zu 16,80 und 24,10 €. Im Sept. geschlossen. Boulevard Henry-Clews, ✆ 0493499511, 📠 0493496744.

L'Oasis, einer der großen französischen Gourmettempel, manche Feinschmecker nehmen auch eine weite Anreise in Kauf, um hier dinieren zu können. Menüs zu 43 € (nur mittags unter der Woche) sowie 58, 89, und 115 €. Mitte Feb. bis Mitte Nov. geschlossen, Sonntagmittag und Montag Ruhetag (außer im Juli und Aug.). Rue Jean-Honoré-Carle, ✆ 0493499552.

• *Camping* ** **Azur Vacances**, am Ortsrand, etwa 700 Meter vom Strand entfernt. Kleiner Laden vorhanden. Stellplatz inkl. 2 Pers. rund 15 €. Von April bis Sept. geöffnet. Boulevard du bon Puits, ✆ 0493499112.

Sehenswertes

Château: Der Bildhauer *Henry Clews*, Sohn eines reichen amerikanischen Börsenmaklers, erwarb 1918 die Ruine einer aus dem 14. Jahrhundert stammenden Burg, um sich damit seinen romantischen Traum von einem mittelalterlichen Schloss zu verwirklichen. Der exzentrische Clews, der die Arbeiten von Rodin zutiefst verehrte, führte in La Napoule mit seiner Frau Marie ein sehr zurückgezogenes Leben. Seine Witwe gründete 1951 eine Stiftung, die sich um die Förderung junger amerikanischer Künstler bemüht. Im Sommer werden gelegentlich Kunstausstellungen gezeigt.

Öffnungszeiten Von März bis Okt. tgl. außer Di Führungen um 15 und 16 Uhr, im Juli und Aug. auch 17 Uhr. Eintritt: 3,80 €, erm. 3 €

Théoule-sur-Mer

Das am westlichen Ende des Golf von La Napoule gelegene Théoule-sur-Mer ist seit alters her als guter Ankerplatz bekannt. Im Mittelalter herrschten die Herren von Villeneuve über das kleine Fischerdorf. In den letzten Jahrzehnten sind zwar ein paar Dutzend Häuser hinzugekommen, doch ist Théoule-sur-Mer ein Badeort der beschaulichen Art geblieben. Daran änderte sich auch nichts, als der Modeschöpfer *Pierre Cardin* ein extravagantes Domizil (Spottname "Rostbraunes Raumschiff") über Miramar bezog. Lohnenswert ist eine Kurzwanderung zum zwei Kilometer weiter östlich gelegenen Pointe de l'Aiguille, einem markanten, ins Meer ragenden Felsen mit benachbartem Strand.

• *Information* **Office de Tourisme**, 2, avenue de la Corniche-d'Or, 06590 Théoule-sur-Mer, ✆ 0493492828, 📠 0493490004. Für 3 € kann man hier einen Führer mit Karte und Wandervorschlägen durch das Massiv de l'Estérel erwerben.

• *Verbindungen* Mehrmals tgl. Zug- und Busverbindungen in Richtung Cannes sowie Saint-Raphaël.

• *Markt* Freitagvormittag auf der Place du Général Bertrand.

• *Bootsausflüge* Zu den Iles de Lérins sowie entlang der Corniche d'Or von April bis Sept. jeweils mind. viermal pro Woche. Kosten 9 €. Transports Maritimes Théouliens, ✆ 0493906519.

• *Tauchen* Centre de Plongée Armand Ferrand, ✆ 0493497433; Centre de Plongée Méditerranée Scubapro, ✆ 0493754851.

• *Fahrradvermietung* Pro Tag 12 € (Mountainbike), direkt am Office de Tourisme.

• *Waschsalon* 61, avenue de Lérins.

• *Strände* Im Ortsbereich ein gepflegter Sandstrand.

• *Essen/Übernachten* *** **La Corniche d'Or**, am Morgen aufstehen und direkt aufs Meer schauen, was will man mehr? Von 79–183 € pro Nacht ist dies möglich. Das Hotel ist komfortabel ausgestattet und besitzt zudem einen Swimmingpool. Das Restaurant ist ebenfalls zu empfehlen. 10, boulevard de l'Esquillon, ✆ 0493754012, 📠 0493754491.

** **Mas Provençal**, direkt an der Küste mit Swimmingpool und Tennisplatz. Zimmer 77,75 €. 10, avenue du Trayas, ✆ 0494754020, 📠 0494754483.

• *Ferienwohnungen* Das Office de Tourisme hält eine Broschüre mit zahlreichen Objekten bereit.

Le Trayas

Zwischen Miramar und Le Trayas verläuft die Grenze der Départements Alpes-Maritimes und Var. Während sich Miramar exklusiver gibt, ist Le Trayas ein Badeort für jedermann. Aufgrund der felsigen Küste und der guten Wasserqualität ist das Meer rund um Le Trayas ein ideales Terrain für Taucher und Schnorchler.

• *Verbindungen* Mehrmals tgl. Zug- und Busverbindungen nach Cannes und Saint-Raphaël.

• *Essen/Übernachten* **Relais des Calanques**, angenehmes Hotel in sehr schöner Lage, direkt an der Corniche d'Or. Für die Zimmer werden je nach Saison und Ausstattung zwischen 49 und 110 € berechnet. Neben einem Restaurant, Tennisplatz und Swimmingpool besitzt das Hotel auch einen kleinen Privatstrand. ✆ 0494441406, ℻ 0494441093.

• *Jugendherberge* **Auberge de Jeunesse**, zwei Kilometer landeinwärts. Übernachtung 7,80 €. Von 15.2. bis 5.1. geöffnet, Zelten möglich. Adresse: 9, avenue de la Véronèse, ✆ 0493754023, ℻ 0493754345.

Wanderung zum Pic de l'Ours: In der Nähe des Bahnhofs von Le Trayas führt ein Wanderweg zum Gipfel des 492 Meter hohen Pic de l'Ours hinauf. Für den Hin- und Rückweg sind rund drei Stunden einzuplanen.

Agay

Agay, das auf den griechischen Hafen Agathonis Portus zurückgeht, liegt an einer tief eingeschnittenen Bucht und eignet sich gut für einen längeren Aufenthalt im Massif de l'Estérel. Agay besitzt einen schönen, aber grobkörnigen Sandstrand (für kleine Kinder nur bedingt geeignet, da er an manchen Stellen schnell steil ins Meer abfällt), mehrere Hotels und Campingplätze. Wem es am Hauptstrand in der Hochsaison zu voll ist, findet in der Umgebung auch einsamere Plätze zum Baden und Sonnen. Sehr schön sind beispielsweise im Westen der Tiki-Plage und mehrere Badebuchten weiter östlich entlang der Estérelküste.

Agay ist auch ein Paradies für Taucher. Die Wasserqualität ist hervorragend, so dass man am Cap du Dramont sogar Edelkorallen finden kann. Rund um die Ile d'Or finden sich zahlreiche Riffe bereits in drei Meter Tiefe und sind so auch für Schnorchler zu erreichen. Die Riffe sind mit roten und gelben Gorgonen und Krustenanemonen bewachsen, dazwischen tummeln sich Barsche, Muränen und Drachenköpfe. Als zusätzliche Attraktion liegen in geringer Tiefe mehrere Wracks und eine Miniaturstadt auf dem Meeresgrund, die in den 60er Jahren als Kulisse für einen Cousteau-Film dienten.

• *Information* **Office de Tourisme**, boulevard de la Plage, 83700 Agay, ✆ 0494820185, ℻ 0494827420.

• *Verbindungen* Mehrmals tgl. Zug- und Busverbindungen nach Cannes und Saint-Raphaël.

• *Markt* Mittwochvormittag, gleich beim Office de Tourisme.

• *Veranstaltungen* Jedes Jahr am letzten Wochenende im Juli feiert Agay sein Dorffest.

• *Fahrradverleih* Schweißtreibend, aber eindrucksvoll: das Massif de l'Estérel mit dem Mountainbike zu erkunden. Domaine du Grenouillet, ✆ 0494828189.

• *Freiluftkino* Im Hochsommer jeden Abend um 21.45 Uhr an der Place du Relais d'Agay.

• *Übernachten/Essen* **** **Pierre & Vacances**, traumhaftes Clubdorf mit zahlreichen Freizeitattraktionen und großer, reizvoller Badeanlage. Je nach Saison und

Agay: bekannt für seine ausgezeichnete Wasserqualität

Appartementgröße (4–9 Pers.) 385–2394 € pro Woche, Häuser (4–7 Pers.) ab 651 €. Cap Estérel, ✆ 0494825000, 📠 0492982199. In Deutschland buchbar über: ✆ 0721/ 931950.

*** **France Soleil**, modernes, funktionales Hotel, nur einen Steinwurf vom Strand entfernt. 48 Zimmer zu 99 €. ✆ 0494820193, 📠 0494827395.

** **Le Lido**, Logis de France Hotel direkt am Strand mit Pizzeria. Zimmer 38–89 €. ✆ 0494820159, 📠 0494820975.

Auberge de la Rade, der größte Pluspunkt des Restaurants ist die Lage direkt am Strand. Durchschnittliche provenzalische Küche, aber ausgezeichnete Pizzen. Menü zu 20 und 26 €. 356, boulevard de la Plage, ✆ 0494820037.

• *Camping* Agay ist im Juli und Aug. ein beliebtes Feriengebiet, eine Reservierung ist daher in dieser Zeit zu empfehlen.

**** **Les Rives de L'Agay**, ein paar hundert Meter landeinwärts. Angenehmer, familiärer Platz mit Swimmingpool. Das ebene Gelände wird an einer Seite von einem Bach begrenzt, die Sanitärausstattung ist sauber und ordentlich, Laden und Restaurant am Platz. Mitte Feb. bis Anfang Nov. geöffnet. ✆ 0494820274.

**** **Vallée du Paradis**, noch einmal 500 Meter weiter, etwas weniger Schatten. Mitte März bis Mitte Okt. geöffnet. ✆ 0494820328.

**** **Azur Rivage**, kleiner Platz mit Swimmingpool, neben der Eisenbahnbrücke in Anthéor. April bis Sept. geöffnet. ✆ 0494448312.

**** **Le Viaduc**, schattige Anlage, direkt an den Campingplatz Azur Rivage angrenzend. April bis Sept. geöffnet. ✆ 0494448231.

*** **Agay Soleil**, direkt am Meer, relativ happige Preise. Mitte März bis Mitte Nov. geöffnet. ✆ 0494820079.

Wandern

Rund ums Cap du Dramont: Diese eindrucksvolle Wanderung führt rund um das markante Cap du Dramont an der Estérelküste entlang. Ausgangspunkt ist ein Parkplatz, der sich einen Kilometer südlich von Agay (am Wegweiser Tiki-Plage von der RN 98 abzweigen) befindet. Der teilweise sehr steinige Küstenwanderweg ist mit einem blauen Punkt markiert und bietet traumhafte Ausblicke auf das Meer. Diese faszinierende Kulisse haben in den letzten Jahren immer mehr Freeclimber entdeckt; die senkrecht über dem Meer ansteigenden roten Felsen bieten zahlreiche Klettermöglichkeiten. An einem kleinen Bootshafen biegt man schließlich nach Norden ab und gelangt auf dem Gehsteig entlang der Nationalstraße zurück zum Ausgangspunkt. Wegstrecke: 4 Kilometer, Dauer: 1,5 Std.

Wanderung zum Lac de L'Ecureuil

Zum Lac de l'Ecureuil: Diese wohl schönste Wanderung durch das rotleuchtende Estérelgebirge beginnt an einem kleinen Wanderparkplatz am Col-Belle-Barbe, der sich von Agay aus fünf Kilometer landeinwärts befindet. Man folgt dem Wegweiser "Lac de l'Ecureuil" auf einem flachen, breiten Pfad rund 700 Meter bis zu einer Gabelung, an der man nach links abzweigt. Rund eine Stunde lang führt der Weg durch eine Schlucht am Lauf eines kleinen Flüsschens entlang, in dessen klarem Wasser man sich bei Bedarf die Füße kühlen kann, bis zum Lac de l'Ecureuil. Am Seeufer finden sich mehrere Plätze, die zur Rast einladen. (Gesamtgehzeit 2,5 Std.). Wer diese Tour zu einer ausgedehnten Tageswanderung ausweiten will, kann vom nordöstlichsten Zipfel des Sees aus weiter bis zum Col de la Cadière marschieren, wo man nach knapp zwei Stunden eine geteerte Straße erreicht. Zurück zum Ausgangspunkt geht es auf dem gleichen Weg oder rund elf Kilometer auf einer geteerten, auch von Autos befahrenen Straße.

Saint-Raphaël

Mit seinen rund 30.000 Einwohnern ist Saint-Raphaël erst in der jüngsten Vergangenheit aus dem Schatten des älteren und bedeutenderen Fréjus herausgetreten. Große kulturhistorische Sehenswürdigkeiten sucht man hier allerdings vergeblich.

Dank Napoléon fand Saint-Raphaël gleich zweimal Eingang in die Geschichtsbücher. Der große Korse behielt den Hafen von Saint-Raphaël aber sicherlich in schlechter Erinnerung: 1799 landete er hier nach seinem gescheiterten Ägyptenfeldzug, fünfzehn Jahre später betrat er in Saint-Raphaël die Planken eines Schiffes, das ihn zu seinem Verbannungsort Elba brachte. Damals war Saint-Raphaël noch ein kleines unbedeutendes Fischerdorf, das erst durch die Fürsprache des Schriftstellers *Alphonse Karr* in der Mitte des 19. Jahrhunderts seinen Aufstieg zu einem vornehmen Ferienort nahm. Zu den auffälligsten Bauten aus dieser Epoche zählen das Casino und die im neobyzantinischen Stil errichtete Kirche Notre-Dame-de-la-Victoire.

Karte S. 184/185

Verbindungen

Der SNCF-Bahnhof befindet sich inmitten des Zentrums an der Rue Waldeck-Rousseau, ✆ 0494915050. Mehrmals tgl. **Zugverbindungen** nach Cannes, Nizza und Menton sowie Marseille. Im Sommer fahren sogar Kurswagen von Frankfurt direkt nach Saint-Raphaël. Tgl. acht **Busverbindungen** vom SNCF-Bahnhof nach Saint-Tropez (1.25 Std.) mit Zwischenstopps in Frejus, Saint-Aygulf, Sainte-Maxime und Grimaud sowie häufige Busverbindungen nach Cannes und den Badeorten an der Corniche d'Or. Busbahnhof (Gare routière), avenue Victor Hugo (direkt hinter dem Bahnhof), ✆ 0494951671. In den Sommermonaten herrscht an der Gare Maritime ein reger **Schiffsverkehr** zwischen Saint-Raphaël und den umliegenden Küstenorten. Mehrmals tgl. nach Saint-Tropez (50 Minuten) und Saint-Aygulf sowie mehrmals pro Woche nach Port Grimaud, entlang der Estérel-Küste sowie zu der Insel Port-Cros und den Inseln Sainte-Marguerite und Saint-Honorat. Weitere Auskünfte bei Les Bateaux de Saint-Raphaël, ✆ 0494951746.

• *Parken* Gleich beim Bahnhof gibt es ein großes Parkhaus.

Information/Diverses

• *Information* **Maison du Tourisme**, Place de la Gare, B.P. 210, 83702 Saint-Raphaël Cedex, ✆ 0494195252, ✆ 0494838540, www.saint-raphael.com.

• *Stadtführungen* Jeden Mittwoch um 10 Uhr (auch im Winter) beginnt am Maison du Tourisme ein Rundgang durch Saint-Raphaël.

• *Märkte* Gemüse- und Obstmarkt tgl. auf der Place Victor Hugo und der Place de la République; Fischmarkt tgl. auf dem Cours Jean Bart und auf der Place Ortolan. Donnerstagvormittag findet zudem ein Markt auf der Place Lamartine R. Châteaudun statt.

• *Fahrradverleih* Lucky Bikes, tgl. von 8–21 Uhr, direkt gegenüber dem Bahnhof. 20, rue Waldeck Rousseau, ✆ 0494958636.

• *Hauptpost* Avenue Victor Hugo.

• *Veranstaltungen* Anfang Juli wird alljährlich die Compétition Internationale de Jazz New-Orléans veranstaltet, das Russische Filmfestival findet im Oktober statt.

• *Spielkasino* Es muss nicht immer Monte Carlo sein. Auch in Saint-Raphaël wird Englisches Roulette und Black Jack von 11 bis 3 Uhr morgens geboten. Adresse: Square de Gand.

• *Strände* Im Ort selbst ein feinsandiger, aber stark frequentierter Strand (Plage de Veillat). Einsamere Badebuchten findet man in Richtung Agay, recht schön ist auch die Plage du Débarquement, kurz vor dem Cap du Dramont.

Übernachten/Essen

*** **Excelsior**, direkt neben dem Casino. Einfaches Einzelzimmer ab 50 €, DZ 100–143 €. Promenade René Coty, ✆ 0494950242, ✆ 0494953382, www.excelsior-hotel.com.

** **Le Thimothée**, die stilvolle Villa mit Swimmingpool, im Osten des Zentrums gelegen, garantiert einen angenehmen Aufenthalt. Je nach Saison 30,50–68,60 €. 375, boulevard Christian Lafon, ✆ 0494404949, ✆ 0494194192, www.thimothee.com.

** **Ambassador**, erst 2001 total renoviertes Hotel, nur einen Katzensprung vom Meer entfernt. Die Zimmer (je nach Saison 53,50–68,60 €) sind in freundlichen provenzalischen Farben (gelb oder blau) gehalten. Schöner Frühstücksraum. 89, rue Boetman, ✆ 0498118200, ✆ 0498118201, www.ambassador-saint-raphael.com.

** **Du Soleil**, kleines angenehmes Hotel mit nur zwölf schlichten, aber netten Zimmern (38–68,50 €), teilweise mit Balkon. 47, boulevard du Domaine du Soleil, ✆ 0494831000, ✆ 0494832368.

** **Les Amandiers**, familiäres Logis de France Hotel mit Garten und Pool. 10 Zimmer von 36,60 bis 62,50 €. 874, boulevard Maréchal Juin, ✆ 0494198530, ✆ 0494198531.

* **Le Mistral**, kleines Hotel in zentraler Lage, unweit des Vieux-Port, die Gäste geben dem Haus ein internationales Flair. Zimmer je nach Ausstattung 20–46 €. Zum Hotel gehört auch ein preisgünstiges Restaurant. Von Feb. bis Mitte Okt. geöffnet. 80, rue de la Garonne, ✆ 0494953882, ✆ 0494955953.

L'Arbousier, eine der besten Adressen in Saint-Raphaël. Zentrale Lage. Menüs zu

Plausch am Hafen von Saint-Raphaël

23 € (mittags), 31, 39 und 51 €. Dienstagmittag sowie Mittwoch Ruhetag, Anfang Juni Betriebsferien. 6, avenue de Valescure, ✆ 0494952500.

Le Sémillon, das liebevoll geführte Restaurant hat sich den provenzalischen Küchenfreuden verschrieben. Gute Weinauswahl. Menü zu 23 €. Im Sommer Montag und Dienstagvormittag Ruhetag, im Winter Sonntagabend und Montag Ruhetag. 21, place Carnot, ✆ 0494405677.

La Sarriette, kleines, günstiges Restaurant an einem beschaulichen Platz inmitten der Altstadt (von mehreren Lesern gelobt!). Man sitzt auf alten Holzstühlen im Schatten einer Platane. Den Plat du Jour gibt es für 7 €, die täglich wechselnden Menüs zu 12,50, 15 und 20 €. Sonntagabend und Mittwoch Ruhetag. 45, rue de la République, ✆ 0494192813.

• *Camping* *** **Les Campéoles**, im Osten von Saint-Raphaël, zwischen der viel befahrenen Küstenstraße und dem pittoresken Cap du Dramont. Das große Gelände (400 Stellplätze) grenzt direkt an den Strand. Supermarkt sowie Restaurant mit Bar am Platz. Relativ teuer (25 € pro Stellplatz). Von Mitte März bis Mitte Okt. geöffnet, ✆ 0494820768.

Sehenswertes

Altstadt: Ein Stück landeinwärts stößt man gleich hinter dem Bahnhof auf das mittelalterliche Zentrum. Das Ensemble mit seinen engen Gassen und der einschiffigen romanischen Eglise des Templiers steht in einem auffallenden Kontrast zu dem im 19. Jahrhundert entstandenen Stadtteil. Auf eine Initiative des Templerordens geht auch die noch bruchstückhaft vorhandene Stadtmauer zurück, die im Garten des Archäologischen Museums zu sehen ist.

Musée Archéologique: Gezeigt werden prähistorische und bronzezeitliche Funde aus dem Estérelgebirge sowie römische und arabische Exponate, die im Rahmen von Unterwasserausgrabungen entdeckt wurden.

Adresse Place de la Vieille Eglise. Öffnungszeiten: Di–Sa 10–12 Uhr und 14–17.30 Uhr, Mitte Juni bis Mitte Sept. Di–Sa 10–12 Uhr und 15–18.30 Uhr. Eintritt: 1,50 €.

Karte S. 184/185

Fréjus

In keinem anderen Ort entlang der Küste ist die römische Vergangenheit so präsent wie in Fréjus. Neben diversen Ruinen und einem der ältesten französischen Sakralbauten besitzt Fréjus zudem eine sympathische Altstadt. Zum Relaxen bieten sich mehrere Sandstrände in der näheren Umgebung an.

Das auf einem leicht erhöhten Plateau gelegene Fréjus unterscheidet sich deutlich vom benachbarten Saint-Raphaël. Fréjus ist eine traditionsbewusste Stadt, die sich nicht grundlos einen doppelgesichtigen Hermes zum Wahrzeichen erwählte, der 1970 bei Ausgrabungen entdeckt worden ist. In den Gassen der Altstadt, die nur einen Teil des römischen Fréjus einnimmt, herrscht ein beschauliches Flair, das mit der Hektik der übrigen Côte wenig gemein hat. Fréjus ist sicher nicht der Ort, um jemanden mit schriller Garderobe zu beeindrucken. Wer in der Nebensaison an einem Sonntagabend durch die Altstadt geschlendert ist, weiß, dass er wohl niemals in einer französischen Provinzstadt wohnen möchte.

Seit den achtziger Jahren besitzt Fréjus wieder einen Hafen: Ein neuer Stadtteil entstand rund um den neu angelegten Yachthafen Port Fréjus. Die modernen, neben dem Hafenbecken im pseudomediterranen Stil errichteten Appartementhäuser strahlen zwar wenig Charme aus und sind noch teilweise unbewohnt, doch besitzt der Retortenort gleich neben den Häusern von Fréjus Plage einen schönen, lang gestreckten Sandstrand. Umweltschützer denken allerdings mit Wehmut daran, dass um des Profits willen einer der natürlichsten Küstenabschnitte der Côte d'Azur verbaut wurde.

Geschichte

Der Name Fréjus erinnert noch an einen höchstwahrscheinlich von Caesar gegründeten Markt (*Forum Julii*). Die verkehrstechnisch günstig gelegene Hafenstadt – sie lag an der später als Via Aurelia bezeichneten Handelsstraße, die Rom mit Spanien verband – wurde von Veteranen der 8. Legion besiedelt und nahm einen schnellen Aufstieg. Der künstlich angelegte Hafen muss schon in der Gründungszeit gewaltige Ausmaße gehabt haben, denn es ist überliefert, dass Octavian, der spätere Kaiser Augustus, nach seinem Sieg bei Actium (31 v. u. Z.) die rund 300 eroberten feindlichen Galeeren nach Fréjus bringen ließ. Die Römer befestigten die Stadt mit einer mächtigen, rund 3,5 Kilometer langen Stadtmauer, deren Verlauf noch deutlich nachvollziehbar ist. Die Größe des Amphitheaters lässt nicht nur darauf schließen, dass Fréjus damals wohl an die 40.000 Einwohner gezählt haben dürfte; ein Amphitheater dieser Größenordnung setzt auch einen gewissen städtischen Wohlstand voraus, da es fast ausschließlich private Geldgeber waren, die die Inszenierung öffentlicher Spiele finanzierten.

Doch die Blütezeit von Fréjus war nur kurz bemessen: Bereits im 2. Jahrhundert verlor die Stadt zunehmend an Bedeutung, die Römer gaben ihren erst wenige Jahrzehnte zuvor erweiterten Militärhafen auf, der östliche Teil der Stadt blieb fortan unbewohnt. Zwar wurde Fréjus im Jahre 374 zum Bischofs-

Friedlich: im Kreuzgang der Kathedrale

sitz erhoben, doch scheint dies den Niedergang nicht verzögert zu haben. Im frühen Mittelalter war Fréjus wahrscheinlich nur noch ein unbedeutendes Dorf, erst nach Ende der Sarazeneneinfälle ging es wieder sichtbar bergauf: An der Wende vom 12. zum 13. Jahrhundert nahm man einen Neubau der Cathédrale in Angriff. Dem erneuten Aufstieg wurde durch eine verheerende Pestepidemie ein Ende bereitet, Fréjus kam über eine regionale Funktion nicht mehr hinaus. Der noch aus römischer Zeit stammende Hafen verschlammte im 18. Jahrhundert so sehr, dass er aufgegeben und zugeschüttet wurde; die Ausmaße des einst durch einen Kanal mit dem Meer verbundenen Hafenbeckens lassen sich noch heute im Südosten der Stadt ausmachen. Seit 1989 der neue Hafen Port Fréjus an der Einfahrt des alten römischen Hafens eröffnet wurde, liebäugelt man mit dem Gedanken, das ursprüngliche Hafenbecken mit den antiken Kaianlagen auszubaggern und Fréjus wieder mit dem Meer zu verbinden.

Eine Katastrophe aus der jüngsten Vergangenheit sei noch erwähnt: Im Dezember 1959 brach der Staudamm von Malpasset. In Windeseile brach eine gewaltige Flutwelle über Fréjus herein, die nicht nur das Amphitheater so sehr mit Schlamm überdeckte, dass es ein zweites Mal ausgegraben werden musste, sondern auch 400 Menschenleben forderte. Ein weiterer Nebeneffekt war, dass der fruchtbare Ackerboden weggeschwemmt wurde und manche Bauern aus der Not zu Campingplatzbesitzern mutierten.

• *Information* **Office de Tourisme**, 325, rue Jean Jaurès, B.P. 8, 83601 Fréjus Cedex, ✆ 0494518383, ✆ 0494510026, www.ville.frejus.fr.

• *Verbindungen* Der Busbahnhof (Gare routière) befindet sich auf der Place Paul-Vernet, ✆ 0493995050. Tgl. acht Busverbindungen nach Saint-Tropez (über Sainte-Maxime) sowie nach Nizza, häufig auch nach Saint-Raphaël. Der SNCF-Bahnhof liegt am südwestlichen Rand der Altstadt.

• *Veranstaltungen* Roc d'Azur, jedes Jahr im Oktober trifft sich in Fréjus die europäische Mountainbike-Elite zum preisgekrönten Wettstreit.

• *Fahrradvermietung* Holiday Bikes, 943 avenue de Provence, ✆ 0494523065.

• *Autovermietung* Rent a car, 1376, avenue de Provence, ✆ 0494511415.

• *Stadtführungen* Do um 10 Uhr an der Porte des Gaulles sowie im Sommer Di um 17 Uhr am Platz vor der Cathédrale.

• *Markt* Mittwoch- und Samstagvormittag auf der Place Paul Albert Février und der Place Formigé. . Zudem findet am Sonntagvormittag ein provenzalischer Markt auf dem Boulevard d'Alger statt.

• *Internet* Cyber Sn@ke, 763 boulevard d'Alger, von 15–21 Uhr, im Sommer 10–2 Uhr geöffnet.

• *Reiten* Centre Equestre de Fréjus, rue de la Tourrache, ✆ 0494512949.

• *Strände* In Port-Fréjus lockt ein recht schöner Sandstrand.

Baden im Naturschutzgebiet

Einer der wohl schönsten Strände an der Côte d'Azur mit angenehm grobkörnigen Sand und guter Wasserqualität erstreckt sich bei Fréjus westlich des Flüsschens Argens. Der östlichste Strandabschnitt ist zum Nacktbaden ausgewiesen und daher nicht so stark frequentiert. Da der Strand durch den Fluss und ein Naturschutzgebiet mit Dünen (Etangs de Villepey) begrenzt wird, ist eine direkte Zufahrt nicht möglich. Einen Kilometer nach dem Campingplatz Pont d'Argens findet sich linker Hand die Einfahrt zu einem gebührenpflichtigen Parkplatz. Von dort sind es dann nur noch ein paar hundert Meter zu Fuß. Es besteht aber auch eine Stadtbusverbindung von Fréjus aus.

• *Übernachten/Essen* *** **L'Arena**, die Zimmer des modernen, aber durchaus charmanten Hotels gruppieren sich um einen überdachten Innenhof. Extras: Swimmingpool. Für die mit Schallschutzfenstern und Klimaanlage ausgestatteten Zimmer, die allesamt einen einladenden Eindruck hinterlassen, werden je nach Saison zwischen 61 und 125 € berechnet. Ein Lob verdient auch das Restaurant (Montag und Samstagvormittag Ruhetag). Menüs zu 23, 34, 44 und 54 €. Nur drei Fußminuten von der Cathédrale entfernt. 139, rue du Général de Gaulle, ✆ 0494170940, ℻ 0494520152, www.arena.hotel.com.

** **Le Flore**, passables kleines Hotel inmitten des Zentrums. Zimmer ab 45 €. 53, rue Grisolle, ✆ 0494513835, ℻ 0494525989.

* **La Rivièra**, das Hotel hat schon einige Jahre auf dem Buckel, doch mit Zimmerpreisen von 26,85–36 € ist es eine durchaus preisgünstige Alternative zur Jugendherberge. Menüs zu 8,40 (mittags mit einem Viertel Wein), 11 und 13 €. Beim Menü zu 11 € folgt beispielsweise auf einen gemischten Salat ein Putenschnitzel in Champignoncremesoße. Ganz annehmbar, die Champignons kamen allerdings aus der Dose. 90, rue Grisolle, ✆ 0494513146, ℻ 0494171834.

La Cave Blanche, in einem stimmungsvollen Kellergewölbe, bei günstigen Temperaturen sitzt man aber auf der Straßenterrasse direkt neben der Cathédrale. Menüs zu 22,90 und 33,50 €. Place Calvini, ✆ 0494512540.

La Playa, eigentlich eine Diskothek, doch jeden Donnerstagabend (außer im Juni, Juli und August) trifft sich die Highsociety von Fréjus bei Marie Hèlène und Gérard, denn dann wird um 20 Uhr ein leckeres Buffet für nur 15 € angeboten. Reservierung dringend empfohlen! Boulevard de la Libération, ✆ 0494522298.

• *Appartements* Im postmodernen Port Fréjus gibt es zahlreiche Appartementhäuser, die nur zwei Minuten vom Strand entfernt sind. Für 4 Personen werden in der Nebensaison 35 €, in der Hauptsaison bis zu 100 € pro Tag berechnet. Port-Fréjus Location, 222, avenue des Forces Françaises, ✆ 0494173047, ℻ 0494522474.

• *Jugendherberge* nette Herberge, zwei Kilometer vom Stadtzentrum in Richtung Cannes. Busverbindungen nach Saint-Raphaël. Übernachtung 12 €. Ganzjährig geöffnet, Zelten möglich. Chemin du Counillier, ✆ 0494521875, ℻ 0494532586.

• *Camping* **** **La Baume**, angenehmer Komfortcampingplatz mit 500 Stellplätzen. Statt eines Swimmingpools findet man hier eine riesige, palmengesäumte Badelandschaft vor. Von April bis Sept. geöffnet; fünf Kilometer vom Meer entfernt, an der Straße nach Bangnols, ✆ 0494198888.

**** **Holiday Greene**, noch ein Stück weiter vom Meer entfernt, ebenfalls ausgezeichnete Ausstattung mit großem Swimmingpool. Von Ostern bis Mitte Okt. geöffnet, ✆ 0494408830.

** **Le Pont d'Argens**, großzügiges Wiesengelände mit mäßigem Schatten. Auf dem Gelände gibt es ein Lebensmittelgeschäft und ein Restaurant. Das große Plus des Platzes ist neben einem beheizten Swimmingpool der direkte Zugang zu einem sehr schönen Strandabschnitt mit Nacktbademöglichkeit. In der Hochsaison kostet die Übernachtung etwa 20 €. Von April bis Mitte Okt. geöffnet. ✆ 0494511497.

Sehenswertes

Römisches Fréjus: An verschiedenen Punkten der Stadt sind noch Überreste römischer Bauten zu finden. Neben dem Amphitheater sind die Sitzreihen des römischen Theaters fragmentarisch erhalten, auch die Stadttore, die den römischen Decumanus (die Ost-West-Achse) einrahmten, sind noch auszumachen, wenngleich von der Porte de Rome nur noch ein Pfeiler existiert. Besser bestellt ist es um die Porte des Gaulles, die allerdings vermauert ist. Im Osten, vor der Porte de Rome, stehen noch ein paar Bögen eines römischen Aquädukts, zudem sind die Reste einer Thermenanlage zu bewundern. Von der bis zu 2,50 Meter breiten römischen Stadtmauer, die einst von halbrunden Türmen zusätzlich gesichert wurde, sind im Nordosten noch einige Abschnitte erhalten.

Überreste eines römischen Aquädukts

L'Amphithéâtre: Ein kleines Stück vor den Toren des römischen Fréjus steht das Amphitheater; es ist von seinen Dimensionen zwar weniger imposant als die Arenen von Arles und Nîmes, doch boten die einst 16 Sitzreihen annähernd 10.000 Zuschauern Platz. Das Oval der Arena misst 68 Meter in der Länge und 39 Meter in der Breite. Das bereits zu Beginn der römischen Epoche errichtete Amphitheater wurde im Mittelalter als Steinbruch genutzt und zu großen Teilen abgetragen. Seit knapp hundert Jahren finden in der restaurierten Arena wieder Veranstaltungen (Stierkämpfe, Konzerte etc.) statt.

Adresse Rue Henri Vadon. Öffnungszeiten: Von Okt. bis März tgl. außer Di 10–12 Uhr und 13–17.30 Uhr sowie von April bis Sept. 10–13 Uhr und 14.30–18.30 Uhr. Eintritt: frei!

Kathedralenkomplex: Mit Baptisterium, Kreuzgang und Bischofspalast bildet die Cathédrale einen markanten Gebäudekomplex im Zentrum der Altstadt. Die Cathédrale betritt man durch eine schmale Vorhalle, wie sie in

Karte S. 184/185

Kathedrale von Fréjus

frühchristlichen Kirchen häufig anzutreffen ist. Linker Hand gibt ein Gitter den Blick auf das Taufbecken des Baptisteriums frei; das **Baptisterium** stammt aus dem 5. Jahrhundert und ist einer der ältesten erhaltenen Sakralbauten Frankreichs. Typisch für die spätantike Entstehungszeit ist das oktogonale Obergeschoss und der hohe Tambour. Dank der durch den Architekten Jules Fromigé rekonstruierten Kuppel hat der Innenraum des Baptisteriums seine Monumentalität und Geschlossenheit wiedergefunden. Auffällig ist, dass sich an den Seitenwänden halbrunde und eckige Nischen abwechseln; die Monolithsäulen aus grauem Marmor tragen weiße Marmorkapitelle, die von älteren römischen Bauten stammen. Die um 1200 errichtete **Cathédrale** ersetzte einen älteren Vorgängerbau und besteht aus zwei, kaum miteinander harmonierenden Kirchenschiffen mit einem jeweils eigenen Patrozinium. Während das Hauptschiff der Jungfrau Maria geweiht ist, gilt Saint-Etienne als der Schutzherr des halbtonnengewölbten Seitenschiffs. Der eher karge Innenraum der Bischofskirche liegt heute deutlich unter dem Straßenniveau, da der Bau noch auf den spätantiken Grundmauern ausgeführt wurde. Zwischen Baptisterium und Cathédrale führt eine steile Treppe zum zweigeschossigen **Kreuzgang**, der zu Beginn des 13. Jahrhunderts angefügt wurde, um die vorhandenen Gebäude architektonisch zu verbinden. Ungewöhnlich ist, dass die später errichtete Galerie im Obergeschoss romanische Rundbögen besitzt, während im Untergeschoss gotische Spitzbögen verwendet wurden.

Öffnungszeiten des Kreuzgangs Tgl. 9–18.30 Uhr. Eintritt: 4 €, erm. 2,50 €.

´Musée archéologique municipale: Das Museum befindet sich direkt neben dem Kreuzgang und besteht genau genommen nur aus einem einzigen Raum. Wertvollste Exponate zur antiken Vergangenheit von Fréjus sind ein römisches Mosaik mit Leopard sowie der 1970 gefundene doppelgesichtige Hermes, das Wahrzeichen von Fréjus.

Adresse Place Calvini. Öffnungszeiten: Tgl. außer Di und So 10–13 Uhr und 14.30–17.30 Uhr, im Hochsommer bis 18.30 Uhr. Eintritt: frei!

Musée d'Histoire Locale: Das lokalgeschichtliche Museum zeigt eine interessante Dauerausstellung zur Alltagsgeschichte der letzten hundert Jahre mit einem alten Klassenzimmer und anderen netten Szenarien.

Adresse 153, rue Jean Jaurès. Öffnungszeiten: Tgl. außer So 14–18 Uhr, im Hochsommer auch 10–13 Uhr sowie bis 19 Uhr. Eintritt: frei!

Chapelle Cocteau (Chapelle Notre-Dame-de-Jérusalem): Die vier Kilometer außerhalb des Zentrums gelegene Kapelle ist die letzte Kapelle, die das Multitalent *Jean Cocteau* entworfen und ausgeschmückt hat. Profane und sakrale Darstellungen sind hier auf erstaunliche Weise nebeneinander gestellt. Von der Licht- und Farbfülle ist der Besucher regelrecht geblendet. Da Cocteau 1963 vor der Fertigstellung verstarb, hat sein Adoptivsohn Edouard Dermit das Werk vollendet.

Adresse Avenue Nicolaï, an der RN 7 Richtung Cannes. Öffnungszeiten: Mo, Mi, Do und Fr 14.30–18.30 Uhr, Sa auch 10–13 Uhr. Eintritt: frei!

Aquatica: Eine von ihren Ausmaßen her riesige Wasserlandschaft mit zahlreichen Attraktionen: Neben dem angeblich größten Wellenbad Europas gibt es mehrere, teilweise spektakuläre Rutschen sowie einen Wildwasserbach, eine Abenteuerlagune und Clownshows runden das Angebot ab. Für das leibliche Wohl stehen Fastfoodrestaurants, Snackbars und ein Picknickgelände zur Verfügung. Vergnügungssüchtige können anschließend noch im gegenüberliegenden Lunapark Karussell fahren.

Adresse Direkt an der RN 98 südlich von Fréjus. Öffnungszeiten: Juli und Aug. 10–19 Uhr, Juni und Sept. 10–18 Uhr. Eintritt: 15 €, erm. 8 €.

Parc Zoologique: Die große Attraktion des 20 Hektar großen Areals ist ein Safaripark: Durch die geschlossenen Autofenster hindurch kann man Löwen, Tiger und Elefanten ganz nah erleben. In den Gehegen sind ebenfalls Raubtiere, aber auch Affen und Vögel untergebracht.

Öffnungszeiten Tgl. von 9–18 Uhr, im Winter von 10–17 Uhr. Eintritt: 9 €, erm. 5,35 €.

Roquebrune-sur-Argens

Ein paar Kilometer landeinwärts, am rechten Ufer der Argens, erhebt sich Roquebrune auf einer felsigen Anhöhe. Dank der erhaltenen Reste einer Stadtbefestigung, Arkadengängen und vielen alten Häusern erinnert Roquebrune-sur-Argens an ein mittelalterliches Dorf. Neben der spätgotischen Pfarrkirche besitzt Roquebrune noch zwei romanische Kapellen. Besonders malerisch ist die wenige hundert Meter südlich des Dorfkerns gelegene Chapelle Saint-Pierre, die aus dem 11. Jahrhundert stammt. Beliebte Wanderziele in der näheren Umgebung sind die über dem Ort gelegene Kapelle Notre-Dame-de-Pitié sowie die 373 Meter hohen Felsen von Roquebrune.

• *Information* **Office de Tourisme**, Rue Jean Aicard, 83520 Roquebrune-sur-Argens, ✆ 0494457270, 📠 0494453804.

• *Markt* Dienstag- und Freitagvormittag.

Karte S. 184/185

Roquebrune: Chapelle Saint-Pierre aus dem 11. Jahrhundert

• *Übernachten/Essen* **La Maurette**, traumhafte ländliche Herberge auf einem Hügel mit Swimmingpool. Zimmer bzw. Studio von 85–156 €. Von Mitte März bis Mitte Okt. geöffnet. Quartier de la Maurette, ✆ 0498114353, 0498114352, www.hotels-tradition.com/maurette.

Formule 1, sauberes, nüchternes Kettenhotel zwischen Roquebrune-sur-Argens und Le Muy. Bis zu 3 Pers. zahlen 23 € pro Nacht, Dusche und WC auf dem Gang. Frühstück auf Wunsch zu 3,20 €. Die Rezeption ist von 6–10 Uhr und 17–22 Uhr besetzt. Carrefour des 4 Chemins, ✆ 0494816161, ✆ 0494454491.

La Cigogne Provençale, einen Kilometer außerhalb von Roquebrune gelegen, werden in dem ländlichen Anwesen ansprechende Spezialitäten mit provenzalischem sowie elsässischem Einschlag serviert. Menüs zu 19, 21 und 23 €. Montagabend und Dienstag Ruhetag, in der Nebensaison auch Mittwoch, ✆ 0494457447.

• *Camping* **** **Les Pecheurs**, ebenes Wiesengelände am Ufer der aufgestauten Argens. Extras: Swimmingpool, Kinderspielplatz und Freizeitanimation, gepflegte Sanitäranlagen. Von Ostern bis Ende Sept. geöffnet. ✆ 0494457125.

Saint-Aygulf

Das noch zur Gemeinde Fréjus gehörende Saint-Aygulf ist ein beliebter Ferienort, allerdings ohne besonderes Flair. Das große Kapital von Saint-Aygulf ist die Nähe zum Naturschutzgebiet Etangs de Villepey und der daran anschließende, lang gestreckten Sandstrand. Wie die gesamte Region, so war auch Saint-Aygulf bereits in römischer Zeit besiedelt. Ausgrabungen förderten Hinweise auf römische Villen und Thermen zutage. Die Küste bei Saint-Aygulf gehörte zu jenen Strandabschnitten, die die alliierten Truppen für ihre Landung an der französischen Mittelmeerküste auserkoren hatten. Am 15. August 1944 erreichten um acht Uhr morgens die ersten Landungsboote mit Soldaten, Waffen und Munition das Ufer.

• *Information* **Office de Tourisme**, Place de la Poste, 83370 Saint-Aygulf, ✆ 0494812209.

• *Verbindungen* Tgl. acht Busverbindungen nach Saint-Tropez (über Sainte-Maxime) sowie nach Saint-Raphaël. Zudem in der Hochsaison mehrmals tgl. Schiffsverbindungen nach Saint- Raphaël.

• *Markt* Dienstag- und Freitagvormittag auf der Place de la Poste.

• *Baden* Nördlich der Stadt erstreckt sich (hinter dem Naturschutzgebiet Etangs de Villepey) bis zur Argensmündung ein schöner, grobkörniger Sandstrand, der im stadtnahen Bereich relativ überlaufen, kurz vor der Argensmündung als Nudistenstrand ausgewiesen ist.

• *Übernachten/Essen* *** **Le Catalogne**, angenehmes, sehr sauberes Hotel mit großem Garten und Swimmingpool. Die meisten Zimmer haben einen Balkon, so dass man sich schnell wohl fühlt. DZ ab 58 €. Von Ostern bis Mitte Oktober geöffnet. Avenue de la Corniche d'Azur, ✆ 0494810144, 📠 0494813242.

** **La Petite Auberge**, kleines familiäres Hotel mit Restaurant und freundlicher Besitzerin. Nur 50 Meter vom Meer entfernt. Vom Hotel aus kann man einen schönen Spaziergang am Meer entlang zum Zentrum von Saint-Aygulf machen. Anfang Januar geschlossen. Zimmer ab 56 €. Leckere Menüs zu 16, 21, 25 und 31,50 €. 118, rue d'Alsace, ✆ 0494810126, 📠 0494817808.

• *Camping* ** **De Saint Aygulf Plage**, giganische Anlage mit rund 1600 (!!!) Stellplätzen. Nur durch die Küstenstraße vom Meer getrennt. Von April bis Okt. geöffnet. Am östlichen Stadtrand gelegen, ✆ 0494176249.

Sainte-Maxime

Ein kurzer Blick auf die Stadtgeschichte: Sainte-Maxime, heute ein lebhafter Badeort am Golf von Saint-Tropez, geht auf eine phönizische Siedlung zurück. Nachdem der Ort von Sarazenen und anderen Seeräubern mehrfach verwüstet worden war, nahmen im Mittelalter die Mönche von Lérins Sainte-Maxime unter ihre Obhut. Im Zeitalter des Massentourismus erlebte Sainte-Maxime einen bis dato ungebrochenen Aufschwung, der einen seither anhaltenden Dauerstau auf der direkt an der Küste vorbeiführenden Nationalstraße zur Folge hat. Der sommerliche Trubel beschränkt sich allerdings hauptsächlich auf eben diese palmengesäumte Uferpromenade und ein paar zur Fußgängerzone deklarierte Gassen im Zentrum. Die Küste rund um Sainte-Maxime hat eine ganze Reihe gutbesuchter Sandstrände zu bieten, die zumeist aber recht schmal sind. Im Gegensatz zu Saint-Tropez, das am anderen Ende der Bucht in der Abendsonne glänzt, ist Sainte-Maxime ein mehr auf Familien ausgerichteter Ferienort – ein Umstand, der sich auch auf die Preise niederschlägt. Freizeitkapitänen steht ein Yachthafen mit 750 Liegeplätzen zur Verfügung.

• *Information* **Office de Tourisme**, promenade Simon Lorière, B.P. 107, 83120 Sainte-Maxime, ✆ 0494961924, 📠 0494491797.

• *Verbindungen* Tgl. acht Busverbindungen nach Saint-Tropez sowie über Saint-Aygulf nach Saint-Raphaël. Zudem bestehen von Juli bis Sept. sehr häufig Schiffsverbindungen nach Saint-Tropez. Abfahrt am gare maritime, Überfahrt rund 20 Minuten, Hin- und Rückfahrt 10 €. Es gibt zwar im Ort mehrere Parkplätze, doch ist es im Juli und Aug. – wie in allen Küstenorten – fast unmöglich, einen freien Platz zu ergattern.

• *Markt* Donnerstagvormittag in der Altstadt sowie jeden Vormittag in der Markthalle in der Rue Fernand-Bessy.

• *Kino* Le Pagnol, rue P. Curie.

• *Autovermietung* Hertz, avenue Georges Clémenceau, ✆ 0494965058; Europcar, 1, rue de la Plage, ✆ 0494960007.

• *Fahrrad- und Motorradvermietung* Maxi Motos, 3, rue du Dr Sigallas, ✆ 0494965810; Quick Moto Service, 6, route du Plane la Tour, ✆ 0494492220; Holiday Bike (nur Fahrräder), 8, avenue Saint-Exupéry, ✆ 0494439010.

• *Strände* Nördlich von Sainte-Maxime, an der felsigen Küste zwischen La Nartelle und Val d'Esquières, gibt es ein paar idyllische kleine Felsbuchten mit Sandstränden, zu denen man teilweise aber etwas klettern muss.

• *Übernachten/Essen* *** **Pierre & Vacances**, schöne Ferienresidenz mit Swimming-

Karte S. 184/185

pool oberhalb des Ortes. Je nach Saison und Appartementgröße (4–7 Pers.) 266–1365 € pro Woche. Les Coteaux de la Nartelle, ✆ 0494435000, 📠 0494491100. In Deutschland buchbar über: ✆ 0721/931950.

*** **Montfleuri**, sehr angenehmes Ferienhotel (Best Western) mit Restaurant, geführt von einem freundlichen jungen Paar. Fast alle Zimmer verfügen über einen schönen Balkon mit Blick auf das Meer. Eine große Terrasse, auf der das Frühstück serviert wird, sowie ein Swimmingpool verschönern den Aufenthalt. Lage: Ein knapper Kilometer vom Zentrum (Richtung Fréjus) und hundert Meter vom Meer entfernt. Zimmer zur Straße je nach Saison 45–80 €, mit Meerblick je nach Saison und Größe 60–165 €. 3, avenue Montfleuri, ✆ 0494557510, 📠 0494492507, www.hotelmontfleuri.com.

*** **Les Palmiers**, etwas älteres, aber nicht uncharmantes Hotel, nur wenige Meter von Hafen und Meer entfernt. Die Zimmerpreise variieren je nach Ausstattung und Saison. Während die einfachsten Zimmer ohne WC selbst in der Hochsaison nur 72 €, in der Nebensaison 50 €, kosten, werden für die Räumlichkeiten mit Meerblick mindestens 90 € berechnet. Rue Gabriel-Péri, ✆ 0494960041, 📠 0494967430.

Café Saint-Elme, die Villa Saint-Elme in Les Issambres ist ein direkt am Meer gelegenes Nobelhotel (ab 115 € pro DZ) mit angegliedertem Gourmetrestaurant. Erschwinglich und genauso vorzüglich sind hingegen die Menüs (23 € und 37 €) im Café Saint-Elme, die aus der gleichen Küche kommen. Das Preis-Leistungs-Verhältnis ist absolut fabelhaft! Gefällig ist das an ein afrikanisches Zelt erinnernde Ambiente. ✆ 0494495252.

La Maison Bleue, das einzige, was man in dem sympathischen Restaurant vermissen könnte, ist der Blick aufs Meer. Doch das ausgezeichnete Preis-Leistungs-Verhältnis und die heitere Atmosphäre lassen dieses "Manko" schnell vergessen. Menüs zu 16 und 23 €. Selbst bei dem preisgünstigsten Menü hat man eine erstaunlich große Auswahl. Montag Ruhetag sowie von Mitte Okt. bis Ende Dez. Betriebsferien. 48, rue Paul-Bret, ✆ 0494965192.

• *Ferienwohnungen* Über das breite Angebot informiert das Office de Tourisme.

• *Camping* *** **Les Cigalons**, kleinerer Platz, nicht weit vom Meer entfernt, zwei Kilometer nördlich beim Ortsteil La Nartelle. Von Ostern bis Ende Sept. geöffnet, ✆ 0494960551.

Sehenswertes

Musée de la Tour Carrée: Das lokalhistorische Museum im ältesten Gebäude der Stadt führt ein Schattendasein im quirligen Sainte-Maxime. Die meisten Urlauber spazieren lieber über die Promenade, bevor sie sich der hiesigen Volkskunde widmen. Im Sommer wird die Dauerausstellung durch Wechselausstellungen zeitgenössischer Kunst ergänzt. Die Tour Carrée stammt aus dem frühen 16. Jahrhundert, doch erhielt sie ihr heutiges Aussehen erst durch spätere bauliche Veränderungen; bis vor ein paar Jahrzehnten war in dem alten Gemäuer übrigens das Rathaus von Sainte-Maxime untergebracht.

Öffnungszeiten Von April bis Sept. tgl. außer Di 10–18 Uhr, in der Nebensaison tgl. außer Di 15–18 Uhr. Eintritt: 2,30 €, erm. 0,75 €.

Musée du Phonographe: Zehn Kilometer außerhalb von Sainte-Maxime liegt das kleine Privatmuseum an der nach Le Muy führenden D 25. Zu der bunten Sammlung gehören rund 350 Plattenspieler, Drehorgeln, Musikautomaten etc. Das älteste Exponat, eine "talking machine" von Thomas Edison, stammt aus dem Jahre 1878.

Öffnungszeiten Von Ostern bis Sept. 10–12 Uhr und 14.30–18 Uhr. Eintritt: 4 €.

Über den Dächern von Saint-Trop

Saint-Tropez

"Saint-Trop" – ein lebendiger Mythos, ein verheißungsvoller Name, ein Ort voller Klischees! Zu Zigtausenden eilen die Touristen herbei, um etwas vom vermeintlichen Glanz der Reichen und Schönen zu erhaschen. Meidet man die von Ostern bis Oktober währende Saison, dann präsentiert sich Saint-Tropez als beschaulicher Küstenort – aber dann ist Saint-Tropez eben nicht mehr Saint-Tropez.

"Bei aller Liebe – aber dann schon lieber Neuruppin. Dunkel sind die Gassen, ein Betrunkener durchschimpft sie, aus einem braunen Hause hört man einen Zank. Die Laternen brennen trübe. Am Hafen liegt ein Gewirr von Tauen und Segelleinwand, überall drücken sich Männer herum, es ist schmutzig und dürftig", schrieb Kurt Tucholsky im November 1925 kurz nach seiner Ankunft in sein Tagebuch. Welch ein Unterschied zwischen Damals und Heute! Fraglos gehört das bunte Treiben in dem Küstenstädtchen seit geraumer Zeit zu den Hauptattraktionen an der Côte d'Azur. Doch auch Freunde moderner Kunst haben einen Grund, nach Saint-Tropez zu pilgern: Das Musée de l'Annonciade besitzt eine überaus beachtliche Kunstsammlung mit Bildern von Matisse und Signac sowie Skulpturen, die größtenteils aus der ersten Hälfte des 20. Jahrhunderts stammen.

Wer in den Monaten Juli und August erst am späten Nachmittag oder frühen Abend nach Saint-Tropez aufbricht, muss damit rechnen, die letzten Kilometer Stoßstange an Stoßstange im dichten Ferienverkehr zu stehen (Zum Trost für jeden Staugeplagten sei die berühmte Schriftstellerin *Colette* zitiert: "Eine

Karte S. 232/233

einzige Straße führt nach Saint-Tropez. Um von hier wieder abzureisen, muss man dieselbe nehmen. Aber möchten Sie jemals wieder abreisen?"). Fünf Millionen Besucher werden alljährlich gezählt, an manchen Tagen bis zu 100.000! Auf dem Großparkplatz am neuen Yachthafen stapeln sich dann die Blechkarossen, und eine nicht enden wollende Menschenmenge strömt der Altstadt entgegen. Am alten Hafen bieten dritt- und viertklassige Landschafts- und Portraitmaler ihre Werke feil, in den Cafés ist auch der letzte Stuhl besetzt, und Mr. Gigolo versucht – meistens bleibt es nicht beim Versuch –, die Damenwelt mit dem tiefen, gleichmäßigen Blubbern seiner Harley-Davidson zu beeindrucken. Ein besonderes Schauspiel ereignet sich allabendlich am Hafenkai: Begafft vom "Pöbel", lässt sich die Hautevolee auf ihren an Ozeandampfer erinnernden Yachten – manch einer wäre glücklich, wenn er nur mit dem Beiboot die Küste entlang schippern könnte – von einer livrierten Dienerschaft ein mehrgängiges Menü kredenzen. Nirgendwo sonst an der Côte d'Azur lässt sich das Spektakel des Sehen und Gesehen Werdens besser miterleben als in Saint-Tropez; schwungvoll brodelt es rund um den Hafen bis in die frühen Morgenstunden hinein. Das anstrengende Leben gestattet einen Strandbesuch erst am frühen Nachmittag, um sich dort den nötigen Teint und die Kraft für die Freuden der Nacht zu holen...

Wer es einrichten kann, sollte aber unbedingt einmal im Frühjahr oder Spätherbst nach Saint-Tropez kommen. Dann nämlich, wenn die Fremden nur noch paarweise statt in Horden in die Stadt einfallen und sich aus dem Lärm wieder das Klackern einzelner Absätze heraushören lässt, zeigt sich in den Gassen und auf den Plätzen das typische Leben einer französischen Kleinstadt. In den Wintermonaten dominieren die rund 6.000 Einheimischen wieder das Stadtbild von Saint-Tropez, zahlreiche Boutiquen, Hotels und Restaurants haben geschlossen, das Leben verläuft wieder in gemächlicheren Bahnen, die Pétanque-Spieler gehen unter den Platanen der Place des Lices wieder ungestört ihrem Vergnügen nach.

Geschichte

Glaubt man der Legende, so leitet sich der Name der Stadt und ihrer zugehörigen Bucht vom heiligen Torpes ab, einem römischen Offizier, der zur Zeit Neros wegen seines Glaubens enthauptet wurde; der kopflose Leichnam des Märtyrers – so jedenfalls die lokale Überlieferung – wurde am Hafen des heutigen Saint-Tropez zusammen mit einem Huhn und einem Hahn angespült. Bis ins späte Mittelalter hinein ist so gut wie nichts über Saint-Tropez bekannt; eine kleine Ansiedlung in der Bucht ist wahrscheinlich im 9. Jahrhundert einem Sarazenenansturm zum Opfer gefallen. Im 15. Jahrhundert ließen sich hier sechzig Genueser Familien nieder, die von König René, dem Grafen der Provence, mit dem Versprechen von Steuervorteilen angelockt worden waren; Saint-Tropez, das über zwei Jahrhunderte hinweg einen mit einer Republik vergleichbaren Status besaß, nahm einen bescheidenen Aufstieg. Zwei Konsulen und ein Zwölferrat regelten die Geschicke der Stadt. In der Seefahrt erprobt, besiegte eine kleine einheimische Flotte 1637 mit Glück und Geschick ein vermeintlich übermächtiges spanisches Geschwader – das siegreiche Er-

In Saint-Tropez werden nicht nur Prominente geangelt

eignis wird alljährlich mit der "Bravade" lautstark begangen. Am Hafen steht die Statue von *Bailli Pierre-André de Suffren* (1728–1788), der als französischer Admiral von den Engländern als "Schrecken der Meere" gefürchtet war.

Saint-Tropez ist der einzige Badeort an der Côte d'Azur, den die Franzosen selbst entdeckt haben. Zuerst kamen die Maler auf der Suche nach dem Licht: Paul Signac, der "Erfinder" des Pointilismus, machte 1892 den Anfang, Camoin, Manguin und Van Rysselberghe folgten nach, später kamen noch Matisse und Bonnard nach Saint-Tropez (Das Musée de l'Annonciade besitzt zahlreiche Gemälde aus dieser Epoche). Das kleine Küstenstädtchen wurde alsbald von einer illustren Gästeschar bevölkert, in die sich auch Errol Flynn, die aus den USA ausgewiesene Anarchistin Emma Goldmann und die Schriftstellerin Colette einreihten; letztere blieb dem Ort über vierzehn Jahre hinweg treu und schwärmte von einem "Blau, das anderswo nur in Träumen vorkommt". Kurz nach dem Zweiten Weltkrieg war es ruhig geworden in Saint-Tropez. Die Häuser am Hafen waren kurz vor Kriegsende bei Kämpfen zwischen den alliierten Landungstruppen und den deutschen Besatzern in die Luft gesprengt worden; behutsam machte man sich an den originalgetreuen Wiederaufbau. Die Stimmung erinnerte an die zwanziger Jahre, als der kleine Küstenort noch nicht "entdeckt" worden war. Die wenigen Gäste fanden hier ihre Vorstellung von einem unverdorbenen Fischerdorf erfüllt. Es gab noch keine Nachtclubs und Luxusherbergen; man wohnte in billigen Hotels am Hafen und kaufte sich gestreifte Fischerhemden und farbige Espandrilles. Selbst Picasso konnte damals noch in aller Ruhe einkaufen. Seit 1956 war damit endgültig Schluss. Ein Filmteam stieg in einem bescheidenen Hotel mit dem provozierenden Namen *L'Ail du Lit* ab und drehte "Und immer lockt das Weib",

Saint-Tropez
Karte S. 232/233

jenen Film von Roger Vadim, der *Brigitte Bardot* dank ihres Schmollmundes zum Weltstar machen sollte. Es kam zum Skandal, und Saint-Tropez galt daraufhin als wahres Sündenbabel. Jeder wollte nun natürlich just aus diesem Grund nach Saint-Tropez, obwohl es in dem Städtchen damals noch ziemlich prüde zuging. Die Pariser Existentialistenszene um *Juliette Gréco* und *Françoise Sagan* – durch ihren Roman "Bonjour Tristesse" quasi über Nacht reich und berühmt geworden – hatte bereits ein Jahr zuvor den Weg nach Saint-Tropez gefunden. In den nächsten Jahren entwickelte sich "Saint-Trop" zum Treffpunkt der Reichen und Schönen, der Playboys und Starletts; barbusige Frauen läuteten 1964 am Strand von Pampelonne ein freizügigeres Zeitalter ein, das durch die 68er-Revolte zum Allgemeingut werden sollte.

Verbindungen

Wer mit dem eigenen Fahrzeug anreist, lässt es am besten gleich am Ortseingang auf dem gebührenpflichtigen **Großparkplatz** stehen. Parkplätze im Zentrum sind rar, zudem erschweren Einbahnstraßen und aufmerksame Verkehrshüter die Suche. Empfehlenswert ist zudem das überwachte unterirdische Parkhaus Place des Lices.

Der **Busbahnhof** befindet sich am Ortseingang in der Avenue du Général de Gaulle, ✆ 0494978851. Rund acht Busverbindungen tgl. nach Toulon (2.10 h) mit Zwischenstopps in La Croix-Valmer, Cavalaire-sur-Mer, Le Lavandou und Hyères. Nach Saint-Raphaël (1.25 h) ebenfalls acht Verbindungen täglich. Zwischenstopps: Cogolin, Grimaud, Sainte-Maxime, Saint-Aygulf und Fréjus. Von Saint-Raphaël bestehen sehr häufig Zugverbindungen nach Cannes und Nizza. Von April bis Okt. kann man zudem auf das Schiff ausweichen: **Schiffsverbindungen** nach Sainte-Maxime (20 Minuten, Les Vedettes Bleues, ✆ 0494951746) sowie nach Port Grimaud, Les Issambres und Saint-Raphaël (50 Minuten, MMG, ✆ 0494965100). Angesichts des allabendlichen Staus spricht neben dem Erholungseffekt auch der Zeitfaktor für das Schiff. Wer es eilig hat, muss entweder zum Helikopterflugplatz (am neuen Hafen, unweit des Busbahnhofs) oder nach Hyères und von dort beispielsweise weiter mit dem **Flugzeug** nach Paris.

Information/Diverses

- *Information* **Office de Tourisme**, B.P. 218, 83994 Saint-Tropez Cedex, ✆ 0494974121, 📠 0494978266, www.nova.fr/saint-tropez. Das Büro am Quai Jean Jaurès hat täglich geöffnet, im Sommer durchgehend von 9.30–20 Uhr.
- *Veranstaltungen* Das Volksfest zu Ehren des Stadtheiligen Torpes mit dem lärmenden Aufmarsch (**Bravade**) kostümierter Seeleute wird alljährlich vom 16. bis 18. Mai gefeiert; zusätzlich findet am 15. Juni zum Gedenken an den Sieg über eine spanische Flotte die **Spanier-Bravade** statt.
- *Hauptpost* Place Alphonse Celli.
- *Markt* Dienstag- und Samstagvormittag provenzalischer Markt auf der Place des Lices. Fisch, aber auch Gemüse, Obst und Blumen werden täglich auf der Place aux Herbes verkauft.
- *Autovermietung* Budget, 13, rue Jean Mermoz, ✆ 0494548654; Hertz, avenue du 8 Mai 1945, ✆ 0494972201; Saint-Tropez Cars, Route des Plages, ✆ 0494971034.
- *Fahrrad- und Motorradvermietung* Location 2 Roues, 5, rue Carenta, ✆ 0494970060.
- *Kino* La Renaissance, place des Lices, ✆ 0494974816.
- *Schwimmbad* Piscine Municipale (Hallen- und Freibad) im Complexe Sportif du Moulin Blanc an der Route des Salins.
- *Strände* Siehe Sehenswertes.
- *Segelschule* In der Baie des Cannebiers, zwei Kilometer östlich des Zentrums. ✆ 0494971258.
- *Tauchen* Les Plongeurs du Golfe, Centre CPSM, Route des Carles, ✆ 0494560576.
- *Tennis* Tennis de Marres, ✆ 0494972668; Tennis Club de l'U.S.T., ✆ 0494978076. Beide liegen an der Route des Plages.
- *Taxi* Quai Gabriel Péri, ✆ 0494970527

Kunstverkauf für Touristen am Hafen

Übernachten (siehe Karte S. 232/233)

Saint-Tropez ist sicher nicht der richtige Ort, um sich in einem preiswerten, beschaulichen Hotel niederzulassen. Ein Blick auf das Hotelverzeichnis zeigt: Es gibt mehr Drei-Sterne-Hotels als Ein- und Zwei-Sterne-Hotels zusammen.

**** **La Bastide de Saint-Tropez (14)**, das traumhafte kleine Hotel liegt nur wenige Minuten von der Place des Lices entfernt in vollkommen ruhiger Lage; es ist auf mehrere Gebäude verteilt, die sich um einen Swimmingpool (beheizt) gruppieren. Das zugehörige Restaurant L'Olivier gilt als eines der besten der Region. Küchenchef Christophe Landier zaubert kulinarische Köstlichkeiten ab 35 € pro Menü auf den Tisch. Alle Zimmer (160–650 €) sind individuell eingerichtet. Es werden auch Appartements und Suiten vermietet, die einen Privatgarten mit Whirlpool besitzen. Route des Carles, ✆ 0494558255, ℻ 0494972171.

**** **Le Mas de Chastelas (13)**, erst 1995 eröffnetes, überaus empfehlenswertes Landhotel in der Nähe der Zufahrtsstraße nacht Saint-Tropez. Das stilvolle Hauptgebäude stammt aus dem 18. Jahrhundert, parkähnlicher Garten mit Swimmingpool und Tennisplatz. Lobenswert sind der unaufdringliche und freundliche Service sowie die wohlfeilen Kreationen des Küchenchefs (Menüs zu 26 und 40 €). Verdient zweifellos das Prädikat Gourmetrestaurant! Zimmer je nach Saison und Ausstattung zwischen 99 und 350 €. Quartier Bertaud, ✆ 0494567171, ℻ 0494567156.

*** **La Ponche (1)**, das in der Nähe des Alten Fischerhafens gelegene Hotel war jahrzehntelang die bevorzugte Absteige von Françoise Sagan, die hier auch einen großen Teil ihrer Memoiren schrieb. Sie mietete immer dasselbe Zimmer mit einer großen Terrasse. Insgesamt hat das La Ponche 18 Zimmer, für die man mindestens 130 € (Nebensaison) aufbringen muss. Das Restaurant ist ebenfalls zu empfehlen, Menüs zu 22 (mittags), 32 und 41 €. Von April bis Mitte Okt. geöffnet. Place du Révelin, ✆ 0494970253, ℻ 0494977861, www.laponche.com.

*** **La Tartane (16)**, das kleine Hotel mit großzügigem Garten und beheiztem Swimmingpool liegt an der Straße, die vom Zentrum zur Plage des Salins führt. Je nach Saison variieren die Zimmerpreise zwischen 68 bis 152 €. Mitte März bis Mitte Okt. geöffnet. Route des Salins, ✆ 0494972123, ℻ 0494970916.

Saint-Tropez Karte S. 232/233

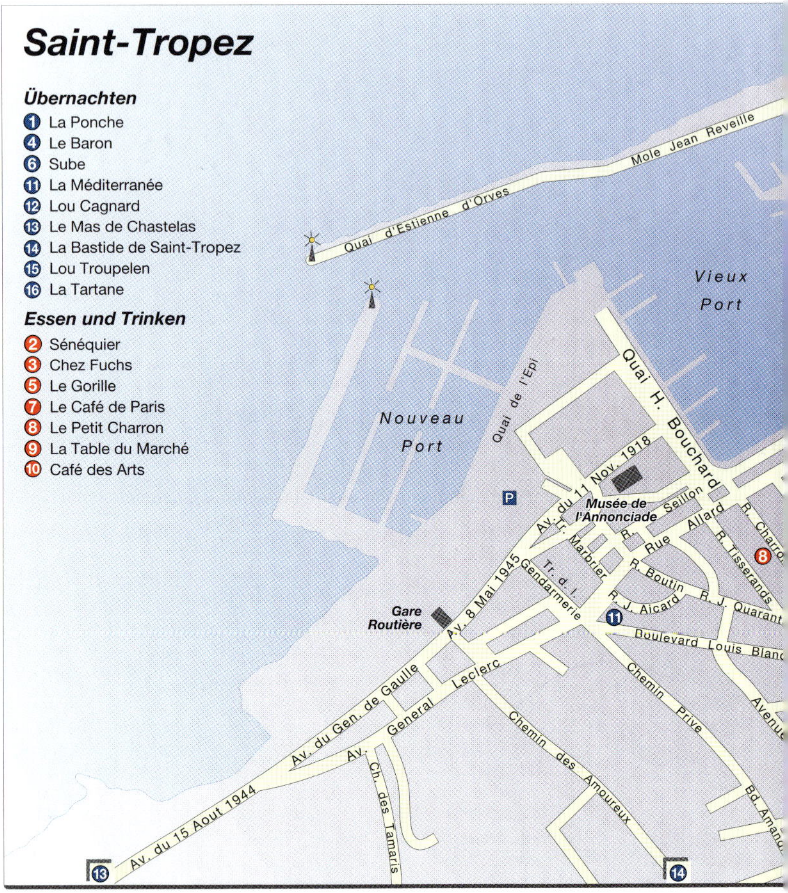

*** **Sube (6)**, das einzige, direkt am Hafen gelegene Hotel, daher besonders für diejenigen interessant, die sich am allabendlichen Treiben nicht satt sehen können. 31 Zimmer je nach Ausstattung von 65 (NS) bis 250 €. Der Hafenblick hat eben seinen Preis... Sur le Port, ✆ 0494973004, 📠 0494548908, www.nova.fr/sube.provenz

*** **Lou Troupelen (15)**, ein Lesertipp von Anne Banas: "Das am Ortsrand von Saint-Tropez gelegene Hotel im Landhausstil hat sehr schöne Zimmer zu angemessenen Preisen (65,55–83,85 €). Von Mai bis Mitte Oktober geöffnet. Südöstlich der Place des Lices (zehn Fußminuten vom Zentrum). Chemin des Vendanges, ✆ 0494974488, 📠 0494974176, www.nova.fr/lou-troupelen.

** **Le Baron (4)**, schönes Stadthotel unterhalb der Zitadelle. Während man in der Nebensaison schon für 46 € unterkommt, sind im Hochsommer zwischen 69 und 100 € zu veranschlagen. Die Zimmer strahlen viel Atmosphäre aus, manche (Nr. 1, 2, 3 und 4) besitzen einen schönen Balkon; die Matratzen sind ausgezeichnet, nur der Teppichboden könnte mal wieder erneuert werden. Wer will, kann gleich im zugehörigen Restaurant speisen. Rue de la Citadelle, ✆ 0494970657, 📠 0494975872, www.hotel-le-baron.com.

** **Lou Cagnard (12)**, angenehmes, preisgünstiges Hotel mit schönem Garten. Zimmer 43–90 € (keine Kreditkarten!). Mitte

Nov. bis Mitte Dez. geschlossen. 18, avenue Paul Roussel, ✆ 0494970424, 📠 0494970944.

La Méditerranée (11), kleines zentrumnahes Hotel (13 Zimmer) an einer lauten Straße. Die Übernachtungspreise beginnen bei 48 € (Nebensaison) pro Zimmer und liegen zumeist zwischen 69 und 99 €. Keine Hunde erlaubt. Von April bis Mitte Nov. sowie über Weihnachten geöffnet. 21, boulevard Louis Blanc, ✆ 0494970044, 📠 0494974783.

• *Camping* Auf dem Gemeindegebiet von Saint-Tropez gibt es keine Campingplätze, dafür besitzen Ramatuelle und Gassin zahlreiche gut ausgestattete Plätze (siehe dort).

Essen/Nachtleben (siehe Karte oben)

• *Essen* "Man lebt billig, in den kleinen Restaurants am Quai und hinten, in den Gassen, ißt man anständig für wenig Geld" – Klaus und Erika Mann erlebten zu Beginn der 30er Jahre noch ein anderes Saint-Tropez.

Table du Marché (9), das Restaurant begeistert durch sein Preis-Leistungs-Verhältnis, nach dem man anderswo lange suchen muss. Schönes Ambiente, die Regalwände sind mit edlen Weinen gefüllt. Für 18 € wird mittags und abends ein Plat du Jour mit Nachtisch und einem Glas Wein serviert.

Saint-Tropez Karte S. 232/233

Im ersten Stock ergänzt eine Sushi-Bar das Angebot. 38, rue Georges Clémenceau, ✆ 0494978520.

Chez Fuchs (3), alteingesessenes, stilvolles Restaurant mit Bar im Erdgeschoss. Für ein Menü sind rund 30 € zu veranschlagen. In der Nebensaison Dienstag Ruhetag. 7, rue des Commerçants, ✆ 0494970125.

Le Club 55, der Klassiker unter den Strandrestaurants von Saint-Tropez, direkt an der Plage de Pampelonne. Vom 25.3. bis 11.11. geöffnet. ✆ 0494798014.

Le Petit Charron (8), anspruchsvolle Regionalküche (zu empfehlen sind die Fischgerichte). Kein Menü, Hauptgerichte 15–20 €. Nur abends geöffnet, Sonntag Ruhetag. Ende Dezember bis März Betriebsferien. 6, rue des Charrons, ✆ 0494977378.

Sénéquier (2), die traditionsreiche Pâtisserie – berühmt für ihr Nougat – liegt direkt am Hafen und ist wegen ihrer roten Tische und Stühle schon von weitem auszumachen. Motto: sehen und gesehen werden. Von Mitte Nov. bis Mitte Dez. geschlossen.

Le Gorille (5), das einst von Brigitte Bardot bevorzugte Bistro liegt direkt neben dem Sénéquier und gewährt einen genauso schönen Blick auf den Hafen. Schneller Service zu etwas akzeptableren Preisen. Stammgäste werden es merken: Im Frühjahr 1998 wurde die gesamte Front des Quai Suffren renoviert und auch das Le Gorille besitzt seither ein gusseisernes Markisengestänge.

Le Café de Paris (7), das dritte große Café am Hafen von Saint-Tropez liegt derzeit voll im Trend und ist preislich günstiger als das Sénéquier. Zudem ist auch der Service besser. Neben Sushi werden auch kleine Speisen, Pizzen und Salate serviert. Quai Suffren.

Café des Arts (10), der traditionelle Treffpunkt aller Boule-Spieler von Saint-Tropez. Bedingt durch einen Rechtsstreit mit dem Vermieter ist das berühmte Café an der Place des Lices im Januar 1996 mitsamt seiner Einrichtung in die Räumlichkeiten des ehemaligen Boeuf sur la Place umgezogen. Die Boule-Spieler haben für ihre Utensilien eigene Schränkchen. Den halben Liter Wein gibt es für 5 €, den Plat du Jour für 15 €. Place des Lices.

• *Nachtleben* In der Hochsaison pulsiert das Leben rund um den Hafen bis in die frühen Morgenstunden. Es ist nicht leicht, auf die aktuelle Trenddisco hinzuweisen, denn gerade in der schnellebigen Discoszene wechseln die In-Plätze häufig. Ein Klassiker ist Les Caves du Roy an der Place des Lices (Im Hochsommer tgl., sonst nur am Wochenende von 23–5 Uhr). Derzeit angesagt ist auch das "Le Papagayo", Résidence du Port. Für alle Discos gilt jedoch: Die Eintrittspreise sind vergleichsweise happig.

Sehenswertes

Musée de l'Annonciade: Nachdem Paul Signac 1892 den kleinen Fischerhafen entdeckt hatte, folgten ihm zahlreiche Künstlerfreunde nach, um das Licht des Südens zum Malen zu nutzen. Schenkungen von Künstlern und eine Stiftung von Georges Grammont, einem wohlhabenden Fabrikanten aus Lyon, ermöglichten den Aufbau eines Museums, das in der am Hafen gelegenen ehemaligen Kapelle der Weißen Büßermönche einen überaus geeigneten Ausstellungsrahmen gefunden hat. Die Sammlung umfasst Werke aus den Jahren 1890 bis 1950 von Paul Signac, Henri Matisse ("Die Zigeunerin"), Georges Seurat, Henri Cross, Charles Camoin ("Place aux Herbes"), Maurice de Vlaminck, Pierre Bonnard ("Nackte am Kamin"), Raoul Dufy und Maurice Utrillo sowie Skulpturen von Aristide Maillol. In die Schlagzeilen kam das Museum vor gut vierzig Jahren, als bei einem spektakulären Kunstraub mehr als die Hälfte der schlecht gesicherten Exponate gestohlen wurde. Glücklicherweise konnte das Diebesgut ein Jahr später sichergestellt und dem Museum zurückgegeben werden.

Adresse Place Georges Grammont. Öffnungszeiten: Tgl. außer Di 10–12 Uhr und 14–18 Uhr, von Juni bis Sept. 10–12 Uhr und 15–19 Uhr. Eintritt: 5,35 €, erm. 3,15 €.

Citadelle et son Musée Naval: Hoch über der Stadt und dem Golf von Saint-Tropez erhebt sich die mächtige Zitadelle. Es handelt sich um eine gut erhalte-

Traumhafte Lage: Friedhof am Meer

ne Anlage mit zick-zack-förmigem Grundriss, die gegen Ende des 16. Jahrhunderts zur besseren Verteidigung der Küste errichtet wurde. Im Ersten Weltkrieg waren in der Zitadelle deutsche Kriegsgefangene untergebracht. Heute birgt das historische Gemäuer ein Museum, das neben einer Sammlung archäologischer Fundstücke anhand von Schiffsmodellen, Gemälden und Waffen die Geschichte der französischen Marine dokumentiert. Vom Dach der Zitadelle bietet sich ein faszinierender Blick über den Golf von Saint-Tropez.

Öffnungszeiten Tgl. außer Di 10–12 und 13–16.30 Uhr, von Mitte Juni bis Mitte Sept. 10–17.30 Uhr. Eintritt: 4 €, erm. 2,50 €.

Cimetière Marin: Unterhalb der Zitadelle liegt einer der malerischsten Friedhöfe der Côte d'Azur. Die weißen Grabsteine heben sich am späten Nachmittag kontrastreich von der dunkelblauen Wasseroberfläche ab. Wenn schon bis in alle Ewigkeit ruhen, dann hier...

Maison des Papillons: Mehr als 20.000 Schmetterlinge, die von Dany Lartigue in den letzten Jahrzehnten in Frankreich gesammelt wurden, können im Haus der Schmetterlinge bewundert werden.

Adresse 9, rue Etienne Berny. Öffnungszeiten: Von April bis Sept. tgl. außer Di 10–12 Uhr und 14–18 Uhr. Eintritt: 2,50 €.

Strandwanderung: Die wohl schönste Möglichkeit, um die Halbinsel von Saint-Tropez kennenzulernen, ist eine Wanderung entlang der Küste (*Sentier Littoral*). Man startet hierzu am Hafen von Saint-Tropez, passiert den Cimetière Marin und hat in einer guten halben Stunde die Baie des Cannebiers erreicht. Von nun an geht es in direkter Meeresnähe weiter bis zur Plage de Tahiti, die in die Plage de Pampelonne übergeht. Ohne lange Zwischenstopps ist die Tour in drei bis vier Stunden zu bewältigen. Wer diese Wanderung zur

Saint-Tropez Karte S. 232/233

Tagestour ausdehnen möchte, kann vom Cap Camarat mit seinem Leuchtturm entlang der Küste über die Stationen Plage de l'Escalet, Cap Taillat und Cap Lardier in weiteren fünf bis sechs Stunden zum Strand von Cavalaire laufen; zurück geht es dann mit dem Bus.

Die berühmteste Gendarmerie Frankreichs

Durch Louis de Funès wurde die mittlerweile geschlossene, aber noch vorhandene Gendarmerie Nationale von Saint-Tropez zum Kultobjekt (am Ortseingang). 1964 tobte der unvergessliche Komiker erstmals als Polizeichef Ludovic Cruchot über die Kinoleinwand. Sein Hauptanliegen im ersten Film war es, dem drohenden Verfall der Sitten Einhalt zu gebieten und das Nacktbadeverbot durchzusetzen. Noch heute kursieren in Saint-Tropez zahlreiche Anekdoten rund um die Dreharbeiten zu den berühmten Louis-de-Funès-Filmen. Am bekanntesten ist die Geschichte von dem Bauern aus Ramatuelle, der beim Anblick einer fliegenden Untertasse seine Ente vor Schreck ins Hafenbecken steuerte und dabei fast ertrunken wäre. Der gute Mann hatte nämlich nicht mitbekommen, dass gerade "Der Gendarm von Saint-Tropez und die Außerirdischen" gedreht wurde...

Strände

La Bouillabaisse: Nicht gerade überwältigender, stadtnaher Strand am Ortseingang von Saint-Tropez. Wenn der Mistral weht, finden Surfer hervorragende Bedingungen vor.

Des Graniers: Unterhalb der Zitadelle, nur wenige Fußminuten vom Zentrum entfernt, daher recht überfüllt.

Des Cannebiers: Der Strand aller Fans von B.B.; Brigitte Bardots berühmte Villa La Madrague befindet sich nur ein paar Schritte vom Meer entfernt. Momentan hält sich der – derzeit – mit einem Front-National-Mitglied verheiratete Mythos von Saint-Tropez allerdings nur selten hier auf.

De la Moutte: Feinkörniger, heller Strand, allerdings ohne Restaurant und Strandbar.

Les Salins: Kein besonders schöner Strand, ganz im Osten der Halbinsel, kaum überlaufen und naturbelassen.

Pampelonne: Der goldgelbe Hauptstrand von Saint-Tropez liegt genau genommen auf dem Gemeindegebiet von Ramatuelle. Der größte Teil des Sandstrandes ist zwischen den sogenannten Strandclubs – halbelitäre Restaurationsbetriebe mit Sonnenschirm- und Liegenvermietung – aufgeteilt, dazwischen finden sich aber immer wieder für die Allgemeinheit frei zugängliche Abschnitte. Der nördliche Teil des Strandes ist auch unter dem Namen **Tahiti-Plage** bekannt. Die anderen Strandabschnitte sind über vier Zufahrtsstraßen zu erreichen: Route des Tamaris, Boulevard Patch, Route de l'Epi sowie Route de Bonne Terrasse (von Norden nach Süden). Mit dem Auto bietet sich noch ein Ausflug zum **Leuchtturm** am Cap Camarat an; er kann im Sommer von 10–12 Uhr und 14–18 Uhr, im Winter von 14–16 Uhr bestiegen werden.

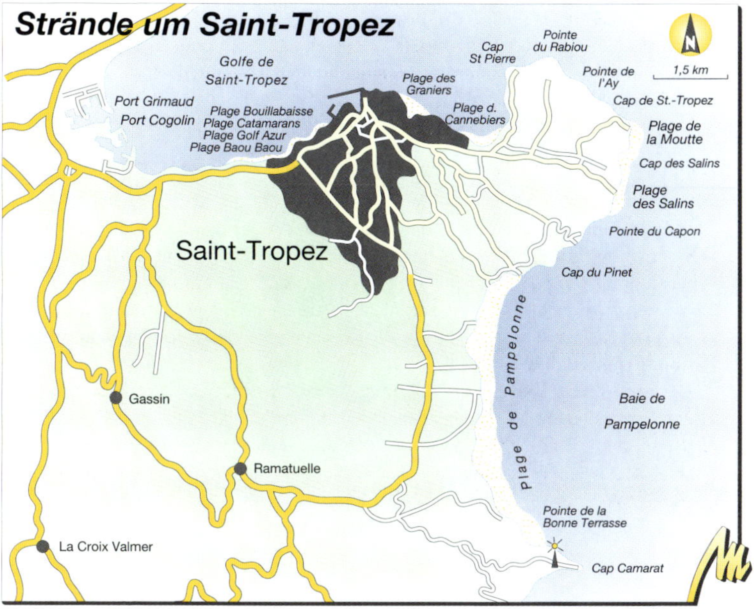

L'Escalet: Angenehme, von Felsen eingerahmte kleine Bucht im Südosten von Ramatuelle. Links und rechts relativ unberührte Felsküste.

Cap Lardier: Ein Tipp für diejenigen, die etwas abseits des allgemeinen Trubels baden wollen: An der Südspitze der Halbinsel von Saint-Tropez findet man einige wenig besuchte, felsige Buchten. Um hinzukommen, muss man den Wagen entweder in Gigaro oder L'Escalet stehen lassen und rund eineinhalb Stunden die Küste entlang bis zu einer alten Geschützstellung am Cap Lardier wandern.

Gassin

Obwohl Gassin auf einem nur 201 Meter hohen Hügel liegt, bietet sich von dort oben eine phantastische Fernsicht über Olivenbäume, Korkeichen und Weinstöcke hinweg bis zum Meer. Bereits die Sarazenen und die Tempelritter nutzten den Ort aus diesem Grund als befestigten Aussichtsposten. Der Name Gassin soll sich auch von "Guardia Sinus", was soviel wie "Wächter des Golfs" bedeutet, ableiten. Die engen Gassen und Treppen sind fein herausgeputzt, fast an jeder Ecke befindet sich ein Souvenirshop; kein Wunder, schließlich ist Gassin ein beliebtes Ausflugsziel. In einer knappen halben Stunde ist der ganze Ort erkundet, dessen wehrhafter Charakter noch deutlich hervortritt. Zur Entspannung lockt die Place du Barri, eine großräumige Aussichtsterrasse mit Cafés und Restaurants.

• *Information* **Office de Tourisme**, Carrefour de la Foux, 83350 Gassin, ✆ 0494434210, 📠 0494434278.

• *Fahrrad- und Motorradvermietung* Easy Driver, Route Nationale 98, ✆ 0494564178.

Saint-Tropez/Umgebung Karte S. 239

Beliebtes Ausflugsziel: Gassin

• *Essen/Übernachten* * **Bello Visto**, der Name weist zu Recht auf die schöne Aussicht hin; aber auch ohne diese ist das Hotel eine empfehlenswerte Adresse. Es verwundert daher nicht, dass die 9 Zimmer (38–58 €) zumeist schnell vergeben sind. Angegliedert ist auch eine recht angenehme Mischung zwischen Café, Bar und Restaurant (Menüs zu 21 €). Von Ostern bis Mitte Okt. geöffnet. Reservierung empfohlen. Place du Barri, ✆ 0494561730, ✆ 0494434536.

Le Micocoulier, ein paar Schritte weiter speist man auf schönen blauen Stühlen ganz vorzüglich. Das Restaurant hat sich der mediterranen Küche verschrieben. Wie wäre es zum Auftakt beispielsweise mit einem Carpaccio von der Lotte? Menüs zu 19 € (mittags), 24 und 39 €. Von Ostern bis Mitte Okt. geöffnet. Place du Barri, ✆ 0494561401.

La Verdoyante, etwas außerhalb gelegenes ländliches Anwesen. Als Spezialität des Hauses gilt Gratin de Moules aux épinards (Überbackene Spinatmuscheln). Menüs zu 23 und 28 €. Von Mitte März bis Anfang Nov. geöffnet, in der Nebensaison Mittwoch Ruhetag. 866, avenue de Coste Bugade, ✆ 0494561623.

• *Camping* *** **Le Moulin de Verdagne**, terrassiertes Gelände inmitten von Weinfeldern und bewaldeten Hügeln. Swimmingpool. Von April bis Sept. geöffnet. Route du Brost, ✆ 0494797821.

**** **Parc Montana**, mit 600 Stellplätzen rund viermal so groß wie Le Moulin de Verdagne. Ausstattung vergleichbar, ebenfalls ein Swimmingpool, aber schattiger. Von Jan. bis Mitte Nov. geöffnet. Route du Bourrian, ✆ 0494552020.

Ramatuelle

Die Nähe zu Saint-Tropez und zur Plage de Pampelonne sorgt für einen regen Ausflugsverkehr. Trotz eines von den Häuserfronten gebildeten Mauerrings wurde Ramatuelle – wie auch das benachbarte Gassin – mehrfach in seiner Geschichte von Sarazenen und Piraten heimgesucht. Der Name leitet sich angeblich von *Rahmatu 'llah*, "Geschenk Gottes", ab. Das charmante Dorfzentrum bildet die Place de l'Ormeau, auf der einst eine uralte Ulme stand, die al-

lerdings zu Beginn der achtziger Jahre durch einen Olivenbaum ersetzt werden musste. Große Sehenswürdigkeiten gibt es nicht, die Kirche Notre-Dame ist mit aufwendigem Mobiliar ausgestattet. Dennoch verwundert es nicht, dass Ramatuelle ein beliebter Prominentenwohnort ist. Zur Bürgerschaft gehört beispielsweise auch der "Mädchen-Photograph" David Hamilton, der im nahen Saint-Tropez eine Galerie geführt hat. Auf dem Dorffriedhof liegt unter anderem der Schauspieler Gérard Philipe begraben, der die letzten Jahrzehnte vor seinem Tod im Jahre 1959 in Ramatuelle lebte.

- *Information* **Office de Tourisme**, Place de l'Ormeau, 83350 Ramatuelle, ✆ 0494792604, 📠 0494791266.
- *Markt* Donnerstag- und Sonntagvormittag.
- *Veranstaltungen* Mitte/Ende Juli swingt der ganze Ort, Jazz à Ramatuelle ist angesagt; Anfang Juli bietet das zur Erinnerung an Gérard Philipe gegründete Festival de Ramatuelle neben modernen und klassischen Theaterstücken auch Chansons und kabarettistische Einlagen.
- *Fahrrad- und Motorradvermietung* Holiday Bike, Route des Tamaris, ✆ 0494798630.
- *Essen/Übernachten* *** **Le Baou**, das schön gelegene Anwesen (Relais et Château) mit großem Swimmingpool klebt gewissermaßen am Hang. Der Blick auf Ramatuelle und das Meer begeistert, in den Genuss kommen auch die Gäste des Restaurants. Die Preise für die 41, mit Balkon oder Terrasse und Klimaanlage ausgestatteten Zimmer variieren zwischen 80 und 300 €. Kulinarisch sehr anspruchsvolle Menüs von 40 bis 66 €. Von April bis Okt. geöffnet. Avenue Gustave Etienne, ✆ 0494792048, 📠 0494792836.

*** **Epi-Plage**, angenehmes Strandhotel an der Plage du Pampelonne. Zusätzlich steht den Gästen ein Pool zur Verfügung. Die Zimmer kosten je nach Saison zwischen 99 und 350 €. Von April bis Okt. geöffnet. ✆ 0494798035, 📠 0494799036.

** **La Ferme d'Hermes**, an der Straße zum Strand von Escalet. 9 Studios und eine

Saint-Tropez/Umgebung Karte S. 239

Suite (92–168 €) in einem bäuerlichen Anwesen mit Swimmingpool. Von April bis Okt. geöffnet. ✆ 0494792780, ✆ 0494792686.

* **Chez Tony**, die günstigste Möglichkeit, in Ramatuelle ein Dach über den Kopf zu bekommen. 8 einfache Zimmer à 29 €. In der zugehörigen Bar geht es gelegentlich recht laut zu; trotzdem oft ausgebucht. 31, avenue Georges Clémenceau, ✆ 0494792046.

Au Fil à la Pâte, das gemütliche kleine Restaurant ist bekannt für seine Teigwaren mit provenzalischer Note. Hauptgerichte 14–18 €, ebenso die Tagliatelle, mit Gambas allerdings 23 €. Mittwoch und von Mitte Nov. bis Mitte Dez. geschlossen. 27, rue Victor Léon, ✆ 0494792781.

Le Vesuvio, nette Pizzeria mit schlichtem Interieur und zwei Tischen auf der Straße. Pizzen zwischen 8 und 10 €, Menüs zu 14 und 18 €. 19, avenue Georges Clémenceau, ✆ 0494792160.

Café de l'Ormeau, die schattige Straßenterrasse mit den einfachen gelben Plastikrohrstühlen ist ein beliebter abendlicher Treffpunkt. Place de l'Ormeau.

• *Camping* **** **La Cigale**, kleiner, komfortabler Platz, rund einen Kilometer von der Plage de l'Escalet entfernt. Ausreichend Schatten, mit Swimmingpool. Von April bis Mitte Okt. geöffnet. Route de l'Escalet, ✆ 0494792253.

**** **Les Tournels**, an der Straße zum Cap Camarat, rund 2,5 Kilometer vom Meer entfernt, dafür mit großem beheiztem Swimmingpool. Terrassiertes Gelände im Pinienwald. Mit 900 Stellplätzen der größte Campingplatz auf der Halbinsel. Restaurant, Tennisplätze, Supermarkt und schöner Kinderspielplatz auf dem Gelände. Für die Übernachtung sind mindestens 15 € einzuplanen. Nur von Mitte Jan. bis Mitte Feb. geschlossen. ✆ 0494559090, www.tournels.com.

*** **Kon Tiki**, sanft abfallendes Gelände, direkt hinter dem Strand von Pampelonne. Luxuriös ausgestattet, allerdings nicht so schattig. Von April bis Anfang Okt. geöffnet. ✆ 0494559696.

*** **La Toison d'Or**, ebenfalls am Strand von Pampelonne. Vergleichbare Ausstattung, wenig Schatten. Von April bis Mitte Okt. geöffnet. ✆ 0494798354.

*** **La Rouillère**, kleinere, schattige Anlage (130 Stellplätze) in einiger Entfernung zum Meer. Von April bis Okt. geöffnet. Quartier la Rouillère, ✆ 0494792867.

Camping à la Ferme, auf der Halbinsel von Saint-Tropez gibt es zudem etwa zehn kleinere, ländliche Campingplätze, die zwar nicht sehr komfortabel sind, dafür aber wesentlich preisgünstiger.

Port Grimaud

Port Grimaud ist ein Kleinvenedig aus der Retorte, eine pastellfarbene Lagunenstadt mit künstlichen Kanälen und kess gespannten Brücken. Zielgruppe: Personen mit Zweitwohnsitz sowie wohlhabende Touristen, die ihr Boot am liebsten vor der eigenen Haustür vertäut sehen.

Anfangs ist man versucht, sich von der künstlichen Patina blenden zu lassen. Doch beim genaueren Betrachten fällt der gewollte Charakter des Küstendorfes schnell auf – aber schöner als ein gigantischer Wohnsilo ist die 1966 errichtete Ferienanlage allemal. Der Architekt und Bauunternehmer *François Spoerry* gab sich Mühe, Port Grimaud ein authentisches Aussehen zu verleihen; selbst die Dorfkirche mit ihrem quadratischen Turm (schöne Aussicht!) wurde im Stil einer Wehrkirche geplant, die Fenster stammen von Vasarély. Die Größe von Port Grimaud ist beachtlich, der Ort besitzt rund 2000 Häuser, ein fünf Kilometer langes Kanalsystem und insgesamt acht Kilometer Hafenkai. Für die Anziehungskraft von Port Grimaud spricht, dass alljährlich mehrere hunderttausend Touristen entlang dieser Kanäle promenieren.

• *Parken* Großer gebührenpflichtiger Parkplatz gegenüber dem Ortseingang. 1 Std. 2 €.

• *Markt* Donnerstag- und Sonntagvormittag.

• *Strand* Port Grimaud besitzt einen sehr schönen gepflegten Sandstrand.

• *Übernachten/Essen* ** **Les Arcades de Saint-Pons**, ein Stückchen außerhalb von Port Grimaud, an der Straße nach Plan de la Tour, in dem Weiler Saint-Pons les Mûres. Kleines, einfaches Haus (12 Zimmer,

1 Studio) mit Swimmingpool. Zimmer 30,50–45 € (Nebensaison) bzw. 38–67,80 € (Hauptsaison). März bis Okt. geöffnet. ✆ 0494563824, ✆ 0494563675.

• *Camping* *** **Les Prairies de la Mer**, riesiger, relativ anonymer Campingplatz vor den Toren von Port Grimaud, zwischen der Route Nationale und dem Strand. Vorteil: Man spart sich die Parkgebühren und hat einen tollen Strand vor der Haustür. Von April bis Okt. geöffnet. ✆ 0494790909.

Grimaud

Das rund 900 Jahre alte Dorf zählt zu den schönsten Flecken der Region; das haben längst auch vermögende Architekten und Rechtsanwälte bemerkt, und so sind die Einheimischen im herausgeputzten Grimaud schon seit Jahren in der Minderheit. Gekrönt wird das wehrhafte Bilderbuchdorf von einer Burgruine, die einst im Besitz der Herren von Grimaldi – nicht verwandt mit den Fürsten von Monaco – war. Von dort oben bietet sich ein herrlicher Blick auf die Bucht von Saint-Tropez. Zudem besitzt Grimaud eine schöne romanische Kirche (Saint-Michel) mit dem Grundriss eines lateinischen Kreuzes, eine Kapelle der Weißen Büßer (*Pénitents Blanc*) sowie ein Haus der Tempelritter.

• *Information* **Office de Tourisme**, 1, boulevard des Aliziers, 83310 Grimaud, ✆ 0494432698, ✆ 0494433240.

• *Verbindungen* Tgl. acht Busverbindungen nach Saint-Tropez sowie über Sainte-Maxime nach Saint-Raphaël.

• *Markt* Donnerstagvormittag.

• *Fahrrad- und Motorradvermietung* Holiday Bike, Route Nationale 98, ✆ 0494563128.

• *Übernachten/Essen* **** **Pierre & Vacances**, wunderschönes Clubdorf mit zahlreichen Freizeitaktivitäten sowie Wasserzentrum mit Wellenbad, Sprudelbecken, Spielschwimmbad und Rutsche. Ideal für Familien. Je nach Saison und Appartementgröße (4–7 Pers.) .) 462–1687 € pro Woche. Les Restanques du Golfe de Saint-Tropez, ✆ 0494790000, ✆ 0494565590. In Deutschland buchbar über: ✆ 0721/931950.

*** **Hostellerie de Côteau Fleuri**, am westlichen Rand, hoch über dem Dorf liegt dieses empfehlenswerte Hotelrestaurant. Vor allem die Leistungen des Küchenchefs verdienen höchstes Lob. Das Menü (30 €) bestand aus einer kalten Spargelsuppe mit Muscheln, danach folgten eine delikate Entenbrust mit rotem Pfeffer und Kartoffelgratin, Käse und zum Abschluss eine mehr als vorzügliche Mascarpone-Crème mit frischen Erdbeeren. Die Zimmer kosten 71–99 €. Place des Pénitents, ✆ 0494432316, ✆ 0494433342, www.coteaufleuri.com.

Les Santons, Claude Giraud, ein renommierter Küchenchef, serviert im rustikalen Ambiente klassische Gerichte der gehobenen Preiskategorie. Als Spezialität gelten die Petite Bourride Provençale (Fischsuppe) und verschiedene Lammgerichte. Menü zu 43 €, nur mittags ist es etwas günstiger (35 € mit Wein). Von Ostern bis Nov. geöffnet, Mittwoch Ruhetag. ✆ 0494432102.

Au Café de France, einladendes Restaurant mit schöner Terrasse. Menü zu 20,60 €. Boulevard des Alizièrs, ✆ 0494432005.

Au Le Clém's, nettes Bistro für einen kleinen Snack oder einen Café. Mitten im Dorf gelegen. Ein paar Meter weiter trifft man auf die Snackbar Le Bou Bou (Mittwoch Ruhetag); hier sitzt man unter einem schattigen Baum, während nebenan ein kleiner Brunnen plätschert.

Karte S. 239

• *Camping* ** **Charlemagne**, schöner schattiger Platz mit Swimmingpool an der Straße nach Collobrières. Geeignet für all diejenigen, die etwas Abstand zum Küstentrubel suchen. Von März bis Nov. geöffnet, ✆ 0494432290.

Cogolin

Zu Füßen einer Burgruine ruht Cogolin am Rand des Massif des Maures. Ein Vergleich mit dem nahen Saint-Tropez mag verwundern, doch haben beide Städte mit rund 5.500 ständigen Einwohnern etwa die gleiche Größe. Im Gegensatz zur berühmten Nachbarstadt lebt Cogolin nicht ausschließlich vom Tourismus, sondern erfreut sich einer regen Handwerks- und Industrieproduktion, deren Schwerpunkt auf der Fabrikation von Teppichen und Möbeln sowie auf der Herstellung von Pfeifen und Korken liegt; auch die umliegenden Weinberge tragen zum Auskommen bei. Wer jetzt aber befürchtet, Cogolin sei ein unattraktives Industriestädtchen, irrt. Es gibt ein einladendes Zentrum mit freundlichen Gassen, alten Häusern und einem als Schloss bezeichneten Herrenhaus aus dem 16. Jahrhundert, in dem gelegentlich Ausstellungen stattfinden.

• *Information* **Office de Tourisme**, Place de la République, 83310 Cogolin, ✆ 0494550110, ✆ 0494550111.

• *Verbindungen* Tgl. acht Busverbindungen nach Saint-Tropez sowie über Sainte-Maxime nach Saint-Raphaël.

• *Markt* Mittwoch- und Samstagvormittag.

• *Kino* Raimu, avenue Georges Clémenceau, ✆ 0494541589.

• *Fahrrad- und Motorradvermietung* Rent-Bike-Location, le Grand Port, ✆ 0494565308.

• *Canyoning, Klettern und Reiten* Loisirs Organisation, Galerie Raimu, ✆ 0494541105.

• *Essen/Übernachten* **La Maison du Monde**, diese Villa aus dem 19. Jahrhundert ist das mit Abstand schönste Hotel von Cogolin. Umgeben von einem großen Garten samt Pool bietet das Anwesen alles, um ein paar unbeschwerte Tage zu verbringen. Das Design der Zimmer steht über jeder Kritik. Wenn möglich, sollte man ein Zimmer zum Garten reservieren, da man so auch bei offenem Fenster schlafen kann. Vorzüglich ist auch das Frühstück sowie das zugehörige Gourmetrestaurant (Menüs von 27,50–49 €), das Nichthotelgästen ebenfalls offen steht. Zimmer je nach Größe von 80–145 €. Im Februar Betriebsferien. 63, rue Carnot, ✆ 0494547754, ✆ 0494547755.

** **Le Golfe de Saint-Tropez**, über einem Bistro befinden sich die Zimmer dieses Hotels. Die Preise variieren je nach Ausstattung zwischen 46 und 52 €. 13, avenue Georges Clémenceau, ✆ 0494544034, ✆ 0494541448

** **Le Coq**, nettes, im provenzalischen Stil renoviertes Hotel in zentraler Lage. Zimmer von 34–51 €. Zwei Zimmer im obersten Stock besitzen einen netten Alkoven, ruhiger schläft man nach hinten hinaus. Place de la Mairie, ✆ 0494541371, ✆ 0494540306.

Le Clémenceau, direkt nebenan, an einer lauten Kreuzung. Für die Zimmer sind 39–45 € zu veranschlagen. 1, rue Carnot, ✆ 0494541517.

La Ferme du Magnan, das kleine Landhaus liegt eingebettet in die liebliche Landschaft zwischen Cogolin und La Môle (an der RN 98). Im Sommer lassen sich die bodenständigen provenzalischen Gerichte sowie die leckeren Grillspezialitäten auf der großen schattigen Terrasse genießen. Ein weiteres Plus: Der ausgesprochen kinderfreundliche Service! Menüs ab 24 €. Dienstagabend und im Feb. geschlossen, im Juli und Aug. nur abends geöffnet. ✆ 0494495754.

La Grange, über das einfache Ambiente einer alten Scheune sollte man sich nicht wundern, das Essen ist ausgezeichnet. Das Menü zu 17,20 € bietet eine große Auswahl, sehr lecker ist das Carpaccio und das gegrillte Lamm. Samstagmittag und Montag geschlossen. 7, rue du 11 Novembre, ✆ 0494546097.

Coté Jardin, kleines Café mit Mittagstisch in einem idyllischen schattigen Garten am Ende einer Passage, die mitten im Ortszentrum von der Rue Gambetta abzweigt. ✆ 0494541036.

• *Camping* *** **L'Argentière**, etwas außerhalb, an der Straße nach Saint-Maur. Naturbelassenes Gelände in einem Korkeichenwald mit Blick auf die Burg von Grimaud. Mit Swimmingpool. Von Mitte April bis Sept. geöffnet. ✆ 0494540615.

Sehenswertes

Musée Espace Raimu: In dem kleinen Museum dreht sich alles um den berühmten französischen Schauspieler Raimu, von dem Orson Welles gesagt haben soll, er sei der beste Darsteller der Welt. Die Lebensgeschichte wird anhand von Plakaten, Photos, Briefen und persönlichen Erinnerungsgegenständen nachgezeichnet.

Adresse 18, avenue Georges Clémenceau. Öffnungszeiten: Tgl. von 10–12 Uhr und 15–18 Uhr, im Sommer 10–12.30 Uhr und 16–19.30 Uhr. Eintritt: 3 €, erm. 2,30 €.

Massif des Maures

Dieser rund sechzig Kilometer lange Gebirgszug, der sich im Hinterland der Côte d'Azur von Fréjus bis Hyères erstreckt, gehört mit dem Estérelgebirge zu den erdgeschichtlich ältesten Frankreichs. Durch Erosion und Verwitterung ist das Massif des Maures bereits stark abgetragen worden; die höchsten Erhebungen ragen kaum über 700 Meter empor: La Sauvette, der höchste Berg, ist nur 779 Meter hoch.

Das Massif des Maures – der Name leitet sich übrigens nicht von den Mauren, sondern von dem provenzalischen *Maouro* ab, einer alten Bezeichnung für den dunklen, kaum erschlossenen Wald – ist ein durch seine Kargheit faszinierender Gebirgszug, der immer wieder durch dichte Kastanienwälder aufgelockert wird, die sich mit Korkeichen und Aleppokiefern abwechseln; an vielen Stellen sieht man Ginster und Sandbeerbäume – bleibende Zeugen für die stete Waldbrandgefahr, da sich die Wiederaufforstung als langwierig gestaltet. Das ungewöhnlich hohe und dichte Buschwerk erschwert Wanderungen

Im Massif des Maures

Massif des Maures
Karte S. 239

abseits der ausgetretenen Pfade. Wer will, kann seinen Gedanken in völliger Einsamkeit nachgehen, nur unterbrochen vom Zirpen der Zikaden.

Maronenmus und kandierte Kastanien gehören zu den kulinarischen Spezialitäten der Region. Die zahlreichen Korkeichenhaine bilden hier noch immer den Rohstoff für die Produktion hochwertiger Flaschenkorken, geschälte Korkeichen – sie werden alle zehn Jahre geschält dieser "Behandlung" unterzogen – säumen allenorts den Weg. Zudem bieten mehrere Bauernhöfe den Direktverkauf von Maronenmus an. Als Standorte für Touren eignen sich La Garde-Freinet oder Collobrières, aber auch von der Küste aus lassen sich bei einem Tagesausflug weite Teile des Massif des Maures erschließen. Nicht bereuen wird man einen Ausflug zur Chartreuse de la Verne: Ein Kloster im Dornröschenschlaf inmitten eines Kastanienwaldes.

Auf der Route des Crêtes durch das Massif des Maures

Eine gute Möglichkeit, das Massif des Maures mit dem Auto oder Fahrrad zu erkunden, ist eine Fahrt auf der Route des Crêtes, einer phantastischen Kammstraße. Ohne Wegweiser zweigt die Straße am Bouleplatz von Garde-Freinet ab, an der Feuerwehr vorbei geht es anfangs steil bergauf. Wer sich von den zahlreichen Schlaglöchern nicht stören lässt, kann rund zwanzig Kilometer lang herrliche Aussichten genießen. Am Col des Fourches stößt man auf eine breitere Straße, die durch Korkeichen-, Eukalyptus- und Kastanienwälder hinunter nach Collobrières führt (nach rund 5 Kilometern bietet sich neben einem glasklaren Bach Gelegenheit zur Rast). Von Collobrières sind es noch 25 Kilometer nach Cogolin, wobei man einen Abstecher zur Chartreuse de la Verne nicht auslassen sollte.

La Garde-Freinet

Knapp über 400 Meter hoch, ringsum von den Wäldern des Massif des Maures umgeben, ist La Garde-Freinet dem lauten Treiben von Saint-Tropez spürbar entrückt. Stimmungsvoll gibt sich der Ort besonders im Herbst und im Frühjahr, wenn die Gassen am Morgen noch mit Nebelschwaden verhangen sind.

La Garde-Freinet ist hervorragend als Ausgangspunkt für Streifzüge durch das Massif des Maures geeignet. Sobald man beispielsweise die kleine Straße nach Collobrières einschlägt, taucht man ein in einen herben Landstrich, dessen Einsamkeit schnell gefangen nimmt. Bei den *Roches Blanches*, die auch zu Fuß zu erreichen sind, bietet sich eine wunderbare Fernsicht. Wenn sich aber gelegentlich die Sehnsucht nach Sonne und Strand einstellt, kann man in einer knappen halben Stunde die Plage de Pampelonne, einen der schönsten Strände an der Côte d'Azur, erreichen. Durch den lang gestreckten Marktplatz, das alte Waschhaus und die beschaulichen Gassen vermittelt La Garde-Freinet einen überaus freundlichen Eindruck.

Das Massif des Maures war ein begehrtes Rückzugsgebiet der Sarazenen, die seit dem 8. Jahrhundert eine ständige Bedrohung für die Küste darstellten. Ihren Hauptstützpunkt hatten die Sarazenen im heutigen La Garde-Freinet. Erst im Jahre 972 gelang es Wilhelm, dem Grafen der Provence, stellvertretend für den deutschen Kaiser Otto den Großen – die Provence gehörte formalrechtlich immer noch zum Heiligen Römischen Reich –, dieses "Räubernest" auszuheben; die Sarazenen hatten damit ihren letzten Stützpunkt an der französischen Mittelmeerküste verloren, wenngleich sie auch weiterhin den heute als Côte d'Azur bezeichneten Landstrich mit ihren Raubzügen heimsuchten. Die Reste ihrer Festung lassen sich noch oberhalb des Ortes bewundern.

• *Information* **Syndicat d'Initiative**, 1, place Neuve, 83680 La Garde-Freinet, ✆ 0494436741, 📠 0494430869, www.lagardefreinet-tourisme.com. Hier ist eine interessante Broschüre in deutscher Sprache erhältlich.

• *Einwohner* 1.650 Einwohner.

• *Verbindungen* 4 x tgl. Busverbindungen über Cogolin nach Saint-Tropez.

• *Markt* Mittwoch- und Sonntagvormittag.

• *Schwimmen* Piscine municipale, chemin du Moulin, von Juni bis Sept. tgl. 10–19 Uhr.

• *Fahrradvermietung* Le Comptoir des Maures, 9, rampe des Sarrazins, ✆ 0494436564.

• *Ökokost* La Voûte, wer Wert auf ökologische Ernährung legt, findet hier ein gutes Angebot an Gemüse, Obst, Brot, Wein und mehr. Route Nationale.

• *Essen/Übernachten* * **La Claire Fontaine**, das Preisniveau von La Garde-Freinet liegt deutlich unter dem der Küste. Im ersten und zweiten Stock eines Cafés am Dorfplatz werden beispielsweise 8 Zimmer zu 31–39 € vermietet. Hunde sind erlaubt. Place vieille, ✆ 0494436036, 📠 0494436376

La Sarrazine, bei einer Totalrenovierung wurde das Restaurant von allem Plüsch befreit. Lecker mundete das *Fricassée de volaille à l'estragon*. Menüs zu 24 €. Route Nationale, ✆ 0494436716.

Fraxinois, einfaches Hotel am unteren Ende des Dorfplatzes, den Schlaftrunk holt man sich in der zugehörigen Bar. Zimmer (teilweise mit Balkon) 38–60 €. Rue F. Pelletier, ✆ 0494436284.

Le Lézard, sehr angenehmes Restaurant mit zumeist jüngerem Publikum, nach dem Essen kann man in die angrenzende gleichnamige Pianobar wechseln. Menüs zu 20 und 34 €. Sonntag Ruhetag. 7, place du Marché, ✆ 0494436273.

• *Ferienwohnungen und -häuser* Das Syndicat d'Initiative hält eine Liste sowie Photos von rund 30 Objekten für Interessenten bereit.

• *Camping* *** **Saint-Eloi**, der städtische Campingplatz (100 Stellplätze) liegt gleich neben dem Schwimmbad. Zwei Pers. mit Zelt 8,60 €. Zedern und Kiefern sorgen für ausreichend Schatten. Von Mitte Juni bis Mitte Sept. geöffnet. ✆ 0494436240.

*** **Bérard**, an der Straße von Grimaud nach La Garde-Freinet. Stellplatz für zwei Pers. 11,60 €. Extras: Swimmingpool mit Kinderbecken, kleines Lebensmittelgeschäft und Caravanvermietung. Von Ostern bis Ende Sept. geöffnet. ✆ 0494432123.

Sehenswertes

Fort Freinet: Nach einem kurzen Fußmarsch von etwa 20 Minuten erreicht man die Reste einer über La Garde-Freinet thronenden Burganlage sowie die Ruinen eines mittelalterlichen Dorfes. Wahrscheinlich handelt es sich um die Ruinen einer sarazenischen Befestigung; es gibt aber auch Vermutungen, die Burg sei jüngeren Datums. Wie dem auch sei, die Aussicht ist jedenfalls recht beeindruckend.

Führungen Jeden Do um 9 Uhr.

Musée du Pigeon du Mouron Rouge: Das weltweit erste Museum für Brieftaubenzüchter. Alles rund um die Geschichte der Brieftaube.

Adresse Zwei Kilometer außerhalb, in Richtung Le Luc. Öffnungszeiten: Tgl. außer Di und So 15–18 Uhr. Eintritt: 2,50 €.

Karte S. 239

Collobrières

Obwohl, oder besser: Gerade weil Collobrières von der Außenwelt relativ abgeschirmt in den Wäldern des Massif des Maures liegt, kommt dem 1.500 Seelenort mit einer Brücke aus dem 12. Jahrhundert eine Zentrumsfunktion zu. Der schöne, spanisch anmutende Marktplatz sowie die zahlreichen Kaufmannshäuser unterstreichen diese Bedeutung; eine stattliche Platanenallee führt direkt auf die schlichte Kirche von Collobrières zu. Die Confiserie Azuriènne gilt in der gesamten Region als beste Adresse für kandierte Maronen und Konfitüre.

• *Information* **Office de Tourisme**, boulevard Charles Caminat, 83610 Collobrières, ✆ 0494480800, 📠 0494480410.

• *Markt* Sonntagvormittag.

• *Übernachten/Essen* **Notre Dame**, direkt am Ortseingang, wenige einfache Zimmer von 26–30,50 €. Menüs ab 15,50 €. 15, avenue de la Libération, ✆ 0494480713, 📠 0494480595.

* **Auberge des Maures**, traditionelle, provenzalische Küche, die die Reisekasse schont (Menüs zu 8,50 und 15 €). Das beliebte Restaurant ist außerhalb der Saison mittwochs geschlossen. Sehr schlichte Zimmer ab 20 €. 19, boulevard Lazare Carnot, ✆ 0494480710.

La Petite Fontaine, unter einer schattigen Platane oder im gemütlichen Speisesaal wird ausgezeichnetes ländliches Essen zu zivilen Preisen serviert. Menüs zu 21 und 25 €. Das familiär geführte Restaurant versteht sich auf die Zubereitung von Lamm, Wild und Kaninchen, aber auch der provenzalische Schmortopf (*daube provençal*) begeistert. Sonntagabend und Montag bleibt die Küche kalt. 6, place de la République, ✆ 0494480012.

• *Camping* * **Saint-Roch**, sehr einfacher städtischer Zeltplatz am Hang über Collobrières. Terrassiertes Gelände. Offiziell nur im Sommer geöffnet, doch wer im Rathaus (Mairie) nachfragt, kann auch in der Nebensaison campen. ✆ 0494138388.

Wanderung zur Chartreuse de la Verne

Um von La Môle zur Chartreuse de la Verne zu wandern, zweigt man an der einzigen Ampel des Ortes nach Norden ab und fährt immer gerade aus, anfangs auf einer Schotterpiste bis die Straße nach knapp vier Kilometern an einer Sperre endet. Hier parkt man das Auto und wandert in Richtung Barrage de la Verne, einem kleinen Stausee, der die Region Saint-Tropez mit Trinkwasser versorgt. Baden oder Angeln ist daher verboten. Der Weg führt rund vier Kilometer am westlichen Ufer entlang, bevor er über zwei Kilometer hinweg steil zu einem Bergkamm ansteigt. Nun sind es nur noch wenige Minuten bis zum Kloster. Auf einem anderen Pfad geht es später wieder zurück zum Ausgangspunkt. Der Wanderweg ist mit einem Piktogramm gut ausgeschildert. Gesamtstrecke: Etwa 14 Kilometer. Gehzeit: Gut 4 Stunden.

Chartreuse de la Verne

Das kleine Plateau inmitten der Einsamkeit des Massif des Maures erschien den Bischöfen von Toulon und Fréjus geeignet, um hier 1170 ein Kartäuserkloster zu gründen. Trotz häufiger Waldbrände und Plünderungen im Zeitalter der Religionskriege wussten die Kartäuser ihren Besitz zu mehren. Erst die der Französischen Revolution folgende Säkularisation brachte das Klosterleben zum Erliegen. Die reiche Ausstattung wurde zerstreut; die fortan dem französischen Staat gehörende Chartreuse de la Verne verfiel trotz des 1921 verfügten Denkmalschutzes. Der Niedergang des Klosters fand erst 1982 ein Ende: Die religiöse Gemeinschaft der Schwestern von Bethlehem beschloss in diesem Jahr, das abgeschiedene Kloster wieder mit religiösem Leben zu erfüllen. Mittlerweile leben schon sechzehn Ordensfrauen in dem alten Gemäuer, die längst überfälligen Restaurierungsarbeiten sind im Gange. Die Bausubstanz stammt aufgrund der häufigen Zerstörungen weitestgehend aus dem 17. und 18. Jahrhundert. Zu den der Öffentlichkeit zugänglichen Räumlichkeiten gehören die einstige Ölpresse, eine imposante Bäckerei sowie zwei verfallene Kreuzgänge, drei kleine Kapellen, der Klosterfriedhof mit seinen schlichten Holzkreuzen und eine restaurierte Kartause.

Portal der Chartreuse

Es gibt zwei Möglichkeiten, um zur Chartreuse de la Verne zu gelangen: Ein paar Kilometer hinter Collobrières zweigt von der D 14 eine kleine, im letzten Teilstück in eine Schotterpiste übergehende Straße zur Chartreuse de la Verne ab, die mit dem Auto befahren werden kann; als Alternative bietet sich eine Wanderung von La Môle aus an.

Öffnungszeiten Im Sommer tgl. außer Di 11–18 Uhr, im Winter tgl. außer Di 10–17 Uhr. Ostern, im Nov. und am 15.8. geschlossen. Eintritt: 4,50 €, erm. 3 €.

Die Küste westlich von Saint-Tropez

La Croix-Valmer

Innerhalb der letzten drei Jahrzehnte wurde das ursprüngliche Dorf von modernen Ferienanlagen und der zugehörigen touristischen Infrastruktur regelrecht geschluckt. Ein Stück unterhalb von La Croix-Valmer liegt ein schöner Sandstrand (*Plage Bouillabaisse*), der im Hochsommer allerdings überlaufen ist. Der christlichen Legende zufolge soll hier dem römischen Kaiser Constantin ein Kreuz mit der Anmerkung *in hoc signo vinces* (in diesem Zeichen wirst du siegen) erschienen sein, das ihn – allerdings erst nach gewonnener Schlacht gegen seinen Rivalen Maxentius (312) – veranlasste, sich zum Christentum zu bekennen. Legende hin, Legende her: Constantins Eintreten für das Christentum veränderte Europa und die Welt.

Karte S. 239

• *Information* **Syndicat d'Initiative**, Les Jardins de la Gare, 83420 La Croix-Valmer, ✆ 0494551212, 📠 0494551210.

• *Verbindungen* Mehrmals tgl. Busverbindungen nach Saint-Tropez sowie über Cavalaire, Le Lavandou und Hyères nach Toulon.

• *Markt* Sonntagvormittag.

• *Strände* Der Strand von Gigaro ist gepflegt, aber relativ schmal; schöner ist die westlich davon gelegene Plage du Débarquement.

• *Schwimmen* Piscine municipale mit 25-Meter-Becken, Avenue de Provence, von Juni bis Mitte Sept. tgl. 10–19.30 Uhr. Eintritt: frei!

• *Essen/Übernachten* *** **Château de Valmer**, unlängst renoviertes vornehmes Hotel in einer alten stattlichen Villa. Ein hoteleigener Privatstrand, ein kleiner Park, Swimmingpool und Tennisplätze runden das umfangreiche Angebot ab. 42 komfortable Zimmer ab 195 €. Von Ostern bis Okt. geöffnet. ✆ 0494796010, 📠 0494542268, www.chateau-valmer.com.

*** **Souleias**, etwas außerhalb in schöner Lage, hoch über dem Strand von Gigaro. Das auf die traditionelle provenzalische Küche ausgerichtete Restaurant genießt ebenfalls einen guten Ruf, ist aber nicht billig: Menüs zu 31, 38 und 58 €. Von Mitte März bis Anfang Nov. geöffnet. Es stehen 45 Zimmer der gehobenen Preisklasse (ab 83,85 €) zur Verfügung. ✆ 0494551055, 📠 0494543623.

** **La Bienvenue**, charmante ältliche Herberge mit kleinem Garten inmitten des Dorfes. Zum städtischen Schwimmbad (Eintritt frei!) läuft man auch nur eine Minute. Sechs Zimmer haben einen wunderschönen Blick auf das Meer, eines sogar mit Balkon (recht günstig, da ohne Bad). Schön und großzügig ist beispielsweise das Zimmer Nr. 12. Teilweise wurden die Bäder erst unlängst renoviert. Ein Einzelzimmer – es hat allerdings die Größe einer Besenkammer – gibt es schon ab 19,50 €, sonst kosten die Zimmer je nach Ausstattung 35–55 €, für 3 Personen 69 €. Rue L. Martin, ✆ 0494796023, 📠 0494797008.

* **La Ricarde**, nette kleine Villa unweit des Meeres an der Route Nationale in Richtung Cavalaire-sur-Mer. Garten vorhanden. Zimmer 28,20–56,40 €. ✆ 0494796407, 📠 0494543014.

• *Camping* **** **La Sélection**, etwas außerhalb von La Croix-Valmer in einem schattigen Pinienhain, nur 500 Meter vom Meer entfernt. Gute sanitäre Ausstattung. Von Mitte Marz bis Mitte Okt. geoffnet. An der Straße nach Cavalaire-sur-Mer, ✆ 0494551030.

Cavalaire-sur-Mer

Beliebter, aber recht charakterloser Ferienort an der weit geschwungenen gleichnamigen Bucht. Cavalaire steht auf geschichtsträchtigem Boden: Die Römer unterhielten hier einst einen Hafen mit dem Namen *Heraclea Caccabaria*. Durch die Bauwut der letzten Jahrzehnte zersiedelt, lebt Cavalaire-sur-Mer heute vor allem von der Nähe zu Saint-Tropez und seinen schönen piniengesäumten Sandstränden. Ein großzügiger Yachthafen mit 1200 Liegeplätzen macht Cavalaire auch für Freizeitkapitäne interessant.

• *Information* **Office de Tourisme**, Maison de la Mer, Square de-Lattre-de-Tassigny, 83240 Cavalaire-sur-Mer, ✆ 0494019210, 📠 0494054989, www.golfe-infos.com/cavalaire.

• *Verbindungen* Der Busbahnhof (Gare routière) befindet sich gleich beim Rathaus. Mehrmals tgl. Busverbindungen nach Le Lavandou, Hyères und Toulon sowie über La Croix-Valmer nach Saint-Tropez. Auskunft: ✆ 0494125512.

• *Markt* Mittwochvormittag auf der Place Jean Moulin.

• *Feste* Corso du Mimosa, Mimosenfest im Februar.

• *Fahrrad- und Motorradvermietung* A la Belle Epoque, Avenue Maréchal Lyautey, ✆ 0494643084.

• *Tauchen* Am Port Public: **L'Eperlan Club**, ✆ 0494054182; Loisirs Méditerranée M. Hébréard, ✆ 0494796097.

• *Diskothek* Le Cacabaria, rue Pierre Rameil, ✆ 0494640164.

• *Essen/Übernachten* *** **La Pergola**, stattliches Haus inmitten des Zentrums. Gemütliche Eingangshalle und nette Zimmer von 53–80 €. Mittagsmenü 14 €. Rue du Port, ✆ 0494004222, 📠 0494646008.

Art déco und Flora aus der ganzen Welt: Domaine du Rayol

** **Le Raymond**, einen Kilometer vom Meer entferntes Logis-de-France-Hotel. Zimmer ab 45 €, in der Saison nur mit Halbpension. Menüs zu 17, 21 und 34 €. Avenue des Allés, ✆ 0494640732, 📠 0494640273, www.hotelraymond.com.

Le Maurin des Maures, wer sich auf kulinarisch sicheren Boden stellen will, fährt am besten ein paar Kilometer weiter nach Westen zum Küstendorf Rayol in das Restaurant Le Maurin des Maures (direkt neben der Post und nicht zu verwechseln mit dem Relais des Maures!). Dieses sehr volkstümliche Restaurant gehört zu den bestbesuchten der gesamten Umgebung, weshalb eine Reservierung trotzt seiner Größe unbedingt zu empfehlen ist. Mehrere Kellner wuseln durch die Gasträume, und über allem wacht der Patron, der von seinen Stammgästen schlicht Dédé gerufen wird. Das Essen ist bodenständig, aber nicht ohne Raffinesse, der Schwerpunkt liegt auf Fischgerichten und schon Jacques Chirac ließ sich hier die Bouillabaisse schmecken. Ob er als Dessert den köstlichen *Gateau au chocolat* gewählt hat, war nicht in Erfahrung zu bringen, ein Fehler wäre es sicherlich nicht gewesen. Menüs zu 19 und 23 €. Kein Ruhetag, ✆ 0494056982.

• *Camping* **** **Bonporteau**, terrassiertes Gelände mit ausreichend Schatten, rund 200 Meter bis zum Meer. Saubere Sanitäranlagen, Wohnwagenvermietung. Von Ende März bis Mitte Okt. geöffnet. Einen Kilometer vom Ortskern entfernt, oberhalb der Küstenstraße. ✆ 0494640324.

**** **De la Baie**, mit 480 Stellplätzen der größte Campingplatz von Cavalaire. Viel Komfort (Swimmingpool). Von Mitte März bis Mitte Okt. geöffnet. Boulevard Pasteur, ✆ 0494640815.

Domaine du Rayol

Ein paar Kilometer westlich von Cavalaire-sur-Mer ließ sich der Bankier Alfred Courmes 1910 eine prächtige Art-déco-Villa errichten, zu der auch ein großer Park gehörte. In wirtschaftliche Schwierigkeiten gekommen, verwandelte die Familie Courmes das Anwesen zeitweise in ein Hotel, bevor es 1940 in den Besitz des Flugzeugingenieurs Henri Potez überging. Der Garten blühte einige Jahre in neuer Pracht, verwilderte aber nach 1950 allmählich. Erst 1989 wurde die 20 Hektar große Domaine du Rayol von dem "Conservatoire du

Küste westlich von Saint-Tropez
Karte S. 239

Strand bei der Domaine du Rayol

Littoral", einer staatlichen Organisation, die sich dem Schutz der mediterranen Flora widmet, erworben und von dem Gartenarchitekten Gilles Clément nach unterschiedlichen gestalterischen Prinzipien phantasievoll neu bepflanzt. Das gesamte Terrain ist in verschiedene "geographische Regionen" unterteilt, wobei die natürlichen Gegebenheiten sorgfältig berücksichtigt wurden. Die Parkanlage repräsentiert die vom mediterranen Klima geprägte Vegetation aus allen Teilen der Welt: Chile, Californien, Südafrika, Australien, Neuseeland und China sind mit ihrer Flora vertreten. Unterhalb eines kleinen Gartenpavillons kann man sich an einer schönen kleinen Bucht entspannen.

Adresse Avenue des Belges. Öffnungszeiten: Von April bis Mitte Nov. tgl. außer Mo 9.30–12.30 Uhr und 14.30–18.30 Uhr, im Juli und Aug. tgl. außer Mo 9.30–12.30 Uhr und 15–19 Uhr. Eintritt: 6,50 €, erm. 3,50 €.

Le Lavandou

Der Schriftsteller Walter Hasenclever, der Ende der zwanziger Jahre nach Le Lavandou kam und sich für einige Zeit hier niederließ, würde den Ort wohl nicht gleich wiedererkennen. Zu Hasenclevers Zeiten war Le Lavandou ein kleines bescheidenes Fischerdorf, heute ist der 4.000 Einwohner zählende Ort ein lebhafter Badeort mit einigen netten Gassen, der zugehörigen touristischen Infrastruktur und einem heutzutage obligatorischen Yachthafen. Vorbei sind die Zeiten, als sich André Gide, Jean Cocteau und Raymond Radiguet am Strand zerstreuten, Bertolt Brecht und Kurt Weill an der "Dreigroschenoper" arbeiteten. Lotte Lenya, Weills Frau, schrieb später über den gemeinsamen Aufenthalt: "Ich sehe Brecht noch, wie er durch das Wasser watete, die Hosen aufgekrempelt, die Mütze auf dem Kopf, im Mund die vertraute Virginia. Ich kann mich nicht erinnern, Brecht je ganz und gar untergetaucht gesehen zu haben. Er muss ein wenig wasserscheu gewesen sein."

Wer etwas mehr Ruhe wünscht, findet ein paar Kilometer südwestlich bei dem Weiler Cabasson einen schönen Strand. Das in Sichtweite gelegene Fort Brégançon, eine Verteidigungsanlage aus der Zeit Ludwig XIV., dient dem französischen Staatspräsidenten als Sommersitz. Eine schöne Küstenwanderung führt von La Favière bis zum Cap Bénat. Der Name Lavandou leitet sich übrigens vom Lavendel ab, denn nur an dem schmalen Küstenstreifen bei Le Lavandou und auf den Hyèrischen Inseln wächst eine seltene Lavendelart, der eine große Heilkraft nachgesagt wird: *Lavandula stocheas.*

• *Information* **Office de Tourisme**, Quai Gabriel-Péri, B.P. 85, 83980 Le Lavandou, ✆ 0494004050, ℻ 0494004059, www.lelavandou.com.

• *Verbindungen* Fast stündlich **Busverbindungen** nach Hyères und Toulon sowie mehrmals tgl. über Cavalaire nach Saint-Tropez. **Schiffsverbindungen** nach Port-Cros, Ile du Levant und Ile de Porquerolles. Über die genauen Abfahrtszeiten informiert die Compagnie de Transports Maritimes "Vedettes Iles d'Or", 15, quai Gabriel Péri et Gare Maritime, ✆ 0494710102.

• *Musée du Lavandou* Vom 25. Juni bis 25. Sept. diverse Wechselausstellungen im Hôtel de Ville, Place Ernest Reyer.

• *Markt* Donnerstagvormittag.

• *Post* Avenue du Général de Gaulle.

• *Fahrradverleih* Waikiki Surf and Bike Shop, 15, avenue des Ilaires, ✆ 0494711650; Holiday Bikes, Boulevard Front de Mer (La Favière), gleich beim Office de Tourisme.

• *Strände* Ein breiter Sandstrand beginnt direkt am Yachthafen (Plage du Lavandou), einsamer und schöner ist der Strand von Cabasson (gebührenpflichtiger Parkplatz). Ganz nett sind auch die weiter östlich gelegenen Strände von St. Clair und Cavalière.

• *Minigolf* Parc de Loisirs, avenue de la Grande Bastide.

• *Übernachten/Essen* *** **L'Espadon**, ordentliches Drei-Sterne-Hotel im Ortszentrum. Zimmer ab 46 € in der Nebensaison; wer allerdings mit Terrasse und Meerblick aufwachen will, muss in der Hauptsaison bis 120 € erübrigen. 1, chemin du Vannier, ✆ 0494710020, ℻ 0494647919.

** **Le Rabelais**, freundliches Hotel mit türkisen Fensterläden am östlichen Rand des Hafens. Toller Meerblick von den oberen Etagen (Zimmer 12–16). Die Zimmer mit Blick zur Straße kosten 36–45 €, für den Meerblick sind 50–56 € zu investieren. Quai Baptist Pins, ✆ 0494710056, ℻ 0494718255.

** **L'Ilot Fleuri**, charmantes Hotel in einem stattlichen Haus älteren Datums. Zimmer ab 53 €, mit Bad und WC 73,20 €. Von April bis Okt. geöffnet. Rue Charles Cazin, ✆ 0494711482, ℻ 0494150346.

** **La Ramade**, sehr zentral gelegen. Zimmer ab 39 €. Mittagsmenü zu 16 €, sonst 21 und 30 €. Von Anfang Okt. bis Mitte Feb. geschlossen. 16, rue Patron Ravello, ✆ 0494712040.

* **Auberge Provençale**, das anerkannt beste Restaurant in Le Lavandou. Die Gerichte werden in einem schönen, rustikal gehaltenen Speisesaal serviert. Provenzalische Küche, als Spezialität des Hauses gilt *Foie gras frais maison*, lecker ist auch das *Osso bucco*; Menüs zu 20, 23 und 29 €. Zimmerpreise je nach Ausstattung 30–53,50 €, teilweise mit Meerblick 11, rue Patron Ravello, ✆ 0494710044, ℻ 0494150225.

• *Ferienwohnungen* Das Office de Tourisme hat eine umfangreiche Liste mit Ferienhäusern und -wohnungen zusammengestellt.

• *Camping* **** **Du Domaine**, südlich von Le Lavandou, nahe des Weilers La Favière. Riesiges Gelände mit 1200 Stellplätzen, verteilt über einen Pinienwald und Wiesenflächen. Grenzt direkt an einen mehrere hundert Meter langen Sandstrand. Bei einem Platz dieser Größenordnung ist das Vorhandensein von Restaurant, Supermarkt und Kinderspielplatz selbstverständlich. Die sanitären Anlagen sind gut gepflegt, Waschmaschinen stehen gegen Gebühr zur Verfügung. Von April bis Okt. geöffnet. ✆ 0494710312.

Bormes-les-Mimosas

Am Rande des *Massif des Maures* liegt Bormes-les-Mimosas, ein schönes provenzalisches Dorf mit einer mittelalterlichen Burg (Privatbesitz, daher nur von außen zu besichtigen!), steilen und gekrümmten Gässchen, überdachten Durchgängen und kleinen Plätzen. Kein Wunder, dass Bormes-les-Mimosas

Karte S. 239

im Sommer ein sehr beliebtes Ausflugsziel ist. Das Ende des Ortsnamens erinnert an die Mimosen, die hier im Februar blühen; "Bormes" soll auf ein ligurisches Seeräubervolk namens Bormanen zurückzuführen sein, das von hier aus die Küsten verunsicherte. Ironischerweise wurde der Ort tausend Jahre später selbst mehrfach von Sarazenen heimgesucht. Von 1938 bis 1940 lebte und arbeitete der Schriftsteller *Alfred Kantorowicz* in einem kleinen Haus im Dorfzentrum von Bormes; die Erfahrungen seiner langjährigen Exilzeit hat Kantorowicz in dem Buch "Exil in Frankreich" geschildert. Eine schöne Kurzwanderung führt vom Schloss über den Chemin de Constance zur 324 Meter hoch gelegenen Chapelle Notre-Dame-de-Constance hinauf.

• *Information* **Office Municipal de Tourisme**, 1, place Gambetta, 83230 Bormes-les-Mimosas, ✆ 0494013838, 📠 0494013839. www.bormeslesmimosas.com

• *Verbindungen* Fast stündlich Busverbindungen nach Hyères und Toulon, sowie mehrmals tgl. über Lavandou und Cavalaire nach Saint-Tropez. Bushaltestelle im Ortsteil Le Pin. In den Sommermonaten verkehren Busse von Le Pin zum Strand von La Favière.

• *Markt* Mittwochvormittag.

• *Post* Rue Gabriel Péri.

• *Veranstaltungen* Blumenumzug im Februar.

• *Tennis* Tennis Municipal, Boulevard du Mont du Roses, ✆ 0494715112.

• *Essen/Übernachten* *** **Grand Hôtel**, prachtvolles Hotel in schöner Hanglage mit Blick hinunter auf das Dorf. Die 60 Zimmer (38–91 €) sind für ein Drei-Sterne-Hotel ausgesprochen günstig. Dez. und Jan. geschlossen. 167, route du Baguier, ✆ 0494712372, 📠 0494715120.

* **Le Bellevue**, mit Blick auf die Küste, das Restaurant ist etwas touristisch (Menüs von 13–21 €), die Zimmer mit Blümchentapete kosten 27,50 €, ein EZ gibt es schon für 16 €. Im Dez. und Jan. geschlossen. 14, place Gambetta, ✆ 0494711515, 📠 0494059604.

La Fleur de Thym, ein Lesertipp von H. Lederer: "Ein junges Ehepaar führt ein ... in romantischen Räumlichkeiten untergebrachtes Lokal und serviert exquisite Küche zu humanen Preisen (nicht teuer). Das Restaurant liegt im Dorfzentrum oberhalb der Post." Menüs zu 18 und 26 €. In der Nebensaison Montag Ruhetag. 2, rue Pierre Tosca, ✆ 0494714272.

La Tonnelle, ansprechendes Restaurant mit Spezialitäten der Region (pieds et paquets). Mittagsmenü 17 €, sonst 30 und 35 €. Mittwoch und Donnerstagmittag geschlossen. Place Gambetta, ✆ 0494713484.

Chez Sylvia, es muss nicht immer provenzalisch sein: Die italienischen Gerichte mit sizilianischem Einschlag sind einen Abstecher wert, Menü zu 23 €. Im Dez. und Jan. Betriebsferien, zudem außerhalb der Saison mittwochs geschlossen. Zwischen Bormes und Le Lavandou gelegen. 872, avenue Lou Mistraou, ✆ 0494711410.

Café du Progrès, beliebtes Bistro am Ortseingang.

• *Ferienwohnungen und -häuser* Beim Office de Tourisme ist ein Prospekt mit Beschreibungen der Objekte erhältlich.

• *Camping* *** **Manjastre**, direkt an der Nationalstraße, Swimmingpool vorhanden. 120 Stellplätze, ganzjährig geöffnet. ✆ 0494710328.

Sehenswertes

Musée Art et Histoire: Lokalgeschichtliches Museum, das nicht nur Informationen zu Bormes-les-Mimosas, sondern auch zur Chartreuse de la Verne und zum Fort von Brégançon bereit hält. Neben sakralen Kunstgegenständen gehören auch Gemälde aus dem 19. und 20. Jahrhundert zur Sammlung (darunter mehrere Werke des Landschaftsmalers Charles Cazin). Diverse Wechselausstellungen.

Adresse 103, rue Carnot. Öffnungszeiten: Tgl. außer Di 10–12 Uhr und 14.30–17.30, So nur 10–12 Uhr. Eintritt: frei!

Verlagsprogramm

Unsere Reisehandbücher im Überblick

Deutschland

- Allgäu
- Altmühltal
- Berlin & Umgebung
- Bodensee
- Franken
- Fränkische Schweiz
- Mainfranken
- *MM-City* Berlin
- Nürnberg, Fürth, Erlangen
- Oberbayerische Seen
- Ostseeküste – Holsteinische Schweiz
- Schwäbische Alb

Niederlande

- *MM-City* Amsterdam
- Niederlande
- Nordholland – Küste, Ijsselmeer, Amsterdam

Nord(west)europa

- England
- Südengland
- *MM-City* London
- Schottland
- Irland
- Island
- Norwegen
- Südnorwegen
- Südschweden

Osteuropa

- Baltische Länder
- Polen
- *MM-City* Prag
- Westböhmen & Bäderdreieck
- Ungarn

Balkan

- Mittel- und Süddalmatien
- Kroatische Inseln & Küste
- Nordkroatien – Kvarner Bucht
- Slowenien & Istrien

Griechenland

- Amorgos & Kleine Ostkykladen
- Athen & Attika
- Chalkidiki
- Griechenland
- Griechische Inseln
- Karpathos
- Korfu & Ionische Inseln
- Kos
- Kreta
- Kreta – der Osten
- Kreta – der Westen
- Kreta Infokarte
- Kykladen
- Lesbos
- Naxos
- Nord- u. Mittelgriechenland
- Paros/Antiparos
- Peloponnes
- Rhodos
- Samos
- Samos, Chios, Lesbos, Ikaria
- Santorini
- Skiathos, Skopelos, Alonnisos, Skyros – Nördl. Sporaden
- Thassos, Samothraki
- Zakynthos

Türkei

- *MM-City* Istanbul
- Türkei – Mittelmeerküste
- Türkei – Südküste
- Türkei – Westküste
- Türkische Riviera – Kappadokien

Frankreich

- Bretagne
- Côte d'Azur
- Elsass
- Haute-Provence
- Korsika
- Languedoc-Roussillon
- *MM-City* Paris
- Provence & Côte d'Azur
- Provence Infokarte
- Südfrankreich
- Südwestfrankreich

Italien

- Apulien
- Chianti – Florenz, Siena
- Dolomiten – Südtirol Ost
- Elba
- Gardasee
- Golf von Neapel
- Italien
- Italienische Riviera & Cinque Terre
- Kalabrien & Basilikata
- Liparische Inseln
- Marken
- Oberitalien
- Oberitalienische Seen
- *MM-City* Rom
- Rom/Latium
- Sardinien
- Sizilien
- Südtoscana
- Toscana
- Toscana Infokarte
- Umbrien
- *MM-City* Venedig
- Venetien & Friaul

Nordafrika u. Vorderer Orient

- Sinai & Rotes Meer
- Tunesien

Spanien

- Andalusien
- Costa Brava
- Costa de la Luz
- Ibiza
- Katalonien
- Madrid & Umgebung
- Mallorca
- Mallorca Infokarte
- Nordspanien
- Spanien

Kanarische Inseln

- Gomera
- Gran Canaria
- *MM-Touring* Gran Canaria
- Lanzarote
- La Palma
- *MM-Touring* La Palma
- Teneriffa
- *MM-Touring* Teneriffa

Portugal

- Algarve
- Azoren
- Madeira
- *MM-City* Lissabon
- Lissabon & Umgebung
- Portugal

Lateinamerika

- Dominikanische Republik
- Ecuador

Österreich

- *MM-City* Wien

Schweiz

- Tessin

Malta

- Malta, Gozo, Comino

Zypern

- Zypern

Aktuelle Informationen zu allen Reiseführern finden Sie im Internet unter www.michael-mueller-verlag.de

Gerne schicken wir Ihnen auch das aktuelle Verlagsprogramm zu.

Michael Müller Verlag GmbH, Gerberei 19, 91054 Erlangen, Tel. 0 91 31 / 81 28 08-0; Fax 0 91 31 / 20 75 41; E-Mail: mmv@michael-mueller-verlag.de

Sach- und Personenindex

Geografischer Index

Fotograf und Modell am Strand von Cannes